CRITIQUE DES FORMES DE VIE

PROBLÈMES ET CONTROVERSES

Directeurs : Sandra Laugier et Franck Fischbach

Rahel JAEGGI

CRITIQUE DES FORMES DE VIE

traduit par

Pauline CLOCHEC et Éric DUFOUR

Ouvrage traduit avec le concours du Centre national du livre

PARIS

LIBRAIRIE PHILOSOPHIQUE J. VRIN

6 place de la Sorbonne, V^e

2025

Nous remercions pour leur aide et leur soutien Gisèle et René Duc.

Imprimé en France
ISSN 0249-7875
ISBN 978-2-7116-3217-6
www.vrin.fr

Pour Andreas et Jakob

PRÉFACE

> | La théorie critique de la société a (…) en revanche pour objet les hommes 9
> en tant que producteurs de l'ensemble de leurs formes historiques de vie. (…) Ce qui est toujours donné ne dépend pas seulement de la nature, mais aussi de ce que l'homme peut sur elle. *Max Horkheimer*
>
> Les élections au Bundestag, les cérémonies des jeux olympiques, les actions d'un commando de tireurs d'élite, une première dans un grand théâtre sont considérées comme publiques. Des événements possédant une signification de première importance et publique, comme l'éducation des enfants, le travail en entreprise, le fait de regarder la télévision claquemuré chez soi, sont considérés comme privés. Les expériences sociales collectives des êtres humains effectivement produites dans le contexte de la vie et de la production démentent complètement ces divisions. *Oskar Negt et Alexander Kluge*

Les formes de vie peuvent-elles être critiquées ? Peut-on dire des formes de vie que, en tant que formes de vie, elles sont bonnes, réussies ou même rationnelles ? Depuis Kant, on considère comme acquis que le bonheur ou la vie bonne, par opposition à la justice morale, ne peuvent pas être déterminés. Et, avec John Rawls et Jürgen Habermas, les positions aujourd'hui véritablement les plus influentes proposent, en renvoyant à l'irréductible pluralisme éthique des sociétés modernes, de s'abstenir d'une discussion philosophique sur la teneur éthique des formes de vie. Par là, la philosophie évite la question socratique de savoir « comment il faut vivre », et se limite au problème de savoir comment, au regard du grand nombre de représentations incommensurables de la vie bonne, une vie commune juste entendue comme cohabitation de formes de vie différentes peut être garantie. L'ordre politique de l'État de droit libéral se présente, d'une manière correspondante, comme la tentative d'organiser cette cohabitation d'une manière neutre du point de vue des formes de vie. Cependant, dès qu'il ne s'agit plus de la forme de vie

juste en communauté mais de la meilleure manière possible de cohabiter
10 ensemble sans conflit des différentes formes de vie, | les questions sur la manière dont nous conduisons notre vie sont déplacées dans la sphère des préférences privées. De même qu'on ne peut pas discuter des goûts, on ne peut donc pas discuter des formes de vie. Elles deviennent une *black box* impénétrable : tout au plus ne peut-on critiquer avec des raisons que leurs effets.

Certes, une telle position repose sur des raisons évidentes. Il n'y a pas que le doute selon lequel on ne pourrait pas facilement trouver, au regard des différences fondamentales entre les conceptions du monde et les convictions éthiques, un accord entre les participants, qui est fondé. À cela s'ajoute un souhait qui fait partie des éléments inéliminables de notre compréhension moderne de nous-mêmes, à savoir le fait de ne pas vouloir se « laisser imposer » par des juges (philosophiques) des mœurs la configuration de notre propre vie. Ainsi, tout se passe comme si la *black box* libérale appartenait aux conditions de possibilité de la compréhension de soi moderne et qu'elle seule produisait l'espace de liberté dans lequel une multiplicité de modes de vie pouvait se développer (ou se conserver) sans être perturbée.

La présente recherche est guidée par l'hypothèse selon laquelle cette thèse ne tient pas et que les choses, à maints égards, se comportent précisément à l'inverse. Si nous abandonnons l'explicitation interne de nos pratiques et formes de vie sociales à l'« obscurité extra-philosophique », comme l'a dit le philosophe canadien Charles Taylor, nous tombons dans le danger de les considérer, d'une manière inappropriée, comme *données*. Nous déclarons ainsi bien trop vite que quelque chose qui a une « importance publique » est seulement une question d'identité ininterrogeable, et nous soustrayons par là à l'argumentation rationnelle des domaines thématiques qu'on ne devrait pas exclure du domaine de l'autodétermination démocratique collective. Peut-être qu'il faudrait inverser la charge de la preuve : la question éthique de savoir « comment il faut vivre » ne se laisse pas aussi facilement exclure des processus de formation de la volonté individuelle aussi bien que collective. Il y a toujours déjà une réponse implicite ou explicite à cette question dans chaque configuration sociale. Et cela vaut aussi encore pour cette forme sociale d'organisation qui vante le pluralisme des formes de vie. Mais alors la question de la possibilité d'une critique des formes de vie n'est assurément pas posée d'une manière juste. Non pas malgré, mais précisément au regard de la situation des sociétés modernes – à titre
11 de « pouvoir immense qui s'empare de tout » (Hegel) –, | l'évaluation

des formes de vie ne peut pas être repoussée dans la sphère privée des préférences particulières et des attachements ininterrogeables.

C'est particulièrement clair dans les situations sociales de conflit et de bouleversement. Ainsi y a-t-il des situations dans lesquelles, avec de nouvelles technologies – on pense à la technologie génétique –, des principes éthiques jusqu'ici ininterrogés sont soudainement débattus. Cependant, même la confrontation avec d'autres formes de vie peut conduire aux conflits, aux crises et crises de la compréhension de soi, dans lesquels la teneur et les orientations fondamentales de sa propre forme de vie comme de celle qui est étrangère entrent elles-mêmes dans le champ de vision et les pratiques sociales incorporées deviennent problématiques. Il ne faut pas immédiatement penser aux conflits souvent hypostasiés d'une manière erronée en « choc des civilisations » ou bien aux crises des fondements de nos systèmes moraux de référence. Même les controverses tout à fait quotidiennes à propos de l'organisation de l'espace urbain [1] ou de la prise en charge publique des enfants [2], à propos de la commercialisation de biens comme la santé, la culture ou l'habitat ou à propos de la compréhension de soi de notre société comme société du travail peuvent être comprises comme des discussions sur l'intégrité et le découpage de formes de vie.

Pour une critique des formes de vie il ne s'agit donc pas (au sens d'une philosophie de luxe portant sur l'art de vivre) de « questions superfétatoires » sur la vie bonne qu'il vaudrait la peine de poser seulement quand les questions de base liées à l'organisation sociale seraient résolues. Il s'agit de la figure interne des institutions et des liens supra-individuels
qui forment notre vie et | à l'intérieur desquels seulement surgissent nos 12
possibilités d'action et d'organisation. Si toutefois le projet de la modernité, la prétention des individus à « vivre leur propre vie », ne se réalise pas

1. La sociologie de la ville de Hans Bahrdt fournit une image très exacte pour savoir dans quelle mesure la vie dans la (grande) ville a toujours été comprise comme une forme de vie et, comme telle, se trouve au centre de vifs débats. Voir Hans P. Bahrdt, *Die moderne Grossstadt. Soziologische Überlegungen zum Städtebau*, Hambourg, Christian Wegner, 1969, en particulier chap. 1, « Critique de la critique de la grande ville ».

2. Les débats les plus récents de la République démocratique sur la prise en charge des enfants ou la répartition conjugale sont entre autres très vifs, parce que des formes de vie traditionnelles – telles qu'elles se manifestent chez la femme au foyer et la mère à plein temps – se voient perdre du terrain face à d'autres. Ainsi, le changement d'une forme de vie se trouve bien de fait codifié juridiquement, et l'apparition d'un nouveau modèle familial (la double activité professionnelle avec un besoin supérieur correspondant en institutions extrafamiliales de garde d'enfant) trouve un soutien financier, mais aussi une reconnaissance publique, même si l'on peut avec de bonnes raisons soutenir qu'il ne s'agit pour le moment que de le mettre sur le même pied que les modèles traditionnels de vie.

seulement dans la simple liberté face à l'ingérence des autres, alors – c'est la thèse développée ici – la réflexion publique et aussi philosophique sur les formes de vie est moins une intervention problématique dans des résidus de l'identité individuelle ou collective qu'il ne faut pas mettre en question qu'au contraire la condition de possibilité d'une transformation et appropriation de nos propres conditions de la vie. La critique des formes de vie, ou, mieux, une *théorie critique de la critique des formes de vie*, ainsi que je souhaite ici la concevoir, ne doit donc pas prôner une retombée dans un paternalisme prémoderne, mais examiner les conditions de ce qui, dans la ligne traditionnelle de la Théorie critique, peut être conçu comme ferment du *processus d'émancipation* individuel et collectif.

Une telle perspective se distingue aussi de la « dictature des mœurs » redoutée par le fait qu'elle fait partie du mouvement de recherche dont le point de départ n'est pas de s'agripper à une forme de vie qui serait la forme de vie juste, mais l'examen des nombreuses déficiences de nos propres formes de vie comme de celles qui nous sont étrangères. Comme le verbalise Hilary Putnam : « Notre problème ne consiste pas à devoir choisir dans un nombre donné de "types de vie qui seraient les meilleurs" ; notre problème consiste dans le fait que *nous ne connaissons même pas un seul exemplaire de ces "types de vie les meilleurs"* » [1]. Si toutefois nous ne connaissions pas une seule « forme de vie bonne », nous devrions d'abord la développer par un processus où la représentation d'« identités » ininterrogeables et la « conception du bien » qui y est liée se dissoudraient. La limite entre « l'intérieur » et « l'extérieur » d'une forme de vie, sur laquelle reposent à certains égards les représentations de son caractère ininterrogeable, est ainsi poreuse, comme le « nous » collectif auquel on prétend ici. Même la différence entre les conflits interculturels et intraculturels n'a alors plus beaucoup d'importance. La question de savoir si nous nous disputons – interculturellement – sur les mariages arrangés ou – intraculturellement – sur le mariage gay,
13 | lorsqu'on cherche à contrecarrer la distinction entre interne et externe dans la perspective prise ici, ne constitue pas une différence catégorielle, mais tout au plus une question liée à la sensibilité spécifique du contexte. Les formes de vie sont, selon cette conception, non pas seulement un *objet*, mais toujours aussi le *résultat* de discussions.

Le point de départ de ma recherche est l'hypothèse suivante : nous *pouvons* non seulement critiquer les formes de vie, mais nous *devrions*

1. H. Putnam, *Words and Life*, Cambridge (Mass.), Harvard University Press, 1995, p. 194.

même les critiquer (et nous critiquer ainsi dans les réalisations de notre vie), ce que, implicitement ou explicitement, nous *faisons toujours déjà*. Évaluer et critiquer – et cela vaut particulièrement pour les prétendues « sociétés post-traditionnelles » – constitue une partie de ce que signifie le fait de partager une forme de vie et d'être (par là) confronté à d'autres formes de vie. La thèse que je vais explorer dans la recherche qui suit est celle-ci : on peut disputer des formes de vie, et on peut en disputer *avec des raisons*. Les formes de vie renferment implicitement des prétentions à la validité qu'on ne peut pas impunément « mettre entre parenthèses », même s'il ne s'agit pas ici de raisons relevant d'une fondation ultime (et en ce sens contraignantes). La question de la possibilité d'une critique des formes de vie soulève aussi celle de la *rationalité spécifique des formes de vie*.

L'objet de mon livre est donc la question de la *possibilité* d'une critique des formes de vie, son but est l'élaboration et la défense argumentée d'une conception déterminée de la critique – et non le diagnostic social critique d'une forme spécifique de vie elle-même. Que je pose ici la question de la réussite des formes de vie à partir du point de vue de la *critique* n'est pas un hasard. Il ne doit pas en effet s'agir d'esquisser la conception générale d'une forme de vie juste de manière purement abstraite – de telles esquisses éthiques totalisantes ne me semblent ni souhaitables ni possibles. Au contraire, ma perspective se tourne, négativement, sur *ce qui ne marche pas* dans ces formes de vie, sur les crises où elles entrent, et les problèmes qui surgissent en elles – ces perspectives, donc, dans lesquelles « quelque chose ne fonctionne pas avec ces formes de vie » et par lesquelles elles s'exposent donc à la critique.

Même le fait que je m'occupe ici de la structure et de la dynamique des *formes de vie* (et de manière correspondante je prends ici au sérieux le concept de forme de vie lui-même tel qu'il est utilisé dans les débats),
| au lieu de partir du problème lié à la possibilité d'une fondation de 14
valeurs éthiques, n'est pas simplement fondé sur l'usage de ce terme au sein d'une discussion philosophique particulière[1]. La perspective de la réussite de formes de vie – si l'on envisage celles-ci, ainsi que je le proposerai, comme ensemble de pratiques sociales – permet de

1. Ainsi, Habermas parle à propos des questions traitées ici, de façon répétée (quoique d'une manière terminologiquement indéterminée), de formes de vie : il est aussi question chez lui, à propos de la discussion du relativisme, de formes de vie, mais déjà Wittgenstein reprend de façon féconde ce concept qui a été mis en circulation par le best-seller. *Cf.* E. Spranger, *Lebensformen. Geisteswissenschaftliche Psychologie und Ethik der Persönlichkeit*, Halle-Saale, Max Niemeyer, 1921.

développer des critères d'appréciation qui se règlent sur les conditions normatives de la réussite de ces pratiques.

Le moment de la perturbation du fonctionnement ou de la *crise* se révélera en cela être une importante force motrice de ce qui, dans mon ébauche, doit s'appeler « critique ». Introduire la critique des formes de vie, telle que je souhaiterais ici la concevoir, là où il y a des crises ou des conflits, n'est pas guidé par une perspective autoritaire externe, mais est pour ainsi dire le ferment d'un processus dans lequel critique et autocritique s'entrecroisent. La critique recherchée doit donc, pour esquisser les différents moments qui s'y opposent, ne pas pratiquer l'« abstention éthique », mais elle ne doit pas pour autant être paternaliste ; elle n'est pas relativiste eu égard aux prétentions de validité des formes de vie, mais elle ne doit pas avoir de conséquences anti-pluralistes. Au bout du compte, il apparaîtra que les formes de vie peuvent être comprises comme des apprentissages qui se développent historiquement et qui sont pourvus d'un degré de prétentions normatives, ce qui nous donne les clés pour les apprécier.

La construction de ma recherche est simple : dans l'Introduction, je pose la problématique et je développe mon approche à l'aune d'une explication avec la position opposée – qui se nomme avec ses différentes variantes l'« abstention éthique ». La première partie pose ensuite la question de savoir ce qui constitue une forme de vie – celle-ci étant comprise comme ensemble de pratiques sociales. La deuxième partie élabore la normativité spécifique des formes de vie et propose un concept des formes de vie comme stratégies pour résoudre un problème. La
15 troisième partie traite des formes de la critique et | développe le concept d'une version « forte » de la critique immanente guidée par le point de vue d'une critique de l'idéologie. Dans la quatrième partie, enfin, j'élabore l'idée d'un processus d'apprentissage social qui a une orientation normative. C'est par là la question de savoir quand une forme de vie est déficiente ou bien réussie qui se trouve transformée en question portant sur les critères permettant d'affirmer la réussite ou la non-réussite d'un tel processus entendu comme apprentissage rationnel.

Remerciements.

Ce livre résulte d'une réécriture substantielle de mon habilitation que j'ai soutenue à l'Institut Philosophique de l'Université Johann Wolfgang Goethe à Francfort-sur-le-Main au début de l'année 2009.

Ce travail n'aurait pas été pensable sans le soutien d'Axel Honneth. Je dois à cette collaboration qui a presque désormais quinze ans l'inspiration philosophique, l'encouragement, mais aussi le modèle d'une position philosophique qui se sent capable de s'attaquer à de « grandes questions », mais qui, ce faisant, peut éviter dans son sérieux toutes les pathologies de la surestimation. Le rôle qu'a joué dans mon travail la discussion philosophique et l'amitié avec Fred Neuhouser ne peut pas non plus être sous-estimé. Ce livre doit beaucoup plus à son impulsion qu'on ne le voit au premier regard.

Je n'aurais pas pu résister à la pression des derniers mois à la temporalité très intense, avant l'achèvement de l'habilitation, si une *team* d'amis et de collègues n'avait pas continuellement discuté avec moi le projet et rigoureusement commenté le texte en cours de réalisation. Pour cette collaboration au sens le meilleur du terme je tiens à remercier chaleureusement Robin Celikates, Gustav Falke, Martin Saar et Titus Stahl. Ils savent tous combien leur soutien dans cette phase décisive pour moi a été fécond et important, et à quel point le travail et l'amitié pendant ces longues années, les nombreux intérêts, expériences et projets que nous partageons, m'ont appris à pouvoir saisir la philosophie elle aussi comme forme commune de vie. Je dois remercier Rainer Forst et Stefan Gosepath pour les nombreuses années de collégialité, d'amitié et d'inspiration philosophique – | « malgré tous les désaccords rationnels » : 16
Martin Seel et Karl-Heinz Kohl pour avoir accepté de siéger dans mon jury d'habilitation. Je remercie Regina Kreide pour son encouragement constant et les discussions tardives dans la nuit à Francfort. Daniel Loick, qui, comme aucun autre, comprend le sous-texte politique et vécu des thèmes traités ici, a commenté le travail d'une manière utile et m'a incité par tous les moyens possibles à faire avancer le projet.

Comme c'est souvent le cas, il y a encore un long chemin à parcourir entre la version académique du travail d'habilitation et le manuscrit du présent livre. C'est Lukas Kübler qui a assurément eu l'influence la plus importante sur le produit fini. Avec un grand flair herméneutique, il a parfois mieux compris mon projet que je le comprenais moi-même, supervisé le texte avec une étonnante conscience des problèmes, sans aucune trahison, et en l'enrichissant par d'innombrables suggestions.

Dans les moments décisifs, Eva von Redecker n'a pas seulement été une sorte de *sanity check*, mais a apporté une approbation qui était nécessaire. À la lecture finale ont en outre collaboré, à différents moments, Georg Brunner, Margarete Stokowski et Dana Sindermann – et, à la toute fin et d'une manière décisive, Franck Lachmann, Lea Prix et Selana Tzschiesche. À eux tous je dois un grand merci. C'est Eva Gilmer qui, la première, m'a, avec ses remarques engagées et circonspectes, fait comprendre ce que peut être proprement un lectorat scientifique. Pour cela comme pour son indulgence sans limite avec une autrice qui la comprenait avec retard, je la remercie chaleureusement.

Je dois aussi remercier les collègues de la *Staatsbibliothek* de la *Postdamer Platz*. Comme déjà dans des publications antérieures (et à vrai dire toutes), ce lieu a rendu possible un travail au calme dans un espace public très stimulant.

La durée du travail sur ce projet coïncide avec la première année de mon fils Jakob, mon immense petit bonheur. Que la première phrase de cette recherche ait été écrite le premier jour du congé parental de mon mari, Andreas Fischer, n'est pas un hasard. Sans sa patience infinie, sa confiance et son soutien, la réalisation de ce projet sans fin n'aurait pas
17 été possible. | C'est à eux deux que je veux dédier ce livre – même s'il n'est « pas vraiment un livre » !

INTRODUCTION

CONTRE L'« ABSTENTION ÉTHIQUE »

> Nous ne pouvons pas échapper aux jugements de valeur [...] ni les traiter comme une matière de goût. *Hilary Putnam*

| Qu'est-ce que la critique des formes de vie et pourquoi nous y 18
adonner ? Je voudrais, dans cette introduction, spécifier la problématique de ce livre sous trois rapports. Que signifie le fait de critiquer les formes de vie *à titre de* formes de vie ? Qu'est-ce qui est en jeu dans la possibilité d'une critique des formes de vie et pourquoi la philosophie devrait-elle s'engager dans un tel projet ?

Afin de préciser ces questions, il faut tout d'abord élaborer le caractère spécifique d'une thématisation critique des formes de vie (1). Ensuite, je défends ma problématique contre des positions qui, à partir de différentes raisons, recommandent une « abstention » en rapport à l'évaluation des formes de vie (2). Enfin, j'esquisserai les grandes lignes de mon approche (3) et une vue d'ensemble du développement ultérieur de l'argumentation (4).

1. QUE SIGNIFIE LE FAIT DE CRITIQUER LES FORMES DE VIE *EN TANT QUE* FORMES DE VIE ?

Quelqu'un qui s'indigne sérieusement du fait que l'homme qui lui fait face mange des bananes ou porte des bottes rouges de cowboy prête à rire. Même lorsqu'on éprouve du dégoût à l'évocation de la banane ou qu'on est pris d'un rire moqueur quand il est question de bottes rouges de cowboy, on peut difficilement se représenter un débat sensé sur la question de savoir s'il est juste ou mal de manger des bananes ou de porter des bottes rouges de cowboy. C'est, comme on dit, une affaire propre à chacun et, au sens tout à fait littéral, une question de goût. Il en va autrement quand nous observons quelqu'un en train de frapper son enfant. Ici nous nous indignons, ainsi que nous le croyons, avec de bonnes raisons. Il ne s'agit – nous en sommes persuadés – ni d'une question de goût ni d'une « affaire personnelle » : intervenir dans ce cas est notre devoir moral.

19 | Mais qu'en est-il lorsqu'il s'agit de quelqu'un qui vit avec de multiples partenaires ou dans une famille nucléaire, de quelqu'un dont les relations intimes se déroulent dans une *chatroom* ou dans un atelier tantra ? Comment jugeons-nous le fait, entré dans les mœurs, de vivre, dans une relation qui commence, chez les parents d'un des deux partenaires – ou bien, inversement, le fait (déjà remarqué par Hegel dans sa présentation de la famille bourgeoise) que, dans la société civile moderne, le noyau familial fondamental se constitue, d'une manière typique, dans un détachement spatial et économique d'avec la famille originaire ? Comment nous comportons-nous, non pas lorsqu'on voit des parents frapper leurs enfants, mais devant la pratique répandue consistant à faire de la télévision un babysitter ? Sur quelle base prenons-nous position en ce qui concerne la multiplication des centres commerciaux dans l'espace public, l'organisation de la circulation ou la construction de logements ? Pourquoi préférons-nous passer notre temps au théâtre, au cinéma ou bien au bistrot plutôt que devant la télévision, et pourquoi préférons-nous la vie en ville plutôt que la vie à la campagne (ou inversement) ? Comment distinguons-nous, pour finir, entre un travail bon ou sensé et un travail abrutissant et aliénant – et d'après quels critères apprécions-nous l'éthos du travail répandu dans nos sociétés ?

Même sur de telles questions nous prenons position – et parfois même tout à fait résolument. Nous critiquons la passivité et la solitude du consommateur de programmes télévisés. Nous nous sentons dégoûtés par le côté petit-bourgeois de la vie conjugale ou bien nous tenons l'idée d'avoir des partenaires multiples pour illusoire. Nous trouvons la vie dans une famille nucléaire trop étroite ou considérons inversement que même une famille plus grande est une limitation insupportable. Nous adorons la vie urbaine trépidante ou bien le calme de la campagne. Nous défendons le « droit à la paresse » ou bien voyons dans le travail le sens premier de la vie. Là où le capitalisme est trop envahissant, par exemple quand les « valeurs culturelles » sont soumises au commerce, nous craignons l'aplanissement, l'appauvrissement ou même la déseffectuation de notre vie.

Les positions évoquées ici concernent ce que, dans ma recherche, je thématise avec l'expression-clé de « formes de vie ». Les différences des formes de vie peuvent entrer vivement en conflit autant entre différentes

cultures ou sociétés qu'à l'intérieur d'une société. | Ainsi, le débat sur 20
la reconnaissance juridique des mariages entre personnes du même sexe aux États-Unis et en Europe de l'ouest est doublé par un conflit axiologique intra-culturel ; au contraire, avec les mariages arrangés, les différences interculturelles entrent en jeu – même si cette limite n'est jamais aussi facile à tracer qu'on peut le croire au premier regard.

Aussi résolues que soient il est vrai dans bien des cas nos conceptions et aussi acharnée que soit la querelle publique[1], le statut argumentatif que ces positions possèdent véritablement demeure obscur. Est-ce que, comme pour la question des bottes rouges de cowboy, nous nous rendons ridicules lorsque nous cherchons ici des raisons afin de convaincre quelqu'un pour le rallier à notre opinion, ou même nous énervons à ce propos ? Chacune et chacun ne doit-il pas ici décider pour lui-même de la manière dont elle ou il se comporte ? Y a-t-il dans de tels cas en général des options et des positions qui sont meilleures ou plus mauvaises, qui peuvent être fondées et établies d'une manière intersubjective, et qui, partant, peuvent élever une prétention à une validité universelle ? Nos formes de vie peuvent-elles donc être fondées (rationnellement) – au-delà de la circonstance qui fait qu'elles sont précisément, *de fait*, nos formes de vie ? Peut-on, à propos de la réussite ou de l'échec des formes de vie, dire davantage que ceci : à savoir que précisément cela (la réussite ou l'échec) se produit précisément quelquefois ? C'est de ces questions qu'il s'agit dans mon livre.

Les formes de vie comme formations culturelles

Le discours sur les formes de vie se rapporte, tel que je l'entends, à des formes culturellement marquées de la vie commune humaine, à des
« ordres de la coexistence humaine »[2], qui | renferment un « ensemble 21

1. Une investigation spécifique intéressante consisterait à présenter la dynamique des forums dans lesquels on trouve quelque chose comme la thématisation des formes de vie (talkshows, rubriques culturelles, etc.) et d'analyser quel effet possède le fait que précisément de tels forums relevant des mass medias soient devenus le lieu privilégié des débats sur les formes de vie. Eva Illouz a, en rapport à un exemple important aux États-Unis, le *Oprah Winfrey Show*, soutenu la thèse étonnante que tout ce spectacle est le lieu où se manifestent certains idéaux émancipateurs des années 68 – quoique pas nécessairement dans la forme élaborée par les acteurs d'alors. Voir E. Illouz, *Oprah Winfrey and the Glamour of Misery. An Essay on Popular Culture*, New York, Columbia University Press, 2003.

2. B. Liebsch, « Lebensformen zwischen Widerstreit und Gewalt. Zur Topographie eines Forschungsfeldes im Jahr 2000 », *in* B. Liebsch, J. Straub (Hrsg.), *Lebensformen im Widerstreit. Integrations- und Identitätskonflikte in pluralen Gesellschaften*, Francfort, Campus Verlag, 2003, p. 13-44, ici p. 17.

de pratiques et d'orientations »[1], mais aussi leurs manifestations et matérialisations institutionnelles. Les différences entre les formes de vie ne s'expriment donc pas seulement dans des convictions, des orientations axiologiques et des états d'esprit distincts : elles se manifestent et se matérialisent dans la mode, l'architecture, les systèmes juridiques et les manières d'organiser la famille, dans ce que Musil nomme la « matière durable des maisons, des lois, des règles et des traditions historiques »[2] qui constituent notre vie.

Comme *formes* dans lesquelles on vit, elles appartiennent à la sphère de l'« esprit objectif » (au sens hégélien) ou bien aussi, pour parler avec Hannah Arendt, au monde spécifiquement humain dans lequel la vie humaine se déroule, par opposition à la vie biologique[3]. Les formes de vie, telles qu'il en sera question ici, concernent donc *la reproduction culturelle et sociale de la vie humaine* – cette définition que je choisis est fondée sur le fait qu'il me semble évident qu'on ne peut parler de *forme* de vie que là où quelque chose est *configuré* (ou formé) et, partant, pourrait aussi être *reconfiguré* – donc qu'on ne peut pas en parler là où quelque chose se répète toujours d'une manière typique ou bien a un cours nécessaire dirigé par des instincts. Autrement dit, mon interrogation porte sur *les formes de vie au pluriel*, donc les formes culturelles différentes que peut revêtir la vie humaine, et non pas sur *la* forme de vie de l'homme – par opposition par exemple à celle du lion.

Il ne faut pas se laisser tromper par le caractère apparemment privé
22 | des exemples introduits plus hauts pour la discussion des formes de vie. L'acceptation ou le refus des positions dont il était question repose sur des modèles culturels et des valeurs partagées. Ces positions concernent des questions supra-individuelles sur la manière de conduire sa vie qui sont entrelacées avec des pratiques et des institutions qui sont assimilées. Les formes de vie ne sont donc pas des options individuelles, mais des formes d'expressions qui ont une portée supra-individuelle et qui ont

1. L. Wingert, *Gemeinsinn und Moral. Elemente einer intersubjektivistischen Moralkonzeption*, Francfort, Suhrkamp, 1993, p. 174.

2. R. Musil, *L'Homme sans qualité*, I, trad. fr. P. Jaccottet, Paris, Points-Seuil, t. 1, p. 32.

3. En conséquence de cet usage linguistique, seuls les hommes auraient une forme de vie, et non les animaux; *cf.* aussi G. Agamben, *Moyens sans fins*, trad. fr. D. Valin, Paris, Payot & Rivages, 1995, rééd. 2002, p. 13-17. Le rapport aux formes de vie comme configurations culturellement formées imprègne aussi le discours de Jürgen Habermas, Friedrich Kambartel, Rüdiger Bubner, Martin Seel et Lutz Wingert, pour n'en nommer que quelques-uns.

une pertinence publique. Par exemple, le fait de suivre ou de rejeter un type de comportement spécifiquement genré : voilà une disposition qui n'est nullement possible individuellement, car celle-ci repose sur des modèles de comportement et des significations qui sont sociaux. Et, inévitablement, le comportement adopté, dans de tels cas, ne concerne pas seulement ceux qui suivent un tel modèle (ou qui ne le suivent pas), mais a aussi une incidence sur l'espace de possibilités du comportement de tous les autres[1]. En outre, les formes de vie ont des conditions-cadres politico-économiques. Ne serait-ce que l'existence des maisons individuelles dépend de conditions institutionnelles (qui trouvent une formulation politique), comme le plan d'occupation des sols ou la promotion par l'État de la maison individuelle[2] ; la vie familiale avec des enfants est liée à l'existence ou non de structures d'accueil publiques pour les prendre en charge, et la possibilité de représentations théâtrales d'une qualité certaine dépend notamment du financement public de la culture.

Il n'y a que là où les options en débat peuvent apparaître trop triviales pour être en général un objet de débats qu'on renvoie au fait que, dans la perspective d'une analyse des formes de vie, même les tâches les plus quotidiennes de la vie quotidienne peuvent, en cas de doute, être lues comme des manifestations (particulières) du caractère général d'une forme de vie[3]. Ces attitudes et façons de vivre quotidiennes | sont donc 23
significatives – et cela concerne aussi les bottes rouges de cowboy, pour autant que, relativement à une certaine représentation de la virilité et de l'indépendance, elles relèvent du cliché.

1. Même le rejet de tels modèles – c'est cela qui m'importe ici – a encore lieu dans un espace socialement déterminé. Un jeune garçon, qui développe une préférence pour des vêtements roses et les vélos roses ne pourra le faire sans se sentir « coupable » que pendant un temps très court. À plus ou moins court terme, il sera confronté au fait que son goût est caractérisé comme « celui d'une fille », et, partant, à l'exigence de s'y conformer d'une manière consciente ou bien d'abandonner ses préférences.

2. Voir sur ce point les développements dans l'étude de P. Bourdieu, M. Steinrücke, F. Schultheis, *Der Einzige und sein Eigenheim*. Erweiterte Neuausgabe der Schriften zu Politik & Kultur 3, Hamburg, VSA-Verlag 2002 [N.d.T. : il s'agit de divers articles écrits par Bourdieu seul ou à plusieurs mains parus dans les *Annales de la Recherche en Sciences Sociales* entre 1997 et début 2000; et aussi d'un texte non encore publié en France à l'époque de la première édition allemande de 1998, qui donnera naissance aux *Structures sociales de l'économie*, Paris, Seuil, 2000].

3. Un exemple frappant d'une telle perspective est fourni par Theodor W. Adorno dans *Minima Moralia*, Paris, Payot, 2016, dont je cherche à mettre en évidence les lignes argumentatives dans mon essai « Kein Einzelner vermag etwas dagegen : Adornos *Minima Moralia* als Kritik von Lebensformen », *in* A. Honneth (Hrsg.), *Dialektik der Freiheit*, Francfort, Suhrkamp, 2005, p. 115-141.

Critiquer les formes de vie en tant que formes de vie

Mais qu'est-ce que signifie le fait, dans les exemples introduits plus haut, de thématiser les formes de vie *comme* formes de vie ? Quels sont précisément le domaine objectif et la modalité d'une critique des formes de vie qui évalue les formes de vie comme telles ?

Une telle critique s'occupe d'une propriété spécifique, c'est-à-dire d'une dimension *qualitative* des états d'esprit et des pratiques propres à une forme de vie – par opposition à ses conséquences, par exemple sa qualité morale au sens de l'atteinte qu'elle porte à d'autres ou de la façon dont elle les traite de manière injuste. Elle s'occupe donc, pour s'appuyer sur une distinction de Charles Larmore, de la *teneur intrinsèque* des formes de vie, et non pas de leur effet externe[1]. Pour le dire dans les termes de l'opposition entre « vie bonne » et « justice » : critiquer en ce sens quelque chose *comme* une forme de vie revient à se demander si une forme de vie est *comme telle* réussie, heureuse – ou encore rationnelle –, et non pas se demander si un ordre social juste au sens strict[2] se manifeste en elle. La distinction entre vie « bonne » et vie « juste » se trouve discutée et son utilité contestée. Ce que toutefois cette première délimitation devrait rendre clair, c'est qu'avec cette évaluation des formes de vie s'ouvre un champ large et inclusif de questions pratiques qui ne se résout pas dans le domaine plus étroit des questions qui relèvent de la morale ou de la justice.

La marchandisation comme problème de forme de vie

24 | Le caractère spécifique d'une critique, qui en ce sens vise la teneur intrinsèque d'une forme de vie, peut sans doute être expliqué le mieux à l'aune d'une des discussions actuelles déjà évoquées dans la Préface. La marchandisation qui touche toujours davantage de domaines de la vie, telle qu'elle est parfois diagnostiquée à propos des sociétés organisées par le capitalisme, est un cas dans lequel se mêlent plusieurs dimensions. Le problème de l'extension des sphères du marché à des domaines de

1. *Cf.* C. Larmore, *Patterns of Moral Complexity*, Cambridge, Cambridge University Press, 1987, p. 46.

2. Axel Honneth défend un concept plus large de justice : cf. *Les Pathologies de la liberté. Une réactualisation de la philosophie du droit de Hegel*, trad. fr. F. Fischbach, Paris, La Découverte, 2008, et « Das Gewerbe der Gerechtigkeit. Über die Grenzen des zeitgenössischen Prozeduralismus », *Das Ich im Wir. Studien zur Anerkennungstheorie*, Francfort., Suhrkamp, 2010, p. 51-77. *Cf.* aussi I. Marion Young, *Justice and the Politics of Difference*, Princeton, Princeton University Press, 1990.

la vie qu'il ne concernait pas auparavant – par exemple la sphère de la reproduction humaine, mais aussi celle de l'éducation et de la santé – est *d'un côté* un problème de justice. D'une manière typique, ce sont les femmes pauvres qui se chosifient comme mères porteuses, une médecine commercialisée est dans les meilleurs cas une médecine à deux ou plusieurs classes, et le système éducatif, organisé d'après des raisons liées à l'économie de marché, est soupçonné de favoriser avant tout la reproduction d'une élite.

Cependant, la problématique de la marchandisation soulève *d'un autre côté* aussi la question de la « réussite » et du « succès » d'un ordre social en un sens plus étendu. Si le déficit de justice d'institutions liées à la marchandisation pouvait être résolu, d'une façon purement hypothétique, par une répartition juste à un niveau de base, la question de savoir s'il y a des biens qui ne devraient pas être marchandisés – même d'une façon équitable sous les conditions de répartition dont il est question – se poserait encore et n'aurait toujours pas de réponse. Ici, il s'agit de savoir quels sont les effets sur la compréhension que nous avons de nous-mêmes, à titre d'individus et de société, sur la configuration et le fonctionnement de nos pratiques sociales, de notre assimilation de certains biens à des marchandises et de leur traitement à l'aune de l'efficience économique. Ceux qui envisagent le problème ainsi renvoient d'une manière ou d'une autre au *caractère inapproprié* de critères économiques pour de nombreux domaines et relèvent la méconnaissance du caractère spécifique de certains biens, dès que ceux-ci deviennent « objet de négoce » (Karl Marx). Ce qui est visé, c'est donc le sens intrinsèque des pratiques dans lesquelles notre vie (commune) prend une configuration ; ce qui est en débat, ce sont les manières qualitativement différentes de nous traiter et de traiter les choses que nous évaluons. Le problème concerne donc | la qualité de notre forme de vie comme telle, **25**
les biens eux-mêmes et non pas leur répartition à l'intérieur des limites posées par tel « ordre d'évaluation »[1].

1. Voir à propos du problème de la marchandisation la discussion entre Axel Honneth, Rainer Forst et moi-même, « Kolonien der Ökonomie », *POLAR – Zeitschrift für Politik, Theorie und Alltag* 2 (2007), p. 151-160, *cf.* aussi ma contribution : « Die Zeit der universellen Käuflichkeit » dans le même volume, p. 145-150. Pour une discussion philosophique moderne sur les limites, *cf.* E. Anderson, *Value in Ethics and Economics*, Cambridge (Mass.), Harvard University Press, 1993 ; Margaret J. Radin, *Contested Commodities*, Cambridge (Mass.), Harvard University Press, 1996, et mon article qui donne une vue d'ensemble, « Der Markt und sein Preis », *Deutsche Zeitschrift für Philosophie* 47/6 (1999), p. 987-1004. Voir également sur ce débat aujourd'hui D. Satz, *Why Some Things Should Not Be For Sale*, Oxford, Oxford University Press, 2010.

On peut désormais voir que là où les formes de vie comme formes de vie sont en question, sont débattues et critiquées, il ne s'agit pas seulement de savoir comment, à l'intérieur d'un cadre donné de buts qu'on s'est fixés, on agit au mieux afin d'atteindre ces buts, ou bien comment, à l'intérieur d'un cadre donné d'orientations axiologiques, on peut se représenter la manière la plus appropriée de les honorer[1]. Il s'agit plutôt de la thématisation de tels buts eux-mêmes – partant, la question n'est pas seulement celle du partage de biens ou des chances, mais celle de la figure de ces biens et des pratiques sociales elles-mêmes qui y sont liées. Si donc il n'y a pas que les effets injustes de la marchandisation qui ont été thématisés, mais la question de savoir ce que cela signifie, de traiter des biens comme pouvant être achetés ou non – si donc il n'y a pas que la répartition ou la rémunération appropriée du travail qui ont été thématisés, mais leur *sens*, alors ce sont (pour employer une formule précieuse de Georg Lohmann) les « proto-valeurs » d'une forme de vie
26 qui deviennent elles-mêmes litigieuses[2]. Un tel débat | fait toutefois apparaître en général pour la première fois le point de vue qui montre que beaucoup de manières apparemment évidentes d'établir de telles « proto-valeurs » sont proprement le contraire d'une évidence et dans quelle mesure elles sont un produit de constellations (et d'intérêts) historiques et sociales déterminés. Les formes de vie deviennent alors, dans leur qualité interne, l'objet de discussion, la *black box* est ouverte.

La critique des formes de vie comme réflexion sur les conditions-cadres de l'action

La critique des formes de vie ne vise ainsi pas seulement un autre domaine d'objets que, par exemple, la théorie de la justice, mais elle adopte en même temps une perspective déterminée : non seulement elle considère d'*autres choses*, mais elle considère *autrement les choses*. La manière la plus heuristique permettant d'expliquer ce que signifie le fait

1. C'est d'une manière certaine la façon de voir de Michael Walzer dans sa théorie des sphères de la justice et la critique de la marchandisation qui repose dessus : il ne convient pas à notre auto-compréhension à titre de communauté de traiter certains biens comme pouvant être achetés. Voir M. Walzer, *Sphères de la justice*, trad. fr. P. Engel, Paris, Seuil, 1997. Michael Walzer défend une conception analogue de la critique sociale dans *Critique et sens commun*, trad. fr. J. Roman, Paris, La Découverte 1990.

2. *Cf.* G. Lohmann, « Zwei Konzeptionen von Gerechtigkeit in Marx' Kapitalismuskritik », *in* G. Lohmann, E. Angehrn (Hrsg.), *Ethik und Marx. Moralkritik und normative Grundlagen der Marxschen Theorie*, Königstein Ts., Hain bei Athenäum, 1986, p. 174-194. Lohmann renvoie ici à Cornelius Castoriadis, « De Marx à Aristote, d'Aristote à nous », dans *Carrefours du labyrinthe*, t. I, Paris, Seuil, 1978.

de critiquer les formes de vie comme formes de vie est alors peut-être la suivante : la critique des formes de vie ne thématise pas seulement notre action, donc ce que nous faisons (devons faire), mais le *cadre de référence* dans lequel nous agissons et nous nous orientons. Ainsi, nos orientations normatives, les concepts par lesquels nous nous comprenons et l'arsenal complet des pratiques sociales desquelles nous tirons nos options d'actions, dans leur configuration et leur qualité interne, deviennent le thème de l'investigation.

Ce qui est en question ici peut être bien expliqué à l'aune de l'exemple du concept de « luxure » (comme exemple de ces concepts éthiques « épais » dont il peut s'agir en rapport à des questions normatives)[1]. Lorsqu'une proposition comme : « Nous devrions éviter la luxure », mais aussi des propositions comme : « Le mariage est le bien suprême pour une femme », ou bien : « C'est quand même un gentil enfant » (avec l'insistance correspondante sur la discipline dans l'éducation) sonnent de façon étrange et désagréable à nos oreilles, cela ne signifie pas que nous préférons la luxure à la chasteté, le célibat à la vie maritale ou une attitude
indisciplinée à celle disciplinée. C'est | le cadre posé par ces concepts qui 27
ne nous convient pas. On a ensuite déjà des positions qui s'excluent sur la question de savoir si la « chasteté », le « mariage » et la « discipline » en général doivent avoir une place dans notre vocabulaire éthique. C'est le système de référence de pratiques et d'interprétations sociales elles-mêmes, la compréhension du monde dans laquelle ces concepts sont essentiels, que nous trouvons fausse ou étrange. Critiquer les formes de vie *comme formes de vie* signifie thématiser, non pas finalement le sens et le découpage, mais aussi l'interprétation des concepts dans lesquels nous nous entendons sur ce que nous faisons et devons faire. Sont ici en débat non pas seulement des questions pratico-évaluatives – donc les questions de l'*agir juste* –, mais déjà des distinctions en rapport avec la conformité des modèles d'interprétations collectifs et ainsi avec la *conception juste du monde*.

Naturellement, les conditions-cadres ainsi décrites ne sont pas toujours complètement accessibles, et on ne peut pas toujours les déterminer sans que cela pose problème. Ce n'est donc pas le moindre des problèmes pratiques d'une critique des formes de vie de thématiser comme telles

1. *Cf.* H. Putnam, « Werte und Normen », *in* K. Günther, L. Wingert (Hrsg.), *Die öffentlichkeit der Vernunft und die Vernunft der öffentlichkeit. Festschrift für Jürgen Habermas*, Francfort, Suhrkamp, 2001, p. 280-313 ; « Values and Norms », *The Collapse of the Fact/Value Dichotomy*, Cambridge, Harvard University Press, 2002, p. 111-135.

ces conditions-cadres et, ainsi, de les rendre visibles ou saillantes. Un exemple qui montre comment une telle mise au jour peut être productive se trouve dans les mouvements sociaux classiques d'émancipation tel
28 le mouvement des femmes[1]. Ceux-ci peuvent | précisément être définis ainsi : ils prouvent le caractère absolument inévident de telles conditions-cadres en les dénaturalisant, et ils soulèvent des objections à leur encontre de diverses manières. Il nous faut, afin de pouvoir critiquer une forme de vie, en général d'abord *voir* que des concepts comme la chasteté, le mariage et la discipline (et le répertoire de pratiques et de représentations qui leur correspond) ne sont nullement évidents ou ne sont nullement donnés naturellement, car ils sont des parties d'une certaine forme de vie très ancienne. La polémique sur les formes de vie a donc un effet dénaturalisant : elle retire à ce qui semble évident sa légitimation.

Un niveau intermédiaire

Or, lorsque j'ai, au début, fait une distinction entre des questions de goût (les bottes de cowboy rouges) et des problèmes liés à un commandement ou un interdit fondés moralement (le fait de battre des enfants), il est apparu que les questions dont s'occupe la critique des formes de vie se meuvent manifestement dans un domaine intermédiaire défini de manière imprécise. Les problèmes posés ici semblent concerner un « niveau intermédiaire » entre les ordres et les interdits moraux, d'un côté, et, de l'autre, les questions de goût (c'est-à-dire le fait de s'en remettre à une prise de décision purement individuelle et arbitraire). Une forme de vie au centre de laquelle se trouvent la télévision et les *shopping malls* peut être assommante, le mariage bourgeois être vieux jeu, la province être ennuyeuse, l'intérêt pour l'ésotérisme régressif, décorer les fenêtres pavillonnaires avec des chats en porcelaine être kitsch, et s'efforcer d'atteindre un idéal de beauté au moyen de la chirurgie être

1. Renvoyer aux images et assignations liées à la distinction féminité/masculinité qui sont au fondement de l'ordre sexuel prédominant, de la conception de leurs rôles, et des pratiques correspondantes, relève d'une thématisation des conditions-cadres qui auparavant n'étaient quasiment pas perçues. Celle-ci était nécessaire afin de pouvoir identifier les rapports de domination en général construits sur ce fondement. Ce qu'on nomme *consciousness raising*, dans cette mesure, ne consiste pas seulement à thématiser des injustices dans un cadre existant de conceptions de la justice, mais aussi à rendre perceptible pour la première fois, grâce à un réajustement du cadre, certaines choses en général comme une injustice. Nancy Fraser l'a montré avec l'exemple de l'interprétation des besoins : voir « The *Struggle over Needs : Outline* of a *Socialist-Feminist Critical Theory* of *Late Capitalist Culture* », *Unruly Practices : Power, Discourses and Gender in Contemporary Social Theory*, University of Minnesota Press, Minneapolis, 1989.

stérile. Cependant, des choses ne produisent aucun dommage direct, et elles ne lèsent pas non plus le principe de respect universel de l'autonomie de l'autre[1]. Or, le fait | qu'une critique posant une telle question utilise 29
un vocabulaire qui est « plus riche » que celui du « vrai ou faux » et du « bien ou mal », indique quelque chose d'important. Le vocabulaire avec lequel nous déterminons et critiquons les formes de vie consiste, pour le dire avec une expression de Bernard Williams, en « concepts éthiques épais » (*thick ethical concepts*)[2]. Les formes de vie peuvent réussir ou bien échouer, elles peuvent s'épanouir ou bien « s'épuiser » ; elles sont stériles, non viables, kitsch, pauvres, régressives – ou bien inversement : cool, originales, enthousiasmantes, fascinantes, progressistes. Cependant, cela ne veut justement pas dire qu'il s'agit ici de critères « mous », ou bien qu'à une telle critique, qui utilise de tels critères, n'appartiennent que des prétentions minimales à la validité. Mais qu'en est-il précisément de ces prétentions à la validité ?

On pourrait décrire comme suit le but de la conceptualisation d'une critique des formes de vie : il s'agit de mettre systématiquement en évidence ce « niveau intermédiaire » entre l'interdit et l'arbitraire individuel, qui semble en quelque sorte être « asséché » argumentativement à l'aune des courants dominants du libéralisme politique et de la philosophie morale kantienne. Ou bien, autrement dit : mon but est d'éclairer « l'obscurité extra-philosophique »[3] dans laquelle la constellation philosophique décrite a expulsé les questions éthiques. Ainsi, on peut montrer que l'obscurité qui règne dans ce domaine, ou même le « commandement du

1. Que ces problèmes ne commencent pas avec le principe de non-nuisance de Mill, c'est-à-dire avec le principe selon lequel nous pouvons faire tout ce qui ne nuit pas aux autres, trouve déjà son fondement dans le fait suivant : avec la perspective des formes de vie, on contourne la distinction qui, comme on le sait, est par ailleurs difficile à faire, entre le dommage causé à d'autres et le dommage causé à soi-même. En outre, parler de « dommage » en rapport à beaucoup des problèmes en question ici signifie une fausse clarification ainsi qu'une attribution de responsabilité erronée à l'intérieur d'une situation complexe. Voir J. Stuart Mill, *De la liberté*, trad. fr. L. Lenglet, Paris, Folio-Gallimard, 2023.

2. Voir B. Williams, *Ethics and the Limits of Philosophy*, Cambridge (Mass.), Harvard University Press, 1985, p. 140-143.

3. *Cf.* C. Taylor, « Leading a Life », *in* R. Chang (ed.), *Incommensurability, Incomparability, and Practical Reason*, Cambridge (Mass.), Harvard University Press, 1998, p. 170-183, ici p. 174. Selon Taylor, la philosophie pratique contemporaine laisse souvent dans l'« obscurité extra-philosophique » les questions plus larges de la vie bonne et des biens constitutifs d'une vie humaine, afin d'apporter par là de la clarté philosophique dans un domaine limité (qu'il s'agisse de ceux de la morale de la justice ou du principe d'utilité, les deux candidats dans la théorisation morale moderne).

silence »[1] qu'on y trouve, ne sont peut-être liés qu'à l'éclat supposé d'une source lumineuse qui éclaire l'espace des raisons pratiques toujours à partir du privilège du juste par rapport au bien.

2. *DOIT*-ON CRITIQUER LES FORMES DE VIE ? POUR ET CONTRE L'« ABSTENTION ÉTHIQUE »

30 | Mais *doit*-on critiquer les formes de vie ? Une telle critique, là où elle vise l'obligation, ne conduit-elle pas inévitablement au paternalisme et à la dictature des mœurs ? Ernst Tugendhat, dans son article « Éthique antique et éthique moderne » voit « la dimension politique émancipatoire » de la conception morale moderne précisément dans la « conviction, essentielle pour la conception libérale du droit, selon laquelle il faut laisser à chacun la manière dont il organise sa propre vie ». Bien qu'il admette que cette « interdiction d'empiéter sur l'autonomie de l'individu » ne présuppose pas directement qu'« il n'y ait aucun principe qu'on puisse objectivement fonder quant à l'organisation de la vie », il remarque que « là où on croit à de tels principes, [...] le pas vers une dictature des mœurs est pourtant très proche »[2].

Cependant, il n'y a pas que les possibilités d'effectuation individuelle de soi par-delà les contraintes collectives de justification et les limitations par l'éthicité et la tradition qui sont en jeu. La vie commune réussie dans une société multiculturelle semble dépendre de la reconnaissance de la différence et de la pluralité et, partant, d'une attitude de « limitation libérale de soi » et de « mise entre parenthèses » de la tradition et de la manière de vivre communes face à la pluralité des formes de vie entrant en concurrence les unes avec les autres. Dans cette situation, la sensibilité au contexte est une vertu essentielle et le discernement des difficultés de l'interprétation liée à la confrontation avec des sociétés « étrangères » est une connaissance essentielle. Le développement factuel de l'époque moderne – l'individualisation, la pluralisation, la réflexivité –, mais aussi sa teneur normative, les idées d'autonomie, d'autodétermination et de réalisation de soi, voilà qui semble être indissociablement lié à la représentation selon laquelle il ne peut y avoir aucune « éthicité »

1. M. Seel cité dans H. Joas, *Die Entstehung der Werte*, Francfort, Suhrkamp, 1999, p. 293.

2. E. Tugendhat, « Antike und moderne Ethik », *in* E. Tugendhat, *Probleme der Ethik*, Stuttgart, Reclam, 1984, p. 33-56 ; ici p. 46 *sq*.

universellement contraignante – et aussi, corollairement, aucun point de vue à partir duquel on puisse critiquer les formes de vie.

C'est pourquoi, dans des courants distincts, la philosophie politique
actuelle propose des conceptions qui | proclament une abstention du point 31
de vue éthico-épistémique, face au fait de s'immiscer dans des questions de configuration des formes de vie, et qui, ainsi, doivent (aussi) contourner, « circonscrire » et rendre superflue la thématisation des formes de vie (c'est cette position que, dans la Préface, j'ai appelée « mentalité *black box* ».) En cela, les deux modalités les plus influentes de cette position sont bien le libéralisme politique et sa fondation pragmatique d'une neutralité nécessaire face aux formes de vie, d'un côté, et, de l'autre, l'affirmation, soutenue entre autres par Jürgen Habermas, d'une différence catégorielle entre la morale et l'éthique. Ce sont ces deux positions que je voudrais examiner brièvement dans ce qui suit, afin, devant le constat de leur insuffisance, de justifier la nécessité de reposer la question de l'évaluation et de la critique rationnelles des formes de vie.

Rawls : la neutralité libérale et les désaccords raisonnables

L'idée d'une neutralité libérale face aux formes de vie a sa source dans une stratégie pratique de résolution des problèmes. Si les guerres de religion européennes sont l'acte de naissance historique du libéralisme, la réaction à ces guerres, à savoir le projet d'une mise entre parenthèses des conflits sanglants liés aux différences de religion et de conception du monde, *via* la privatisation et l'individualisation de leur contenu, est quelque chose dont on peut suivre la trace jusque dans le libéralisme politique actuel[1]. C'est ainsi qu'argumente le libéralisme politique (dans ses différentes facettes[2]) : si on prend acte du « fait du pluralisme » (John
Rawls), les | institutions importantes de la vie publique réglée par l'État 32
doivent rester « neutres éthiquement », afin de pouvoir tenir compte de la pluralité ininterrogeable des formes de vie. « Les décisions politiques doivent, pour autant que ceci est possible, être indépendantes de toute

1. Sur ce contexte, *cf.* J. Rawls, « Justice as Fairness », *The Philosophical Review*, vol. 67, n° 2 (Apr. 1958), p. 164-194.

2. Dans la discussion politique, c'est souvent un sens très différent qu'on donne au slogan « libéral ». Je ne me rapporte ici qu'à la tradition théorique connue en philosophie politique comme « libéralisme », qui, née avec John Locke, Adam Smith ou John Stuart Mill, est aujourd'hui associée, entre autres, à John Rawls et Ronald Dworkin. On trouve un bon résumé du libéralisme politique dans A. Ryan, « Liberalism », *in* R. Goodin *et ali* (eds.), *A Companion to Contemporary Political Philosophy*, Malden (Mass.), Blackwell, 2007, vol. 1, p. 360-382.

représentation particulière de la vie bonne ou bien de ce qui donne une valeur à la vie »[1]. Dans le même ordre d'idée, Charles Larmore écrit : « Le libéralisme politique est la théorie de l'État neutre. L'État ne devrait promouvoir aucune représentation particulière de la vie bonne en arguant que ce serait une représentation supérieure, c'est-à-dire "plus vraie" »[2]. Les conceptions libérales de la justice, en vertu de l'idéal de neutralité, s'abstiennent donc de toute évaluation du contenu des conceptions du bien qui sont mobilisées (par des personnes ou par des groupes). En tant que conception explicitement politique de la « justice en tant que *fairness* »[3], telle que Rawls l'a conçue, la tolérance la plus grande possible vis-à-vis des représentations du bien incompatibles entre elles au niveau du contenu se trouve dans le fait que les individus, dans une telle société juste ainsi réglée, puissent suivre leurs projets de vie irréductiblement individuels tant que ceux-ci ne nuisent pas aux conditions de la vie collective dans une société juste. Le « consensus général » (*overlapping consensus*) nécessaire dans ce but est rendu possible par le fait que l'évaluation du contenu des projets de vie, des représentations du bien et, en définitive, des formes de vie, reste « à l'extérieur ».

Certes, les différentes conceptions libérales envisagent la neutralité de manières très différentes (et de manières plus ou moins rigides), et, précisément, les textes tardifs de John Rawls ne nient pas qu'il y ait une base éthique d'un noyau moral maigre qu'on atteint de façon toute relative, et que cette base ne soit empreinte d'un ordre axiologique propre aux sociétés démocratiques, modernes et libérales. Il n'en reste pas moins que subsiste l'idée fondamentale d'un libéralisme qui n'est ni éthique ni perfectionniste, à savoir qu'il faut neutraliser les exigences fortes d'orientations éthiques englobantes dans leur prétention à la validité, afin de rendre possible ce consensus.

33 | Derrière une telle position, d'abord prioritairement inspirée par un point de vue pragmatique[4], on peut trouver différents motifs. La théorie rawlsienne des « désaccords raisonnables » (*reasonable disagreements*),

1. R. Dworkin, « Liberalism », *in* R. Dworkin, *A Matter of Principle*, Cambridge (Mass.), Harvard University Press, 1985, p. 127.

2. C. Larmore, *Patterns of Moral Complexity*, *op. cit.*, p. 46.

3. *Cf.* J. Rawls, « Justice as Fairness », *op. cit.*

4. On peut aussi formuler positivement l'examen du pluralisme des orientations éthiques. Cette position, qu'on peut distinguer à titre de pluralisme normatif du pluralisme simplement pragmatique, voit dans la pluralité une source de richesse et dans toute tentative d'homogénéisation une perte de la beauté spécifique de l'idiosyncrasie et de l'individualité. Sur ce point, *cf.* J. Gray, *Two Faces of Liberalism*, Cambridge, Polity Press, 2000. Cette position donne certes l'impression d'une position éthique et d'une conception – imbibée de romantisme – de la vie bonne et de la réalisation de soi.

d'un grand poids théorique et très conséquente, est particulièrement tournée vers les conceptions du bien. En vertu de cette thèse, il est possible que deux positions soient aussi rationnelles par rapport à la même question éthique, mais conduisent pourtant à des résultats contraires. Cependant, les différences ne peuvent être résolues par un processus rationnel d'éclaircissement, même quand on présuppose une volonté d'unification. Du point de vue politique, est recommandée une « méthode de prévention » qui met entre parenthèses de telles distinctions et « circonscrit » les différences sur la base d'un accord essentiel à propos des principes politiques de la vie commune. Une telle conception, comme le souligne Rawls lui-même, est résolument « faible », dans la mesure où toute thématisation « plus profonde » se hasarderait dans les champs controversés de conceptions spécifiques du bien.

Habermas : l'abstention éthique

Le point de départ de la conception habermassienne (et sa réserve à propos des formes de vie) n'est pas seulement le diagnostic, qu'il partage lui aussi, du pluralisme, et la conscience du caractère conflictuel des sociétés modernes en ce qui concerne les questions de vie juste. Bien que, en pratique, elle soit en accord avec la thèse libérale de la neutralité sur beaucoup de conséquences, la position habermassienne (et les positions qui s'accordent avec elle sur ce sujet), que je discute dans ce qui suit sous le titre d'« abstention éthique », a un trait particulier. Qu'un ordre social juste, | face aux conceptions de la vie bonne 34
défendues par ses membres, doive rester neutre, voilà quelque chose qui trouve sa traduction catégorielle dans la distinction entre *morale* et *éthique*[1]. La morale concerne, dans cette construction, les normes valant inconditionnellement et universellement de la vie commune, et, partant, le respect fondamental et ses formes essentielles, que les êtres humains se

1. Même si cette distinction n'apparaît pas telle quelle, on la trouve objectivement, chez les auteures et auteurs les plus divers et dans les traditions les plus diverses. Voir sur ce point Jürgen Habermas, « De l'usage pragmatique, éthique et moral de la raison pratique », dans J. Habermas, *De l'éthique de la discussion*, trad. fr. M. Hunaydi, Paris, Le Cerf, 1992 ; Champs-Flammarion, 2023, p. 95-96 ; R. Forst, « Ethik und Moral », *in* G. Wingert (Hrsg.), *Die Öffentlichkeit der Vernunft und die Vernunft der Öffentlichkeit*, *op. cit.*, p. 344-371. Pour un éclaircissement extrêmement utile des développements divers et pas toujours identiques de la distinction entre morale et éthique chez Habermas, ainsi que sur une critique de celle-ci, voir H. Joas, *Comment naissent les valeurs*, trad. fr. J.-M. Tétaz, Paris, Calmann-Levy, 2023, et aussi « Werte versus Normen. Das Problem der moralischen Objektivität bei Putnam, Habermas und den klassischen Pragmatisten », dans M. Willaschek, M. L. Raters (eds.), *Hilary Putnam und die Tradition des Pragmatismus*, Francfort, Suhrkamp, 2002, p. 263-279.

doivent mutuellement, d'une manière inconditionnelle, sur la base d'une morale kantienne du respect et du devoir. Les points de vue moraux sont donc le critère à l'aune duquel toute forme de vie particulière devrait se justifier. Est distinct le domaine (ou, mieux, le point de vue) de l'*éthique*, dans lequel il est question de la réussite ou de l'échec des formes de vie, des questions de la compréhension existentielle de soi qui, donc, concernent notre identité individuelle et collective, et, à ce titre, ne sont précisément pas universalisables, parce qu'elles s'orientent par rapport à des valeurs ne pouvant prétendre qu'à une validité particulière[1].

Cette division de l'espace des raisons pratiques en une sphère de la raison morale universelle, qui se limite à une « signification fondamentale de la morale », et l'espace plus large des questions éthiques, a, dans le contexte de la théorie de la modernité chez Habermas, une signification qui n'est plus seulement pragmatique. La modernité peut être, selon Habermas, envisagée comme un mouvement de différenciation des prétentions à la validité, qui conduit à distinguer les questions portant sur la « vie juste » de celles portant sur la « vie bonne », avec la conséquence
35 suivante : la responsabilité d'une | « vie bonne » ne se trouve désormais que dans l'individu lui-même[2]. Cette « division et différenciation de l'espace des raisons pratiques » en un point de vue universaliste qui relève de la morale et un point de vue particulariste qui relève de l'éthique conduit à une différence qui était encore tout à fait inconnue dans les « éthiques traditionnelles » et les positions sur l'éthique de la vertu, dans lesquelles les règles éthiques et morales n'étaient pas clairement distinguées les unes des autres. S'il n'y a plus, dans la modernité, de représentation unitaire et substantielle de la vie bonne, cette distinction conduit à établir une sphère d'exigences mutuelles qui, toutefois, peuvent revendiquer une validité, indépendamment de « ce qui, concrètement, lie ou sépare les individus en question, et quelles que soient les représentations qu'ils aient du bien, quelles que soient leurs envies et leur conception du bonheur »[3]. Des

1. Voir entre autres J. Habermas, « De l'usage pragmatique, éthique et moral de la raison pratique », *op. cit.*

2. Voir J. Habermas, « Diskursethik und Gesellschaftstheorie. Ein Interview mit T. Hviid Nielsen », *in* J. Habermas, *Studienausgabe*, Francfort, Suhrkamp, 2009, vol. 3, p. 141-178, ici p. 145.

3. R. Forst, « Ethik und Moral », *op. cit.*, p. 345. Pour Forst, la signification de la distinction doit être reconduite à la « nécessité d'un ordre moral supérieur, qui renferme des principes pour se comporter vis-à-vis de personnes qui ont un autre "ethos", d'autres conceptions du bien et d'autres formes de vie que nous-mêmes, et qui est davantage qu'un *modus vivendi* relevant d'un point de vue stratégique ou pragmatique » (p. 346).

positions plus substantielles, qui ne s'en tiennent pas à une telle exigence de validité, sont précisément pour cette raison exclues par celle-ci. Jürgen Habermas a inventé une formule caractéristique, celle d'« abstention éthique », pour caractériser cette position. À titre de philosophes, nous devons en conséquence nous abstenir de l'évaluation de telles questions et nous limiter à intervenir dans le domaine des cas litigieux relevant de la morale – ce que, en d'autres circonstances, il caractérise aussi comme « domaine constituant le noyau de la morale ». Indépendamment de cela, nous devons, à titre de citoyens, prendre parti dans des conflits éthiques de toute sorte – et aussi les conflits concernant précisément cette limitation[1].

Même la distinction entre morale et éthique est motivée par le diagnostic d'un pluralisme éthique propre au monde moderne[2]. | Elle 36
n'est certes pas seulement comprise par ses représentantes et représentants les plus résolus comme une distinction qui peut aider à instaurer un *modus vivendi* pragmatique, car, d'une manière plus enthousiaste, elle est estimée comme un progrès de la philosophie morale moderne ou même comme un indice de la « maturité » d'une philosophie morale (par exemple chez Charles Larmore). Et alors qu'on trouve dans le large champ du libéralisme politique des positions qui vont jusqu'à rester évasives au sujet du caractère universalisable d'exigences *morales* de validité, l'abstention éthique de positions « kantiennes » modernes comme celle de Jürgen Habermas est assurément l'envers (peut-être même le prix ?) d'un universalisme moral, même si celui-ci ne peut pas (ne peut plus) surgir avec une exigence inconditionnelle de fondation ultime[3]. La justice est, comme le dit d'une manière concise Habermas, le fait de n'admettre « aucune valeur parmi les autres valeurs »[4], mais de se soustraire à la concurrence des valeurs qui règnent dans le domaine éthique. Il ne s'agit donc plus de rechercher des « positions qui se chevauchent », mais d'une distinction catégorielle qui doit isoler le domaine de ce qui est universellement déterminable des autres domaines s'opposant les uns aux autres et le tenir éloigné de ceux-ci. Le kantisme,

1. Voir sur ce point J. Habermas, *Faktizität und Geltung*, Francfort, Suhrkamp, 1992, p. 188 *sq.*

2. Les formulations sont ici, comme on l'a déjà mentionné, différentes, et on exprime parfois cette distinction avec l'opposition des concepts de « normes » et « valeurs », ou de « juste » et de « bien ».

3. C'est par la force mise dans l'exigence de fondation que se distinguent précisément, comme on le sait, les positions de Karl-Otto Apel et de Jürgen Habermas, malgré tout ce qu'elles partagent l'une avec l'autre.

4. J. Habermas, *Faktizität und Geltung*, *op. cit.*, p. 190.

dans ses différentes facettes, sauvegarde donc la possibilité d'une morale universaliste transcendant les contextes en isolant celle-ci à titre de morale de devoirs universalisables des questions portant sur le bien, le bonheur[1] ou de la forme de vie réussie. « Le "point de vue moral" forme un faisceau lumineux puissant, mais étroit, qui projette un éclairage, dans toute la masse des questions axiologiques, sur les conflits pratiques qui peuvent *être résolus* en rapport à un intérêt universalisable : ce sont les questions portant sur la justice »[2]. À cela correspond alors souvent, de l'autre côté, un agnosticisme à propos des questions éthiques qui se présentent, par corollaire, dans une lumière bien plus faible. En tout
37 cas, Jürgen Habermas caractérise | très clairement les conséquences de « l'abstention bien fondée » dans les questions éthiques au niveau de l'influence qu'elle peut avoir : « Nous qualifions de "cruelle" la torture des hommes, non seulement chez nous mais n'importe où. Mais nous ne nous sentons aucunement légitime pour contester des pratiques éducatives ou des types de mariage qui nous surprennent, donc des éléments essentiels d'un *ethos* d'une culture étrangère, à partir du moment où ils ne contredisent pas nos règles *morales* – à savoir les valeurs centrales qui se distinguent par leur exigence de validité universelle d'autres valeurs »[3].

Vaut donc aussi pour la position de Habermas (et des auteurs d'accord avec lui sur ce point) ce que Joseph Raz écrit à propos de John Rawls et Thomas Nagel : « Ils défendent un retrait épistémologique de la discussion »[4]. Et même si l'un ne suit pas forcément de l'autre, la séparation entre morale et éthique, de fait, est souvent le premier pas non pas seulement vers une position pragmatico-agnostique, mais aussi vers un non-cognitivisme de fait à propos des questions éthiques tout à fait en opposition au cognitivisme défendu en rapport aux questions morales[5].

1. Les représentations du bien sont multiples et le bonheur, pour cette raison, n'est pas « un idéal [...] de la raison », comme il l'est dit chez Kant, *Fondation de la métaphysique des mœurs*, trad. fr. A. Renaut, Paris, GF-Flammarion, 1994, p. 94.

2. J. Habermas, « Diskursethik und Gesellschaftstheorie », *op. cit.*, p. 146.

3. Ainsi s'exprime Jürgen Habermas dans sa réponse à la critique par Hilary Putnam de la distinction entre normes et valeurs dans « Werte und Normen. Ein Kommentar zu Hilary Putnams Kantischem Pragmatismus », *in* R. Willaschek (Hrsg.), *Hilary Putnam und die Tradition des Pragmatismus*, *op. cit.*, p. 280-305, ici p. 296.

4. J. Raz, « Facing Diversity : The Case of Epistemic Abstention », *Philosophy and Public Affairs*, 19/1 (1990), p. 3-46, ici p. 4.

5. *Cf.* entre autres J. Habermas, « Diskursethik – Notizen zu einem Begründungsprogramm », *in* J. Habermas, *Moralbewusstsein und kommunikatives Handeln*, Francfort., Suhrkamp, 1983, p. 53-125.

Mais la position esquissée ici d'une « abstention éthique » – qualifiée ailleurs par Habermas comme possiblement « insatisfaisante, mais inévitable » – est-elle vraiment inévitable ? Est-elle acceptable – et, avant tout, est-elle, comme stratégie pratique, aussi solide qu'elle en a l'air ? Quand je discute d'une manière critique, dans ce qui suit, les « stratégies d'évitement » libérales, je veux par là moins « réfuter » les positions esquissées ici que déterminer leur *coût*, et, ainsi, motiver une forme de « révision de cette attitude ».

Il y a avant tout deux points de vue qui guident, d'une manière pratique,
| la « stratégie d'évitement » libérale : *premièrement*, la représentation 38
selon laquelle les conflits, dans les sociétés modernes, plurielles, peuvent ainsi être, d'une manière juste, résolus ou du moins « circonscrits » ; *deuxièmement* (pour le dire positivement), l'idée anti-paternaliste selon laquelle cette stratégie correspond le mieux à l'idée de responsabilité individuelle et d'autonomie de sujets modernes. Les doutes que je compte élever quant à la soutenabilité de l'« abstention éthique » et de la neutralité libérale sont fondés, d'une part, dans le caractère factuellement inévitable des décisions éthiques tout comme dans la « prédétermination » de la réponse à beaucoup de questions éthiques, aussi dans l'État qui se veut neutre ; d'autre part, ils concernent conceptuellement le caractère lui-même éthique de la distinction entre morale et éthique et la conflictualité qui en provient.

L'inévitabilité des questions éthiques

Ma thèse est la suivante : le principe de l'abstention comme l'idée de neutralité se heurtent à une limite – et certes non pas *malgré*, mais précisément *en regard* de la situation des sociétés modernes. Si l'abstention semble être devenue dans les affaires éthiques le signe d'une société moderne et si la neutralité vis-à-vis des formes de vie est présentée comme une exigence essentielle en rapport tout particulièrement aux États modernes, on peut simultanément affirmer que la vie, précisément dans les conditions de la modernité et de la civilisation technico-scientifique, confronte les actrices et les acteurs de façon croissante à des problèmes qui rendent inévitables une évaluation des formes de vie. La question de l'évaluabilité des formes de vie serait confrontée au même résultat que celui qui résulte des *Principes de la philosophie du droit* de Hegel qu'on peut lire comme une sorte de dialectique de l'individualisation : si, d'un côté, la modernité rend possible pour les individus l'indépendance envers les liens collectifs et traditionnels (le « droit de la *particularité*

du sujet à se trouver satisfait »[1]), de l'autre côté, c'est dans la société civile moderne la dépendance des individus vis-à-vis de l'échange et du
39 commerce sociaux et, partant, | l'interdépendance entre eux qui se trouve renforcées. Des « positions éthiques massives » seraient alors d'autant plus difficiles à fonder que la question de leur fondation en général se pose. C'est en ce sens qu'il faut souscrire à ce qu'affirme Ludwig Siep quand il remarque la chose suivante :

> Les formes de vie modernes (...) ont des présupposés techniques et infrastructurels si massifs qu'elles ne sont pas possibles sans des apports publics considérables. Cependant, ces apports produisent pour leur part des conditions irréversibles pour les possibilités de choix et de réalisation de formes de vie. (...) Quand de telles décisions sont choisies par la liberté du développement technique, du marché et des apports étatiques au niveau des infrastructures, la formation privée, seulement limitée par des règles universelles de respect mutuel, des préférences et des représentations du bonheur, devient une illusion. Si le bonheur privé est réglé de façon publique et l'est par des lois – les lois fiscales, la technologie politique d'État, etc. –, alors il devrait y avoir une discussion générale sur les modes de vie qui sont justes envers l'être humain[2].

Alors donc que les représentants des positions libérales et kantiennes défendent la réserve à propos des questions éthiques comme l'unique solution appropriée au regard de la pluralité des sociétés modernes, on peut inversement affirmer que ces sociétés sont précisément renvoyées, d'une manière particulière, à la régulation de « questions collectives », et aussi (de plus en plus) à la régulation de questions qui s'avèrent gênantes face à de telles tentatives de « mise entre parenthèses ».

Ainsi, une situation dans laquelle « il est publiquement décidé (...) quelque chose à propos du bonheur privé », exige qu'on soulève et qu'on conduise publiquement le débat sur les formes de vie hors de l'obscurité du privé – et ce précisément dans l'intérêt de « la direction émancipatrice fondamentale de la morale moderne ». La critique eu égard à la « privatisation du bien » (de la façon dont Alasdair MacIntyre décrit la situation correspondante[3]) ne repose précisément pas, dans cette optique, sur le désir d'une éthicité nouvelle et contraignante, qui est inaccomplissable parce que tournée vers le passé ou bien même

1. G.W.F. Hegel, *Principes de la philosophie du droit*, trad. fr. J.-F. Kervégan, Paris, Quadrige-Puf, 2003, § 124, p. 121.

2. L. Siep, *Zwei Formen der Ethik*, Opladen, Westdeutscher Verlag, 1997, p. 20.

3. *Cf.* A. MacIntyre, « The Privatization of Good : An Inaugural Lecture », *The Review of Politics*, vol. 52, n° 3 (Summer 1990), p. 344-377.

« immature ». Elle s'appuie sur la reconnaissance du fait que les questions éthiques se construisent aussi dans le dos des individus et qu'on y trouve une « situation collective » et des conditions collectives, connotées du point de vue éthique, | de l'existence individuelle dans laquelle elles ne 40
sont pas manifestes ni choisies librement.

Cet état de choses affecte la possibilité d'une « neutralité politique » dans la sphère des formes de vie divergentes. Les formes de vie sont toujours déjà *politiquement instituées* et dépendantes des institutions – lesquelles sont publiques. Et même là où, dans une société, plusieurs formes de vies concurrentes coexistent les unes à côté des autres, cela ne se produit encore que sous l'égide d'une forme de vie supérieure[1]. Ainsi s'avère-t-il que la thèse libérale de la neutralité est une compréhension erronée de soi de celle-ci, renfermant de l'idéologie[2], et camouflant le fait suivant : le choix entre des décisions sur les valeurs possibles est toujours déjà prédéterminé dans le cadre institutionnel même des sociétés libérales sous des angles précis. L'institution du marché envisagé, dans nos cultures actuelles, d'un point de vue politiquement libéral et économiquement capitaliste, est peut-être l'exemple le meilleur d'une telle institution qui se comporte à la manière d'un médium neutre, mais qui a des effets significatifs sur les formes de vie. Ou bien, ainsi que Harmut Rosa en décrit la dynamique : se manifeste ici une forme de vie à titre de « méta-paradigme » qui rend adroitement méconnaissable le fait qu'elle est elle-même liée à un horizon déterminé de compréhension et de valeurs[3]. Si toutefois les ordres sociaux ainsi envisagés *se présentent eux-mêmes comme une forme de vie*, le débat public sur les formes de vie contribue à ce qu'on prenne en compte, avant toute chose, « notre » forme de vie *à titre de* forme de vie.

1. Peut-être est-ce une question de perspective de savoir si, dans de telles conditions, l'on met plutôt l'accent sur la multiplicité libérale et pluraliste des formes de vie qui sont toujours rendues possible, ou bien sur l'homogénéité qui se trouve à leur fondement. Frederic Jameson, dans une perspective de diagnostic temporel, a insisté sur le long processus d'uniformisation enfoui profondément qui, à l'ère de la globalisation, contrecarre les « antagonismes superficiels » qui éclatent au grand jour. Voir F. Jameson, *Le Postmodernisme ou la logique culturelle du capitalisme tardif*, trad. fr. F. Nevoltry, Paris, Beaux-arts de Paris, 2007.

2. On peut parler d'« idéologie » ici en un sens encore peu lourd de présupposés, dans la mesure où ma description fait ici allusion à un modèle classique d'idéologie, celui de la généralisation inadmissible de quelque chose de particulier. Pour une présentation systématique des différents moments de l'idéologie et de la critique de l'idéologie, voir R. Geuss, *The Idea of a Critical Theory*, Cambridge, Cambridge University Press, 1981.

3. Voir H. Rosa, « Lebensformen vergleichen und verstehen. Eine Theorie der dimensionalen Kommensurabilität von Kontexten und Kulturen », *in* J. Straub, B. Liebsch (Hrsg.), *Lebensformen im Widerstreit*, *op. cit.*, p. 47-81, ici p. 76.

Le caractère éthique de la distinction entre morale et éthique

41 | Ainsi, la distinction entre morale et éthique se révèle elle-même dépendante d'une forme de vie et manifeste donc à maints égards son insuffisance comme stratégie pour « éviter » les conflits.

Revenons encore une fois à la remarque de Jürgen Habermas citée plus haut et à la distinction qu'il y faisait entre ce qui est « cruel » et ce qui est simplement « étranger » dans une forme de vie différente. Si l'on considère cette distinction plus précisément, on voit qu'elle n'est pas aussi évidente qu'elle peut le paraître à première vue. Quand, par exemple, une pratique éducative est-elle simplement étrangère, quand est-elle moralement répugnante ? Il y a encore cinquante ans (et même dans « notre culture »), pour beaucoup d'hommes, le châtiment corporel des enfants n'était pas seulement quelque chose qui ne posait aucun problème moral, voire quelque chose de conseillé, mais c'était une affaire privée[1]. Aujourd'hui, la plupart d'entre nous le tiennent pour « cruel » et pour une atteinte à ce qui est juste. Même la question de savoir ce qui vaut comme cruauté morale est interprétée très différemment selon les cultures. Ainsi, au Vietnam (pour ne pas prendre un exemple trop martial), le fait de laisser crier des nourrissons est considéré comme « cruel », alors qu'en Allemagne la thèse selon laquelle les cris fortifient les poumons et renforcent le caractère se révèle incroyablement tenace. Où donc cesse le domaine des questions contraignantes universellement du point de vue moral, où commence le domaine de décisions de valeur d'ordre éthique qui sont ininterrogeables (et en cas de problème, même
42 idiosyncrasiques)[2] ? | Et qu'est-ce qui justifie en conséquence une intervention publique ?

Si l'on veut traduire le slogan habermassien de l'« abstention » dans ces exemples, cela donne quelque chose du genre : nous condamnons les châtiments corporels des enfants (comme cruels), mais nous ne nous

1. Je ne conteste pas pour autant ici qu'il y a même aujourd'hui des parents qui frappent leurs enfants. On peut encore toujours observer des situations dans lesquelles les parents eux-mêmes semblent ne rien penser de la manifestation publique d'une telle pratique. Je pars cependant du fait suivant : les principes pédagogiques fondamentaux qui à tout le moins excluent principiellement le châtiment corporel se sont imposés dans les pays occidentaux après les années 68 d'une manière plus ou moins générale. Il est toutefois étonnant que ce soit seulement depuis novembre 2000 qu'est entrée en vigueur la loi qui interdit la violence dans l'éducation (§ 1631 du Code Civil, section 2), avec laquelle le droit de l'enfant à « une éducation sans violence » est fixé et les « punitions corporelles, blessures mentales et autres mesures dégradantes » sont déclarées inadmissibles.

2. Déjà la question de savoir où commencent « mes affaires » et celles des autres n'est pas évidente, car, dans la réponse interviennent mes présupposés sur les limites de ce qui est propre à ma personne – et, partant, des concepts de l'individualité qui ne vont pas de soi.

sentons pas *per se* légitimes pour contester la compréhension de la discipline, du savoir-vivre et de l'autorité parentale qui en est aussi au fondement et peut-être « étrangère ». Devons-nous donc tolérer comme une « pratique d'éducation » simplement « étrangère » le ruban blanc que le pasteur, dans le film du même nom de Michael Haneke, attache aux cheveux de ses enfants pour leur rappeler, comme il dit, « la pureté et l'innocence » – valeurs que les enfants ont transgressées d'une façon impardonnable en arrivant tout simplement trop tard au dîner –, alors que nous pouvons critiquer ouvertement les scènes de châtiment et même justement les punir légalement ?

Dans le domaine interculturel cela pourrait être formulé ainsi : nous condamnons les crimes d'honneur et, de même, aussi la pratique du mariage forcé, mais nous ne nous sentons aucune légitimité à nous élever contre la conception patriarcale de la famille qui se trouve derrière ou bien contre le concept de mariage qui y correspond. En pratique, cette position conduit à vrai dire à des situations complexes. Jusqu'où l'« éthos intégré » du mariage arrangé est-il précisément un éthos intégré, et depuis quand est-il devenu un mariage forcé qu'on peut questionner du point de vue moral ? Les frontières sont ici floues, et surtout les moyens de la contrainte, dans les structures sociales correspondantes, sont multiples. Et, en outre, la signification de beaucoup de pratiques sociales – par exemple l'aspect « arrangé » de mariages – n'apparaît que dans le contexte du réseau de sens très serré d'autres pratiques. Il n'y a pas que le fondement de la relation, mais même la signification du rapport conjugal comme tel dans le contexte des liens familiaux qui se distingue ici des contre-modèles « modernes » – et se trouve ainsi précisément en question. C'est précisément donc là où l'ethos intégré n'a pas seulement un caractère folklorique que la frontière entre le bien et le juste, | c'est-à-dire 43
entre ce qui est mal moralement et ce qui est mauvais éthiquement, n'est jamais facile à tracer, particulièrement quand l'un (l'éthos) se révèle être le fondement ou le cadre de référence de l'autre (ce qui est moralement problématique)[1]. Aussi on peut non seulement affirmer que celui qui s'oppose aux coups doit lutter contre la représentation de l'éducation qu'on vient d'introduire (et contre le complexe global de représentations pédagogiques dans lequel les enfants sont considérés comme une menace déréglée et désordonnée contre l'ordre des adultes) – et que celui qui s'oppose au crime d'honneur doit lutter contre le concept de mariage qui y est lié ; mais ce qui se manifeste aussi dans ces exemples, c'est le fait qu'il s'agit toujours aussi de manières et de capacités de percevoir

1. Voir sur ce point également la polémique répétée de Slavoj *Žižek* contre le « multiculturalisme *light* ».

qui ne sont pas elles-mêmes indépendantes de formes de vies intégrées [1]. Pour revenir à l'exemple du *Ruban blanc*, il est manifeste que le père qui nous a été présenté n'est pas seulement un homme particulièrement cruel, mais quelqu'un qui tient les règles décrites dans le film – depuis le fait de mettre le bandeau en passant par l'interdiction de parler à table le soir jusqu'à l'interdiction de la masturbation au moyen des mains attachées – pour des pratiques indispensables de l'éducation paternelle [2]. Ce sont les états d'esprit et les pratiques de sa forme de vie, qui se sont incorporés dans sa manière de sentir et dans sa façon de percevoir et le rendent incapable de saisir la cruauté de ses actions et la froideur oppressante de cette situation familiale qu'il a créée. Le ruban blanc que revêtent les enfants n'est-il cependant pas presque pire que les scènes où ils reçoivent des corrections? Et, au-delà de la brutalité de celles-ci, la bonne conscience avec laquelle les punitions sont données
44 n'est-elle pas le véritable scandale, | ce qui est proprement répugnant? Si l'évaluation adaptée d'une situation a besoin de cela (par exemple la sensibilité du fait que certaines choses sont atroces) afin de réagir de façon appropriée à celle-ci, inversement, l'action douteuse du point de vue moral est fondée dans une manière de voir et dans des pratiques intégrées, qu'on ne peut pas comprendre avec des critères moraux au sens plus strict ou punir à l'aune de ceux-ci. La morale s'avère, à cet égard, être incorporée dans des formes de vies plus englobantes. Et il est vraisemblable – par rapport à l'exemple des parents qui frappent leurs enfants – que le fait que les enfants, aujourd'hui, sont probablement moins (systématiquement) frappés qu'autrefois doit moins être expliqué par le triomphe de principes moraux que par la propagation d'une modification des formes de vie (à propos des enfants et de la conception de la famille et de l'éducation) qui englobe plus que la capacité à conférer une validité à des points de vue moraux.

Un autre point s'ajoute à cela. Que l'étendue du domaine qu'on nomme, dans la terminologie abordée, « morale » ou « éthique », soit très controversée et, du moins, historiquement et culturellement extraordinairement diverse, voilà quelque chose de très manifestement

1. Sur la tentative de prendre en compte ce fait à l'intérieur d'une philosophie morale, voir A. Wellmer, *Ethik und Dialog. Elemente des moralischen Urteils bei Kant und in der Diskursethik*, Francfort, Suhrkamp, 1986, particulièrement chap. XI et p. 159-172.

2. On peut considérer comme absolument cynique la scène dans laquelle le pasteur reproche aux enfants que, à cause de la punition qu'il leur a infligée pour le lendemain, il ne pourra pas dormir de la nuit. Il est toutefois suggéré ici qu'il s'agit d'un système complexe et général dans lequel le père ne peut pas connaître l'atrocité de son action. Voir sur ce point également l'entretien de M. Haneke avec T. Assheuer, *Nahaufnahme Michael Haneke. Gespräche mit Thomas Assheuer*, Berlin, Alexander Verlag, 2010, p. 163-165.

admis dans les débats sur la distinction entre morale et éthique. Cette variation d'étendue historique et culturelle suscite l'idée selon laquelle les critères permettant de tracer les limites entre l'éthique et la morale relèvent eux-mêmes d'une question liée à une « éthicité incorporée », et, partant, qu'à l'abstention correspond donc un éthos spécifique – l'éthos de la modernité – dans lequel elle prend sa source. Ainsi, la question de savoir où se trouvent ces limites et si l'on peut poser, en général, entre ce qui est éthique et ce qui est moral, une limite définitive, devient un critère caractéristique de cette formation éthique spécifique – et à beaucoup d'égards la distinction caractéristique entre les formes de vies traditionnelles et celles qui ne le sont pas. Sont incontestables les deux éléments suivants : *qu'on peut* établir en général une limite entre ce qui est éthique et ce qui est moral et *où* l'on peut tracer la limite. Si toutefois le fait d'établir la limite est lui-même *connoté du point de vue éthique*, cela jette une autre lumière sur la distinction. Même quand on la tient dans une perspective universaliste pour une distinction nécessaire à laquelle mène en quelque sorte le développement moral (ce que suggère Charles Larmore quand il parle de « maturité »), | il n'en demeure pas moins que 45
– du point de vue purement pratico-politique – cet éthos spécifique de la modernité n'est pas incontestable[1]. Cela a des conséquences eu égard à la force de conviction de cette distinction dans les débats entre les cultures « modernes » et les autres. Si la distinction entre éthique et morale apparaît absurde pour un ordre « éthique » traditionnel, elle devient – considérée dans ses conséquences pratiques – un instrument de combat dans la discussion, et c'est ainsi qu'elle est aussi comprise (on peut le voir à l'aune des débats violents qu'en Allemagne, la loi évoquée ci-dessus, interdisant la violence dans l'éducation, a suscités, ou, même aujourd'hui, dans les débats autour de la pratique religieuse du voile.) Cela n'a pas contribué à désamorcer les conflits. C'est pourquoi, comme Seyla Benhabib l'a développé, le « «plaisir définitionnel» avec lequel la séparation entre les questions de la justice et celles de la vie bonne, est brandie comme une baguette magique permettant de résoudre les dilemmes les plus difficiles d'ordre éthique, culturel, moral et politique de notre temps », est quelque chose qui devrait plutôt nous rendre sceptiques[2].

1. C'est un des points par lequel commence habituellement la discussion qui tourne en rond, parce que cette position semble nier que la modernité elle-même incorpore une éthicité spécifique. Ce point a été traité de la manière la plus claire par Charles Taylor, *Les sources du moi*, trad. Charlotte Melançon, Paris, Seuil, 1998.

2. S. Benhabib, « Über Achtung und Versöhnung », *Deutsche Zeitschrift für Philosophie*, 45/6 (1997), p. 975-990, ici p. 986.

Or, les représentantes et représentants de positions libérales s'empressent d'admettre qu'il n'y a pas que nos représentations morales elles-mêmes, mais aussi les distinctions qu'on a faites et, ainsi, le découpage de « l'espace des raisons » qui sont fondées dans notre manière de vivre (« *way of living* ») et telles qu'on ne peut pas les fonder plus avant. Cependant, est-ce que la bêche ne se retourne pas ici trop vite[1] ? Si précisément nous ne voulons pas revenir à un modèle de fondation traditionnel, et prendre au sérieux le droit qu'ont tous les êtres humains de façonner leur vie eux-mêmes, on peut difficilement éviter de thématiser et de justifier le « découpage » de l'espace des raisons (en
46 rapport à des formes de vie). Surgit donc la question | de savoir s'il ne faut pas défendre énergiquement l'« éthos de la modernité » lui-même, et si cette défense peut être formulée autrement que comme la défense d'une forme de vie déterminée.

C'est en ce sens qu'est intéressante la position de ce qu'on nomme le libéralisme « éthique » ou encore « perfectionniste » (dont Joseph Raz est un exemple), même s'il s'agit d'un libéralisme, qui comprend et défend d'une manière offensive les valeurs libérales de l'autonomie, de la liberté et du pluralisme elles-mêmes à titre de valeurs éthiques, et qui donc ne revendique à cet égard nulle neutralité. Ici aussi il est vrai que la bêche se retourne souvent très vite. Joseph Raz le formule ainsi : « La valeur de l'autonomie personnelle est un donné de la vie (*fact of life*). Étant donné que nous vivons dans une société dont les formes sociales, pour une part considérable, reposent sur le choix personnel, et que nos possibilités sont limitées par ce qui est disponible dans notre société, nous ne pouvons que vivre bien en elle à partir du moment où nous pouvons réussir à être autonomes »[2]. La teneur de l'éthos libéral lui-même, manifestement fondée sur cette facticité de la vie autonome, n'est alors toutefois pas fondée proprement face à d'autres formes de vie.

Il se pourrait toutefois, au vu des conflits évoqués, et précisément si nous ne voulons pas jouer la domination d'une culture majoritaire (ou d'une tradition déterminée), que la défense de l'éthos de l'autonomie sur le mode d'un conflit ouvertement affirmé sur les formes de vie s'avère moins paternaliste que le neutralisme peut parfois l'être dans ses effets. En cas de doute, la thématisation des formes de vie, dans la mesure où elle donne la possibilité de contester et de mettre en question jusqu'à la

1. Cette métaphore reprise à Ludwig Wittgenstein est souvent utilisée relativement au point argumentatif eu égard auquel toute recherche supplémentaire d'une pratique déterminée est dénuée de sens. [N.d.T. : l'autrice fait ici allusion à *Recherches philosophiques*, § 217].

2. Voir J. Raz, *The Morality of Freedom*, Oxford, Oxford University Press, 1988, p. 394.

position de celui qui critique, est la variante plus juste et plus symétrique face à la tentative d'« euphémiser » le caractère pour sa part éthique de la forme propre de vie et, partant, de la soustraire factuellement à la discussion[1].

Les problèmes que j'ai introduits ici à propos des stratégies libérales de l'abstention | aboutissent au même résultat : à partir de cette perspective, 47
ce qui est pensé comme stratégie de neutralisation du conflit se révèle être une manière d'occulter ou de déplacer les conflits et abrite même d'un point de vue pratique un nouveau potentiel conflictuel, au lieu de rationaliser les débats en question. Mais ainsi, ce que j'ai appelé plus haut le premier but de ces stratégies – la circonscription du conflit – se trouve à tout le moins en question.

Néanmoins, même en rapport au deuxième but – à savoir : correspondre aux exigences d'auto-détermination des individus modernes –, des questions se posent. L'argument le plus important pour reprendre les débats sur la critique des formes de vie se présente d'après ce qui a été dit plus haut comme suit : là où les formes de vie ne peuvent pas être thématisées, elles s'imposent d'une manière non thématisée. L'abstention éthique face aux formes de vie conduit à ce que celles-ci, *comme formes de vie* – et de la sorte aussi comme quelque chose à quoi il y a des alternatives – deviennent *invisibles*. Et cela signifie à bien des égards qu'elles sont renaturalisées en une puissance du destin[2]. Une telle renaturalisation sape toutefois le projet lié à l'anti-paternalisme libéral à propos de la configuration de la vie propre à chacun. Au lieu de rendre possible à l'être humain de configurer lui-même sa vie, la stratégie de l'abstention neutre camoufle les pouvoirs qui la déterminent. L'« orientation émancipatrice de la morale moderne » (Ernst Tugendhat) pourrait ainsi se transformer en son contraire.

Critique du modèle de la compréhension existentielle de soi

Si toutefois l'« abstention éthique » n'aide en rien et si la dictature illibérale sur les mœurs n'est pas souhaitable, comment, face à cette alternative manifestement insatisfaisante, ouvrir une nouvelle perspective ?

1. Si le tableau angoissant du « mariage arrangé » constitue l'objection la plus populaire contre certaines formes de vie traditionnelles, on trouve, de l'autre côté, un cliché très apprécié : celui de la grand-mère allemande morte qui git dans son salon depuis trois semaines sans que quiconque s'en soit rendu compte. Voilà deux descriptions réciproques qui gagneraient beaucoup à être discutées publiquement.

2. Voir H. Rosa, « Wider die Unsichtbarmachung einer Schicksalsmacht », *Berliner Debatte Initial*, 15/1 (2004), p. 81-90.

Dans ce but, il faut, en premier lieu, clarifier ce qui est enchevêtré dans cette discussion et s'interroger sur le caractère du domaine éthique laissé « dans l'obscurité ». Ma thèse est la suivante : la conception selon
48 laquelle les questions de formes de vie ont | un statut particulier face aux questions morales ou portant sur la justice et qu'elles ne peuvent pas être fondées, d'une manière évidente philosophiquement, de la même manière, trouve son origine dans une description de l'objet – origine qui conceptualise celui-ci d'une manière écourtée. Il faut déjà remettre en question le modèle de l'identité éthique lui-même qui est au fondement de la discussion exposée – même si ce n'est pas de façon nécessaire, en tout cas dans les faits.

Derrière la position qu'on a développée inlassablement, selon laquelle de telles positions à l'époque du pluralisme des conceptions du monde et des formes de vie n'autorisent aucune explication unitaire et universellement valide, le problème est celui de savoir ce qui distingue proprement les questions « éthiques » de toutes les autres choses sur lesquelles règne pareillement l'absence d'unanimité, sans qu'on en vienne ici à l'idée d'imposer une « abstention » envers elles ?

Rawls et Habermas ont ici des intuitions tout à fait semblables : les questions éthiques, les questions qui concernent la teneur intrinsèque des formes de vie, sont étroitement liées aux questions d'identité individuelle ou collective, et, partant, aux histoires (de vie) individuelles et collectives. Elles sont donc particulières, elles conquièrent leurs motifs à partir de la situation spécifique, survenant d'une manière historique et contingente, de chaque individu singulier (ou de chaque collectif singulier). C'est précisément pour cela qu'elles sont certes incontournables et significatives d'une manière spécifique – mais qu'elles ne sont précisément pas universalisables. À propos des « fardeaux de la faculté de juger »[1], qui expliquent pourquoi et dans quelle mesure il y a des « désaccords raisonnables », Rawls écrit que « la manière dont nous évaluons des constats empiriques et pesons des valeurs morales et politiques est imbibée par l'ensemble de l'expérience qui nous a menés jusqu'ici, par l'ensemble du chemin qu'a pris notre vie jusqu'à aujourd'hui. Et assurément chaque ensemble se distingue de chaque autre »[2]. Les différences éthiques insurmontables dont nos sociétés

1. Voir sur ce point J. Rawls, « Le domaine du politique et le consensus par recoupement » (1989), dans *Justice et démocratie*, textes rassemblés par C. Audard, Paris, Seuil, 1993.

2. *Ibid.*, p. 338.

modernes sont pénétrées sont ainsi pour l'essentiel un effet de ces arrière-plans distinctifs.

De telles considérations permettent assurément d'expliquer pourquoi
les débats éthico-politiques sont si difficiles. Et elles | justifient sans 49
aucun doute qu'il y ait une manière différente de s'y prendre avec les problèmes correspondants. Cependant, pourquoi ne pourrions-nous pas remettre en question, autant au niveau des conditions de leur formation qu'à celui de leurs résultats, ces « ensembles » et la manière selon laquelle ces expériences se nouent en constellations fondatrices dans l'histoire d'une vie ? Est-il juste de concevoir les identités (qu'elles soient individuelles ou collectives) de la sorte comme ininterrogeables ? Quand Habermas souligne que la distinction entre le bien et le juste n'a pas nécessairement pour conséquence « d'exclure les questions qualifiées par l'éthique classique comme étant celles de la vie bonne du domaine de l'exposition discursive – et de les abandonner à des sentiments ou décisions irrationnels »[1], le « processus existentialo-éthique de clarification », auquel il renvoie à propos de l'« usage éthique de la raison », demeure une clarification purement interne, un processus de compréhension de soi qui n'autorise pas une critique plus large du contexte[2]. Alors que les discours moraux, selon Habermas, exigent la « rupture avec toutes les compréhensions de soi » et la distanciation par rapport à l'éthicité intégrée, on ne pourrait pas, dans les processus éthico-existentiels de connaissance de soi, « sortir de l'histoire de notre vie et de la forme de vie » dans lesquelles nous nous sommes factuellement pris.

Il semble qu'il y a derrière tout cela l'idée d'une adaptation interne. Ce que j'ai à *faire* – du point de vue éthique – est orienté par ce que je *suis*. Ce qui dans le monde est bien et convenable est dans le cas d'une orientation éthique ce qui est bien *pour moi* et sur le fond de mon identité particulière, partant, ce qui rend possible que je sois en accord avec moi-même. La même chose vaut pour les identités collectives. Comment toutefois la réponse à la question « Qui suis-je ? » pourrait-elle en général fournir quelque chose pour résoudre la question « Que dois-je faire ? » ? Pourquoi doit-il résulter de ma (ou de notre) connaissance interne de moi-même (de nous-mêmes) une réponse à la question de savoir quels états d'esprit et pratiques constituent une forme de vie juste ? Et quand

1. J. Habermas, « De l'usage pragmatique, éthique et moral de la raison pratique », *op. cit.*, p. 96.

2. Jürgen Habermas qualifie également souvent les questions qui surgissent ici de « questions cliniques » ; voir « Was macht eine Lebensform "rational" ? », *Erläuterungen zur Diskursethik*, *op. cit.*, ici p. 47.

en général serait-on – que ce soit individuellement ou collectivement – 50 | « en accord avec soi-même » ? Dans sa critique de la distinction habermassienne entre normes et valeurs, Hilary Putnam a qualifié les hypothèses qui sont examinées ici de « naturalisation des valeurs »[1] qui traite celles-ci comme quelque chose de préexistant qui se soustrait à titre d'élément ininterrogeable à toute remise en question rationnelle.

Ce motif de la particularité constitutive des formes de vie s'accompagne alors d'une *irrationalisation* de ce qui peut être dit dans le domaine « éthique ». Le discours libéral sur les formes de vie a tendance à *essentialiser* celles-ci et à les pétrifier. L'insistance sur le fait que les formes de vie se « cristallisent autour d'identités particulières » (Habermas), mais aussi la célébration pluralistico-libérale de la diversité éthique ont culminé dans un « regard zoologique » plutôt attentif aux différences et à l'« être ainsi » qu'au caractère hybride et à la dynamique de chaque forme de vie. Ainsi, l'intuition fondamentale du fait d'être « jeté » (dans une forme de vie ou une identité particulière) et de l'indisponibilité des identités individuelles et collectives s'accompagne la plupart du temps d'une tendance douteuse à *romantiser* les identités et les décisions axiologiques ainsi que d'un *traditionalisme* vis-à-vis des formes de vie qui n'est sans doute pas même justifié pour l'époque prémoderne. La position de Habermas, d'après laquelle la « réussite des formes de vie » n'est ni une question morale ni une question relevant de la rationalité, et d'après laquelle la « substance d'une manière de vivre (…) ne peut jamais être justifiée d'un point de vue universel »[2], promeut, ainsi que Rüdiger Bubner lui reproche, le « retrait de la raison hors du monde de la vie »[3]. Et là où, à l'aune de ses réflexions les plus récentes sur le « potentiel sémantique » et les ressources morales de la religion, il renouvelle sa « doctrine de l'abstention », ce retrait se trouve même encore renforcé :

> Du point de vue moral nous sommes tenus de faire abstraction de ces
> 51 images exemplaires d'une vie réussie ou non ratée | que nous trouvons dans les grandes histoires métaphysiques et religieuses. C'est de la substance de cette tradition dont aime de tout temps se nourrir notre

1. *Cf.* H. Putnam, « Antwort auf Jürgen Habermas », *in* R. Willaschek (Hrsg.), *Hilary Putnam und die Tradition des Pragmatismus*, *op. cit.*, p. 306-321.

2. *Cf.* J. Habermas, « Was macht eine Lebensform "rational" ? », *op. cit.*, p. 31-48.

3. Voir R. Bubner, « Rationalität, Lebensform und Geschichte », *in* H. Schnädelbach (Hrsg.), *Rationalität*, Francfort, Suhrkamp, 1984, p. 198-217.

> compréhension de soi, mais dans le combat de ces forces elles-mêmes relevant de la foi la philosophie ne peut plus intervenir dans son droit.[1]

Ainsi se consolide un processus qui peut être qualifié de *dédoublement du sens et de la rationalité* et qui est problématique notamment parce qu'il provoque l'intervention de mécanismes de compensation.

Cependant, l'image des formes de vie abordée ici correspond-elle au caractère effectif des discussions qui sont introduites sur les formes de vie – discussions qui, dans beaucoup de cas sont caractérisées par le fait que les formes de vie, dans lesquelles les individus sont enchâssés, se mettent à vaciller, se modifient ou même en viennent à se dissoudre ? Ne serait-ce que la conception de ce que sont les formes de vie et du caractère qu'elles véhiculent dans leurs prétentions implicites restent, à mon avis, indéterminées dans les positions présentées plus haut. Non seulement cette conception manque l'exigence normative que ceux qui sont impliqués dans les formes de vie élèvent avec elles ; mais elle ne parvient pas, d'un point de vue théorique et social, à saisir ce que les formes de vie, comme ensemble de pratiques *font* proprement et ce qu'elles apportent aux individus. Fonder philosophiquement la possibilité d'une critique des formes de vie est donc non pas (seulement) un projet éthique, mais aussi un projet de philosophie sociale et de théorie sociale.

3. *QUE FAIRE ?*

| Où donc localiser les débats sur les formes de vie, et quelle place doit 52
prendre la philosophie dans une telle discussion et critique des formes de vie ? Comment et depuis quel lieu social doit donc être effectuée une telle critique ? Même si l'on admet (avec Ludwig Siep) que les formes de vie sont publiquement pertinentes et que les questions de la vie réussie, étant donné qu'elles trouvent une réponse publique, doivent être posées et discutées publiquement, savoir quel est le forum de discussion

1. J. Habermas, J. Ratzinger, *Über Vernunft und Religion*, Freiburg, Herder Verlag, 2005, p. 14 *sq.* « C'est précisément dans les questions qui ont pour nous la plus grande importance qu'elle (*sc.* la philosophie) passe à un plan supérieur et examine plus que les qualités formelles des processus de connaissance de soi sans prendre position sur les contenus eux-mêmes. Cela peut être insatisfaisant, mais que peut-on objecter à une abstention bien fondée ? » (*ibid.*) Et déjà à propos de la théorie de l'agir communicationnel, Habermas soutient, certes pour d'autres raisons, qu'« une telle théorie (…) doit renoncer *systématiquement* à l'appréciation critique et l'ordonnance normative des totalités, des formes de vies et cultures, des milieux de vie et des époques » (J. Habermas, *Théorie de l'agir communicationnel*, trad. fr. J.-M. Ferry, Paris, Fayard, 1987).

légitime, donc qui devrait ici discuter, comment et avec quelle autorité décisionnelle, n'est pas encore clair. Qu'y a-t-il ici *philosophiquement* à clarifier ? Avant que, à la fin de cette introduction, je continue à esquisser mon projet, je veux prévenir certaines mésinterprétations possibles vis-à-vis de l'exigence et de l'accomplissement institutionnel d'une critique des formes de vie.

Des questions qui ne sont pas policières : transformations au lieu d'interdictions

La première mésinterprétation possible concerne le projet de la critique et l'instance par laquelle celle-ci devrait être exercée ou imposée. Si on plaide ici pour la possibilité de critiquer d'une manière argumentée les formes de vie, cela ne signifie pas qu'il doive immédiatement résulter de la critique des formes de vie une intervention politico-juridique sous forme d'interdictions et de sanctions. Les thématisations critiques et publiques des formes de vie doivent être séparées de leur expression sous forme de sanction politique et juridique. La critique des formes de vie n'est pas l'affaire de la police.

Personne ne prétend donc ainsi vouloir purement et simplement interdire le mariage civil, la télévision, la bénédiction sacerdotale des camions de pompiers ou bien l'expansion de la chirurgie esthétique. Non seulement on ne peut pas s'opposer par la violence policière au concept traditionnel d'honneur ou au concept de chasteté transmis par la tradition, mais on ne peut même pas prétendre venir à bout de ces phénomènes. Même l'absence de sens des processus de travail est quelque chose qui s'inscrit dans un champ si étendu de conditions sociales et économiques que des interdictions ou des ordres n'auraient qu'une efficacité limitée.
53 On | peut tenir des pratiques et convictions imprégnées par des formes de vie déterminées comme pouvant être argumentativement réfutées et, conséquemment, les critiquer, sans que, pour autant, on tienne pour légitime ou même acceptable l'intervention de la force publique.

C'est cet état de choses (et non pas une différence entre des domaines d'objet à fonder catégorialement) qui distingue la thématisation critique de pratiques éducatives autoritaires du concept traditionnel d'honneur ou du concept de chasteté de l'Église catholique, des mesures qu'on peut être amené à prendre dans l'État libéral et démocratique, dès qu'il s'agit d'une coercition exercée sur des individus ou d'une souffrance qui leur est infligée.

Cependant, il n'y a pas que les interdictions qui sont, en cas de doute, dénuées de sens. En s'orientant par rapport à « la dimension policière » des problèmes soulevés, apparaît le fait qu'il doit moins s'agir ici de limitations que, plutôt, de *transformations* et même de transformations émancipatrices des formes de vie. Ces transformations ne sont que rarement des processus qui peuvent être octroyés. Ici, la thématisation officielle signifie avant tout le début d'une discussion qui, en général, rend tout d'abord possible le fait de vivre des pratiques différenciées et permet de mettre hors-jeu des perspectives habituelles.

Autant il faut distinguer la thématisation publique et la sanction politico-juridique des formes de vie, autant il est vrai, d'autre part, dans le contexte de l'affirmation selon laquelle les formes de vie ont des conditions-cadres d'ordre politique et juridique, que cette thématisation publique conduit parfois à des conséquences politiques et juridiques, donc à des déterminations contraignantes, qui peuvent et doivent trouver une expression dans la prise de décision démocratique. Selon le domaine d'objet, il s'agit moins, dans les sociétés démocratiques, d'interdictions que d'un domaine d'« incitations positives » – comme dans le domaine de la politique de la famille et de la promotion de la culture.

Démocratie et philosophie

| Cependant : pourquoi ne confie-t-on pas la discussion sur les formes 54
de vie directement à la démocratie ou, pour le dire autrement : quel rôle la philosophie et la compréhension philosophique peuvent-elles et doivent-elles présumer d'elles-mêmes dans le processus que j'ai en vue ? Le caractère philosophiquement indécidable de telles questions n'a-t-il pas simplement pour conséquence qu'il faut les renvoyer à la volonté et à la décision démocratiques ? Personne n'a en définitive affirmé qu'on ne puisse pas parler des différentes formes de vie. Ce qui est contesté, c'est plutôt comment et avec quelle prétention contraignante on peut ici juger, qui doit être le sujet de ce jugement ou qui peut prétendre à la souveraineté d'interprétation. Il s'agirait moins, pour les représentants de la « neutralité » ou de l'« abstention » vis-à-vis des formes de vie, de repousser « dans l'obscurité » les questions liées à celles-ci que, plutôt, d'une espèce de division des tâches entre démocratie et philosophie.

Il est vrai que le rapport des deux met en débat tout autant la conception de la philosophie que celle de la démocratie. Si le rôle de la philosophie (politique) se trouve en conséquence, dans une acception élargie, d'être une sorte de « juge » qui produit des critères contraignants et à valeur objective avec lesquels on peut porter un jugement de valeur sur les institutions et les rapports sociaux, cette prétention se trouve contestée avec le postulat d'une « priorité de la démocratie sur la philosophie »[1]. La philosophie ne devrait pas, conformément à cette conception, être « mise en avant » face au point de vue des sujets concernés, l'analyse philosophique ne devrait pas prendre de rôle privilégié dans la querelle des positions relevant d'opinions qui ne sont pas à fonder plus avant. Je tiens d'ores et déjà l'alternative exclusive entre « philosophie *ou* démocratie » pour erronée. Bien comprise, la philosophie est une *partie* du processus démocratique, et non pas son adversaire.

Si on se représente le processus de jugement démocratique de sorte qu'il ne s'y agisse pas seulement de compenser des intérêts, mais aussi
55 – au sens d'une compréhension délibérative de | la démocratie – d'une transformation fondée des positions initiales, la philosophie ne se contente pas seulement ici d'apporter sa compétence en matière de clarification et de démonstration avec des raisons et des contre-raisons. Car elle contribue d'abord – et précisément cet aspect, eu égard à la direction « normative » de la philosophie politique contemporaine, passe parfois à l'arrière-plan[2] –à la clarification et la compréhension analytique d'une situation (on doit d'abord par exemple voir et comprendre le caractère régressif ou aliéné d'une forme de vie en général, afin de pouvoir l'évaluer, et pour cela il faut plus que des « intuitions »).

Appartiennent donc déjà à la compréhension de ce qui constitue la problématique d'une forme de vie des concepts (aussi) philosophiques. Cette compréhension et cette analyse sont en outre elles-mêmes déjà un processus normatif. Si toutefois *l'analyse et la critique*, conformément à une telle conception, ne sauraient être séparées l'une de l'autre, la philosophie intervient donc dans le débat démocratique autrement que comme instance ultime qui édicte les normes. Elle est une de ces ressources au moyen desquelles les acteurs communiquent sur leur situation et l'évaluent. La philosophie ne doit donc pas *remplacer* la démocratie, la discussion philosophique ne doit pas prendre la place de la discussion démocratique, mais elle est en somme insérée dans le processus par lequel on donne et on reçoit démocratiquement des arguments, sans avoir

1. Voir sur ce point R. Rorty, « The Priority of Democracy to Philosophy », *in* R. Rorty, *Objectivity Relativism and Truth. Philosophical Papers*, Cambridge University Press, 1990, p. 257-283.

2. Pour une critique de cette direction normative, *cf.* R. Geuss, *Philosophy and Real Politics*, Princeton, Princeton University Press, 2008, et A. Honneth, *Le Droit de la liberté. Esquisse d'une éthicité démocratique*, trad. fr. F. Joly, P. Rusch, Paris, Gallimard, 2015.

dans celui-ci le « dernier mot ». La philosophie est donc elle-même une partie d'un processus social de compréhension de soi et, partant, a une tâche même là où elle ne veut pas s'ériger en position de juge (je reviens dans la troisième partie de ce livre sur la conception de la critique qui établit un lien étroit entre analyse et critique).

Conflits dynamiques

Mais avec la question « démocratie ou philosophie? », un autre problème apparaît. La thèse selon laquelle le libéralisme lui-même est une position théorique dotée d'une prétention hégémonique qui détermine une forme de vie, | est partagée par beaucoup de positions ayant une 56
origine « déconstructiviste », démocrate radicale, néo-marxiste et du courant théorique de l'hégémonie, qui peuvent être regroupées sous l'étiquette de l'« agonalité politique ». Ces positions (éminemment représentées par Chantal Mouffe et Ernesto Laclau [1]) partagent avec ma conception le rejet, dans une perspective de critique de l'idéologie, de la thèse de la neutralité. Se rattachant pour une grande part à la théorie de l'hégémonie de Gramsci, ils posent que l'irréductible conflit pour la souveraineté interprétative culturelle est le cœur de la socialisation, de sorte que les représentations de la neutralité, « libérales » de ce point de vue, apparaissent comme étant dans le meilleur des cas naïves et dans le pire des cas idéologiques, mais toujours comme une caractéristique de la lutte pour l'hégémonie sociale. De plus, du point de vue de ces théories, la discussion sur les formes de vie ne doit pas être stoppée ou bien mise entre parenthèses. Il est vrai que, pour leur part, ils doutent de la possibilité d'une fondation argumentative de cette discussion.

D'une manière certaine, le soupçon idéologique formulé par la théorie démocratique agonistique s'étend ainsi à la tentative de fondation normative en général; mais ainsi, en fin de compte, elle s'étend aussi à la possibilité d'une critique des formes de vie, en tout cas ensuite, quand cette critique, par opposition au conflit agonal, opère avec des fondements qui revendiquent pour eux-mêmes la validité (complète). Ici apparaît un trait qui caractérise l'entreprise critique : celle-ci est, telle que je la comprends toujours en même temps dissociatrice et associatrice, elle établit pour critiquer un rapport – même s'il est négatif. C'est précisément

1. Voir l'ouvrage classique de E. Laclau, C. Mouffe, *Hégémonie et stratégie socialiste. Vers une radicalisation de la démocratie*, Paris, Fayard, 2019. Voir aujourd'hui, à la lumière d'un changement de la situation internationale, C. Mouffe, *L'illusion du consensus*, trad. fr. P. Colonna d'Istria, Paris, Albin Michel, 2016.

cet établissement d'un rapport, et donc la tentative d'établir une base commune médiée par une fondation qui est toutefois suspectée par les théories agonales afin de « saper »[1] l'irréductibilité du conflit. Derrière cette insistance (schmittienne de gauche) sur le combat ou le conflit, il n'y a pas seulement un jugement de valeur porté sur les rapports de
57 force sociaux, mais une remise en cause du rôle de la normativité | en général. Je tiens cette position comme n'étant pas crédible pour plusieurs raisons. Comment proprement la « politisation » qu'exigent aussi les représentants de la thèse de l'agonalité doit-elle avoir lieu, si ce n'est pas dans des débats sur les hégémonies culturelles qui sont des débats sur les formes de vie ? Mais si ceux-ci étaient structurés de manière si fondamentalement « agonistique » qu'ils seraient indifférents à tout souci de fondation et à la prétention, qui y est liée, à une validité – comment pourrait-il alors être seulement question de discussion ? La théorie de l'agonalité manque donc tout à fait fondamentalement, telle est ma thèse, de ce que je voudrais appeler le caractère relationnel des conflits, et elle se méprend dans l'évaluation de leur dynamique interne quand elle tente de mettre entre parenthèses la prétention à la validité qui leur est liée[2].

À l'aune de ce résultat, ce qui suit est intéressant : les positions abordées ci-dessus partagent avec les positions « libérales » que, partiellement, elles critiquent durement, un point de départ qui concerne la teneur interne, la structure et la dynamique des formes de vie. Elles tiennent *premièrement* celles-ci (volontairement ou involontairement) pour des unités closes en elles-mêmes et ininterrogeables, et « enferment » ces unités, de la même manière que le fait la contre-position libérale, dans leurs identités collectives. Et ils ne prennent pas au sérieux, *deuxièmement*, les prétentions à la validité normative élevées avec celles-ci, parce qu'ils les réduisent à des prétentions relevant de la force et de la domination.

Un des points de départ de ma recherche est la supposition suivante : si on veut critiquer les formes de vie, il faut, contre la position

1. Voir sur ce point les formulations très polémiques de C. Mouffe, *L'illusion du consensus*, *op. cit.*, p. 8-14, 18-22.

2. Une autre position, inspirée de Michel Foucault, affirme à peu près ce qui suit : il ne s'agit pas de critiquer les formes de vie, mais « simplement de vivre autrement ». Pour cette position, il s'agit moins d'une question relevant de la critique que de « l'esthétique de l'existence ». Selon elle, le problème posé par des formes de vies déterminées (dominantes) n'est pas ces formes de vie elles-mêmes, mais le fait qu'elles excluent les autres. La difficulté ici, c'est qu'on dirait que cette « autre vie » ne vient de rien, à quoi j'oppose la thèse suivante : le concept d'une autre vie résulte toujours aussi de la discussion avec les ébauches tenues pour fausses ou insuffisantes.

« agonistique » comme la position « libérale », parvenir à une autre compréhension des prétentions à la validité posées avec elles et par elles et des types de compréhension de soi qu'on y trouve.

La rationalité des formes de vie – poser autrement le problème

| Dans ce qui suit j'esquisserai brièvement la manière dont **58**
mon approche se présente au regard de la problématique ébauchée présentement. La différence par rapport aux positions de l'abstention, ainsi que je l'ai affirmé, se trouve ici moins dans une conception complètement autre à propos de la possibilité de déterminer le « bien » et les chances de s'accorder sur celui-ci, que, plutôt, déjà au niveau du plan théorico-social et ontologico-social. La *black box* à ouvrir signifie donc le fait de conquérir une autre conception des pratiques et des institutions qui constituent la figure interne des formes de vie.

Pour le résumer en une formule, la « solution » que je propose est la suivante : les formes de vie sont des faisceaux (ou ensembles), structurés de manière complexe, de pratiques sociales, qui ont pour but de résoudre des problèmes qui, pour leur part, sont historiquement contextualisés et normativement constitués. La question portant sur la rationalité des formes de vie peut alors être posée, dans une perspective transcendant les contextes, comme une question portant sur la rationalité de la dynamique de développement de chaque forme de vie. Une telle perspective fait moins du critère de réussite les points de vue substantiels liés au contenu que, plutôt, des critères formels qui sont tournés vers la rationalité et la réussite du processus ainsi décrit à titre de processus d'apprentissage éthico-social.

Ainsi faut-il, tel est le but de ma recherche, que les conflits liés aux débats sur les formes de vie soient rendus visibles comme quelque chose qui ne peut pas être réduit au modèle de conflits entre des convictions ininterrogeables sur des valeurs – ou bien des « forces liées à la croyance », et les pratiques sociales liées aux formes de vie comme quelque chose qui ne peut pas être réduit à un « élément ultime » qu'on ne pourrait plus questionner, car il s'agit de conditions de vie qui sont produites et peuvent être transformées par les êtres humains.

La critique des formes de vie, dont les conditions préliminaires sont ici conceptualisées, n'est donc pas un mode d'emploi pour un nouveau « débat sur les valeurs », mais repose sur un « mesurage nouveau », conduit du point de vue de la philosophie sociale, de notre compréhension des formes de vie.

La problématique esquissée jusqu'ici éclaire le reste de ma démarche :
59 | Dans un premier temps, je devrai développer un concept de « formes de vie » qui assimile celles-ci en général à une grandeur critiquable. Étant donné qu'il s'agit, avec l'expression de « forme de vie », d'un concept qui certes renvoie à une certaine intuition de la vie quotidienne, mais dont la teneur n'a pas été véritablement éclaircie dans ses usages sociologiques et philosophiques, il s'agit avant tout de déterminer plus précisément l'extension et l'intension de ce qui constitue une forme de vie. Les formes de vie doivent, en rapport avec des alternatives essentielles et objectives, « faire une différence », ce qui fait qu'elles sont en général dignes de la critique. Qu'il puisse y avoir en rapport aux formes de vie (à la différence des phénomènes « faibles » ou « éphémères » comme par exemple les styles de vie ou les modes) quelque chose comme des manières de poser les problèmes et, partant, un caractère approprié à la situation en général, voilà ce qui fonde qu'on puisse s'interroger sur leur réussite et sur leur rationalité – et ainsi ce qui fonde qu'elles puissent en général prétendre à une quelconque validité. Il ne serait pas abusif de conduire le résultat de ces considérations jusqu'à faire des formes de vie des instances de ce qu'on nomme avec Hegel « éthicité », une éthicité qui, certes, doit être reconstruite en quelque sorte d'un point de vue théorico-pratique dans le contexte de ce travail.

Dans un deuxième temps, j'analyserai l'espèce spécifique de prétentions à la validité qui, selon ma thèse, sont liées aux formes de vie et constituent l'espèce spécifique de normativité implicite dans celles-ci. La thèse centrale de cette recherche est la suivante : les formes de vie peuvent être évaluées (et sont également à certains égards comparables les unes aux autres) précisément parce qu'elles constituent l'incorporation de *stratégies de résolution des problèmes*. En ce qui concerne leur réussite ou leur échec, on peut produire des critères à l'aune de leur capacité à résoudre dans les faits les problèmes qu'elles doivent résoudre. La critique des formes de vie, ainsi comprise, explore avec la rationalité en quelque sorte le « succès » ou la « réussite » (au sens littéral du terme) de la forme de vie concernée. Certes, étant donné que la définition des problèmes n'est pas donnée indépendamment des compréhensions des problèmes « proposées » par une forme de vie, et, partant, implique toujours elles-mêmes déjà des décisions normatives préalables, une telle réussite des formes de vie ne peut être comprise que sous la perspective d'une interpénétration de leurs aspects normatifs et fonctionnels.

| Enfin, à cette dernière idée correspond également le modèle de 60
critique à établir dans le troisième temps. Ici, il s'agit pour moi de déterminer un procédé par lequel la critique des formes de vie n'est renvoyée ni à des *critères externes* qui se caractérisent par une distance par rapport à toute forme de vie incorporée, ni à des *critères internes* au sens où ils seraient établis dans le cadre du « processus de clarification éthico-existentiel », évoqué plus haut, qui ne peut précisément pas thématiser le cadre de la forme de vie elle-même. Le *modèle de critique* sous-tendu ici peut ainsi être qualifié de version forte (élaborée à partir de Hegel et de Marx) d'une critique *immanente*, telle qu'elle doit être développée par opposition aux modèles de critique qui en restent au cadre interne de référence[1]. Cette variante de la critique est inspirée par la critique de l'idéologie, dans la mesure où elle commence d'une manière interne – c'est-à-dire avec les problèmes et moments de crise à l'intérieur d'une forme de vie –, mais transcende ce point de départ. Ainsi, elle mise moins sur la « reconstruction normative »[2], au sens du « sauvetage » de moments normatifs qui, du point de vue social, sont déjà existants, que sur la transformation des formes de vie. Le processus de transformation dont il est question ici peut être qualifié de *processus éthique d'apprentissage* ou bien, pour le dire d'une manière plus démodée, de processus d'émancipation qui, en vertu de cette hypothèse, est déclenché par la thématisation critique de formes de vie qui sont la nôtre ou bien étrangères[3].

Une telle conception rend possible d'explorer, dans un quatrième temps, la figure de tels processus d'apprentissage. La critique des formes de vie renvoie alors à l'irrationnalité, à la péremption, l'incohérence ou au dysfonctionnement de formes de vie et vise leur transformation orientée normativement et motivée vers un mieux. Les formes de vie sont « poreuses » et influençables, et, si elles ne veulent pas être contraintes, il leur faut avoir un moment d'ouverture à l'expérience. L'évaluation
| des formes de vie doit ainsi trouver son critère « dans la réalité » du 61
problème, c'est-à-dire dans la réussite de processus de résolution des

1. Ainsi, la critique des formes de vie se trouve dans la tradition de la critique (marxiste) de l'idéologie. Sur la différence entre critique interne, externe et immanente et une compréhension correspondante de la critique de l'idéologie, *cf.* R. Jaeggi, « Was ist Ideologiekritik? », *in* R. Jaeggi, T. Wesche (éd.), *Was ist Kriti*k?, Francfort., Suhrkamp, 2009, p. 266-295, et, la partie 3.

2. Sur ce procédé, *cf.* A. Honneth, *Le Droit de la liberté*, *op. cit.*

3. Sur ce point, *cf.* aussi M. Cooke, *Re-Presenting the Good Society*, Cambridge (Mass.), MIT Press, 2006.

problèmes. Puisque, inversement – contre une perspective platement fonctionnaliste –, la façon dont elles posent les problèmes dépend d'une interprétation, qu'elle est changeante et ouverte, non seulement les formes de vie peuvent se « chevaucher » les unes aux autres, mais elles sont aussi intrinsèquement dynamiques. Le projet d'une critique des formes de vie s'enracine donc dans une reconstruction (et réduction) en un certain sens « pragmatiste » de motifs de la philosophie de l'histoire, et dans l'hypothèse qu'en ce sens le développement des formes de vie peut être compris comme un processus d'apprentissage certes ouvert, mais pourtant orienté.

PREMIÈRE PARTIE

UN ENSEMBLE DE PRATIQUES : LES FORMES DE VIE COMME FORMATIONS SOCIALES

> | Les hommes ne sont pas dans leur habit et leur présentation, dans leur 65
> figure et leur manière de sentir seulement un résultat de l'histoire, mais même la manière dont ils voient et entendent ne peut pas être séparée du processus social de la vie. *Max Horkheimer*

Qu'est-ce vraiment qu'une forme de vie ? Si je suis partie, dans mon plaidoyer introductif, d'une critique des formes de vie, d'une précompréhension plus ou moins donnée quotidiennement du concept de forme de vie[1], il est nécessaire désormais d'examiner plus précisément ce concept lui-même. La question de savoir si les formes de vie peuvent être critiquées ou non ne dépend pas peu de celle de savoir comment on comprend leur figure et leur structure interne. La signification qu'on donne à l'expression dans la vie de tous les jours et l'utilisation théorique du concept ne sont pas univoques ou unitaires, raison pour laquelle j'attaque les considérations introductives de cette partie en établissant un équilibre dans la réflexion entre l'usage pré-philosophique et une tentative de définition systématique. À la fin (de ce travail), on trouvera une proposition conceptuelle pour comprendre les formes de vie, proposition à laquelle peut être connecté le projet d'une critique de celles-ci. Pour parler généralement, c'est sur la voie d'une reconstruction théorico-pratique qu'est exposée une compréhension des formes de vie qui permet de les comprendre comme des formations, normativement constituées, de ce qui est « éthique » (au sens hégélien, sans qu'on ne creuse directement ici cette référence historique). Si, par là, on peut

1. C'est un processus qu'a antérieurement étudié une grande partie de la littérature philosophique, aussi différentes que puissent-être les conceptions qui en ont résulté.

décrire les formes de vie comme des « ensembles » de pratiques sociales, il faut prendre en compte le fait suivant : ces pratiques se rapportent de multiples façons les unes aux autres, sans par là avoir le caractère fortement clos d'un « tout organique ».

Le premier chapitre de cette partie élabore, en partant de l'usage quotidien et en délimitant les phénomènes proches, une appréhension des formes de vie qui permette de les comprendre, face à des phénomènes plus superficiels, comme des phénomènes d'une importance et d'un « poids »
66 précis. | Le deuxième chapitre analyse la physionomie des formes de vie en rapport avec la compréhension développée ici des pratiques sociales, et les décrit corollairement comme un ensemble de pratiques sociales qui possède des éléments spécifiques d'inertie et de persistance.

QU'EST-CE QU'UNE FORME DE VIE ?

Le chapitre suivant permet la première délimitation et détermination de ce dont il est question quand nous parlons de « formes de vie » en général. La première section de cette partie part dans ce but d'une analyse de notre usage ordinaire du concept et approche le contenu du concept au moyen d'une délimitation par rapport aux concepts apparentés. La deuxième section distingue les phénomènes que nous avons en vue quand nous parlons de formes de vie, à l'aide des catégories de persistance, d'autonomie et d'ancrage objectif de phénomènes sociaux d'une espèce plus fugitive.

1.1. FORME DE VIE : CONCEPT ET PHÉNOMÈNE

De quoi parlons-nous, quand nous parlons de formes de vie ? Le concept de forme de vie se rapporte dans le langage ordinaire à toute une série de phénomènes très distincts et plus ou moins étendus. La famille nucléaire, par exemple, est une forme de vie, dont on peut chercher à s'échapper à l'aide de formes de vie « alternatives » ; la forme de vie proprement urbaine s'oppose à celle de la campagne ; les formes de vie en Basse-Franconie peuvent être comparées avec celles de la Frise orientale. Des études se consacrent au sort de formes de vie nomades ou au déclin des formes de vie bourgeoises. On analyse le changement des formes de vie au début de l'époque moderne, les formes de vie du Moyen Âge ou la pluralisation des formes de vie dans la modernité ; on parle parfois au singulier de *la* forme de vie de la modernité ou du Moyen Âge. On examine la forme de vie des jardins ouvriers ou même le phénomène du « *Tupperware* comme forme de vie »[1]. Même la science

1. Voilà une petite sélection de ce qu'on trouve dans le catalogue de la bibliothèque nationale de Berlin pour l'entrée « forme de vie ».

peut être comprise « comme forme de vie », à l'idée d'« Europe comme forme de vie spirituelle » sont liés certains espoirs, et les détractrices du capitalisme le dénoncent comme « forme de vie ».

68 | Le concept de forme de vie est (en tout cas dans l'histoire des idées allemandes[1]) devenu un mot à la mode depuis les années vingt du siècle dernier grâce au livre d'Eduard Spranger, *Lebenformen*[2]. Si l'on y distingue, dans les formes de vie, des types « économiques », « esthétiques », « théoriques » ou bien « religieux », le concept, dans cette perspective caractérologique, désigne des « types idéaux de l'individualité » auxquels correspondent des manières de se rapporter à soi comme au monde.

Ce qui est caractérisé comme formes de vie, ce sont donc des ensembles d'étendues très différentes, d'espèces très différentes, et dont les points communs peuvent à peine apparaître au premier regard. Si, dans un cas – pour le Moyen Âge ou pour la modernité –, l'unité de référence est l'époque tout entière, il s'agit dans le cas de la famille d'une forme

1. Ludwig Wittgenstein a lui aussi repris le concept provenant de Spranger et, ainsi, transformé un concept relevant chez celui-ci de la socioculture et de la psychologie sociale en un concept philosophique. De manière diverse – même dans la reprise en sciences sociales de thèmes wittgensteiniens, par exemple chez Peter Winch –, le concept de forme de vie wittgensteinien a ensuite été poussé du côté du discours sur les formes de vies culturelles. Dans les recherches wittgensteiniennes, le statut accordé par Wittgenstein au concept de forme de vie est certes controversé. Ainsi, la thèse de Newton Garver, selon laquelle il n'y a, chez Wittgenstein, de forme de vie humaine « qu'au singulier », à titre de « manière générale d'agir humaine » (Wittgenstein), qui se distingue des formes de vie animales et ne peut en aucune façon être assimilée à des formes de vie culturelles au sens pluriel, a déclenché un grand débat. Sur cette controverse, *cf.* N. Garver, « Die Lebensform in Wittgensteins philosophische Untersuchungen », *Grazer Philosophische Studien*, 21 (1984), p. 33-54 ; c'est la position opposée que soutient Rudolf Haller, dans « Lebensform oder Lebensformen ? Eine Bemerkung zu N. Garvers Interpretation von "Lebensform" », *Grazer Philosophische Studien*, 21 (1984), p. 55-63. *Cf.* aussi R. Ferber, « "Lebensform" oder "Lebensformen" ? Zwei Addenda zur Kontroverse zwischen N. Garver ? R. Haller », *in* K. Puhl (éd.), *Akten des 15. Internationalen Wittgenstein-Symposiums* (Band 2), 1993, Wien, Hölder-Pichler-Tempsky, p. 270-276 ; R. Haller, « Variationen und Bruchlinien einer Lebensform », *Wittgenstein Studien 2* (1995). En ce qui concerne le renouvellement de la philosophie des sciences sociales dans un esprit wittgensteinien, *cf.* P. Winch, *Die Idee der Sozialwissenschaft und ihr Verhältnis zur Philosophie*, Francfort, Suhrkamp, 1966 ; et aussi la contribution dans R. Wiggershaus (Hrsg.), *Sprachanalyse und Soziologie*, Francfort, Suhrkamp, 1975.

2. E. Spranger, *Lebensformen. Geisteswissenschaftliche Psychologie und Ethik der Persönlichkeit*, Halle, Niemeyer, 1921. Cet ouvrage du pédagogue et philosophe Spranger a fait fureur. Objet de sept éditions dès 1930 et ainsi presque un best-seller dans son domaine, ce livre a introduit le concept de « forme de vie » comme mot-clé, sans que pourtant aujourd'hui on se rapporte effectivement dans l'emploi du concept de forme de vie directement à son inventeur.

d'organisation de la vie commune à petite échelle. | Mais ce n'est pas 69
seulement eu égard à leur étendue que les phénomènes qu'on a rassemblés ici se distinguent. Même la manière et les conditions d'appartenance à ce qui ici fonctionne à chaque fois comme « forme de vie » pourraient difficilement être plus dissemblables. Si l'adoption du mode de vie des jardins ouvriers peut être une décision individuelle et consciente dans un contexte d'alternatives, il semble qu'on appartienne à une forme de vie telle celle du Moyen Âge en participant à son époque. Et si on qualifie une formation socioéconomique englobante comme le capitalisme de forme de vie, on pense alors que celui-ci, touchant toute la vie, empreint, à côté des structures économiques, même les manières de concevoir le monde, de se rapporter à l'espace et au temps et de se comporter vis-à-vis de la nature[1], sans que les individus aient conscience de cette empreinte.

Thématisation du quotidien

Quel que soit toutefois ce qui peut englober ces formations qualifiées de formes de vie, une thématisation des formes de vie exprime dans la vie ordinaire un intérêt pour les orientations quotidiennes, déterminant la vie, et les manières informelles de configurer la vie qui imprègnent une société – donc un intérêt pour la manière dont les gens vivent, ce qu'ils font et comment ils le font[2]. Quand par exemple l'écrivain Peter
Schneider, | dans un bilan rétrospectif[3], qualifie le mouvement des 70
années soixante-huit de combat contre des formes de vie héritées et pour de « nouvelles formes de vie », il veut souligner le fait suivant : il ne s'agit pas dans ce mouvement seulement de modifications institutionnelles du système politique, mais aussi de la dimension politique du déroulement

1. Ainsi Max Weber a-t-il perçu que le capitalisme n'influe pas seulement sur les manières dont on conduit sa vie, mais aussi qu'il repose sur celles-ci et qu'il en dépend. Voir à ce propos évidemment avant tout les recherches sur l'imprégnation religieuse des conduites économiques, particulièrement M. Weber, *L'Éthique protestante et l'esprit du capitalisme*, trad. fr. I. Kalinowski, Paris, Flammarion, 2008.

2. On peut toutefois aussi parler dans la théorie sociale depuis les années 1970 précisément d'une vogue du concept de quotidienneté et de la recherche portant sur le quotidien qui se nourrit de thèmes et de sources totalement différentes. *Cf.* par exemple H. Lefebvre, *Critique de la vie quotidienne*, Paris, Grasset, 1947. Dans la science historique, c'est dans l'École des Annales que se manifeste l'intérêt pour les formes de vie quotidiennes. Même la caractéristique de la Théorie critique, son trait de « marxisme culturel », peut être compris comme un intérêt pour les formes de vie quotidiennes. Sur une telle lecture de *Minima Moralia* de Theodor W. Adorno, *cf.* R. Jaeggi, « "Kein Einzelner vermag etwas dagegen". Adornos *Minima Moralia* als Kritik von Lebensformen », *in* A. Honneth (Hrsg.), *Dialektik der Freiheit*, Francfort, Suhrkamp, 2005, p. 115-141.

3. Voir le *Frankfurter Rundschau* du 11 avril 2008, p. 1.

de la vie. Le « mouvement anti-autoritaire » de la fin des années soixante a eu, dans cette perspective, son effet véritable, au-delà des changements institutionnels plutôt maigres, dans le changement de la vie quotidienne. La fondation des écoles maternelles antiautoritaires, les expérimentations de nouvelles formes d'éducation et de nouvelles façons de collaborer, une explosion des manières qui a frappé jusqu'au code vestimentaire, mais aussi, comme l'a diagnostiqué et diffusé à l'époque Herbert Marcuse, une « nouvelle sensibilité »[1], telles sont les instances d'un tel changement.

Il s'agit là d'attitudes et de pratiques, de « cultures d'un agir commun » (Martin Seel) et des principes qui dirigent celles-ci. Et, dans la mesure où les formes de vies sont plus ouvertes et variables que les configurations sociales consolidées, mais qu'elles désignent des structures pourtant stables et préexistantes qui encadrent l'agir de l'individu, on thématise avec la perspective des formes de vie quelque chose qui « nous fait agir » et, partant, qui en général empreint et limite d'une manière déterminante nos options d'action.

Concepts apparentés et recoupements sémantiques

S'il résulte du premier regard sur la précompréhension et les manières d'utiliser le concept de forme de vie un certain « flou »[2], il est utile de chercher à préciser le concept au moyen d'une délimitation d'avec les concepts et phénomènes qui sont apparentés.

71 | Il y a des recoupements clairs entre le concept de forme de vie et celui de *conduite de vie* : l'orientation de la vie sur quelque chose ou bien l'accomplissement systématique de la vie pour autant qu'il est guidé par des principes déterminés, qu'ils soient positifs ou négatifs. On parle de la manière (remarquable) de conduire sa vie de Mère Teresa ou bien de la manière (déplorable) dont l'alcoolique conduit la sienne. Les principes de cette conduite de vie seraient dans un cas le dévouement désintéressé, l'ascèse et l'empathie inconditionnelle, dans l'autre la soif de plaisir et le manque de contrôle de soi.

Il est vrai que le concept de conduite de vie se rapporte à des phénomènes individuels plutôt que collectifs, alors que parler de formes

1. *Cf.* H. Marcuse, *Vers la libération*, Paris, Minuit, 1969, p. 73-75.

2. Ainsi, Joachim Renn affirme que le concept de forme de vie, dans l'analyse et la compréhension normative de conflits culturels, « ne remplit sa fonction que dans la mesure où il demeure flou ». Voir J. Renn, « Explizite und implizite Vergesellschaftung. Konturen einer Soziologie der kulturellen Lebensformen in der Moderne », *in* B. Liebsch, J. Straub (Hrsg.), *Lebensformen im Widerstreit. Integration- und Identitätskonflikte in pluralen Gesellschaften*, Francfort, Campus Verlag, 2003, p. 82-105, ici p. 86.

de vie renvoie systématiquement à des pratiques socialement partagées. Une autre différence concerne le fait suivant : une conduite de vie est quelque chose qu'on exerce d'une manière plus ou moins active, alors que des formes de vie, à côté d'un élément actif, ont aussi un élément passif et préalable. Il s'agit peut-être ici seulement de nuances. Cependant, et dit avec toute la précaution possible : on est socialisé dans une forme de vie, elle existe – pour une certaine part – *avant* l'individu et est déjà tracée à titre de « forme », bien que, comme nous le verrons plus loin, il appartient aux conditions de stabilité des formes de vie qu'on se les approprie de manière active. Pour le dire autrement : « conduire sa vie » est quelque chose qu'on fait alors que les formes de vie désignent un ensemble *dans lequel* on vit et à partir duquel on agit.

Le discours sur les *habitudes de vie* est aussi très proche du concept de forme de vie. Y résonnent des éléments comme la régularité, la persistance et l'évidence, qui appartiennent aussi au caractère des formes de vie. Néanmoins, nous associons aux « habitudes » bien plutôt des pratiques isolées, alors que le concept de forme de vie désigne un faisceau voire un ensemble de pratiques connectées. S'il appartient à mes habitudes de vie de travailler à la place 48 de la salle de lecture de la bibliothèque nationale de Berlin, c'est quelque chose qui, isolé, ne constitue pas encore une forme de vie. De plus, les habitudes de vie, par opposition aux formes de vie, peuvent être individuelles. Mais le fait suivant qui est plus important, pour opposer les habitudes de vie et les formes de vie : on ne peut, dans les habitudes de vie, rien faire de faux.
Si, demain, je m'assieds à une autre place | que ma place habituelle, je 72
romps une habitude que j'ai aimé prendre, mais je ne fais rien dont on pourrait légitimement me blâmer de quelque façon. Il en va autrement des formes de vie. Le comportement dans les formes de vie – comme le fait de partager ou de refuser des pratiques collectives pertinentes – est sanctionné positivement ou négativement. Les formes de vie ont, par opposition aux habitudes de vie, un trait normatif sur lequel il faudra revenir.

Bien que le lien entre les expressions de *« manière de vivre »* et de « forme de vie » soit évident, ne serait-ce que dans la mesure où toutes deux sont traduites en anglais, indistinctement, par « *way of living* » (et « *way of living* » peut être traduit en retour tantôt par « manière de vivre », tantôt par « forme de vie »), il y a ici aussi des différences. D'un côté, la manière de vivre est moins empreinte du caractère de ce qui a été entièrement configuré et qui semble appartenir à la forme de vie. De plus, la manière de vivre (comme l'habitude de vie) est moins étendue.

Ainsi peut-on dire à bon droit qu'on a changé sa façon de vivre, dans la mesure où on se lève désormais toujours à six heures du matin alors qu'auparavant on allait seulement dormir à trois heures du matin. Mais dire qu'il s'agirait ici d'entrer dans une nouvelle forme de vie serait exagéré[1].

D'un autre côté, le *style de vie* – au sens courant, correspondant à l'expression anglaise de *lifestyle* – concerne certes d'une manière typique un conglomérat de pratiques et d'habitudes différentes et ajustées les unes aux autres. Il se distingue toutefois par sa fugacité et une certaine contingence de ce qu'on nomme une forme de vie et, partant, tombe dans le secteur de phénomènes tels la mode et le goût du jour. Là où le concept de « style de vie », dans la sociologie du style de vie, a un sens très précis à titre d'« ensemble complet, répété selon des règles, des manières de se comporter, des interactions, des opinions, des stocks de savoir et des
73 dispositions évaluatrices d'un être humain »[2], | il y a naturellement une proximité avec le concept de forme de vie. Les différences apparaissent toutefois dans le fait qu'il répugne au sens de la langue de qualifier la famille nucléaire bourgeoise ou bien le Moyen Âge de style de vie. Être père n'est pas un style de vie, mais bien la participation à une forme de vie et, bien autrement que dans un phénomène relevant du style de vie, dans la conduite du rôle de père ou de mère, qui appartient à la forme de vie qu'est la famille, il y a ici encore des attentes (normatives) mutuelles qui sont en jeu.

Malgré leur ancienneté, les expressions de *mœurs* et d'*usage* sont assez pertinentes pour qualifier le phénomène désigné ici comme « forme de vie ». D'abord, les mœurs rejoignent les formes de vie dans leur mode d'organisation et dans leur caractère contraignant, si l'on suit Max Weber, qui détermine les mœurs comme règle bien ancrée, eu égard à laquelle le participant s'oriente spontanément et qui repose sur une « longue période d'adaptation »[3]. Ce qui est surtout éclairant,

1. C'est la raison pour laquelle Jutta Hartmann, dans son livre *Vielfältige Lebensweisen. Dynamisierung in der Triade Geschlecht – Sexualität – Lebensform*, Opladen, Springer, 2002, préfère utiliser, dans le cadre de ses considérations pédagogiques, le concept de manière de vivre plutôt que celui de forme de vie. Dans sa conception, le caractère dynamique et irréductible à des classifications univoques d'un monde social changeant et multiple peut être ainsi mieux saisi.

2. S. Hradil, *Soziale Ungleichheit in Deutschland*, Wiesbaden, VS Verlag für Sozialwissenschaften, 2005, p. 46.

3. *Cf.* M. Weber, *Le Savant et le politique*, trad. fr. J. Freund, Paris, Plon, 1971, rééd. Paris, Pocket, 1995, p. 62 (traduction modifiée) : « Les "mœurs (*Sitte*)" veulent dire une règle qui, par opposition à la "convention" et au "droit", *n'est pas* garantie d'une manière

c'est l'aspect normatif associé aux mœurs : les « mœurs » englobent différentes habitudes de vie pour autant que celles-ci « sont ce qui se fait » ; la référence à des coutumes, à un « c'est comme ça qu'on fait », est ici incontournable. Même le discours sur les usages, quand bien même il se réfère trop à des actions isolées par rapport au discours plus englobant sur les formes de vie, touche, par l'accent qu'il met sur le « rituel » et l'aspect de l'« héritage », un élément décisif de ce qui constitue les formes de vie.

Ainsi apparaît déjà un nouveau « parent » du concept de forme de vie : le concept de *tradition*. Il englobe les usages et les habitudes de vie d'espèce plus ou moins institutionnalisée. À vrai dire, l'accent du
concept de tradition se trouve plus | que pour le concept de forme de vie 74
dans l'origine, l'habitude, ce qui est (pré-)donné et l'histoire [1] – même si, pour une forme de vie, il peut absolument toujours y avoir une dimension historique. Une tradition est, ainsi considérée, une forme de vie qui existe depuis longtemps et qui trouve sa validité comme sa dignité précisément dans son caractère traditionnel [2].

On trouve une parenté intéressante, mais aussi une opposition instructive avec le concept d'*institution*. La forme de vie et l'institution sont des instances de pratiques sociales qui sont devenues des habitudes

externe, eu égard à laquelle celui qui agit se tient dans les faits spontanément, que ce soit "sans y penser" ou bien par "confort" ou pour quelque autre raison, et dont il peut attendre pour ces raisons l'observance vraisemblable par ceux qui appartiennent au même cercle d'êtres humains ». Si Weber écrit dans la phrase qui suit : « Les mœurs, en ce sens, ne seraient donc rien de "valide" : personne ne "réclame" de quelqu'un qu'il y "participe" », cela tient au fait qu'il s'agit à cet endroit pour lui de bien montrer la distance d'avec les formes sociales qui sont codifiées dans le droit. Sur le concept de mœurs dans leur rapport au droit, *cf.* W. Wundt, *Völkerpsychologie*, Leipzig, A. Kröner, 1918, vol. 9 : *Das Recht*, chap. 4-1 : « Sitte und Recht ». *Cf.* aussi F. Tönnies, *Die Sitte*, Francfort, Rütten & Loening, 1909.

1. Ici, il s'agit donc naturellement de savoir comment on comprend le concept de tradition. Comme je le développerai plus tard, le concept de tradition, tel qu'il est par exemple utilisé par Alasdair MacIntyre explicitement contre le concept statique de tradition d'Edmund Burke, a beaucoup de points communs avec ce que j'examine à titre de forme de vie. Je discute d'une manière détaillée le concept de tradition chez MacIntyre dans la quatrième partie.

2. En tout cas il appartient à l'autocompréhension mais aussi parfois à une stratégie de ceux qui se rapportent aux traditions comme source d'autorité, d'admettre ou de prétendre qu'elles existent depuis longtemps, même si, souvent, elles disposent comparativement d'une courte préhistoire et que, plutôt que transmises, elles ont été *inventées* dans un but déterminé et dans une situation déterminée. Voir la discussion sur l'invention de traditions dans E. Hobsbawm, T. Ranger, *The Invention of Tradition*, Cambridge, Cambridge University Press, 1992.

et qui sont chargées normativement. Elles se distinguent toutefois dans une certaine mesure par leur « état de cohérence » : si les pratiques correspondantes dans le cas de l'institution sont solidement fixées et tendanciellement codifiées, elles apparaissent, en regard des formes de vie, plus « molles » et informelles, même si une forme de vie à titre de forme et de formée s'oppose à l'instable « flux de la vie » (Georg Simmel). On voit cette différence, entre autres, aux conditions d'émergence et critères d'appartenance de chacune. On n'entre pas dans une forme de vie – comme on entre dans une entreprise ou comme on contracte un mariage – par le biais d'un formulaire ou bien en disant « oui », mais on y appartient, parfois sans le vouloir[1]. Les formes de vie ne sont pas non plus fondées – comme le sont dans beaucoup de cas les institutions –, et, contrairement à beaucoup d'institutions, elles ne sont pas codifiées ni constituées légalement.

75 | Les formes de vie présentent au contraire l'arrière-plan et la condition de possibilité d'institutions déterminées ou bien doivent « aller en sens contraire », un fait qui saute aux yeux dans tous les cas où on ne parvient pas à implanter des institutions à une communauté « du dehors » et sans point de référence dans les formes de vie locales, ou bien où des institutions – comme le mariage classique – peuvent se périmer. Inversement, les institutions entrent dans les formes de vie, elles les rendent possibles ou même les stabilisent. Les institutions comme les crèches ou les hospices par exemple rendent possible la forme de vie de la famille nucléaire moderne. À beaucoup d'égards, il s'agit ici de différences graduelles, surtout quand on admet aussi des institutions qu'elles ne sont pas toujours fondées ou établies, mais peuvent aussi se développer justement sans règle ou d'elles-mêmes[2]. Et la forme de vie peut par ailleurs être comprise comme moment transversal d'un ensemble de pratiques relevant de différents états de cohérence, dont l'un serait celui de l'institution.

1. La confédération syndicale allemande est entre autres précisément pour cette raison non pas une forme de vie, mais une institution avec un caractère organisationnel, même si un milieu avec des préférences culturelles peut s'être développé autour d'elle.

2. On discute également à l'intérieur de la théorie des institutions la question de savoir si les institutions sont fondées ou si elles naissent d'une manière évolutive. *Cf.* M. Hauriou, « La théorie de l'Institution et de la fondation. Essai de vitalisme social », *Cahier de la Nouvelle Journée*, 4e cahier, 1925. Pour une compréhension des institutions, *cf.* aussi mon article, « Was ist eine (gute) Institution? » *in* R. Forst *et alii* (Hrsg.), *Sozialphilosophie und Kritik*, Francfort, Suhrkamp, 2009, p. 528-544.

Pour finir, les larges recoupements du concept de forme de vie avec celui de *culture* sont frappants[1], quand on ne prend pas culture seulement au sens de haute culture ou de souci du beau, mais, plus largement, comme T.S. Eliot, en tant que « manière générale de vivre d'un peuple, depuis la naissance à la tombe, depuis le matin jusqu'au soir et même encore dans le sommeil »[2]. Cette signification est précisée par le concept ethnologique de culture, quand, par lui et comme c'est le cas classiquement chez Edward Tylor, la culture est déterminée comme « cet ensemble de savoirs, croyances, arts, morales, lois, mœurs, et toutes les autres aptitudes et habitudes que l'homme s'est approprié à titre de membre de la société »[3]. | « Culture », en ce sens, est un concept opposé 76
à « nature »[4], le résultat du fait de se cultiver, partant, du rapport qui s'affine entre la nature intérieure et la nature extérieure, et la manière corollaire dont s'organisent les relations sociales. Appartiennent alors à la culture même les conditions de reproduction et les techniques matérielles ou bien la « somme des conquêtes matérielles et idéelles des groupes humains particuliers, de leurs techniques, de leurs outillages et de leurs autres artéfacts, ainsi que de leur savoir sur les connexions naturelles, leur valeur internalisée et aussi leurs significations »[5]. Même si le concept de culture est peut-être en réalité celui qui est le plus proche et qui a la parenté la plus importante avec le concept de forme de vie, on ne gagne pas grand-chose en y renvoyant dans la mesure où il est « célèbre pour son manque de clarté » et menace d'être toujours plus imprécis. Vouloir expliquer le concept de forme de vie, qui a besoin de clarification, par le concept de culture qui a tout autant besoin de clarification ne semble donc pas particulièrement prometteur.

1. Il est typique qu'on utilise chacun des deux concepts pour expliquer l'autre. Ainsi, *Historisches Wörterbuch der Philosophie*, édité par J. Ritter, Basel, Schwabe, 1976, mot « culture », vol. 4, p. 1310, définit la culture comme « organisation de la vie et forme de vie des nations, des peuples, des sociétés ».

2. T.S. Eliot, *Notes Towards the Definition of Culture*, Londres, Faber and Faber, 1948, p. 31.

3. Edward B. Tylor, *Die Anfänge der Kultur*, Leipzig, Winter'sche Verlagshandlung, 1873, p. 1.

4. Même Arnold Gehlen, « Ein Bild vom Menschen » dans A. Gehlen, *Anthropologische Forschung*, Hamburg, Reinbek, 1961, p. 44-54, ici p. 47, comprend la « sphère culturelle » de l'homme comme l'« ensemble de conditions primitives et activement modifiées (...) à l'intérieur desquelles seules l'homme vit et peut vivre ».

5. K.-H. Kohl, *Ethnologie – Die Wissenschaft vom kulturell Fremden*, Munich, Beck, 2000, p. 132.

Renvoyer à une différence qui s'impose peut pourtant aider à circonscrire davantage le concept de forme de vie : le rapport au concept de culture (typiquement modelé d'après l'idée de culture d'un peuple) évoque souvent un tout étendu et clos et, partant, conduit à la suggestion suivante : une société n'a qu'une culture et elle est unitaire[1]. Le concept de forme de vie, au contraire, se prête à dissoudre cette subordination à l'unité et à saisir des formations transversales à de telles classifications
77 et au-dessous de telles grandes formations. | Le concept de forme de vie, dans la mesure où (comme l'affirme Wolfgang Welsch) il « ne se limite pas aux limites des anciennes cultures, mais se déploie transversalement à celles-ci »[2], se recommande donc, face à celui de culture, comme une alternative ayant un caractère désessentialisé et désubstantialisé, de sorte qu'il peut rendre justice à l'essence hybride des configurations qui sont ici en question.

Éléments centraux du concept de forme de vie

À partir de cette première compréhension préliminaire encore lâche, quelques caractéristiques avec lesquelles on peut décrire les formes de vie se sont désormais cristallisées :

Les formes de vie se présentent comme un faisceau de pratiques sociales ou, comme le formule Lutz Wingert, comme un « ensemble de pratiques et d'orientations »[3] ainsi que d'ordres du comportement social. Elles embrassent des dispositions et des manières de se comporter devenues des habitus ayant *un caractère normatif*, qui concernent *la conduite collective de la vie*, bien qu'ils ne soient pas *strictement codifiés* ni *institutionnellement contraignants*. Cela signifie donc :

1) Que nous ne parlons (ou devons parler) de formes de vie que là où il s'agit, non pas de pratiques singulières et isolées, mais d'un *faisceau de pratiques* qui *sont liées* d'une manière ou d'une autre entre elles et sont rapportées les unes aux autres. Cela signifie en outre

1. Pour surmonter le concept de la culture dirigée sur la totalité et l'homogénéité, voir A. Wimmer, « Kultur. Zur Reformulierung eines sozialanthropologischen Grundbegriffs », *Kölner Zeitschrift für Soziologie und Sozialpsychologie*, 48 (1996), p. 401-425. Corollairement, Wimmer s'efforce de reformuler la compréhension de la culture à titre de « processus ouvert et instable de négociation de significations » (*ibid.*, p. 402).

2. W. Welsch, « Transkulturalität. Lebensformen nach der Auflösung der Kulturen », *Information Philosophie*, 20/2 (1992), p. 5-20.

3. Voir L. Wingert, *Gemeinsinn und Moral. Grundzüge einer intersubjektivistischen Moralkonzeption*, Francfort, Suhrkamp, 1993, p. 174.

2) Que les formes de vie sont des *formations collectives*, « des ordres de la coexistence humaine »[1]. On n'a pas une forme de vie à titre d'individu singulier, de femme ou d'homme singulier. Elle repose sur des pratiques socialement partagées, même là où, à titre d'individu, on participe à celles-ci et l'on se rapporte à celles-ci. La forme de vie d'un individu qualifie | le point de vue sous lequel l'individu participe dans 78
son agir individuel à une pratique collective.

3) À titre de configurations « intégrées » avec leur caractère *d'habitude*, il s'ajoute à leur élément actif également un élément passif; on vit dans une forme de vie à titre de structure préexistante et tracée, même si, en même temps, on bâtit celle-ci par sa propre pratique.

4) À titre d'ordres de coopération sociale qui reposent sur des pratiques réglées, les formes de vie, par conséquent, sont toujours également préservées de la possibilité d'un désordre et se caractérisent, du moins du point de vue interne de ceux qui y prennent part, par une certaine attente de coopération. D'une manière analogue aux phénomènes des mœurs et de la tradition, *une certaine attente normative qui fait pression* est aussi liée aux formes de vie[2].

Afin de caractériser davantage ce qui constitue les formes de vie, il faut, dans la prochaine section, clarifier tout un complexe de questions comme par exemple celle de savoir quels sont l'ordre de grandeur et le poids mais aussi la profondeur qui caractérisent ces configurations sociales que je qualifie de formes de vie.

1.2. DURÉE, PROFONDEUR, ÉTENDUE

Quelle stabilité, quelle importance, quelle autonomie et quelle étendue doit avoir un ensemble de pratiques et de convictions pour pouvoir être considéré comme « forme de vie »? Devrait-on vraiment parler des réunions *tupperware* comme d'une forme de vie? et l'expression « forme de vie » signifie-t-elle la même chose quand on qualifie comme tel le capitalisme ou bien la modernité? Déjà la clarification conceptuelle qui précède suggère qu'on ne peut qualifier de manière sensée une formation sociale de forme de vie que si on peut l'identifier à différents

1. B. Liebsch, « Lebensformen zwischen Widerstreit und Gewalt. Zur Topographie eines Forschungsfeldes im Jahr 2000 », *in* B. Liebsch, J. Straub (Hrsg.), *Lebensformen im Widerstreit*, *op. cit.*, p. 13-44, ici p. 17.

2. Je développerai dans le troisième chapitre de cette partie une compréhension adéquate de cette normativité des formes de vie qui dépasse leur simple caractère conventionnel.

égards comme une grandeur *stable* et *autonome* et qu'elle possède une *pertinence certaine* pour la configuration de la vie humaine. Des phénomènes passagers et « superficiels », tout autant que les pratiques qui surgissent de manière isolée, ne sont pas des formes de vie – même
79 si la délimitation tranchée entre les phénomènes | peut être difficile dans beaucoup de cas. Ainsi, la persistance, la « profondeur » et l'autonomie d'une formation deviennent des critères pour savoir si un phénomène peut être conceptualisé comme forme de vie. Cependant, comment ces critères qui n'ont avant tout qu'une crédibilité intuitive peuvent-ils être compris et établis ?

1) Le critère de la *durée* ou de la persistance peut être relativement élucidé facilement : si une forme de vie doit pour sa part avoir une certaine persistance, pour se qualifier comme forme de vie, quelque chose qui ne se transforme pas ni ne peut être transformé ne constitue jamais une forme de vie. La question de savoir si quelque chose est une forme de vie ou un phénomène temporel éphémère (comme on l'a associé plus haut au concept de style de vie) est donc en définitive notamment une question de durée. Mais la question est celle de savoir *quelle est la durée* qu'une telle configuration doit posséder pour pouvoir valoir à titre de forme de vie.

2) Si nous associons au phénomène des formes de vie une certaine *profondeur*, nous leur attribuons, métaphoriquement, une teneur significative plus lourde que celle qu'on associe aux phénomènes plus fugitifs ou même superficiels de la vie individuelle comme de la vie commune. Ne doit-on alors parler de formes de vie que là où il s'agit de domaines déterminés centraux ou importants de la vie sociale ? Même s'il semble qu'on a sous la main des exemples de telles pratiques et domaines, il n'est pourtant pas facile (et peut-être pas non plus souhaitable) de désigner ceux-ci matériellement.

3) Le critère de l'*étendue* et de l'*autonomie* se rapporte au fait que nous ne parlons de formes de vie que là où il s'agit, non pas de pratiques isolées, mais d'un faisceau de pratiques qui sont liées entre elles et rapportées les unes aux autres. Néanmoins, quelle étendue doit avoir un tel ensemble de pratiques pour être autonome, et quelles sont les exigences en matière de cohérence interne qui doivent y être liées ? Si ces trois points dans leur ensemble, jusqu'ici, n'ont pas encore été suffisamment expliqués d'une manière satisfaisante, ce n'est pas seulement parce qu'il s'agit de « critères lâches » qui sont graduels, fluides et peu précis. Ce qui est avant tout systématiquement insatisfaisant, c'est qu'ils semblent être

toujours dépendants de déterminations *quantitatives* sans pouvoir être envisagés d'une manière *qualitative*.

Dans ce qui suit, je me rapporterai aux remarques du sociologue Georg Simmel à propos de la « philosophie de la mode », | afin de 80
préciser d'une manière qualitative les critères permettant de caractériser les formes de vie en les délimitant des phénomènes de ce qui est au goût du jour. Le phénomène social qu'est la mode rassemble des critères qui, à des égards décisifs, sont le contraire de ce qui importe quand il s'agit du concept de forme de vie.

Il y a trois caractéristiques qui, eu égard à mon sujet, peuvent être extrapolées à partir de l'analyse de la mode par Simmel. La dynamique de la mode est constitutivement inconstante, constitutivement dénuée d'objectivité, et elle n'est constitutivement pas généralisable.

Dynamique de transformation

La première caractéristique de la mode qui m'intéresse ici est sa dynamique de transformation, la « rapide disparition » et le perpétuel remplacement des phénomènes qui la constituent.

> On ne qualifiera pas de mode une chose en même temps nouvelle et soudainement répandue dans la pratique de la vie, si l'on croit à sa persistance et à son caractère *objectif*; on ne la qualifiera ainsi que si l'on est convaincu que ce phénomène *disparaîtra aussi vite* qu'il est apparu [1].

La mode, peut-on conclure, est un phénomène qui ne se caractérise pas seulement factuellement, mais aussi constitutivement par le changement continuel. Celui qui obéit à la mode ne suit pas ce qui a fait ses preuves, mais il cherche la transformation, donc ce qui est toujours encore nouveau. Le caractère de la mode, comme Max Weber l'a aussi formulé, est tel que « le fait de la *nouveauté* du comportement en question est la source de l'orientation de l'action » [2]. Que les phénomènes de la mode dépendent du « changement constant des contenus », de leur « continuelle transformation », ne repose pas seulement sur un besoin contingent de variation. Le fondement systématique en est le fait (pour parler avec Simmel) que la mode a toujours en même temps pour but le conformisme et la différenciation. Le conformisme est l'aspiration qui part de la mode : dès que quelque chose s'est imposé à titre de mode, il y a une sorte d'impératif

1. G. Simmel, *Philosophie de la mode*, trad. fr. A. Lochmann, Paris, Allia, 2013, p. 42 (trad. modifiée).

2. M. Weber, *Économie et société*, *op. cit.*, p. 62 (trad. modifiée).

81 à | le suivre[1]. Sans ce trait conformiste, un phénomène temporel, quel qu'il soit, n'est pas une mode – ce n'est que si d'autres y adhèrent que quelque chose devient une mode. En même temps – et c'est en cela que consiste en quelque sorte le paradoxe de la mode[2] – un phénomène perd justement son caractère de mode au moment où il s'est largement imposé. La transformation en question ne vaut donc effectivement comme mode que tant qu'elle peut valoir à titre de marque de différenciation.

Il en va tout autrement des formes de vie. Si l'on peut difficilement décider, d'un point de vue quantitatif, la durée de vie de quelque chose pour que cela puisse être considéré comme forme de vie, il y a de bonnes raisons pour affirmer que quelque chose qui (comme la mode) n'a constitutivement aucune persistance ne peut pas être une forme de vie. Ainsi, même si les skateurs ou les raveurs, en tant que groupes, partagent des pratiques et des états d'esprit divers, au-delà de la simple préférence pour un sport ou un style musical, et même si des aspects très différents (habillement, musique, mode de vie) peuvent constituer pour l'individu, du moins par moments, une identité qui détermine sa vie, il en résulte tout au plus ce que nous pouvons appeler un *style* de vie (éventuellement subculturel), mais pas une forme de vie. Et cela tient précisément au fait, comme on le voit avec Simmel, que de tels styles de vie partagent avec la mode la dynamique de transformation décrite, donc qu'ils ne sont pas seulement éphémères dans les faits, mais qu'ils ne peuvent constitutivement pas être conçus pour durer.

82 | *Manque d'ancrage objectif*

La deuxième caractéristique énoncée par Simmel est la non-finalité et le manque d'ancrage objectif de la mode.

> Lorsqu'en général par exemple notre vêtement est approprié du point de vue objectif à nos besoins, il n'y a pas de trace de non-finalité dans les décisions par lesquelles la mode les forme : s'il faut porter des jupes

1. Les modes ne changent pas seulement les jugements de goût, elles transforment les schémas perceptifs. D'un seul coup les pantalons à pattes d'éléphant ne semblent plus étranges. Soudain, les pantalons en dessous des fesses n'ont plus l'air négligé, mais cool – et il n'est même pas nécessaire de les aimer pour cela. De tels changements affectent aussi à bien des égards ceux qui, dans leur image d'eux-mêmes, ne suivent pas les modes actuelles.

2. Pour une exposition (théorique et systématique) contemporaine des paradoxes de la mode, *cf.* E. Esposito, *Die Verbindlichkeit des Vorübergehenden : Paradoxien der Mode*, Francfort, Suhrkamp, 2004 : « Dans la mode se réalise une forme d'imitation dans la tentative d'imposer sa propre individualité : on aspire à l'originalité en faisant ce que font les autres ; on prend le provisoire pour point de référence permanent ; on accepte une contrainte que dans la mesure où elle se transforme » (p. 10).

> larges ou serrées, des chapeaux petits ou larges, des cravates colorées ou bien noires. Des choses très laides et repoussantes sont parfois modernes, comme si la mode voulait précisément par là montrer son pouvoir en nous faisant accepter les choses les plus abjectes grâce à sa force; c'est précisément le hasard avec lequel elle ordonne du point de vue objectif et esthétique tantôt ce qui poursuit une fin, tantôt ce qui est abscons, tantôt ce qui est indifférent, qui montre sa totale indifférence aux normes objectives propres à la vie, et qui indique ainsi que d'autres motivations, à savoir les motivations formelles et sociales, sont les seules qui restent[1].

L'opposition nette envisagée ici entre l'ancrage objectif ou la finalité et la non-finalité de la mode est l'aspect peut-être décisif pour notre propos, un aspect qui nous aide à comprendre le critère de la profondeur. La mode est envisagée par Simmel comme pur phénomène de distinction, qui n'est pas lié dans ses contenus (ni dans son effet) aux exigences d'un remplissement approprié de buts en adéquation avec les « normes objectives de la vie ». Un vêtement à la mode n'est ni plus chaud ni plus pratique ni même plus beau qu'un vêtement qui ne l'est pas : les boissons à la mode ne sont pas meilleures ou plus digestes que celles qui ne le sont pas. Ce qui est à la mode a dans le meilleur des cas un rapport d'indifférence à nos besoins. La mode, autrement dit, n'a pas un contenu intrinsèque ou bien de caractère objectif, mais conquiert sa signification (et son but) à partir de son effet « formel et social » : celui de la distinction. Et, ainsi, le fait de-ne-pas-être-orienté-vers-des-fins est une caractéristique qualitativement décisive de la mode.

Il en va à nouveau tout autrement pour les formes de vie. Les formes de vie se rapportent à l'objectivité et réagissent à des données objectives. Elles doivent être constituées d'une manière compréhensible en rapport à des circonstances conditionnées. De même que le vêtement qui sert à se protéger du froid ou du chaud | ou bien à satisfaire une fonction repré- **83**
sentative ne peut pas par opposition au vêtement à la mode être élaboré d'une manière quelconque – il doit, comme cela apparaît par ailleurs toujours, réchauffer, protéger ou bien être représentatif[2] –, les formes

1. G. Simmel, *Philosophie de la mode*, *op. cit.*, p. 45 (trad. modifiée).

2. Il apparaît clairement à cet égard que le critère de l'adéquation objective peut renvoyer à un fait situé à un étage supérieur, donc non pas à ce qui est basique et remplit des besoins fondamentaux. Le caractère de l'« ancrage objectif » appliqué au vêtement est précisément aussi la fin (en dehors de la mode) de la représentation d'un statut professionnel, d'un statut social, d'un groupe ethnique ou religieux à travers un ordre vestimentaire établi. L'adéquation du vêtement qui remplit ce but se mesure, à la différence du vêtement qui doit simplement protéger du temps, à l'aune de la question suivante : permet-il adéquatement de distinguer des occasions sociales ou les membres de différents groupes sociaux ?

de vie ne peuvent pas être élaborées arbitrairement. Même lorsqu'il est plus compliqué de reconnaître leur but et leur ancrage objectif, ainsi que la situation problématique et la réaction appropriée à celle-ci, il y a ici des critères objectifs ou des critères de finalité qui résultent de rapports inférentiels à d'autres faits sociaux.

On le voit entre autres dans la dynamique de transformation des formes de vie par opposition à celle de la mode. Les phénomènes relevant de la mode se transforment sans raison liée au contenu, c'est-à-dire uniquement en raison de la dynamique de la mode qui leur est inhérente. On ne porte pas « aujourd'hui des chapeaux étroits, demain des chapeaux larges », parce que le fait de porter des chapeaux étroits s'est révélé malcommode ou bien faux. Au contraire, la transformation des formes de vie s'opère (c'est en tout cas ce que je défendrai dans le cours de mes analyses) à partir de *fondements* objectifs, qu'il s'agisse du changement du problème ou bien du changement dans la perception du problème.

Les formes de vie se transforment donc parce que quelque chose *s'est* transformé. Et *qu*'elles se transforment a des conséquences en retour dans le champ social au sein duquel elles se développent[1]. Si les transformations
84 des | formes de vie sont le résultat de situations problématiques qui ont changé, elles entraînent inversement des conséquences : quelque chose change quand elles changent. Au contraire, les styles de vie et les modes sont nécessairement remplacés. Alors que la forme de vie de la famille nucléaire, en ce sens, est une partie qu'on ne peut pas remplacer sans conséquences dans la forme de vie de la modernité, les rollers ou la musique techno sont une caractéristique contingente (et qu'on peut remplacer) du temps libre de l'époque bourgeoise tardive. Par là, je ne veux pas affirmer que les phénomènes du roller ou de la rave party seraient socialement (ou bien pour leurs participants) dénués de signification. Le fait que la liberté

1. On peut aller ici jusqu'à leur attribuer un contenu dans la mesure où elles n'existent pas en elles-mêmes, mais dans les rapports (« inférentiels » pour parler avec Robert Brandom) qu'elles entretiennent les unes avec les autres. Cela veut dire que les pratiques qui se trouvent dans l'ensemble d'une forme de vie « s'ajustent » les unes avec les autres et ne peuvent pas, par opposition avec la mode, être combinées de n'importe quelle façon avec les pratiques d'autres formes de vie. Ce contenu sémantique d'un concept est expliqué par Brandom au moyen des rapports inférentiels dans lesquels il se trouve, c'est-à-dire lorsqu'on peut juger de son caractère approprié à titre de réaction à des *inputs* spécifiques. Pour cela, il doit être en relation de compatibilité avec (a) des présupposés, (b) des conséquences et (c) d'autres concepts. *Cf.* R. Brandom, *Making It Explicit. Reasoning, Representing, and Discursive Commitment*, Cambridge (Mass.), Harvard University Press, 1994.

augmente avec des formes diverses de culture du corps est certainement éloquent pour une situation sociale déterminée. Et, dans la mesure où, avec les rollers ou bien les rave partys c'est un autre rapport à soi qui se trouve incorporé et d'autres formes de sociétés qui se trouvent générées que dans, par exemple, le fait de jouer à tel jeu de cartes[a], il s'agit aussi ici d'alternatives qui sont également pleines de sens[1]. Néanmoins, les rollers et la musique techno peuvent être remplacés par d'autres choses (qui sont sur le même plan), sans que, par là, le tissu social ne soit pour autant modifié sous des aspects essentiels.

La différence d'ancrage objectif des styles de vie et des formes de vie s'éclaire aussi grâce au fait que, avec la critique des phénomènes qui sont « sous » la forme de vie, on tend à passer à un « niveau supérieur ». Cela arrive, par exemple, quand on envisage la diffusion de tel ou tel type de sport comme symptôme d'un processus social d'individualisation. Ce n'est qu'à ce niveau supérieur – auquel on ne peut éventuellement accéder qu'à travers les phénomènes contingents abordés – qu'une véritable critique des formes de vie peut manifestement commencer. C'est là qu'apparaît la transition des simples questions de goût | à la dimension 85
éthique des pratiques. Comme on l'a déjà indiqué plus haut, ce qui a commencé comme une stupeur esthétique à propos des bottes rouges de cowboy peut se développer en une discussion sur une forme de vie, dans la mesure où on commence à voir dans les bottes le symptôme d'un complexe englobant d'une forme de vie.

Non-généralisabilité et principe d'avant-garde

La troisième caractéristique, enfin, que la description de Simmel attribue à la mode, est le principe d'avant-garde et, par là, le *défaut de généralisabilité* de la mode : « L'essence de la mode se trouve dans le fait que seule une partie du groupe s'en prévaut, mais que l'ensemble cherche à s'en approcher »[2].

S'il est donc constitutif de la mode qu'on soit nécessairement avec elle toujours là où les autres ne sont pas encore, c'est qu'elle vit du principe d'avant-garde, en l'occurrence celui d'une avant-garde permanente et

a. Jeu de mots intraduisible sur *Skaten* = faire du roller, et *Skatspielen* = jouer au skat (un jeu de cartes très répandu en Allemagne).

1. L'étude très connue de Robert Putnam, *Bowling Alone*, déduit en ce sens les tendances à l'individualisation des changements de comportement en matière de loisirs : D. Putnam, *Bowling Alone*, New York, Simon & Schuster, 2000.

2. G. Simmel, *Philosophie de la mode*, *op. cit.*, p. 16.

institutionnalisée qui non seulement précède, afin que les masses suivent, mais continue toujours sa course aussitôt que celles-ci ont suivi. Cela n'anime pas seulement la dynamique décrite ci-dessus, mais conduit aussi à ce que la mode ne puisse jamais avoir le caractère d'une invitation à tous d'être à la mode [1]. Mais il en résulte aussi une incomplétude ou une hétéronomie des phénomènes de mode.

On comprend ici aussi ce qui oppose la mode aux formes de vie : une formation sociale qui ne *peut* pas principiellement être bâtie sur la généralisation n'est pas une forme de vie. Même s'il peut y avoir des passages furtifs, les courants subculturels comme la scène rave ou techno, par exemple, restent « en dessous » du seuil d'une véritable « forme de vie » dans la mesure où, dans leur mode de vie, ils manifestent une dépendance vis-à-vis de la société majoritaire (et ce n'est pas seulement parce que leur subsistance n'est incontestablement pas indépendante de celle-ci). Si les formations sociales fonctionnant d'une manière analogue à la mode se rapportent à la société via le « distancement » [2] (pour employer
86 un terme de Martin Heidegger), elles ne soulèvent | cependant pas par là de revendication normative. Les formes de vie, au contraire, soulèvent même là où elles sont liées dans leur imprégnation à une histoire particulière ou à un lieu particulier, une revendication, celle d'être adéquates, bonnes, voire meilleures. Si l'appel lancé à tous, par la mode et les styles de vie en vogue, pour qu'ils fassent de même, est paradoxal, c'est parce que, dans leur fonction sociale pionnière, ils ne peuvent toutefois précisément faire aucune proposition adressée à tous sur la question de savoir comment on doit vivre. En suivant la mode, on est original et on prétend être *différent* de ce qui précède (et/ou des autres), mais pas *meilleur*. Il y a précisément ici une différence importante avec la figure des formes de vie, qui s'avère ainsi être une configuration toujours normative avec une prétention à un pouvoir d'interprétation ou de configuration plus vaste, mais aussi avec la possibilité effective d'une organisation englobante.

Les phénomènes de projets de vie dissidents, qui se situent en quelque sorte à la limite de la forme de vie, entre style de vie, mode et forme de vie, fournissent des indices utiles à l'appui de cette thèse. Si les hippies américains des années 1960 et 1970 ou même le mouvement des

1. Ce qui est « classique » pourrait du coup être distingué de ce qui est « à la mode » par le fait que, précisément, il renferme cette invitation.

2. Le « distancement » (*Abständigkeit*) est déterminé par *Être et temps* de Martin Heidegger comme « le souci de la distinction par rapport aux autres », et il désigne, dans la mesure où il demeure, par là, dans une dépendance négative vis-à-vis des autres, un modèle de comportement « impropre », inauthentique. *Cf.* Martin Heidegger, *Être et temps*, Paris, Gallimard, 1986, § 27.

communautés rurales en Europe ont été à maints égards au seuil de la réalisation d'une nouvelle forme de vie, c'est parce qu'ils prétendaient concurrencer les systèmes de production et de reproduction dominants, et qu'ils visaient non seulement une certaine autarcie[1] (même si elle n'était évidemment pas économiquement complète), mais aussi, plus ou moins, la généralisation de leur mode de vie. Ainsi peut-on dire que ces phénomènes sociaux de dissidence se rapprochent de plus en plus des formes de vie pour autant que, contredisant les normes et les valeurs régnantes, ils prétendent être une alternative complète à la culture établie et, partant, visent | la transformation de la culture dominante. Avec cette **87**
revendication, ils tendent à imprégner d'une manière englobante la conduite de vie de leurs membres. Le rapport à la société majoritaire est ici, contrairement aux phénomènes de style de vie subculturels, non seulement parasitaire, mais critique et concurrentiel. Une telle configuration de pratiques et attitudes dissidentes se pose elle-même (volontairement ou involontairement) en alternative[2]. C'est en cela toutefois que consiste la différence qui sépare une telle alternative de la culture majoritaire, il ne s'agit plus d'un « distancement ». Même la distance qui sépare cette alternative de la culture majoritaire n'est pas une distance au sens de l'irratrapabilité, au sens décrit plus haut, d'une avant-garde qui se veut permanente, qui assurément n'est rapportée que d'une manière parasitaire à la forme *mainstream* de vie et, partant, n'entre pas véritablement en concurrence avec elle[3]. Les mouvements

1. Cette aspiration à l'autonomie apparaît entre autres aussi dans le fait que ces projets de vie – à la différence des styles de vie subculturels – incluent également des éléments relevant de la diffusion et de la transmission, du fait de socialiser-quelqu'un-dans-cette-forme-de-vie, et, ainsi, perdent le caractère purement transitoire d'un mouvement de jeunes. Même la capacité de reproduire une formation sociale exprime par là quelque chose sur sa qualité de forme de vie.

2. On peut affirmer des différentes formes de la « *vie de bohème* » [*en français dans le texte*] qu'elles sont indissociablement liées au monde bourgeois – à titre de distance prise par rapport à celui-ci – et que, dans cette mesure, elles constituent plutôt l'autre côté ou le correctif permanent de la forme de vie bourgeoise que précisément une alternative à celleci.

3. Dans la mesure où il s'agit d'un phénomène de distinction, même la « nouvelle bourgeoisie » qu'on invoque souvent aujourd'hui devrait moins être comprise, avec sa redécouverte des bonnes manières, des biens culturels classiques et d'une culture alimentaire supérieure, comme le rétablissement d'une forme de vie héritée du passé que, donc, comme une (ré)éducation d'un style de vie à l'intérieur d'une forme de vie. Aussi peut-on parler davantage à raison d'une bourgeoisie (intellectuelle) du XIXe siècle que d'une « nouvelle bourgeoisie » du XXIe siècle. Sur la forme de vie classique de la bourgeoisie, *cf.* Thomas Nipperdey, *Deutsche Geschichte 1866-1918*, vol. I : *Arbeitswelt und Bürgergeist*, Munich, Beck, 1990, p. 382-389.

qui surgissent comme des alternatives aux formes de vie établies se trouvent dans un rapport de concurrence direct avec ce qui existe et élèvent donc une revendication – qui n'est pas toujours durable. Il s'agit ici, dans cette revendication, non pas seulement d'*autres* formes de vie, mais de formes de vie *meilleures*. Et c'est une revendication normative, qui nous occupera plus tard.

Nous sommes désormais parvenus au point où le critère de l'« autonomie » des formes de vie peut être éclairci. Les formes de vie, comme j'en ai fait l'hypothèse, doivent avoir un caractère autonome, et cette autonomie est liée, comme cela s'est avéré, au type de rapport à la configuration (normative) sociale englobante. Ainsi peut-on représenter les styles de vie qui « colorent » presque toutes les expressions de la vie
88 d'un groupe | – depuis le vêtement en passant par la musique et jusqu'à la cuisine et l'habitat – et qui ne sont pourtant pas des formes de vie, parce qu'il leur manque la prétention caractéristique à la généralisabilité. Inversement, quelque chose peut être considéré comme une forme de vie même quand il a une sphère relativement limitée, mais qu'il élève justement une prétention qui n'est pas typiquement limitée à un style de vie, mais est englobante.

Cependant, quel rapport a cet établissement proposé ici du critère de la généralisabilité avec celui du rapport à l'objectivité des formes de vie ? C'est précisément *sur la base de* leur rapport à l'objectivité que les formes de vie se différencient : elles remplissent nécessairement des fonctions distinctes et suivent des buts différents. Par exemple, si l'on distingue les formes de vie paysannes et rurales et urbaines, ces formes de vie ne peuvent pas être fondées sur le fait d'être partagées par tout le monde, elles constituent – dans leur objectivité – un champ particulier de pratiques et d'attitudes.

Il s'agit ici d'une différenciation et d'une *in*capacité à la généralisation d'une autre sorte que quand Simmel décrit celles qui sont « formelles et sociales ». Les différences en question sont autres que celles qui s'ensuivent de l'absence constitutive de généralisabilité dans la mode : avec elles, il ne s'agit pas de différences qui sont formelles et sociales, mais de *différences fonctionnelles*. Différents ensembles de pratiques se regroupent dans ce cas, pourrait-on dire, en se répartissant le travail dans différents domaines des tâches de la reproduction sociale. L'étendue d'une forme de vie qui s'ensuit est d'une part particulière : elle concerne une partie de la société et pourrait difficilement les concerner toutes[1]. La

1. Cela touche aussi le problème de l'ermite : lorsque j'ai dit de celui-ci qu'il participe lui aussi à une forme de vie collective, c'est le cas (et ça l'est seulement) si ces éléments « extérieurs » exemplaires font partie de l'ensemble du tissu social. Aux portes de la

revendication associée à ces pratiques est d'autre part la suivante : toute personne dans ma situation, c'est-à-dire occupant cette place précise
| dans la société, devrait agir de telle ou telle manière. Ce qui est donc 89
ici à l'œuvre, c'est une différenciation objective et fonctionnelle et non une différenciation formelle guidée par un principe avant-gardiste, pour lequel vaut la différence en tant que différence.

1.3. Un concept modulaire des formes de vie

Les formes de vie sont, d'après ce qui a été développé jusqu'ici, un ensemble de pratiques, d'orientations et d'ordres du comportement social. Elles englobent des états d'esprit et un comportement devenus habituels ayant un *caractère normatif*, qui concernent la *conduite de la vie collective*, bien que, en même temps, ils ne soient *pas strictement codifiés* ni constitués d'une manière institutionnellement contraignante. À cette caractérisation se sont ajoutés les critères de l'ancrage objectif, de la durée et de l'autonomie, qui, grâce à l'opposition avec le phénomène social de la mode, ont pu être plus précisément qualifiés.

Les pratiques, convictions et attitudes à partir desquelles une forme de vie se construit, et les institutions, symboles et artéfacts dans lesquels elle se manifeste, ne sont pas, pour l'exprimer à travers une métaphore qui n'est pas sans poser problème, des « phénomènes de surface » interchangeables à volonté. S'ils peuvent certes être modifiés, ils n'ont toutefois pas cette inconstance *constitutive* qui est le propre de la mode. Les formes de vie, si elles ne sont pas permanentes dans les faits, sont d'une certaine manière « conçues pour durer ». De manière semblable, on peut établir que les formes de vie, même si elles ne sont pas facilement généralisables, ne peuvent pas relever d'un « distancement » et, dans cette mesure, élèvent des revendications à la validité déterminées qu'il faudra spécifier plus précisément par la suite. Les formes de vie ne concernent pas toutes les pratiques, mais les pratiques *à caractère normatif*; elles sont une partie de la configuration normative sociale – d'un ordre social normatif qui revendique une validité. Si finalement les formes de vie doivent être, d'une certaine manière, « appropriées à l'état des choses » (comme l'est le vêtement de protection eu égard au temps qu'il fait), il en résulte, pour la question de l'*autonomie* de ce qui doit ou peut être

communauté, l'ermite exemplifie le lieu du non-communautaire– la négation de la communauté, qui donne un contour à la communauté –, et c'est précisément pour cette raison qu'il appartient à la communauté. Ce n'est pas par hasard s'il n'y a plus aujourd'hui d'ermite (en tout cas dans les grandes villes modernes), et s'il n'y a que des existences qui sont factuellement isolées.

considéré comme une forme de vie, qu'il doit s'agir de formations sociales capables de répondre à de telles exigences objectives. Ainsi, les formes
90 de vie, considérées sous un autre angle, | sont individuées par l'état des choses qu'elles prennent en charge (ou, comme je le propose ci-dessous, par les problèmes qu'elles doivent résoudre). Même leur réussite ou bien leur adéquation, comme nous le verrons dans le quatrième chapitre, peuvent être comprises en liaison avec ce rapport à l'état des choses ou au problème.

Mais que s'ensuit-il de ces considérations pour l'évaluation et la relation à l'usage ordinaire introduit plus haut du concept de « forme de vie » ?

La famille bourgeoise, le Bas Franconien et le mode de vie des Aztèques sont, en vertu de ce qui a été dit jusqu'ici, par conséquent des formes de vie, ce qui n'est pas le cas des rave partys ou du skate. Mais dans quelle mesure la vie urbaine, le capitalisme ou la modernité sont-ils des formes de vie ? La modernité, quoiqu'elle puisse sembler n'avoir aucune spécificité à titre de méta-concept générique, est composée à partir des formes de vie modernes. Le capitalisme est une forme de vie, dans la mesure où il imprègne les formes de vie (dans les détails). La vie urbaine est une forme de vie, même si elle n'est pas précisément définie par un domaine strictement délimité de pratiques collectivement contraignantes, mais qu'elle rassemble d'une façon lâche, par une attitude déterminée, des habitudes déterminées de perception et d'accès au monde. Parler du « *tupperware* comme forme de vie », au contraire, ou bien de la promesse publicitaire d'entrer dans une nouvelle forme de vie *via* l'achat d'une nouvelle cuisine aménagée, ne sont que des utilisations dérivées et métaphoriques de l'expression, mais pour cette raison tout à fait injustifiées voire inintelligibles. On exprime ainsi (avec peut-être une exagération ironique) le fait que l'achat et la vente de récipients en plastique insignifiants se transforment en une expérience globale pour les personnes impliquées dans ce prototype de *merchandising direct*, expérience qui commence à marquer la vie au-delà de l'effet pratique immédiat. Ou bien l'on pourrait dire que le *tupperware* est à la forme de vie de la femme au foyer de banlieue ce qu'est l'*iPhone* ou le *Blackberry* pour la mobilité et la possibilité d'être accessible tout le temps de ceux dont le travail et les loisirs se confondent.

Au vu des réflexions menées jusqu'ici, il est désormais possible de dessiner une sorte de système de coordonnées dans le champ confus, décrit au début, des critères de délimitation et des éléments de signification de la notion de forme de vie :

1) Le rapport du *tout* aux *parties* : la famille nucléaire comme forme de vie est une *partie* d'un *tout* constitué par une forme de vie englobante comprenant encore d'autres parties, | celle de la société civile ou de la 91
modernité. Mais rien ne s'oppose, d'un point de vue terminologique, à ce que les deux, la formation englobante et la formation moins englobante, soient appelées formes de vie. Parler de « la modernité comme forme de vie » doit donc être compris ainsi : on vise à caractériser de manière englobante un ensemble de formes de vies plus petites. Et c'est le fait de les prendre ensemble qui constitue, inversement, la modernité comme forme de vie. C'est précisément la raison pour laquelle on peut appartenir en même temps à plusieurs formes de vie (par exemple à la forme de vie qu'est la science et à celle qu'est la famille). Et c'est précisément la raison pour laquelle il est possible qu'un groupe d'êtres humains vivent simultanément dans les mêmes formes de vie et dans des formes de vies différentes. Entre la forme de vie du manager, du bourgeois intellectuel ou du prolétaire, il y a d'un côté des différences, de l'autre côté des points communs dès qu'on les oppose à la forme de vie d'une autre époque. On peut certes penser, d'un certain point de vue, qu'il y a plus de points communs entre la manière de vivre du seigneur féodal et la forme de vie de l'entrepreneur moderne, d'un côté, et celle du prolétaire et du serviteur ou du serf, de l'autre, qu'entre celles de l'entrepreneur et du prolétaire ou entre celles du seigneur féodal et du serviteur. Mais d'autre part, le prolétaire et l'entrepreneur partagent, après la fin historique du monde agraire du serviteur et du seigneur féodal, la même forme de vie marquée par l'électricité et le commerce. Ou encore, comme Martin Seel le fait bien remarquer : « Le vigneron du Palatinat, l'homme d'affaires londonien et l'intellectuel parisien appartiennent d'un côté à la même forme de vie – si l'on compare celle-ci avec d'autres grandes formes de vie culturelles –, mais, en même temps, ils appartiennent à des formes de vie fondamentalement différentes – si on les compare les uns aux autres »[1].

2) Le rapport entre les *caractéristiques substantielles* et *accidentelles* d'une forme de vie : si, par exemple, la séparation entre le travail et le temps libre appartient à la société civile moderne, la manière spécifique dont chacun peut organiser son temps libre est, face à cet état des choses *substantiel*, une caractéristique *accidentelle*. Si les styles de vie sont donc des éléments accidentels ou bien des colorations que peut prendre une forme de vie, | on devrait alors faire une différence entre les styles 92

1. M. Seel, « Ethik und Lebensformen », *in* H. Brunkhorst, M. Brumlik (Hrsg.), *Gemeinschaft und Gerechtigkeit*, Francfort, Fischer, 1993, ici p. 245.

de vie et les formes de vie. Cela ne signifie pas, comme on l'a déjà dit, que ces accidents n'auraient aucune signification pour un diagnostic social. Et, en cas de doute, une critique des formes de vie doit d'abord s'attacher aux accidents afin de parvenir aux problèmes qui se trouvent à leur fondement – un peu comme quand on conclut du *bowling alone* à des poussées individualistes.

Quelques questions se posent maintenant à propos du discours courant sur la pluralisation et du changement des formes de vie modernes. Quand peut-on dire que les formes de vie se transforment ou bien qu'une forme de vie a été remplacée par une autre forme nouvelle ? Et quand quelque chose ne représente qu'une simple variante d'une forme de vie déjà reconnue ? Que la délimitation soit difficile et que les critères de décision dépendent du contexte, on le voit à l'aune de l'exemple de ce qu'on nomme les nouvelles formes de vie familiales telle la « famille recomposée ». Si dans la littérature sociologique et psychologique, elle est discutée sans hésitation comme extension de « nouvelles formes de vie »[1], on ne peut absolument pas si facilement décider, dans un examen plus rigoureux, si l'extension du célibat ou des familles recomposées renvoient effectivement à l'existence de « nouvelles formes de vie » ou s'il s'agit simplement de déplacement d'accent à l'intérieur de la forme de vie déjà connue de la famille civile[2].

3) En fin de compte, il y a des *rapports de conditionnement* et des *actions réciproques* entre les différentes grandeurs, mais aussi un entêtement des parties face au tout. On peut s'en rendre compte, chez Theodor W. Adorno, à la lecture de la thématisation des formes de vie dans les *Minima Moralia*. Si, pour Adorno, des détails précis représentent le tout de la forme de vie capitaliste ou fasciste – la logique de valorisation capitaliste pénètre les formes de vie jusque dans leurs moindres branches –, son diagnostic ne résulte toutefois absolument pas
93 d'un | schéma base-édifice simple, c'est-à-dire déterministe. Plutôt que de rapports de causalité, il semble s'agir d'une espèce d'action réciproque et principiellement aussi de rapports réversibles. Le jardinet petit-bourgeois – pour Adorno le signe avant-coureur de l'exclusion fasciste – est mauvais, dans la mesure où il représente ce qu'a de mauvais la manière

1. Voir parmi beaucoup d'autres l'ouvrage d'E. Beck-Gernsheim, *Das ganz normale Chaos der Liebe*, Francfort, Suhrkamp, 1990.

2. On peut objecter à la thèse des nouvelles formes de vie que l'idée centrale de la famille civile, le fait, pour le nouveau noyau familial, de s'être détaché et autonomisé de la famille originaire, persiste même dans la famille recomposée. Pour une discussion détaillée de l'idée de la famille civile avec et après Hegel, voir chap. 4.3.

de vivre capitaliste en général. Inversement, le caractère mauvais de cette forme de vie ne se montre pas finalement dans le fait qu'elle pousse les individus à adopter des types de comportement régressifs tel s'occuper de son jardinet[1]. Même la famille n'est pas directement le produit de la société civile et elle en est pourtant une partie. Elle y est adaptée et remplit une fonction en elle, bien qu'elle n'en soit pas née causalement. Il faut donc examiner ici les chevauchements et les rapports d'influence, les connexions, les associations et les relations, mais il ne faut pas se les représenter comme des relations de cause à effet allant du bas vers le haut.

4) Enfin, les considérations menées jusqu'à présent permettent de distinguer *différents types de différences possibles* entre les formes de vie. Aussi y a-t-il des différences et des variances graduelles (donc des différences dans la coloration) ; des différences fonctionnelles (donc des distinctions qui résultent d'orientations et de problèmes objectivement distincts, mais qui s'interpénètrent plutôt qu'elles ne s'opposent) et la « véritable » pluralité de formes de vie, où la découpe des pratiques et le type d'orientation s'opposent effectivement à titre d'alternatives ou de concurrents. Pour ce qui est de la question de savoir comment les formes de vie peuvent être évaluées et critiquées, il est important de savoir quelle est l'espèce de différence en jeu dans les alternatives dont on débat.

1. Voir Theodor W. Adorno, *Minima Moralia : réflexions sur la vie mutilée*, trad. fr. É. Kaufholz, J.-R. Ladmiral, Paris, Éditions Payot & Rivages, 2001, aphorisme 14.

CHAPITRE 2

LES FORMES DE VIE COMME ENSEMBLE INERTE DE PRATIQUES

| Dans ce chapitre, je souhaite éclaircir la qualité interne de cet 94
ensemble de pratiques sociales que j'ai qualifié, dans le précédent chapitre au sein d'une perspective avant tout descriptive, de « forme de vie », et, ainsi, mettre en évidence les orientations qui découlent de cette compréhension pour le problème de la critique des formes de vie. Cela nécessite plusieurs étapes.

Il était déjà question dans les développements qui précèdent, certes non spécifiquement, du fait que les formes de vie ont à faire avec les *pratiques sociales*. C'est à cette conception que, dans la première section, je veux donner un sens terminologiquement précis, en développant ce que sont vraiment les pratiques sociales. Puisque les formes de vie, comme cela a été affirmé, ne surgissent toujours qu'à titre de *faisceau* ou aussi à titre d'*ensemble de pratiques sociales*, il s'agit dans la deuxième section d'éclaircir la manière dont une telle connexion est constituée *à titre d'ensemble*. Sur le fondement de ces explications, il est possible d'examiner ces particularités des ensembles pratiques propres à une forme de vie que, dans la troisième section, je caractérise en nommant les formes de vie un ensemble *inerte* de pratiques. Je fais là allusion à la combinaison de force d'inertie et de mutabilité qui caractérise les formes de vie, et donc au fait qu'elles sont, d'une part, façonnées par ceux qui agissent en elles, et, d'autre part, toujours déjà présentes en tant qu'instances qui rendent nos actions possibles et qui les déterminent[1].

1. La conception sociale qui peut le mieux rendre compte de cette dimension est celle d'Anthony Giddens dans « Theorie der Strukturierung », dans A. Giddens, *Die Konstitution der Gesellschaft. Grundzüge einer Theorie der Strukturierung*, Francfort, Campus Verlag, 1995.

Les formes de vie sont donc en même temps des produits et des présupposés de notre activité pratique. La quatrième section, qui résume le propos, pose alors la question de savoir si les formes de vie *peuvent* être critiquées, compte tenu du moment d'inertie ainsi diagnostiqué.

2.1. QUE SONT LES PRATIQUES (SOCIALES) ?

95 | Une pratique est quelque chose qu'on fait : les pratiques constituent notre activité ; « mettre quelque chose en pratique » signifie qu'on l'exécute effectivement et qu'on ne se contente pas d'y penser. Par opposition à cette représentation courante de la pratique comme activité et des pratiques comme instances de cette activité, on accorde un sens spécifique au concept philosophique de pratique [1] et aux considérations sociales reposant sur l'analyse des pratiques sociales. Je ne veux pas ici suivre les ramifications précises de ce paradigme complexe, mais simplement mettre en évidence quelques-uns de ses éléments fondamentaux, dans la mesure où il résulte de ceux-ci des conséquences pour ma problématique [2].

Au sens le plus général, les pratiques sont des activités complexes dans lesquelles nous sommes impliquées toute seule ou bien avec d'autres. Voici quelques exemples de pratiques : faire la queue à la caisse lors d'un achat, effectuer un virement bancaire, donner un dîner à des amis, organiser une fête, jouer au football, jouer à cache-cache avec des enfants, animer un séminaire, passer un examen. Des choses plus ou moins exigeantes, plus ou moins complexes et dont le contenu est très différent peuvent donc être qualifiées de pratiques. Plusieurs aspects du concept de pratique peuvent donc ici être mis en évidence :

1. D'un point de vue philosophique, le concept de pratique se nourrit de nombreuses sources d'inspiration, d'Aristote à Pierre Bourdieu en passant par Ludwig Wittgenstein, Martin Heidegger et les pragmatistes. Pour une conception contemporaine explicitement marquée par Wittgenstein, voir Theodore R. Schatzki, *Social Practices. A Wittgensteinian Approach to Human Activity and the Social*, Cambridge/Mass., Cambridge University Press, 1996. Voir aussi sur ce point Titus Stahl, *Die kritische Theorie sozialer Praktiken. Zu den sozialontologischen Voraussetzungen immanenter Gesellschaftskritik*, thèse de doctorat, Francfort, Campus Verlag, 2009, dont la recherche partage avec mon travail de nombreuses questions (mais pas les résultats).

2. Selon l'opinion d'un certain nombre d'autrices et d'auteurs, on peut même parler d'un tournant vers la pratique (« pratice turn ») de la théorie contemporaine. Sur le paradigme de la « praxis » dans la théorie sociale contemporaine, voir l'excellent aperçu d'A. Reckwitz, « Grundelemente einer Theorie sozialer Praktiken », *Zeitschrift für Soziologie*, 32/4 (2003), p. 282-301. Voir aussi Theodore R. Schatzki *et alii* (eds.), *The Practice Turn in Contemporary Theory*, London-New York, Routledge, 2001.

1) Dans ce contexte, on qualifie rarement de pratique une action
singulière, il s'agit plutôt typiquement | d'une *suite de plusieurs actions*, 96
d'expressions verbales ou non et de gestes. Cela vaut déjà pour la pratique la plus insignifiante comme le fait de faire la queue et de payer quand on fait des courses : on voit où se trouve la fin de la file d'attente et on fait quelques pas dans la direction correspondante pour faire la queue derrière la dernière personne, on pose les marchandises sur le comptoir, on échange quelques mots avec le vendeur, on fouille dans son porte-monnaie, on en sort un billet que l'on tend ensuite au vendeur, on attend la monnaie et on emballe les marchandises[1].

2) Tout ce qu'on fait et même ce que beaucoup font, n'est pas pour autant une pratique (sociale). Une pratique, ce n'est pas une action singulière, mais ce n'est pas non plus une action qu'on ne fait qu'une fois. Une suite d'actions ne devient une pratique que quand elle est accomplie plus qu'une fois ou qu'elle a pour but d'être accomplie plusieurs fois. On ne peut qualifier de pratique que quelque chose qui est accompli au sens précis d'une *répétition* et d'une *habitude*. Le concept de pratique désigne des déroulements d'action pour lesquels il y a une sorte quelconque de « modèle » ou bien dans lesquels on peut reconnaître un tel « modèle ». Ainsi, la répétition fréquente a aussi comme effet que les routines et les habitudes se développent, les déroulements d'action ne doivent donc pas être « réinventés à chaque fois », mais ils sont déjà « tracés ». On suit une habitude – à titre de schème de réaction quasi automatique – involontairement et sans, à chaque fois, avoir à encore former de nouvelles intentions[2]. Les actions routinières ainsi nées reposent en cela en tout cas en partie sur un savoir *implicite* et sur un *know-how* pratique qui ne peuvent pas devenir conscients à tous les égards chez les individus impliqués[3].

1. On peut contester le degré de complexité de telles séquences qui permet qu'elles puissent valoir comme pratique, ou bien inversement se battre sur la question de savoir s'il est sensé d'attribuer à une pratique simple comme le salut une telle complexité. Cependant, même le « salut », à titre de pratique non complexe et peu variée, contient encore plusieurs composants.

2. Voir sur ce point la définition que donne David Hume de l'habitude (*custom*, c'est-à-dire *habit*) : « En effet, toutes les fois que la répétition d'un acte ou d'une opération particulière produit une disposition à renouveler le même acte ou la même conduite, sans qu'intervienne aucun raisonnement ni aucune opération de l'entendement (…) » *Enquête sur l'entendement humain*, Cinquième section, Première partie, trad. fr. M. Malherbe, Paris, Vrin, 2016, p. 135.

3. Voir à ce propos le développement détaillé ci-dessous, section 2.3.

3) Les pratiques sont *constituées socialement*. La classification de
97 pratiques « sociales » | ne signifie toutefois pas qu'il s'agit toujours ici d'activités – telles que jouer au football, jouer à se cacher, célébrer des fêtes – qu'on fait habituellement ensemble ou même qu'on ne peut faire qu'ensemble. Les pratiques sociales le sont fondamentalement en ce sens : ce qui est accompli ici ne peut être compris que dans le contexte de significations socialement marquées et que comme trait à l'intérieur d'institutions (au sens large) socialement constituées. Le fait d'effectuer un virement bancaire, même si je l'effectue seul à la maison devant mon ordinateur, est aussi dans ce sens une pratique sociale : il faut des entités socialement constituées, telles que l'argent, les banques et les crédits, pour que l'activité faite avec mon ordinateur devienne un processus de « virement d'argent ». Pour le dire précisément, l'attribut « social » est donc redondant quand on l'accole au concept de pratique : les pratiques sociales ne sont pas une « sous-classe » de pratiques en général, mais les pratiques elles-mêmes ont un caractère véritablement social. Par opposition, on parle souvent de pratiques qu'on exécute, de fait, ensemble, comme des actions ou des pratiques « collectives »[1]. Jouer au football est donc une pratique sociale, même si je devais m'entraîner à certains mouvements, dans un cas limite, seul avec mon ballon devant un but. Dans ce cas limite cependant, il s'agit d'une pratique sociale *et* collective, dans la mesure où on joue collectivement au football et, par là, on coordonne ses propres actions avec celles des autres.

4) Les pratiques sont *dirigées par des règles*. En formant et en suivant des pratiques, ce ne sont pas seulement des régularités observables qui sont en jeu. Il s'y agit toujours de déroulements d'action qui sont déterminés par des règles et des prescriptions, donc par une division des possibilités d'actions entre ce qui est approprié de faire et ce qui ne
98 l'est pas[2]. Ce qui veut dire : les pratiques n'incluent pas seulement | une régularité, mais aussi une régulation. Comme l'écrit Titus Stahl : « Dans une pratique, l'idée centrale est qu'il y a toujours déjà, d'une manière interne, une distinction entre le fait de bien agir et celui de mal agir »[3].

1. Pour une vue d'ensemble extrêmement riche de la discussion sur l'« intentionnalité collective » liée à l'analyse socio-ontologique de telles activités collectives, voir le recueil de textes de Hans B. Schmid et David P. Schweikard, *Kollektive Intentionalität. Eine Debatte über die Grundlagen des Sozialen*, Francfort, Suhrkamp, 2009.

2. John Rawls comprend la pratique sociale comme « toute forme d'activité spécifiée dans le détail par un système de règles » (« *any form of activity specified by a system of rules* ») [N.d.T. : Jaeggi ajoute le *im einzelnen*] : J. Rawls, « Deux concepts de règle », trad. fr. Vincent Boyer, *Philosophie* 2017/2, n° 133, p. 12-36, ici p. 12.

3. T. Stahl, *Die kritische Theorie sozialer Praktiken*, *op. cit.*

Est décisive l'indication selon laquelle il s'agit ici de critères *internes à la pratique* à différents égards, il s'agit d'infractions aux règles par lesquelles on manque le sens de la pratique elle-même[1]. La pratique, quand on joue à cache-cache, implique que quelqu'un ferme ses yeux pendant que l'autre se cache afin, ensuite, qu'il soit cherché par celui qui a fermé ses yeux. Si personne ne se cache, personne ne cherche ou bien si celui qui doit chercher ne ferme pas ses yeux, les participants au jeu ont commis une erreur. Ils jouent mal au jeu ou (dans le cas limite) ils ne jouent nullement à cache-cache[2]. De même, celui qui passe devant la file d'attente et se dirige directement à la caisse (sans le faire intentionnellement pour gagner du temps) n'a pas compris ce que signifie « faire la queue à la caisse » et ce que cela implique. Il s'agit dans tous ces cas d'erreurs *internes à la pratique* : des erreurs en rapport avec l'accomplissement d'une pratique donnée, une infraction aux normes qui forment et constituent celle-ci comme pratique. Il est central pour la compréhension du caractère des pratiques qu'il y ait en rapport à celles-ci des critères *internes* qui se distinguent des critères par lesquels nous évaluons *d'une manière externe* une pratique comme mauvaise. Ce qui équivaut à une infraction interne du sens des normes d'une pratique dépend de leur caractère spécifique et de leur description. Par exemple, le fait qu'une personne ne salue pas en quittant le magasin ou qu'elle utilise son téléphone portable à l'intérieur de celui-ci, selon la manière dont on comprend la pratique des achats, voilà qui constitue une infraction aux normes qui sont liées à l'acte d'achat. « Faire ses courses à l'épicerie Hillmann[a], ce n'est pas comme faire ses courses au supermarché. Ici on communique. » On pourrait toutefois trouver impolie et mauvaise l'habitude de quitter le magasin sans un mot et avec une mine renfrognée, ou de téléphoner dans le magasin, | sans pour autant prétendre que saluer 99
le vendeur ou lui accorder son attention soit un élément constitutif de l'acte d'achat, de sorte que ce comportement porte bien atteinte au sens de cette pratique.

(5) Les pratiques ont pour caractère de *rendre possible*. Dans un texte paru en 1955, bien avant l'éclosion des débats d'ontologie sociale et avant le triomphe de la « théorie de la pratique » en théorie sociale,

a. Épicerie berlinoise très cotée, qui date de 1984.

1. Je traite de la normativité de pratiques sociales dans les formes de vie d'une manière plus détaillée dans le chapitre 3.

2. Celui qui au contraire triche et regarde discrètement à travers ses mains participe encore à la régulation du jeu, dans la mesure où les autres partent du fait qu'il n'a rien vu et que lui-même fait comme s'il devait vraiment chercher.

John Rawls a attiré l'attention sur un fait dont on ne saurait surestimer les conséquences et la force conceptuelle, à savoir sur ce qu'il appelle le « *stage-setting character* » des pratiques :

> Dans le cas d'actions spécifiées par des pratiques, il est logiquement impossible de les accomplir en dehors du cadre fourni par ces pratiques, car, à moins que n'existe la pratique, et à moins que les conditions requises ne soient remplies, quelle que soit l'action accomplie, quels que soient les coups joués, ils ne pourront compter comme une forme d'action définie par la pratique. Ce que l'on fait sera décrit d'une *autre* manière [1].

Par là, Rawls fait allusion au fait que certaines choses ne sont même possibles que dans le contexte de pratiques (socialement) établies. Il est possible de tirer dans le ballon sans pratiquer le football, de viser dans un filet tendu entre deux poteaux ou d'attraper le ballon avec les mains en se tenant dans les buts. Cependant, ce n'est que lorsqu'il existe la pratique consistant à jouer au football et les règles qui constituent celle-ci que cela devient « marquer un but », « être hors-jeu » ou bien « être gardien de but ». John Searle s'est emparé de cette idée dans sa tentative pour élucider la structure institutionnelle des entités sociales, et l'a fixée dans la distinction entre les règles régulatives et les règles constitutives [2].

Est décisif pour toute théorie de la pratique, à la suite de telles
100 considérations, le renvoi au caractère de possibilisation qui | se trouve dans les pratiques : son moment normatif ne règle pas seulement déjà le comportement social existant (les règles régulatives), il crée aussi de nouvelles formes de comportement social et rend d'abord possibles et déterminables comme tels des traits de comportement déterminés, des activités déterminées et des rôles sociaux déterminés (les règles constitutives).

6) Les pratiques, telles que je les comprends, *posent et ont des fins*, et elles sont déterminées entre autres par celles-ci [3]. Elles sont donc ce

1. J. Rawls, « Deux concepts de règle », *op. cit.*, p. 27-28.

2. Il l'a fait bien longtemps avant la parution de *La Construction de la réalité sociale*, trad. fr. C. Tiercelin, Paris, Gallimard, 1998, à savoir dans son essai paru en 1964 : « How to Derive "Ought" from "Is" », *The Philosophical Review*, 73/1 (1964), p. 43-58.

3. C'est naturellement un aspect controversé de la détermination de ce que sont les pratiques, et il n'est pas non plus partagé par tous les théoriciens de la pratique. On pourrait même être tenté de poser eu égard à ce critère la différence entre une compréhension de la pratique wittgensteinienne et celle hégéliano-aristotélicienne. Ainsi Terry Pinkard, par exemple, soutient-il d'une manière tout à fait directe dans le sens indiqué ci-dessus : « Les pratiques sont essentiellement orientées par rapport à des fins (*Zwecken*) [...] qui constituent ce qu'elles sont » (« Innen, Aussen und Lebensformen. Hegel und Wittgenstein », *in* C. Halbig *et alii* (Hrsg.), *Hegels Erbe*, Francfort, Suhrkamp, 2004, p. 254-294, ici

qu'elles sont en raison des fins qu'elles suivent ou bien qu'on suit avec elles. La pratique des achats, c'est-à-dire le fait de « faire la queue à la caisse et de payer » sert à acquérir des denrées alimentaires ; la pratique de la fréquentation d'un séminaire sert (entre autres) à acquérir des connaissances ; celle du jeu (de football) sert à se détendre, à s'entraîner physiquement, à créer des liens sociaux, ou bien elle est pratiquée « *just for fun* » – mais même avec cela, elle est bonne à quelque chose.

Les pratiques doivent alors être individualisées par le biais de leurs fins, au sens où on reconnaît une suite d'actions comme une pratique déterminée *via* la connaissance de leurs fins. (« Tu restes là à bavarder ou tu fais la queue pour payer ? » – Selon la réponse, il peut s'agir de la pratique du shopping ou de celle du *small talk*.) Les pratiques sont en outre *structurées*, d'une manière interne, par leurs fins, par des ensembles de pratiques de « *pour que* » (si l'on reprend la description de Heidegger). Je me dirige vers le comptoir de vente afin de manifester ma velléité de prendre une place dans la queue ; je pose les marchandises
sur le comptoir, je parle au vendeur pour savoir | si ce fromage convient **101**
pour un gâteau au fromage suisse, je sors mon porte-monnaie pour me préparer et ne pas retarder les autres gens qui font la queue. Tout cela, pris ensemble, à titre de succession de positions de fins rapportées les unes aux autres, sert à acquérir des denrées alimentaires [1].

Il faut certes faire ici trois modifications. Premièrement, le fait que les pratiques soient constituées, structurées et individualisées par des fins ne signifie pas qu'il ne puisse pas y avoir, dans chaque action singulière ou bien dans toute la suite [d'actions], encore d'autres fins qui puissent être liées. Les pratiques peuvent à cet égard être déterminées de plusieurs manières. La conversation dans un magasin ne sert pas exclusivement à réussir son achat, mais aussi à flirter avec le vendeur, l'achat dans son ensemble peut servir à se distraire du travail. Le fait de jouer au football peut servir à la fois les trois fins qu'on a nommées (entraînement, divertissement, communication). Plus exactement, il faudrait rigoureusement dire : dans de tels cas, une pratique n'est pas

p. 277 *sq.*). Pour une version différente, d'ontologie sociale d'une conception téléologique des pratiques et des institutions, *cf.* S. Miller, *Social Action. A Teleological Account*, Cambridge, Cambridge University Press, 2001, particulièrement chap. 1, p. 37-56 ; du même, voir aussi « Gemeinsames Handeln », *in* Hans B. Schmid et David P. Schweikard, (Hrsg.), *Kollektive Intentionalität*, *op. cit.*, p. 194-223 ; et aussi « Social Institutions », *in* K. Miller *et alii* (eds.), *Realism in Action. Essays in the Philosophy of the Social Sciences*, Dordrecht, Kluwer Academic Publishers, 2003, p. 233-249.

1. Ce qui est décisif, c'est qu'est liée au caractère des pratiques consistant à poser des fins la possibilité de déterminer la distinction, implicite en elles, entre un comportement juste et un comportement mauvais – et cela autrement qu'à titre de position conventionnelle.

déterminée de plusieurs manières, mais une seule et même suite d'actions constitue en même temps plusieurs pratiques – celle de flirter comme celle d'acheter. Néanmoins, il y a dans la plupart de ces cas quelque chose comme des fins principales et des fins secondaires, de sorte que parler d'une signification multiple d'une pratique apparaît justifié.

Deuxièmement, avec l'affirmation selon laquelle les pratiques ont des fins et sont structurées intérieurement par celles-ci, on ne pose pas qu'elles sont nécessairement basées sur des intentions pleinement connues. Les fins, comme le souligne également Seamus Miller, n'ont pas besoin d'être toujours formulées, elles peuvent être implicites et présentes d'une manière latente[1]. De plus, à l'exécution d'une pratique ne préexistent pas nécessairement la formation et la détermination d'intentions et de fins qui seraient « appliquées ». Il ne s'agit donc pas ici de prendre une décision préalable sur la question de savoir qui est le porteur des fins poursuivies et de quelle manière celles-ci se forment et s'imposent. De nombreuses fins ne prennent forme que, de manière progressive, dans l'accomplissement de l'action, d'autres s'emparent des intentions subjectives de l'acteur ou bien s'imposent même dans son dos.

102 | Troisièmement, rien n'a encore été dit sur la question de savoir si les fins sont subjectives ou ont un caractère objectif, bref, s'il s'agit simplement de fins qui lient les individus à des pratiques déterminées, ou bien s'il y a (dans le champ social) des fins dont la réalisation renvoie au-delà de cette attribution et de cette position de fins individuelles, ou est nécessaire dans un sens qui englobe celles-ci.

Une autre caractéristique marquante du concept de pratiques sociales semble se trouver dans le fait que celles-ci – bien qu'elles désignent une activité – ont, à de nombreux égards, un caractère en même temps actif et passif, donc un caractère *actif-passif.* Une pratique consiste il est vrai en activités, elle consiste à agir au lieu de s'abstenir, et elle n'est pas, à titre de suite d'actions, un simple événement ou incident. Néanmoins, l'ensemble complet d'une pratique désigne quelque chose qui, d'une manière caractéristique, n'est pas lié avec des intentions qu'il faut toujours à nouveau former – et, partant, avec des positions de fins qu'il faudrait actualiser à chaque fois. Voilà qui est en rapport avec le caractère de routine ou d'habitude des pratiques qu'on a abordées plus haut.

Cette caractéristique est inséparable du fait que, dans une pratique, il s'agit toujours d'une connexion qui dépasse le dualisme sujet-objet. Les pratiques sont, dans une certaine mesure, des modèles d'action

1. *Cf.* S. Miller, « Social Institutions », *op. cit.*

indépendants du sujet, mais qui ne sont pas pour autant totalement supra-subjectifs. Plus concrètement, si elles naissent *par* les sujets, de même qu'elles existent *avant* eux (et leurs intentions), elles ne s'épuisent pas dans les intentions des sujets. Que les pratiques dans le sens qu'on a décrit plus haut soient *antérieures* a pour conséquence que les sujets ne peuvent former des intentions en général qu'en rapport à ces pratiques et par celles-ci ; et les actions singulières ne peuvent être comprises qu'en rapport à une pratique qui existe déjà. Pourtant, il n'y a pas de pratique (de pratiques) sans les individus qui constituent leur agir par elle. En entrant dans une pratique, nous participons à quelque chose qui existe déjà et, en même temps, nous le créons.

Les pratiques et leurs contextes

Les pratiques sont donc des complexes socialement significatifs d'actions imbriquées, qui relèvent de l'habitude, sont dirigés par des règles, ont un caractère possibilisant et avec lesquelles des fins sont poursuivies. | Les caractéristiques énumérées ici nous occuperont encore **103**
pour la connexion qu'elles entretiennent avec la compréhension des formes de vie et elles ont, pour celle-ci, dans la mesure où je comprends les formes de vie comme ensembles de pratiques, des conséquences décisives. Cependant, un aspect nous conduit directement au thème de la prochaine section.

À la surformation culturelle et institutionnelle des pratiques évoquées ci-dessus est lié le fait que les pratiques singulières s'inscrivent dans d'autres ensembles de pratiques ou dépendent d'un *contexte de pratiques et d'objets correspondants* qui les dépasse. La pratique de l'achat (comme je l'ai décrit) ne peut avoir lieu que dans des sociétés de marché ; le fait de faire la queue pour payer à la caisse uniquement lorsqu'il y a de l'argent et des caisses enregistreuses ; et pour pouvoir faire un virement, il faut qu'il y ait des banques. Et même le fait de jouer à cache-cache avec des enfants n'est pensable que dans un cadre culturel et historique spécifique dans lequel il y a en général quelque chose comme une compréhension de « l'enfance » comme enfance et d'une façon de « jouer » entendue comme activité appropriée à l'enfance, et à laquelle appartient corollairement tout un complexe d'autres pratiques[1].

1. Philippe Ariès a bien démontré que cela n'allait pas de soi dans son histoire de l'enfance (*L'Enfant et la vie familiale sous l'Ancien Régime*, Paris, Plon, 1960) qui est toutefois controversée.

Même l'invitation à dîner ne se nourrit pas seulement, factuellement et matériellement, d'autres pratiques (par exemple, l'hôte doit faire les courses pour pouvoir régaler ses invités), mais son déroulement et son caractère sont marqués par d'autres pratiques, qui concernent par exemple la question de savoir qui peut inviter, quand, comment, et avec quelles conséquences, une question qui, pour sa part, débouche sur d'autres domaines de la pratique[1]. Des pratiques sociales particulières ont donc des *présupposés* dans d'autres pratiques, et elles fournissent des *raccords* avec d'autres pratiques. Les pratiques sont donc connectées avec de nombreuses autres pratiques et attitudes en connexion avec lesquelles elles obtiennent seulement leur fonction et leur signification spécifiques. Ce sont de tels ensembles et contextes qu'on peut appeler *formes de vie*.

104 | 2.2. Le caractère d'ensemble

Les pratiques sont donc toujours « des pratiques-mises-ensemble ». Inversement, comme je l'ai affirmé, les formes de vie sont des ensembles de pratiques sociales. Identifier une forme de vie *comme* forme de vie signifie alors identifier et comprendre un tel ensemble déterminé de pratiques comme tel. Les « formes de vie » sont donc toujours un *extrait* déterminé tiré du champ de pratiques possibles, mais aussi leur principe d'organisation, dans la mesure où les formes de vie ne se présentent pas seulement à titre d'agrégat épars de pratiques sans rapport[2]. Cependant, comment ce principe organisationnel, comment cet ensemble est-il constitué ? Comment les pratiques singulières d'un tel « faisceau de pratiques » tiennent-elles ensemble, et qu'est-ce qui fait qu'elles se groupent de cette manière en une forme de vie ? Comment détermine-t-on ce qui en fait partie (ce qui *peut* ou *doit* en faire partie) et ce qui constitue en conséquence l'ensemble de chaque forme de vie ?[3]

1. Pour se faire une idée, il n'est pas nécessaire de penser aux conventions de cultures ou d'époques très éloignées. Même les règles du *dating* étatsunien produisent une surprise chez le touriste. Et les fêtes où, tard dans la nuit, il ne reste que les invités européens qui n'ont pas vu le signe du départ donné plus tôt sont proverbiales.

2. Quand j'ai, ci-dessus dans en 2.1, thématisé le fait qu'on peut envisager comme forme de vie tout autant une formation aussi étendue que « la modernité » ou « la vie urbaine » qu'une formation aussi petite que la famille nucléaire bourgeoise, il est clair qu'il y a toujours aussi une question de perspective et de contexte qui se pose, celle de savoir quel groupe de pratiques on regroupe dans une certaine forme de vie, c'est-à-dire quel groupe de pratiques on rassemble dans le contexte d'une forme de vie.

3. Raymond Geuss formule d'une manière très convaincante à propos des individus les difficultés d'une détermination plus précise du lien constitutif d'un tel « faisceau » de pratiques et d'attitudes : il est clair « que les individus et les groupes n'"ont" pas

Ensembles de pratiques et attitudes

Si les formes de vie doivent être comprises comme des connexions ou des « ensembles de pratiques et d'orientations »[1], elles consistent, pour le dire d'une manière triviale, en *plusieurs* pratiques qui | se rapportent de 105
quelque manière les unes aux autres. « Saluer » ou « acheter », « jouer à cache-cache avec des enfants », « diriger un séminaire », ne sont pas en soi des formes de vie, mais des parties d'une forme de vie. Si toutefois s'ajoutent au fait de « jouer à cache-cache avec des enfants » d'autres pratiques, comme par exemple le fait que souvent on « dîne avec des enfants », qu'on « fait la lecture aux enfants », qu'on « emmène les enfants à la crèche », qu'on « se rend à une réunion de parents », qu'on « fabrique la lanterne pour le défilé de lanternes »[a], et bien d'autres choses encore, ainsi se cristallise un ensemble de pratiques sociales qu'on peut nommer une forme de vie (par exemple : une famille). Selon la façon dont on comprend cet ensemble, et selon celle dont d'autres pratiques et rapports viennent s'ajouter, il s'agit alors de la forme de vie d'une famille traditionnelle ou bien d'une famille recomposée, d'une famille *queer* ou bien hétérosexuelle, d'une famille nucléaire ou bien élargie. D'une manière analogue, « diriger un séminaire » devient, combiné avec beaucoup d'autres pratiques, une « forme de vie académique » et « aller faire ses courses » devient une forme de vie consumériste et hédoniste du capitalisme tardif.

En comprenant ainsi les formes de vie comme ensembles de pratiques et d'orientations, il apparaît que, en assemblant des « pratiques et orientations », le renvoi aux orientations, attitudes ou convictions qui y sont liées est en réalité redondant[2]. Les pratiques sont inséparablement entremêlées aux attitudes et orientations, dans la mesure où il s'agit en elles, comme Charles Taylor l'a développé, de pratiques qui ne sont pas

a. Tradition allemande consistant à faire un défilé de lanternes pour la Saint-Martin (avec un petit verre de *vin chaud* pour les adultes).

simplement, d'une manière contingente, un faisceau composé de convictions, attitudes, buts de vie, formes d'une activité artistique, etc. Ces faisceaux ont globalement une certaine cohérence – bien qu'il soit difficile de dire, d'une manière générale, en quoi consiste cette cohérence –, les éléments du faisceau se trouvent dans des rapports complexes les uns aux autres, ils « vont » ensemble d'une manière ou d'une autre, et le faisceau tout entier possède une structure caractéristique qui est clairement reconnaissable souvent même pour un observateur extérieur » (*The Idea of a Critical Theory*, Cambridge, Cambridge University Press, 1981, p. 10).

1. Comme le dit Wingert dans *Gemeinsinn und Moral*, *op. cit.*, p. 174.

2. D'une manière semblable, Talcott Parsons comprend la culture comme « système de significations partagées dans les pratiques et les convictions » (« Culture and Social System Revisited », *in* C. Bonjean, L. Schneider (eds.), *The Idea of Culture in the Social Sciences*, Cambridge, Cambridge University Press, 1973, p. 34).

« brutes », mais toujours déjà interprétées[1]. Nous exerçons donc non seulement des pratiques, mais nous comprenons en même temps celles-ci *comme quelque chose* (comme jeu, comme expression de la joie de vivre ou de l'intimité, comme hospitalité). Autrement dit, les individus ne se contentent pas de faire quelque chose (être accroupi derrière le buisson, cuisiner le dîner, manger), ils comprennent ce faire comme
106 quelque chose (comme le fait de jouer, comme le repas de famille), et | le chargent de signification (intimité, soins, culture)[2]. À certains égards, ce sont les états d'esprit des individus agissant qui confèrent d'abord, de cette manière, une unité aux pratiques; de l'autre côté, les états d'esprit, les valeurs et les buts, sans ce contexte dans lequel ils se réalisent du point de vue pratique, ne sont pas du tout pensables : il n'y a pas d'attente de *fairness* dans l'échange sans rapports d'échange, de manières relevant de la bienveillance sans des relations intimes, il n'y a pas politesse sans contact social. Les états d'esprit liés aux pratiques ou l'interprétation des pratiques vont donc de pair avec les pratiques et confèrent à celles-ci leur caractère spécifique. Inversement, les orientations, dont il est ici question, ne sont pas flottantes, mais elles sont des orientations en regard des pratiques (et de leurs interprétations).

Les formes de vie comme ensemble interprétatif et ensemble fonctionnel

Des premiers repères sur la question du lien des pratiques particulières résultent déjà de ce qui a été dit jusqu'ici.

Premièrement, les formes de vie sont toujours aussi un ensemble établi par une *interprétation*. Partager une forme de vie ne signifie pas seulement exercer en commun des pratiques, mais aussi partager l'interprétation de ces pratiques, et avant tout les *schèmes* interprétatifs de ces pratiques. C'est en ce sens qu'Alasdair MacIntyre écrit :

> Partager une culture signifie partager des schèmes qui sont constitutifs de l'intelligibilité de mes actions et en même temps impliquent des critères

1. C. Taylor, « Self-Interpreting Animals », *Human Agency and Language. Philosophical Papers I*, Cambridge, Cambridge University Press, 1985, p. 45-76.

2. C'est le cas, par exemple, de la femme au foyer dévouée du XIXe siècle, immortalisée sur de vieux napperons brodés : « Ne pleure pas le matin qui donne du fil à retordre, c'est si bon de s'occuper des gens qu'on aime ». Le travail fatiguant d'allumer le poêle le matin est pourvu d'une signification globale et d'un sens supérieur en lien avec un concept déterminé de la famille – la femme comme gardienne du foyer et organisatrice de l'espace intérieur – et en est transfiguré.

pour leur évaluation normative ; à ce titre, ils sont en même temps des moyens pour mon interprétation des actions des autres[1].

| De tels schèmes interprétatifs me permettent de comprendre des 107
pratiques déterminées comme telles (le jeu de cache-cache comme jeu, le dîner en commun comme expression du cocon familial). Ils indiquent – en prescrivant normativement – comment il faut exercer ces pratiques et quelles sont celles qui relèvent de ce sens (les ordres appartiennent à la caserne, pas à la chambre d'enfant). Et ils me donnent les moyens d'interpréter autrement les actions. Je comprends alors que l'enfant qui se trouve derrière l'arbre joue à cache-cache. Par là, je sais non seulement qu'il joue à ce jeu particulier, j'ai également une représentation de ce que cela signifie en général de jouer, parce que mon schème interprétatif inclut une distinction entre le jeu et le travail ou entre le jeu et le sérieux, etc. Mon observation n'est en cela pas indépendante du fait que j'envisage le petit être avec lequel j'ai à faire ici en général comme « enfant » par opposition à l'« adulte », et toute l'évaluation et estimation de la situation qui s'offre à moi dépendent de tous ces schèmes et de l'arrière-plan posé ainsi[2].

Le deuxième repère résulte du fait que les pratiques s'assemblant en une forme de vie se rapportent et s'entremêlent partiellement les unes les autres d'un point de vue pratico-fonctionnel. Les règles et normes d'une pratique ont rapport aux éléments qui sont constitués par d'autres pratiques. Et une partie des pratiques qui s'assemblent en une forme de vie est même tout à fait palpable au sens d'un *ensemble fonctionnel* interdépendant d'éléments rapportés les uns aux autres : les pratiques agricoles de production alimentaire sont un présupposé de la consommation urbaine ; les pratiques d'échange, avec leurs diverses implications, sont un présupposé de l'accessibilité des biens sur le marché – tout cela repose sur des modes déterminés d'organisation du travail, des transports, de la propriété etc. De tels éléments imbriqués les uns dans les autres (fonctionnellement) peuvent être reconstruits dans la forme de vie de la famille ou la forme de vie académique. Cette dernière repose sur des pratiques d'acquisition et de transmission des connaissances,

1. Alasdair MacIntyre, « Epistemological Crises, Dramatic Narrative, and the Philosophy of Science », *The Tasks of Philosophy. Selected Essays I*, Cambridge, Cambridge University Press, 2006, p. 3-23, ici p. 4.

2. Le partage des schémas interprétatifs précède en cela l'accord factuel sur les interprétations substantielles, c'est-à-dire est à leur fondement, et reste encore en vigueur en cas de désaccord sur celles-ci.

sur des médias de transmission des connaissances et des pratiques les
108 appliquant, mais aussi | à nouveau sur des pratiques économiques qui rendent possible une décharge permettant à une partie du peuple de s'instruire et de faire de la recherche. Et, ainsi, il y a pour la forme de vie qu'est la famille nucléaire des conditions d'espèces différentes – par exemple l'existence ou la non-existence d'institutions de prise en charge de l'enfant avec les interprétations de la parentalité qui y sont liées – qui rendent possible et imprègnent différentes versions de la vie familiale.

Il est évident que toutes les pratiques appartenant à une certaine forme de vie ne sont pas fonctionnellement liées les unes aux autres dans ce sens direct « palpable », comme c'est le cas pour les ensembles décrits ci-dessus. Certes, l'existence d'institutions de prise en charge de l'enfant en dehors du foyer est un présupposé fonctionnel pour l'existence des familles nucléaires où existe une double activité professionnelle, et l'existence de rapports d'échange est le présupposé de l'achat. Mais en quel sens le fait de jouer à cache-cache ou celui de construire des cerfs-volants (des pratiques particulières de la forme de vie qu'est la famille) sont-ils des présupposés fonctionnels ? et pour quoi précisément ? Nous ne devons pas seulement admettre ici que, en rapport à presque chaque fonction, il y a même des équivalents fonctionnels et que ceux-ci sont ici particulièrement divers et variables. Ce qui est plus important, c'est que les fonctions ne sont pas indépendantes des interprétations des pratiques, de leur connexion et de la forme de vie à laquelle elles appartiennent. Si l'on prétend à propos du fait de jouer à cache-cache – même si on le généralise au fait de jouer en général – qu'il appartient essentiellement à la forme de vie de l'éducation ou de la parentalité, on ne peut le faire qu'en interprétant le jeu avec des enfants dans le cadre d'une certaine conception de l'éducation et de l'enfance comme présupposé d'une vie réussie par et avec des enfants.

Ce sont donc les deux plans, l'interprétation de pratiques *comme quelque chose* et les qualifications fonctionnelles de pratiques *comme visant quelque chose de bien*, qui mettent en rapport les pratiques entre elles. Et, inversement, c'est parce que les pratiques sont davantage que des faits bruts et parce qu'elles visent, à l'intérieur d'un cadre interprétatif, des buts qui sont liés à d'autres [buts], qu'elles peuvent, en général, s'assembler en une forme de vie.

Cercle pratico-herméneutique

| Si je suis partie au départ du fait que les formes de vie ne consistent 109
pas seulement en un faisceau lâche de pratiques, ce fait peut désormais mieux être compris. Nous subordonnons aux pratiques et aux attitudes que nous rangeons dans une forme de vie, un rapport interne et qualitatif entre les unes et les autres. Cela doit signifier : ces pratiques ne surgissent pas seulement ensemble d'une manière réglée, mais elles sont par là rapportées les unes aux autres ; et elles ne surgissent pas non plus seulement d'une manière contingente ensemble, mais le fait qu'elles surgissent ensemble est intelligible dans le contexte, compris largement, d'une détermination de ce qui doit s'exprimer et se réaliser dans des formes de vie.

La relation entre l'ensemble et ses éléments singuliers peut être comprise par rapport aux formes de vie et aux pratiques qui constituent celles-ci à la manière d'un cercle pratico-herméneutique : les pratiques qui surgissent en lien avec une forme de vie ou qui constituent celle-ci sont interprétées en anticipant le « tout » (représenté) d'une forme de vie. Celle-ci est, inversement, constituée et progressivement concrétisée par les pratiques qui entrent ici en rapport les unes avec les autres, et, partant, elle reçoit progressivement une figure et se constitue à titre d'ensemble. Les pratiques s'assemblent ainsi en une forme de vie et sont, au même moment, assemblées par celle-ci. Les pratiques singulières sont dirigées sur l'ensemble et obtiennent à partir de celui-ci une signification ; inversement, ce sont toutefois les pratiques elles-mêmes qui constituent cet ensemble.

Le cadre discuté ici n'est donc pas une grandeur douteuse qui serait « au-dessus » ou au-delà des pratiques elles-mêmes. Il s'agit ici plutôt d'une relation réciproque entre le tout et les parties, dans laquelle chacun des deux se constitue par l'autre et, ainsi, n'est pas pensable indépendamment de l'autre. Voilà pourquoi (tout au fait au sens de l'Idée herméneutique[1]) il ne s'agit pas d'un cercle vicieux mais d'un cercle vertueux, parce qu'on doit penser ce processus comme un processus dans lequel, dans un rapport réciproque, le singulier s'enrichit et se détermine
à partir du tout | et le tout à partir du singulier[2]. Il s'agit en cela à vrai 110

1. Voir sur ce point M. Heidegger, *Être et temps*, *op. cit.* ; H.-G. Gadamer, *Vérité et méthode. Les grandes lignes d'une herméneutique philosophique*, trad. fr. E. Sacre, P. Fruchon *et alii*, Paris, Seuil, 1976, 1996, p. 427-431.

2. Dans la mesure où il s'agit d'un processus véritablement *pratique*, il faut y ajouter l'excès de la pratique qui, en situation d'expérimentation où il n'y a pas de directive au départ, produit d'abord des éléments à incorporer et à intégrer d'un point de vue interprétatif (en innovant).

dire d'un processus ouvert dans lequel le « tout », en rapport à quoi nous interprétons les pratiques particulières, n'est pas connu dès le début, mais se constitue dans un jeu d'échange avec les éléments qui se modifient et, par là, les reforme et les transforme toujours à nouveau [1].

L'ensemble sur lequel on s'interroge n'est pas alors quelque chose qui « organise extérieurement » les pratiques assemblées en lui; et le cadre interprétatif ou le schème interprétatif duquel parle MacIntyre ne peuvent pas être localisés quelque part au-delà des pratiques. Ils désignent plutôt une organisation des pratiques et la teneur significative des pratiques elles-mêmes, et, partant, ils sont dans une certaine mesure localisés dans ces pratiques.

Polémique sur l'ensemble

Si nous comprenons donc les formes de vie comme ensembles interprétatifs et fonctionnels, cela signifie qu'on doit pouvoir reconstruire pour chaque pratique se trouvant en ceux-ci une compréhension cohérente dans le contexte des pratiques plus larges avec lesquelles elle est liée. Mais c'est précisément cette compréhension qui est souvent contestée et l'affaire d'interprétations conflictuelles à partir desquelles on peut apprendre quelque chose sur la figure propre à des formes de vie
111 (et sur la possibilité de les critiquer). Entrer dans une discussion sur | ce qui précisément constitue ou doit constituer une forme de vie ne signifie donc en fin de compte rien moins que disputer la question de savoir quelles sont les pratiques et les états d'esprit qui, ensemble, déterminent une forme de vie particulière, et sur celle de savoir quelle est la manière dont il faut les comprendre dans cet ensemble.

Ainsi avons-nous souvent par rapport à des formes de vie, intuitivement, une représentation tout à fait exacte des pratiques et des états d'esprit qui vont ou ne vont pas à l'intérieur d'un ensemble précis,

1. Le tout est en ce sens d'une manière bien holistique « plus que la somme de ses parties », et les parties conquièrent leur signification en lien avec celui-ci. Pourtant, le tout comme tel ne préexiste pas et n'est pas connu et n'est pas non plus pré-donné au sens d'un « horizon de compréhension » très consistant. C'est dans un rapport réciproque que les éléments sont, d'une manière constitutive, éléments-en-relation, dont la constellation forme la figure se formant et se transformant toujours à nouveau du tout. S'il est donc vrai pour l'ensemble d'une forme de vie qu'avec la disparition ou la modification de parties particulières le système de rapports puisse changer dans son ensemble et que, inversement, les parties conquièrent leur signification à partir de l'ensemble, alors cette conception conserve une organisation holistique au moins modérée. Pour une vue d'ensemble sur les discussions récentes relatives au holisme social qui caractérise en même temps une espèce d'état intermédiaire, *cf.* Georg W. Bertram, J. Liptow (Hrsg.), *Holismus in der Philosophie. Ein zentrales Motiv der Gegenwartsphilosophie*, Weilerswist, Velbrück, 2002.

et aussi de ce qui appartient et de ce qui n'appartient pas à une forme de vie déterminée. Si nous regardons les phénomènes, sont ici en jeu des liaisons fortes tout à fait différentes (ainsi que des interprétations différentes de celles-ci).

Examinons l'exemple de *la ville comme forme de vie*. Le citadin se déplace en métro, son lieu de travail et son lieu d'habitation sont séparés caractéristiquement. Il vit dans des immeubles, déménage souvent et ne cultive pas lui-même les aliments dont il a besoin. Le mode de vie des citadins (de la grande ville) comprend en outre certaines habitudes de consommation et un certain état d'esprit, une certaine manière de se déplacer dans la ville[1], ainsi que la capacité à détourner les stimuli que Georg Simmel appelle le « caractère blasé » et qu'il considère comme une caractéristique typique du citadin des grandes villes[2]. Même la « réserve » que Simmel lui attribue également à titre de « forme élémentaire de socialisation » | propre à la grande ville appartient à ce 112
champ[3]. On peut également supposer que le citadin des grandes villes est à l'aise dans les espaces publics[4] et fait preuve d'une ouverture d'esprit et d'une indépendance proverbiale, à laquelle se réfère l'expression « l'air de la ville rend libre » qui existe déjà depuis le Moyen Âge.

1. Que la petite ville et la grande ville se distinguent par des espèces différentes de modèles dynamiques, on peut le constater en comparant l'effervescence de la vie dans les rues de New York avec la stagnation immédiate qui se produit dans la petite ville dès qu'une foule importante se rassemble.

2. Voir sur ce point Georg Simmel, *Les Grandes villes et la vie de l'esprit*, trad. fr. J.-L. Veillard-Baron et F. Joly, Paris, Payot, 2013. Simmel a en ce sens déduit de « l'accroissement de la vie nerveuse » propre à la vie citadine, « qui provient du changement brutal et ininterrompu d'impressions externes et internes » (p. 35), la disposition psychologique fondamentale de la grande ville et du citadin des grandes villes : « Il n'y a peut-être aucun phénomène spirituel qui soit aussi inconditionnellement propre à la grande ville que le caractère blasé. Il est avant tout la conséquence de ces excitations nerveuses brutalement changeantes et agglomérées dans leurs oppositions, desquelles, selon nous, semble même provenir l'accroissement de l'intellectualité de la grande ville (...). L'incapacité ainsi développée de réagir à de nouvelles excitations par une énergie qui leur serait appropriée, constitue précisément ce caractère blasé qu'on voit déjà chez chaque enfant de la grande ville en comparaison d'enfants appartenant à des milieux plus calmes et monotones » (p. 49-50 ; traduction modifiée).

3. Le croquis suivant d'un New-Yorkais est également très beau. En quelques traits, il évoque une image qui n'est pas atypique : « Je suis New-Yorkais : je mange des bagels, je lis le *Times* et je marche vite. ». Cité par Carolin Emcke dans l'Introduction de son livre *Kollektive Identitäten. Sozialphilosophische Grundlagen*, Francfort, Campus Verlag, 2000, p. II.

4. De la même façon qu'il y a des villes qui ne sont pas des villes, il y a aussi naturellement des hommes qui vivent dans la ville mais qui ne sont pas des « citadins ».

Si, de même, face aux récents développements urbanistiques, on discute la question de savoir si une ville à laquelle manquent des salles de réunion publique en libre accès est encore une ville ou bien si, face à la privatisation et à la « commercialisation » des espaces publics, il faut parler d'un déclin de l'urbanité, y correspond la représentation selon laquelle à la forme de la vie de la grande ville appartiennent non seulement beaucoup d'êtres humains, mais aussi des formes précises des rapports sociaux, de sorte que celle-ci ne devient une ville que par les pratiques et attitudes correspondantes.

Mais poursuivons notre examen de la forme de vie de la *famille* bourgeoise classique : y appartiennent conventionnellement « le partage de la table et du lit », la vie commune « sous un même toit » et, partant, des pratiques comme le fait de dîner ensemble et la préparation de ce dîner, celui de célébrer les anniversaires et d'autres fêtes, le soin mutuel avec les diverses figures appropriées, comme la garde d'enfants et les soins aux personnes âgées. Il y a toujours dans une famille des projets partagés et une liaison émotionnelle, mais aussi des rapports mutuels de dépendance et dans certains cas de doute des rapports de domination. Dans les voitures dites familiales (avec un grand coffre), les appartements familiaux (à proximité d'une aire de jeux) et les hôtels familiaux (avec des chaises pour enfants), ces pratiques se manifestent avec un effet sur la consommation.

Même ici il y a des représentations sur « ce qui appartient » et ce qui constitue une famille. Ainsi, dans certaines familles, la querelle
113 autour du dîner commun est érigée en pierre de touche | de l'existence d'une famille – on connaît cela dans les situations conflictuelles de l'adolescence. Même le débat sur le nouveau droit matrimonial, c'est-à-dire le passage du mariage fondé sur le principe du soutien familial à l'idée d'une indépendance financière dans un partenariat égalitaire, est un débat sur la question de savoir quelles sont les pratiques et les attitudes qui relèvent de à la famille et celles qui n'en relèvent pas. Et, dans le débat sur les formes contemporaines de la famille, le slogan « la famille est là où sont les enfants » vise très pertinemment à modifier la compréhension de ce qu'est une famille. La forme de vie qu'est la famille « se remplit » donc pour les représentants de chaque position uniquement lorsque sont données des caractéristiques précises considérées par eux comme constitutives de celle-ci, qu'il s'agisse du dîner du soir, du compte commun ou bien des enfants ayant besoin de soins.

Même en rapport à ce qui, dans l'ensemble ici esquissé, *ne va pas*, et à ce qui ne se joint pas à ces caractéristiques, on trouve des intuitions fortes :

Alors qu'il peut être approprié, dans un bar de village (ou du moins ce que le citadin ou la citadine s'imagine être tel), de taper sur la table en entrant et de saluer les personnes présentes, celui qui se présente personnellement aux passants en faisant ses courses de Noël sur la Cinquième Avenue est un fou ou un trublion. À la forme de vie qu'est la grande ville appartient le fait d'accepter l'anonymat et la « réserve » qu'on adopte face à l'autre. De même, il y a des stratégies spécifiquement propres à la grande ville permettant cependant d'entrer en contact les uns avec les autres, bien qu'elles puissent encore se distinguer les unes des autres à New York, à Paris, à Istanbul ou à Berlin.

Un père de famille qui tient une comptabilité détaillée de toutes les dépenses liées aux soins de ses enfants et qui présente à sa progéniture, à sa majorité, une facture avec les intérêts cumulés, ne sera pas seulement jugé sans cœur (en se basant sur les valeurs familiales traditionnelles) : les attitudes liées à cela semblent également inappropriées au regard de la forme de vie de la famille bourgeoise classique. La pratique consistant à « monnayer » les soins qu'on apporte n'appartient pas – il faut le souligner : dans le contexte de l'idéal moderne basé sur l'intimité et l'authenticité de la relation – à cette formation et signification spécifiques propres à la famille. Car celles-ci sont plutôt portées par la compréhension liée à une liaison mutuelle intime qui | contredit le modèle « objectivant » **114**
d'une prestation de service comprise comme une prestation [1].

Cependant, qu'est-ce qui, en rapport aux cas développés ici, ne « convient » pas », et dans quelle mesure cela ne convient-il pas ? Il y a plusieurs manières de comprendre les rapports d'ajustement ici indiqués.

Rapports d'ajustement

Premièrement, on peut défendre la chose suivante : les pratiques décrites ne s'ajustent pas avec les autres pratiques en vigueur dans les situations correspondantes. Elles ne vont donc pas *ensemble*. Faire des comptes pour les prestations de soins (dans notre exemple) ne s'ajuste par exemple pas avec les formes émotionnelles de liaison que le père dont il est question exige aussi en même temps (quand bien même il ne s'agit que « d'autorité et d'obéissance ») et qui ne sont pas incluses dans un rapport

1. Il faut souligner que je parle de la famille bourgeoise classique avec son insistance forte sur le lien émotionnel entre les individus et le détachement tendanciel de l'éducation des enfants des questions de soins des personnes âgées.

contractuel. Le fait de « se présenter personnellement » sur la Cinquième Avenue ne s'ajuste pas avec le fait que les personnes concernées ne se reverront probablement jamais.

Deuxièmement, on peut attirer l'attention sur le fait qu'une pratique précise ne convient pas à l'intérieur d'un cadre interprétatif propre à l'ensemble constitué par une forme de vie. En ce sens, la facture qu'on présenterait à l'individu qui atteint sa majorité ne convient pas avec les interprétations courantes – donc culturellement en vigueur – de la relation entre parents et enfants : elle ne s'ajuste pas avec l'intimité et le « mode d'authenticité » des relations propres à la famille bourgeoise. Et le fait de « se présenter personnellement » ne va pas avec la compréhension de soi du citadin de la grande ville.

Les pratiques, donc, *ne vont pas ensemble* et ne *nous* vont pas, dans la mesure où la pratique ne peut pas être introduite dans un ensemble sensé avec les autres pratiques d'une forme de vie et avec le cadre interprétatif constitué par celles-ci. Des expressions telles que « ce n'est même plus une famille » et « ce n'est même plus une ville » attirent alors l'attention sur le fait qu'il y a aussi en rapport aux formes de vie (comme ensembles de pratiques) comme déjà au regard des pratiques singulières,
115 des conditions *internes* | de réussite, c'est-à-dire d'accomplissement – conditions que, inversement, une forme de vie peut enfreindre ou bien ne réaliser qu'imparfaitement[1].

Naturellement, les pratiques peuvent changer, et naturellement on peut toujours interpréter de nouveau aussi bien les pratiques particulières que l'ensemble dans lequel elles se trouvent. Mais tout à fait dans l'esprit de la remarque faite plus haut à l'occasion de la distinction avec la mode : si quelque chose changeait, c'est toute une configuration (précisément : une forme de vie) qui changerait[2].

Cela conduit, troisièmement, à une troisième manière de considérer le caractère approprié de pratiques déterminées dans l'ensemble d'une forme de vie. Le rapport d'ajustement peut aussi être exprimé de manière téléologique (donc en partant des fins posées avec les pratiques) : si de nombreuses pratiques reçoivent leur sens et la possibilité de leur réalisation d'abord du fait d'être introduites dans un ensemble plus large de pratiques et d'interprétations, si donc le bien et la fin qui doivent être réalisés dans une pratique ne peuvent pas être réalisés dans celle-ci seule,

1. Voir sur ce point pour plus de précisions le chapitre 3.

2. On pourrait ici parler de quelque chose comme des « obligations pratico-inférentielles » qui vont de pair avec l'exercice de pratiques : des pratiques impliquent un rattachement à certaines autres pratiques et, inversement, rendent impossible d'autres rattachements. Les pratiques ne peuvent alors pas être combinées entre elles à volonté.

alors les formes de vie se présentent comme des ensembles structurés dans lesquels des biens ou des fins complexes peuvent être poursuivis. Identifier quelque chose comme une forme de vie déterminée signifie dès lors identifier des ensembles de pratiques et d'états d'esprit à titre d'ensemble qui est *bon pour quelque chose*. À l'intérieur d'un tel ensemble, il y a alors des pratiques qui servent à réaliser les fins ainsi posées, et d'autres qui contredisent cette réalisation. Et il y a aussi des pratiques qui sont indifférentes à cette question. Le découpage et le caractère d'un ensemble de pratiques s'expliquent alors par le fait que les éléments particuliers ne peuvent qu'accomplir ensemble ce qui est exigé par la forme de vie à titre de forme de vie. Sur cette base, on peut argumenter pour établir que non seulement certaines pratiques sont inadéquates ou inappropriées (c'était d'ailleurs notre prudent point de départ), mais aussi que certaines pratiques | appartiennent nécessairement, d'une manière **116**
indispensable, à l'ensemble d'une forme de vie, afin que celle-ci ne soit pas déficiente.

L'adéquation objective

On peut à cet endroit approfondir systématiquement le motif de l'adéquation objective c'est-à-dire du rapport à la chose qui apparaissait déjà plus haut avec la discussion de la mode. Les pratiques qui apparaissent, à l'intérieur d'une forme de vie, comme ne convenant pas et inappropriées par rapport à elle, non seulement ne vont pas avec les autres; mais du fait qu'elles ne s'ajustent pas avec le cadre interprétatif de cette forme de vie, elles ne s'ajustent pas avec « l'état des choses » par rapport auquel elles doivent être utiles, et cela non seulement à partir de la perspective de la fin posée avec elles, mais aussi à partir de celle des conditions qu'on doit attendre de la réalisation de leurs fins.

Ainsi, les réflexions que j'ai menées jusqu'ici suggèrent que les pratiques qui peuvent être mises en œuvre dans le cadre d'une certaine forme de vie ne sont pas tout à fait arbitraires : le fait qu'il soit inhabituel dans une grande ville de se présenter en long et en large à tous les passants n'est pas une simple convention contingente, mais résulte des circonstances liées à la densité et à la circulation propres aux grandes villes. De même, l'absurdité de « la facture présentée à l'individu qui atteint sa majorité »[1] se trouve déjà dans le fait que, ici, les conditions

1. Je choisis expressément cet exemple de la conversion monétaire des efforts *parentaux* de soins. En ce qui concerne le rapport entre adultes les choses peuvent être différentes, comme le montre par exemple la discussion féministe autour du « salaire ménager » et des contrats de mariage. Voir sur ce point A. Krebs, *Arbeit und Liebe. Die philosophischen Grundlagen sozialer Gerechtigkeit*, Francfort, Suhrkamp, 2002.

constitutives pour conclure un contrat en rapport avec les prestations de soins ne sont pas réunies : entre des enfants mineurs, au départ sans défense, et des adultes, un contrat civil qui présuppose l'autonomie et l'indépendance des contractants n'est pas possible. Les pratiques qui, en ce sens, veulent « aller » avec cette forme de vie qu'est la famille doivent tenir compte de la constellation objective de base, à savoir qu'il y a ici des individus en besoin de soins et une asymétrie primitive. En outre, les soins sont une autre « monnaie » que l'argent – et il n'est pas certain que celle-là puisse être convertie en celle-ci. Que pour nous la facture présentée à l'individu qui atteint sa majorité soit une absurdité n'est, ici aussi, pas due
117 au fait | qu'une simple convention serait enfreinte. Ce qui est en jeu, c'est une compréhension, saturée culturellement et historiquement, et ancrée dans un complexe de pratiques et d'interprétations de ces pratiques, de ce qui constitue des liens familiaux. Et même cette compréhension a en retour un rapport « à la chose », bien qu'il ne soit pas aussi évident que celui de la circulation propre aux grandes villes, parce qu'ici le rapport à la chose est d'un « deuxième degré » : ainsi, l'« état des choses » à la base du pouvoir de contracter ou la compréhension de la dépendance et de l'indépendance n'est pas elle-même simplement une grandeur objective donnée, mais le résultat d'un ensemble de décisions culturelles qui se sont développées au cours de l'histoire.

Plus exactement, il y a alors entre les deux conceptions de l'adéquation, présentées d'abord ici séparément, (d'un côté face au cadre interprétatif, de l'autre côté face aux fins posées par un ensemble de pratiques) une moins grande différence qu'il pouvait le sembler au premier abord. C'est précisément parce que l'« état des choses » auquel sont ajustées certaines pratiques n'est un « fait brut » que dans le cas limite et, normalement, est une situation objective qui se nourrit de pratiques et d'interprétations qui s'ajustent les unes aux autres, qu'on peut difficilement distinguer le fait d'« aller ensemble », d'« aller avec le cadre interprétatif » et d'« aller avec l'état des choses ».

S'il s'agit donc avec les pratiques appartenant à un ensemble-forme de vie de moments qui sont nécessaires pour rendre possible le *fonctionnement* d'un certain ensemble pratique, ce fonctionnement, inversement, n'est pas une grandeur objective, car même notre compréhension de cette imbrication fonctionnelle dépend en retour de déterminations de la signification et d'interprétations des pratiques en question. L'« objectivité » que j'ai introduite n'est donc que dans les cas limites indépendante d'interprétations et, en ce sens, « objective et donnée dans l'état des choses ». Il est vrai qu'il y a pour les interprétations des critères de

l'adéquation à la situation. Nous pouvons commencer à la préciser en nous souvenant du fait que les formes de vie se constituent autour de ce que l'on peut appeler des « conditions initiales ». Ces conditions initiales sont en partie « naturelles » comme le fait biologique qu'est l'impuissance de la progéniture humaine ou bien certaines conditions géographiques
et climatiques, et en partie (et pour la plus grande partie), | elles se sont 118
créées elles-mêmes, comme les conditions initiales de la forme de vie citadine ; mais même celles-ci reposent pour leur part sur des conditions initiales naturelles [1]. Comme nous le verrons dans le chapitre 4, cette base, à vrai dire, non seulement n'est pas particulièrement significative, mais l'hypothèse qu'on fait avec elle n'est pas particulièrement dramatique. Il s'agit simplement d'une limitation de la marge de manœuvre possible de l'interprétation et de la configuration, dont il ne résulte encore pas grand-chose pour la détermination positive des formes de vie. Ce n'est que la compréhension des formes de vie comme ensemble de solutions à un problème – donc comme conditionnement d'un ordre supérieur – qui peut, comme cela sera montré, revendiquer à cet égard une valeur explicative supérieure.

Résumé

Dans le champ plutôt confus de rapports possibles entre les pratiques singulières d'une forme de vie, il y a manifestement des types tout à fait distincts de connexions et ainsi des manières distinctes dont ces pratiques se rapportent les unes aux autres. Il ne me semble pas problématique de partir du fait que la connexion entre les pratiques qui forment l'« ensemble » d'une forme de vie est nouée de telle manière à certains endroits, et à d'autres autrement, et que tantôt le lien dans son ensemble est fort alors que tantôt il est plus lâche. Certains clusters à l'intérieur de l'ensemble global d'une forme de vie ont les uns avec les autres une liaison étroite (à concevoir fonctionnellement) ; d'autres peuvent en un sens plus élargi et moins spécifique « aller avec ». Quelques-uns s'ajustent bien les uns aux autres, mais doivent être isolés les uns des autres (et en général séparés de la forme de vie), d'autres sont (pour rester dans l'image du « réseau »), des « points nodaux ». Les formes de vie sont des ensembles variables de pratiques, non pas des totalités achevées ayant une fonction intégrative englobante. Et ainsi la dynamique du changement des

1. L'insularité de Manhattan comme présupposé de la densité de cette ville, comme Rem Koolhaas l'analyse, en est un exemple. Voir R. Koolhaas, *New York délire : un manifeste rétroactif pour Manhattan*, trad. fr. C. Collet, Marseille, Parenthèses, 2023.

formes de vie peut-elle même être représentée ainsi : elle conduit à des rééquilibrages, à de nouvelles constellations, mais aussi à l'abandon ou au remplacement de certaines pratiques. Ainsi peut-on constater que la famille ne disparaît pas quand il n'y a plus de dîner pris ensemble, et c'est
119 dans le même sens que | l'abandon du mariage fondé sur le principe du soutien familial déplace le centre de gravité de cette forme de vie, sans pour autant remettre en question la famille en tant que centre émotionnel et lieu de soins réciproques.

Les formes de vie comme ensembles de pratiques sont donc maintenues et individualisées comme ensembles fonctionnels interprétés avec pour arrière-plan des conditions initiales objectives. Le champ du social est « divisé » en de tels domaines de formes de vie qu'on peut distinguer les uns des autres, dans la mesure où il y a ici des ensembles différents, renvoyant les uns aux autres, avec des pratiques correspondantes complexes et des prescriptions fonctionnelles.

L'ensemble est ici à comprendre comme un ensemble holistique en un sens modéré, dans la mesure où cela 'fait' quelque chose aux pratiques particulières d'être dans un ensemble. C'est-à-dire, l'ensemble est pour ces pratiques constitutif, et le fait qu'elles soient dans cet ensemble ne leur est pas extérieur, mais détermine leur caractère. Inversement, l'ensemble se constitue à titre d'ensemble de signification ouvert à partir de ces pratiques.

Dans ce qui suit, il s'agit d'éclaircir le caractère d'ensemble d'une forme de vie encore d'un autre point de vue.

2.3. Le moment d'inertie

Si une forme de vie (comme je l'ai développé précédemment) est une connexion ou un ensemble de pratiques sociales, c'est qu'elle est un résultat de ce que les êtres humains font, une instance de l'action humaine. Les formes de vie ne sont toutefois à plusieurs égards pas disponibles d'une manière illimitée pour l'individu agissant, mais elles opposent à ses actions et à ses activités un moment « inerte » ou persistant. Je veux prendre en compte ces caractéristiques en qualifiant les formes de vie d'« ensemble inerte de pratiques ».

À la fois donné et construit

La tension indiquée se présente par conséquent comme suit : les formes de vie sont (comme je l'ai affirmé en introduction) des *formes*
120 dans lesquelles on vit ; elles concernent le domaine | dans lequel quelque

chose peut être *configuré* et, partant, aussi *reconfiguré*. Les animaux *vivent* – et ils vivent souvent même les uns avec les autres, dans une sorte d'ordre social[1]; néanmoins celui-ci n'est pas configuré ni forgé, mais il est réalisé selon des processus instinctifs. Si, en revanche, les êtres humains *partagent une forme de vie*, celle-ci inclut une marge de manœuvre relevant de la configuration, de la création et de la décision – et c'est même le présupposé du fait que, en rapport aux formes de vie, puisse même intervenir un rapport critique[2]. Là où quelque chose ne peut pas être autrement qu'il est (ou en tout cas sans qu'on puisse influer volontairement sur ses changements), la critique serait absurde.

Les formes de vie (en tant qu'elles sont formées) englobent, outre l'aspect de la liberté, le fait d'être posé et la configurabilité, un caractère préréflexif, une dimension d'« antériorité » et d'une empreinte non-interrogeable. C'est cette ambivalence que l'expression de « seconde nature » a incorporée. À titre de « seconde nature », les formes de vie sont doubles. Elles sont créées par les êtres humains, donc artificielles et, partant, elles ne sont pas la nature. D'un autre côté, elles sont *comme* la nature dans la mesure où elles adviennent aux êtres humains comme un présupposé aussi inévitable que la première nature. Elles *deviennent* nature, en se présentant non plus comme *faites*, mais comme *données*. Les formes de vie, à cet égard, sont toujours « déjà là », elles ouvrent et imprègnent l'espace des possibles de notre action. N'y a-t-il pas alors une marge de manœuvre, propre à la configuration, qui est décisive pour les formes de vie – une marge de manœuvre dont dépend de manière décisive la question de savoir si les formes de vie en général *peuvent* être critiquées ?

Ma thèse est la suivante : les formes de vie sont les deux à la fois, elles sont toujours *en même temps données et faites*[3]. Même là où elles font face

1. En rapport à la vie sociale des animaux, on peut dire pour paraphraser l'exemple fameux de l'abeille et de l'architecte dans *Le Capital* de Marx (*Le Capital*, Livre 1, trad. fr. J.-P. Lefebvre révisée, Paris, Éditions sociales, 2022, p. 200, 376) : même l'ordre social des animaux le plus élaboré ne partage pas la possibilité de configuration de la forme de vie humaine.

2. Ici, je m'accorde avec la distinction faite par Hannah Arendt, en rapport avec Aristote, entre la « simple vie » et la vie dans un monde humain, c'est-à-dire le *bios* en tant que vie humaine configurée, la « forme ou la manière de vivre propre à un individu ou à un groupe », qui semble également être déterminante dans l'utilisation du concept de « forme de vie » par Giorgio Agamben. Voir H. Arendt, *Condition de l'homme moderne*, trad. fr. G. Fradier, dans *L'Humaine condition*, Paris, Quarto-Gallimard, 2012, et G. Agamben, *Moyens sans fins. Notes sur la politique*, trad. fr. D. Valin, Paris, Rivages, 2002, p. 10.

3. C'est ce qu'admet Giorgio Agamben quand il lie la forme de vie au concept de « possibilité de vie », en vertu de quoi les formes de vie « ne sont jamais simplement des faits, mais toujours et avant tout des *possibilités* de vie, toujours et avant tout en puissance.

121 aux individus agissant | à titre de structure posant son empreinte et même là où elles se sont solidifiées en habitudes, elles ont leur origine dans des réalisations pratiques et se reproduisent en celles-ci. Même l'« aspect habituel », le « solide » et le « préexistant », dans la mesure où les formes de vie nous arrivent, peut être reconduit à l'activité humaine. C'est une activité humaine « sédimentée ». Il s'agit désormais de comprendre les mécanismes de cette sédimentation ou consolidation.

Matérialité et institutionnalisation

Le premier mécanisme de sédimentation peut être reconduit au fait suivant : les formes de vie sont *des formations aussi bien matérielles que spirituelles.* Comme je l'ai dit, il s'agit d'embrasser les formes de vie comme « ensembles de pratiques » ainsi que leurs matérialisations. L'avantage du concept de forme de vie consiste précisément dans le fait qu'il englobe les manifestations et les incarnations matérielles des états d'esprit et des pratiques. Ce n'est pas par hasard si l'on peut, à partir des artéfacts légués par une formation sociale passée, conclure au caractère de la vie menée à cette époque. Les formes de vie ont un aspect matériel ou, mieux, « chosal » par lequel elles sont forgées et qu'elles forgent[1].

La compréhension spécifique à la forme de vie par exemple de la
122 manière | dont il faut distinguer le public et le privé se manifeste aussi dans l'aménagement urbain[2]. Inversement, de telles matérialisations rendent

Les types de comportement et les formes de la vie humaine ne sont jamais prescrits par une prédisposition biologique spécifique ou bien établis par une quelconque nécessité, mais conservent, d'autant plus qu'ils sont habituels, répétés et l'objet d'une contrainte sociale, toujours pourtant le caractère d'une possibilité, ils mettent toujours la vie en danger » (*Moyens sans fins. Notes sur la politique*, trad. fr. D. Valin, Paris Rivages, 2002, p. 11).

1. Que les formes de vie aient un aspect chosal indique aussi quelque chose sur le caractère des convictions et attitudes qui sont ici en jeu. *Cf.* A. MacIntyre, *Quelle justice ? Quelle rationalité* ?, trad. fr. M. Vignaux d'Hollande, Paris, Puf, 1993, p. 381-382 : « Étant donné que les croyances s'expriment dans et à travers des rites, à travers le théâtre, les masques et les vêtements rituels, dans la structure des maisons et dans le plan des villages et des villes, et bien sûr dans l'action en général, les reformulations des croyances ne peuvent être conçues en termes exclusivement intellectuels ; ou pour mieux dire, l'intellect ne doit pas être conçu comme l'esprit cartésien ni comme un cerveau matérialiste, mais comme ce qui conditionne les relations des individus pensants entre eux et avec les objets naturels et sociaux tels qu'ils leur apparaissent. »

2. Qu'on compare les maisons mexicaines orientées vers la cour intérieure et les rues en conséquence constituées de murs avec le déplacement du salon sur la rue qu'on trouve dans les villes italiennes. Ou l'urbanité des places de rassemblement ouvertes avec le Sony Center sur le « non-lieu » (Marc Augé) qu'est la Postdamer Platz à Berlin. Voir sur ce pont la scène d'ouverture du roman d'Ulrich Peltzer, *Teil der Lösung*, Zurich, Ammann Verlag, 2007.

possibles (ou même rendent contraignantes) certaines formes de vie. On voit ici comment les deux aspects – la dimension matérielle comme la dimension immatérielle des formes de vie – se pénètrent mutuellement, s'influencent et se conditionnent l'une l'autre. En simplifiant quelque peu, on peut dire que si l'urbanisme et l'architecture sont l'expression d'une forme de vie, inversement, la figure de la ville qu'on a ainsi créée dicte – en partie du moins[1] – la manière d'y vivre[2]. C'est ce moment de la matérialisation qui contribue au fait que la pratique, ici, ne surgit pas seulement dans sa figure actuelle « liquide », mais se consolide. Les choses sont déjà là quand nous agissons et elles ne disparaissent pas de sitôt. Elles survivent – Hannah Arendt a introduit d'une manière générale le mot à propos du monde objectif – à notre action et à notre existence dans le monde[3].

La même chose vaut pour les *institutions*, c'est-à-dire les parties institutionnalisées des formes de vie. Si les institutions et les formes de vie, comme cela a été développé plus haut (section I. 1), peuvent être distinguées par des degrés de cohérence avec une fermeté distincte, le fait que les formes de vie conservent, à côté des aspects matériels, également des parties institutionnalisées, constitue un fondement supplémentaire
| de l'« inertie » propre à l'ensemble de pratiques qu'elles constituent. 123
Même les institutions survivent d'une manière typique aux pratiques « vivantes » développées en elles ou bien elles sont en situation de leur donner une forme qui leur survit. Et de même que des formes dans lesquelles les individus se trouvent involontairement et qui imprègnent leurs possibilités de vie et d'action sont prédonnées par la dimension matérielle, c'est aussi le cas par les institutions – il suffit de penser à la codification juridique des relations amoureuses par le mariage.

1. Cette remarque schématique fait intentionnellement abstraction de toutes les zones d'ombre et les formes intermédiaires d'appropriation absurde, qui font l'objet de recherches extrêmement intéressantes, notamment en sociologie urbaine. Il s'agit ici seulement pour moi d'indiquer cette action réciproque entre la figure matérielle et la forme de vie en général.

2. On peut penser cela comme dans le modèle d'articulation tel que Charles Taylor le comprend. Dans les maisons et les places s'articule et se matérialise quelque chose qui n'a pas été donné préalablement, qui n'a pris une figure que par ce moyen et qui, dans cette figure désormais articulée, rétroagit sur la compréhension de soi et les possibilités de vie qui l'ont créé et formé. Dans cette mesure, le processus ne se contente pas de consolider l'objectivité de ce qui est déjà donné, mais crée toujours aussi du nouveau. Sur cette interprétation du modèle d'articulation, *cf.* Charles Taylor, « What is human agency ? », *op. cit.*

3. *Cf.* H. Arendt, *Condition de l'homme moderne*, *op. cit.*, chap. 4.

Habitude et savoir implicite

À côté des processus de matérialisation et d'institutionnalisation, le troisième moment d'inertie de l'ensemble de pratiques propres à une forme de vie découle de ce fait indiqué plus haut : les pratiques (et donc aussi les formes de vie) ont un *caractère habituel*. Même cela a des conséquences pour le degré de cohérence des formes de vie. Les habitudes et les routines facilitent des processus pratiques et même quelquefois les rendent d'abord possibles – à titre de cadres stables. Mais cela en fait aussi des moments d'inertie, dans la mesure où ils ne peuvent précisément ainsi pas facilement être modifiés. C'est dans les habitudes et les routines qu'on finit par retomber, même là où on veut les changer. Ce n'est pas par hasard que William James appelle l'habitude l'« agent conservateur » à l'intérieur de la vie sociale[1].

Si les habitudes ne sont pas disponibles tout le temps et qu'on ne peut pas non plus les configurer tout le temps, cela s'explique entre autres par ceci : à savoir le fait mentionné que, quand on se réfère à des processus habituels, on ne forme pas à chaque fois de nouvelles intentions. Quand David Hume explique l'habitude (*custom*, ou plutôt *habit*) comme un penchant à « renouveler le même acte ou la même conduite, sans qu'interviennent aucun raisonnement ni aucune opération de l'entendement »[2], il explique ce moment d'obstination accompagnant l'habitude à partir de la mise entre parenthèses de la réflexion qui pourrait pourtant être le point de départ d'une nouvelle décision et d'une réorientation du déroulement de l'action.

124 | Si donc les formes de vie, pour une part qui n'est pas négligeable, reposent sur des habitudes et des routines pratiques, alors les processus et les dispositions, mais aussi les états d'esprit et les attributions qui y sont liés, ne parviennent partiellement même pas au « premier plan » réflexif dans lequel les dispositions à agir correspondantes pourraient être disponibles. C'est pourquoi Joachim Renn lie l'existence de formes de vie au concept de « savoir implicite » et à celui du *know-how* pratique :

> Les formes de vie peuvent [...] valoir à titre de formes de la mise en commun qui sont intégrées non pas par une organisation formelle et pas même par des explications concrètes auxquelles on adhérerait de son propre chef, mais par l'accord collectif entre des dispositions implicites et complexes propres à l'agir et au parler. [...] Les formes de vie socio-

1. *Cf.* W. James, *Principles of Psychology*, Mineola-New York, Dover Publications, 1950, vol. 1, p. 121 : « L'habitude est donc un formidable volant de la société, son plus précieux agent conservateur ».

2. D. Hume, *Enquête sur l'entendement humain*, *op. cit.*, p. 135.

culturelles reposent sur un accord culturel, dans la mesure où la culture signifie ici un habituel *know how* qui est efficient d'un point de vue pratique sur le mode d'une évidence implicite[1].

Nous « connaissons » alors d'autant moins nos formes de vie que nous « sommes familiers avec elles »[a]. Nous nous mouvons, c'est ma thèse, primairement *d'une manière pratique* dans des formes de vie, et nous sommes familiers des normes qui les constituent à travers un suivi pratique équivalant à une compréhension. Nous ne « savons » à leur propos qu'implicitement, dans la mesure où un tel savoir appartient à l'obéissance et au suivi de chaque pratique, sans que ce savoir ne soit jamais actualisé ni qu'il ne soit disponible à tous égards d'une manière consciente[2].

Or, le motif du savoir implicite (ou *tacit knowledge*), trouvant ses racines dans les considérations du théoricien de la science et philosophe Michael Polanyi[3], ainsi que celui qui y est lié du *know-how* (entendu comme un pouvoir sur fond d'un savoir pratique, en grande partie implicite, à propos des processus d'action), sont parfois utilisés de manière peu différenciée. Cependant, les | points de vue intéressants pour **125**
notre position du problème, dans lesquels le savoir peut être implicite et le pouvoir authentiquement pratique, peuvent être bien expliqués par l'exemple de la conduite automobile et de la pratique qu'est la conduite.

Ce n'est pas par hasard si on dit à propos d'une personne ayant réussi l'examen du permis de conduire qu'elle doit encore acquérir la « pratique de la conduite » pour pouvoir réellement conduire une voiture. Cela renvoie premièrement au fait que la personne en question n'a pas besoin d'apprendre encore mieux qu'elle ne les connaît déjà les règles de la conduite automobile. Elle doit au contraire oublier jusqu'à un certain degré les règles, « intérioriser » et « faire passer dans la chair et le sang » ce qu'elle a appris – embrayer lentement, puis accélérer, respecter la règle de la priorité à droite –, de manière à ce que cela devienne une

a. Jeu de mots intraduisible sur la différence entre *kennen* et *auskennen*.

1. J. Renn, « Explizite Vergesellschaftung », *in* B. Liebsch, J. Straub (Hrsg.), *Lebensformen im Widerstreit : Integrations- und Identitätskonflikte in pluralen Gesellschaften*, Francfort, Campus Verlag, 2003, p. 82-105, ici p. 95.

2. Voilà ce que souligne Pierre Bourdieu dans sa conception de l'habitus. Bourdieu voit dans l'internalisation des conditions objectives de vie évoquée avec ce terme d'habitus l'origine du « sens pratique » avec lequel les acteurs s'orientent dans le monde social. Voir entre autres P. Bourdieu, *Le sens pratique. Critique de la raison théorique*, Paris, Minuit, 1980, particulièrement chap. 3.

3. Voir entre autres M. Polanyi, *The tacit dimension, Gloucester*, Londres-New York, Routledge, 1967.

séquence d'actions routinière, quasi-automatique, qui n'a pas besoin d'être remémorée à chaque fois. Ce savoir est alors *implicite*, dans la mesure où, quand on a suffisamment d'expérience, on n'a pas besoin d'avoir constamment à disposition, de manière consciente, les règles tout d'abord apprises, et on ne les a plus à disposition à tout moment. Il peut y avoir toutefois, deuxièmement, en plus de cela, des aspects de la conduite qu'on n'a pas oubliés ou relégués au second plan, mais dont on n'a jamais encore connu les règles. De même que beaucoup de personnes appliquent correctement des règles grammaticales sans pouvoir les expliciter, il y a des dimensions de la conduite que l'on peut exécuter sans avoir appris de règle pour cela – et bien que ces règles soient en principe explicables. Il faut distinguer de ce point, troisièmement, les aspects de la conduite automobile qui, dans un sens, sont liés à l'expérience, à savoir qu'on ne peut absolument pas trouver pour cela des règles (formalisées) ou bien que celles-ci seraient bien trop complexes pour pouvoir être transmissibles en les mettant en lumière ou bien de manière pratique. Ici, il n'y a pas un savoir de règles qui est devenu implicite ou bien qui n'existe que d'une manière implicite, mais ces règles ne peuvent, à cause de la spécificité de leur mise en œuvre, absolument pas être formulées. Même le fait d'« embrayer doucement et, là, d'accélérer », est un processus que l'on ne peut finalement apprendre que par l'expérimentation – donc *dans* la pratique –, même si le déroulement essentiel peut, pour l'individu, déjà être clair grâce à la connaissance des conditions techniques correspondantes. Le pouvoir pratique, dans ces cas-là, ne peut absolument pas être complètement absorbé par le savoir théorique : « Nous savons plus que ce que nous pouvons dire » (Michael Polanyi). L'apprentissage pratique
126 de compétences ne peut alors plus | être envisagé comme mise en œuvre de quelque chose qui est préalablement compris cognitivement, savoir et agir ne peuvent pas être séparés comme s'ils étaient deux étapes.

Le savoir peut donc être *implicite*, parce que nous avons *oublié* sa version explicite (les règles explicites) dans les routines, parce que nous *ne pouvons pas verbaliser* ce que nous savons (parce que nous ne connaissons pas explicitement les règles, mais que nous les appliquons) ou parce qu'il s'agit d'un savoir pratique lié à l'expérience qui est trop complexe, n'est pas formulable et ne peut qu'être acquis et exercé *dans l'exécution pratique*. La thèse devenue prédominante est désormais que cette espèce de savoir n'est pas un phénomène accessoire, mais qu'elle permet des inférences systématiques quant à notre rapport au monde et à la relation entre savoir et pratique. Ce que Stuart Hampshire qualifie dans un essai influent d'« *inexhaustibility of description* » (de « caractère inépuisable de la description ») se fonde corollairement sur ce fait : seule une partie des intentions et des raisons qui sont efficientes dans l'action sont voire peuvent être au « premier plan » de notre action[1].

Le concept de savoir implicite et de *know-how* explique donc factuellement certains aspects de nos rapports avec et à l'intérieur des formes de vies qui nous entourent. Néanmoins, ici, nous « savons » rarement toutes les implications de chacune de toutes les pratiques ou plutôt des ensembles de pratiques dans lesquels nous sommes impliqués et que nous « maîtrisons » du point de vue pratique. Ceux-ci sont trop complexes pour pouvoir, par la réflexion, être complètement atteints. Stuart Hampshire a, dans son analyse des *manners* (en français : les manières, ou mieux : les « mœurs et usages »), forgé l'expression pertinente *condensed thinking*[2] et, par là, développé l'idée suivante : nous agissons de manière intuitive et habituelle, même en rapport à des coutumes sociales; les règles de notre action sont dans ces cas surdéterminées et elles ne sont pas complètement explicables. Cependant, nous agissons alors ici « sur un sol d'évidence » (Ludwig Wittgenstein), sur le « mode d'une évidence implicite » et, dans ce cas, nous ne pouvons pas et n'avons pas à produire constamment sous nos yeux toutes ces règles de la manière dont nous procédons.

| Il résulte donc des motifs du savoir implicite et de l'élément du **127**
know-how qui se lie avec la forme d'exécution des pratiques d'autres indications sur la manière dont on peut expliquer les moments de non-disponibilité qui s'accumulent en « inertie » propre à l'ensemble de pratiques des formes de vie. Ce qu'on ne connaît pas explicitement, on ne peut pas, ainsi qu'il apparaît à chaque fois, le changer facilement. Et pour ce qui va de soi, on n'a besoin d'aucune raison – et ainsi les contre-raisons ne peuvent-elles pas non plus avoir une quelconque efficacité.

Les perturbations comme occasions d'explication

Or, certains auteurs ont tendance à présenter trop rapidement ces moments de sédimentation, de formation d'habitudes et de savoir implicite comme un contre-modèle aux représentations (selon eux exagérées) de réflexion et de possibilité de critique, et à absolutiser ainsi la non-disponibilité des formes de vie. Si, là contre, on veut éclairer ce

1. *Cf.* Stuart Hampshire, « Public and Private Morality », *Morality and Conflict*, Cambridge, Cambridge University Press, 1979, p. 23-53. Sur le caractère inépuisable de la description, voir entre autres p. 30.

2. Sur l'analyse des *manners*, voir Stuart Hampshire, « Public and Private Morality », *op. cit.*, p. 26-29 ; sur le *condensed thinking*, voir p. 25 *sq.*

moment de marge de manœuvre pour la configuration qui pourtant se lie avec les formes de vie entendues comme « seconde nature », on peut aussi raconter l'histoire autrement et, ainsi, mettre l'accent sur un autre aspect.

Que le savoir puisse être implicite, cela ne signifie dans la plupart des cas nullement qu'il ne serait pas explicitable. Que la formation d'habitudes mette à l'arrière-plan la formation d'intentions ne signifie pas que celles-ci n'aient pas pu, à un moment, être au premier plan, ou bien qu'il n'y ait aucune règle ou aucun principe par lesquels elles seraient dirigées. Et qu'on puisse s'approprier des pratiques par leur exécution ne signifie pas principiellement que cette dernière ne puisse pas être modifiée. Cela vaut pour le côté individuel comme pour le côté collectif de la formation d'habitudes. En effet, le processus dans lequel ce qui est implicite est *rendu explicite* et les exécutions pratiques sont thématisées est, de fait, monnaie courante.

Même les actions que nous accomplissons involontairement dans la vie courante et la routine, dont les règles internes ne nous sont connues qu'implicitement, sont ensuite précisément rendues explicites d'une manière régulière quand surgit une *perturbation* qui interrompt ou rend problématique le déroulement [de l'action], quand donc les étapes de l'action s'accomplissant d'habitude sans aucun problème sont bloquées
128 pour une raison quelconque. De Martin Heidegger à | Wittgenstein et John Dewey, en passant par William James, on retrouve un motif largement répandu, que Stuart Hampshire résume ainsi[1] :

> C'est un fait connu que la plupart de mes actions routinières sont accomplies sans que je sache comment je les accomplis, à moins que je sois confronté dans leur exécution avec un obstacle[2].

Dans le cas d'une perturbation ou d'une irritation la routine de l'action devient donc visible, le savoir implicite et « pratique » doit être réactivé, rendu transparent ou formulé à nouveau. Si un processus ne fonctionne

1. Voir l'analyse par Martin Heidegger du « devenir visible de l'outil », dans *Être et temps*, *op. cit.*, § 16, 22; sur Wittgenstein, *cf.* D. Bloor, *Wittgenstein, Rules and Institutions*, London, Routledge, 1997. L'idée selon laquelle, dans le cas problématique, les mécanismes implicites deviennent « visibles », apparaît toutefois déjà dans la phénoménologie d'Edmund Husserl et nous la rencontrons à nouveau chez John Dewey.

2. S. Hampshire, « Public and Private Morality », *op. cit.*, p. 25. Hampshire attribue le caractère implicite à la conduite de la vie en général et en conclut qu'il y a un flou nécessaire de ses principes : « Le concept de forme de vie (*way of life*) n'est flou que pour cette raison : non seulement il signifie des idéaux de comportement explicites et librement choisis, mais aussi des idéaux qui n'ont pas été formulés explicitement et qui peuvent être l'expression de préférences, de sentiments et d'aspirations qui ne sont pas pleinement conscients » (p. 19).

pas comme il devrait fonctionner, le savoir doit à nouveau être mobilisé, les étapes de l'action devenues routinières doivent encore une fois être rendues explicites, être réévaluées et le cas échéant être à nouveau justifiées. De telles perturbations ne se produisent pas seulement dans le domaine des réalisations technico-instrumentales, lorsque, comme l'a montré Martin Heidegger, l'« outil [devient] visible » parce qu'il n'est pas « à portée de main » (parce que, par exemple, il est cassé) ; elles se produisent également dans les relations interpersonnelles quotidiennes. Si la personne à qui je veux serrer la main la retire avec irritation, je dois me rendre compte que je suis peut-être dans un pays où il n'est pas d'usage de saluer avec une poignée de main et, en conséquence, je rétablirai la situation en passant à un autre rituel de salutation.

En ce sens, il n'y a pas que les pratiques particulières qui sont sujettes aux perturbations. Même les formes de vie comme telles (donc à titre d'ensemble interprété d'attitudes et de pratiques qui, dans le cas normal, est poussé à l'arrière-plan ou bien constitue | le « sol d'évidence », dont **129**
ceux qui y participent ont rarement explicitement conscience de la figure précise) sont, dans certaines situations, victimes de perturbations et, par là, franchissent le seuil de l'attention.

C'est un phénomène connu que l'empreinte de certaines formes de vie, dans la confrontation avec des formes de vie autrement configurées, devient soudainement perceptible. Certaines pratiques ou leurs matérialisations (on pense aux rituels d'accueil ou aux pratiques du *dating* déjà mentionnés, ou bien à la confrontation avec l'espace public urbain lorsqu'on se déplace pour la première fois dans une *suburb* américaine ou dans une petite ville d'Allemagne de l'Ouest) sont alors non seulement déconcertantes, mais elles se forment en altérité déconcertante propre à toute une forme de vie face à laquelle les habitudes qui nous sont propres et ce qui est considéré comme allant de soi surgissent comme tels. Ce sont de tels moments de perturbation dans lesquels nous voyons par réflexion les ensembles de pratiques que nous avons produits *à titre de* formes de vie, et où ceux-ci nous deviennent conscients comme tels et à titre d'ensemble[1]. Dans de telles situations, une forme de vie devient

1. Que de tels moments de perturbation puissent aussi être provoqués d'une manière consciente, voilà qui est prouvé par des pratiques comme celles du théâtre invisible, des activistes situationnistes ou de ce qu'on appelle la guérilla marketing. Voir sur ce point A. Boal, *Théâtre de l'opprimé*, Paris, La découverte, 2006, L. Blissett, S. Brünzels, *Handbuch der Kommunikationsguerilla – Wie helfe ich mir selbst*, Hambourg-Berlin, Assoziation A, 2001. Voir d'une manière programmatique à propos des interventions situationnistes et de leurs tentatives pour faire sortir l'évident de son évidence, G. Debord, *La Société du spectacle*, Paris Buchet Chastel, 1967.

« visible » et (d'une manière analogue au réajustement de pratiques décrit plus haut) on parvient à l'actualisation de l'ensemble propre à une forme de vie dans la forme de l'articulation ou de la réarticulation du caractère évident de quelque chose *à titre de forme de vie.*

Ce genre de choses peut se produire plus ou moins fréquemment. De telles explications, interprétations et manifestations de la forme de vie spécifique à titre de forme de vie deviennent urgentes dans des situations où celle-ci est confrontée à des conditions inattendues, où elle doit se délimiter ou entrer en conflit. Ainsi semble-t-il précisément caractéristique, pour les formes de vie de la modernité à leur apogée (qui
130 est aussi un moment de conflits), qu'elles | se placent dans une délimitation réfléchie et programmatique vis-à-vis des formes de vie non-modernes. Et même les formes de vie traditionnelles se font programmatiques et explicites dès qu'elles sont mises sous pression [1].

À un tel stade, nous pouvons constater la chose suivante. Si les formes de vie deviennent, dans de telles conditions de conflit ou de transformation, explicites à titre de formes de vie, le « sol de l'évidence » vacille. Si donc, d'un côté, l'ensemble propre à une forme de vie, qui n'est précisément pas thématisé comme tel et ne doit pas l'être, reste à l'arrière-plan, importe aussi le fait que cet ensemble, à titre d'ensemble de pratiques, surgit parfois – et cela signifie la plupart du temps : en cas de perturbation –, et peut alors toutefois être également explicite, compréhensible et, partant, configurable et modifiable. Il apparaît toutefois précisément alors que même le savoir implicite est un savoir, que même les raisons implicites sont des raisons et que le mode de la compréhension implicite tout comme de l'« accord culturel » implicite (dont parle Joachim Renn) s'est exercé, donc s'est établi et, parfois, a dû à nouveau être exercé.

Ce résultat est important quand on s'aperçoit qu'on ne peut pas toujours restreindre le motif de la « perturbation » aux exceptions manifestes ou aux situations dramatiques de crise que le terme semble suggérer. Les perturbations, à grande ou à petite échelle, ne sont nullement rares, le surgissement d'obstacles empêchant d'agir – comme le sait tout artisan – est plutôt la règle que l'exception. Nous sommes tous naturellement rarement contraints de rendre explicites simultanément toutes les

1. Il n'est pas nécessaire ici d'aller jusqu'à la thèse selon laquelle le fondamentalisme est une réaction à la modernité, Le manifeste de Norbert Bolz pour les valeurs familiales traditionnelles, *Die Helden der Familie*, Munich, Fink, 2006, est l'exemple d'un tel programme réactif.

pratiques et tous les aspects d'une forme de vie, de nous rapporter à eux, de nous entendre avec eux et de nous ajuster à eux. Néanmoins, cela arrive pourtant assez souvent vis-à-vis d'un certain aspect ou d'un autre, comme l'expression d'« exception » le laisse supposer. On pourrait même aller jusqu'à affirmer que la négociation et l'ajustement sont un moment constitutif de l'établissement et de la conservation des formes de vie.

Appropriation et mécanismes de négociation

| Même le « sol d'évidence » lui-même n'est alors pas aussi évident **131**
qu'il le semble. Car lui aussi doit être d'abord préparé et est établi dans des processus de négociation, en partie implicites en partie explicites, des participants à un monde social. Que les pratiques stockées dans des formes de vie aient un caractère en partie implicite et préréflexif, voilà qui ne change alors rien au fait qu'on peut pourtant décrire le processus d'adoption et de participation à celles-ci comme un processus actif. Il n'y a pas que le savoir et l'évidence stockés dans les pratiques qui peuvent être implicites, car même les mécanismes de négociation dans lesquels ce qui est évident est d'abord établi comme tel sont parfois implicites. Même l'adoption d'habitudes sociales a alors, si l'on en croit les descriptions des ethnométhodologues, un caractère actif, même ici il y a des prises de position et des éléments implicites, relevant d'une constitution pratique, qui fait apparaître les participants comme éléments configurants et pas seulement comme récepteurs passifs. Déjà le fonctionnement de la pratique quotidienne doit, selon cette description, être compris comme un processus de négociation continu, même s'il n'est pas toujours verbal[1].

Les acteurs sont donc toujours les deux à la fois, récepteurs et producteurs, ils sont dans des structures sociales qui existent déjà et en même temps ce sont eux qui les constituent. Mais il ne faut pas alors imaginer que même l'écart entre la première création et l'adoption des pratiques « stockées » dans les formes de vie est démesurément grand. Les formes de vie sont, dans l'adoption (qu'il faut se représenter comme

1. Voir avant tout Harold Garfinkel, dont le livre paru la première fois en 1967, *Recherches en éthnométhodologie*, Paris, Puf, 2020, peut valoir comme le texte originaire de l'ethnométhodologie. Voir aussi sur ce point R. Celikates, *Kritik als soziale Praxis. Gesellschaftliche Selbstverständigung und kritische Theorie*, Francfort-New York, Campus Verlag, 2009, Partie II. C'est au caractère dynamique de la constitution des structures sociales que renvoie aussi la « théorie de la structuration » d'Anthony Giddens qui se penche sur les processus dynamiques dans lesquels les structures sociales apparemment solides naissent, périssent et sont transformées par les acteurs. *Cf.* A. Giddens, *The Constitution of Society*, *op. cit.*

active), également toujours à recréer à nouveau. Même si elles ne sont pas créées à partir de rien, elles sont toujours déjà configurées et transformées
132 dans un tel processus d'appropriation[1]. | Il apparaît de ce fait sensé de parler de la *participation à des* formes de vie comme d'une *reproduction de* formes de vie, dans la mesure où celle-ci englobe une participation active, mais aussi un rapport avec ce qui est déjà donné (donc le fait que, ici, rien n'est configuré *ab ovo*). Une telle reproduction n'est alors pas une simple reproduction, mais il s'agit en retour d'un événement créatif qui renferme la transformation de ce qui est reproduit.

Les formes de vie sont-elles donc quelque chose qui est créé par notre action ? Ou bien sont-elles quelque chose qui imprègne notre action et la rend possible et, partant, plutôt quelque chose comme les conditions d'arrière-plan de notre action ? D'après ce qui a été dit jusqu'ici, c'est une fausse alternative. Les formes de vie sont construites par notre action *et*, alors qu'elles sont d'abord quelque chose créé par nous, elles deviennent les conditions d'arrière-plan de notre action. Là où les formes de vie ont une composante d'« inertie », de non-disponibilité et de « donné », celle-ci est due au fait que la pratique s'est sédimentée dans les formes de vie. Les formes de vie sont des configurations dans lesquelles des actions passées se sont « tassées ». Cependant, même ces éléments sont toujours à nouveau à réactualiser, s'ils doivent devenir l'ensemble « vivant » d'une forme de vie ; et ils peuvent être réactualisés, si les formes de vie tombent dans le processus de mise en question et de transformation que je souhaite appeler « critique ».

Caractère institutionnalisable des formes de vie

Avec ce résultat s'accorde aussi le fait que le développement d'une forme déterminée de vie doit souvent être compris comme un processus dans lequel cette forme de vie a *grandi* en partie « naturellement » (ce qui ici doit seulement signifier : sans intervention planificatrice), et qu'elle est en partie, en un certain sens, « initiée » ou *fondée* (par exemple créée politiquement ou bien planifiée programmatiquement)[2].

1. C'est d'ailleurs un moment que même Hans-Georg Gadamer met en évidence à propos du processus de reprise de traditions, bien qu'il caractérise celles-ci comme valant « avant toute fondation » – et qu'on « pénètre » en elle. *Cf.* H.-G. Gadamer, *Vérité et méthode*, *op. cit.*, p. 450.

2. On en trouve un bon exemple dans la mise en œuvre très planifiée du concept chrétien de famille au moyen de modifications du droit du mariage, de l'héritage et de l'adoption au Moyen Âge, comme le décrit Jack Goody dans *The European Family*, Oxford, Basil Blackwell Publishers Inc, 2000.

Les éléments de | décision planificatrice vont de pair avec les éléments 133
d'un développement sans intervention. Il est toutefois important pour le caractère d'une forme de vie qu'elle se soit « incorporée », quels que soient les aspects programmatiques planificateurs qui aient pu jouer un rôle dans sa genèse. Ce n'est pas à partir de n'importe quel programme qu'une forme de vie peut advenir – il y a des résistances qui se soustraient à toute institution. Ce point peut être illustré à l'aune des débats sur l'architecture du début du XXe siècle. Les manifestes de l'Art nouveau et, plus tard, du classicisme moderne exigent d'une manière pleinement explicite une nouvelle architecture pour une nouvelle forme de vie, non seulement dans le sens où elle doit correspondre à celle-ci comme quelque chose qui existe déjà, mais aussi dans le sens de la fondation ou de l'initiation de nouvelles formes de vie [1]. L'architecture doit donc désormais entrer en scène à titre de pionnier et initiateur d'une *ré*forme de (la) vie. Néanmoins, c'est précisément dans ce contexte que, ensuite, a été critiqué – le théoricien de l'architecture Julius Posener l'a montré d'une manière marquante dans ses contributions à l'architecture des années 1920 – le fait que ce programme est passé au-dessus des réalités de la vie. La nouvelle architecture n'a donc pas fusionné avec les besoins et les habitudes incorporés en une nouvelle forme de vie, c'est-à-dire qu'elle n'a pas pu s'imposer comme telle parce qu'elle s'est révélée n'être pas compatible avec les habitudes de vie incorporées par les êtres humains [2].

Les formes de vie reposent donc sur des pratiques qui se développent, qui toutefois se modifient (peuvent être modifiées) à titre de pratiques – et qui parfois trouvent leur origine dans une impulsion extérieure ou institutionnelle. Ainsi, les recherches de Pierre Bourdieu sur l'habitat
individuel en | France montrent qu'il n'est pas sans importance de jeter 134
un regard sur les conditions-cadres institutionnelles et politiques dans

1. Julius Posener décrit la prétention de l'architecture autour du tournant du XXe siècle comme suit : « Le style de l'Art nouveau est toutefois entré en scène avec la prétention de ne pas renouveler seulement les formes de la vie, mais aussi son sens. […] Jusqu'ici, l'architecte s'était efforcé de s'acquitter des tâches nouvelles, il endosse désormais un rôle actif : il devient l'éducateur non seulement à de nouvelles formes – et c'était beaucoup – mais à une nouvelle vie. » (Julius Posener, « Architektur und Architekten im 20. Jahrhundert », *Was Architektur sein kann. Neuere Aufsätze*, Bâle, Birkhäuser Verlag, 1995, p. 9-22, ici p. 11.)

2. « Dans les années vingt, les architectes de l'avant-garde ont pensé que l'architecture pourrait contribuer à changer la société. Voilà quelque chose dont on se moque aujourd'hui, mais tout environnement construit a un effet social » (*ibid.*, p. 39). Mais justement, pourrait-on ajouter, ce n'est précisément pas toujours celui qui a été prévu par ses créateurs.

lesquelles naissent les formes de vie (dans ce cas par exemple la pratique de l'octroi de crédits et les plans d'urbanisme décidés politiquement)[1]. En même temps, on ne doit pas non plus surestimer de tels moments de configuration consciente. Pour fonder ou modifier une forme de vie, il faut un « ajustement » à des instances déjà incorporées, et, en fin de compte, c'est la formation d'habitudes et la consolidation obstinée d'un concept original qui constituera une forme de vie.

2.4. PRATIQUE, CRITIQUE, RÉFLEXION

Je souhaite désormais résumer les orientations qui résultent de ce qui a été dit jusqu'ici tout autant sur la compréhension des formes de vie que sur la possibilité de leur critique. La question qui se pose à propos de la dimension d'indisponibilité des formes de vie (et du caractère d'évidence) est celle-ci : les formes de vie en général *peuvent*-elles être critiquées ? Pour le dire plus précisément : s'agit-il avec les formes de vie, entendues comme « ensembles inertes de pratiques sociales », précisément de formations sur lesquels la critique peut s'appliquer d'une manière sensée ?

Si l'on envisage la « critique » comme une impulsion, reposant sur des raisons, pour transformer une formation (sociale), comme un processus dans lequel la dignité critique de l'état des choses ou de la situation correspondante est connue, indiquée, et qu'on aspire à une modification vers un mieux, il n'y a qu'une certaine espèce de formation qui apparaisse comme objet possible de la critique. Voilà qui est dû au fait que la critique a besoin d'une *cible*, de la possibilité à tout le moins principielle d'être *mise en œuvre*, et d'un *critère de mesure*.

C'est tout à fait banal : le mauvais temps ne peut pas être critiqué. Là où quelque chose ne peut pas être autrement qu'il est (ou en tout cas ne peut pas être modifié par la volonté), la critique n'a aucun sens, même si les hommes souffrent de l'état des choses en question. Ce qui (nous)
135 arrive, sans que personne | ne l'ait causé et sans que quiconque ne puisse y changer quoi que ce soit même en principe, ne peut pas raisonnablement être transformé en objet de la critique. Avec ma question, qui est de savoir si les formes de vie *peuvent* être critiquées, je me demande donc si, avec les formes de vie, il s'agit de formations qui sont en général susceptibles d'être modifiées et qui peuvent être configurées et reconfigurées par

1. Voir P. Bourdieu, M. Steinrücke, F. Schultheis, *Der Einzige und sein Eigenheim*, *op. cit.*

l'activité humaine. J'ai déjà cherché à répondre à ces deux interrogations. Les formes de vie sont des pratiques et des routines qui sont intégrées ; elles forment un contexte qui signifie « ce qui est évident », c'est-à-dire l'espace des possibles dans lequel nous agissons. En reconnaissant un moment non-réflexif des formes de vie, il s'agit pourtant en même temps de mettre en évidence le fait suivant : à savoir que celles-ci ne laissent pas seulement une marge de manœuvre pour la réflexivité, mais que cette marge de manœuvre appartient même aux conditions de constitution et de conservation des formes de vie. Les formes de vie, à titre de *seconde* nature, sont configurées et (re)configurables malgré les moments d'inertie qu'on a décrits. S'ajoute désormais un troisième aspect. Il faut non seulement qu'il y ait quelque chose de *mauvais*, qu'il y ait quelque chose de *modifiable*, il faut aussi qu'on *agisse de travers* pour qu'il y ait un état des choses eu égard auquel la critique soit possible et ait un sens. Bien que nous puissions par rapport aux formes de vie dire que, ici, quelque chose (qui a été fait) est « bien » ou « mal », la question de savoir, du coup, dans quelle mesure les formes de vie sont des « configurations normatives » sera traitée dans le prochain chapitre.

| Deuxième partie 137

RÉSOLUTIONS DE PROBLÈMES : LES FORMES DE VIE COMME FORMATIONS CONSTITUÉES DE MANIÈRE NORMATIVE

> | La société nous intéresse ici surtout (…) par rapport au fait qu'elle 139
> est quelque chose qui a des dents qui peuvent mordre.
> *Heinrich Popitz*

La première partie de cette recherche ayant développé une conception des formes de vie en tant qu'ensembles de pratiques sociales et ayant mis en relief le fait que celles-ci, malgré tous leurs moments d'inertie, sont faites par les êtres humains et sont ainsi *principiellement modifiables*, une première condition préalable à la possibilité d'une critique des formes de vie a donc été remplie. La deuxième partie qui suit a pour objet de réfléchir à une deuxième condition préalable. Seuls les objets qui peuvent être *qualifiés de manière normative* sont critiquables au sens propre.

Comme je l'ai indiqué, seul ce qui peut être changé peut être critiqué. Mais tout ce qui peut être changé ne peut pas être critiqué. Les êtres humains peuvent changer techniquement le cours d'un fleuve, car celui-ci s'avère défavorable aux buts de la navigation, ou bien il contredit leurs représentations de la symétrie. Mais il serait étrange de dire dans ce cas que nous « critiquerions » le fleuve ou qu'au changement technique précéderait une « critique » de son cours.

Pourquoi est-il insensé de parler de critique ici ? Tout bonnement car il n'y a rien de *vrai* ou de *faux* qui puisse être par rapport au cours du fleuve. On ne peut critiquer que des données par rapport auxquelles quelqu'un a *fait quelque chose* qui peut être qualifié de réussi ou de raté, d'approprié ou d'inapproprié. Ce n'est pas le cas avec le fleuve, mais ça peut tout à fait l'être avec une construction que l'architecte aurait manquée ou que le contremaître aurait bâclée. En d'autres termes, nous ne pouvons critiquer quelque chose que lorsqu'a été enfreinte une *norme* qui peut être appliquée à une formation ou à un événement correspondant, et lorsqu'il y a une instance qui peut être rendue *responsable* de cette infraction.

Ceci vaut aussi pour la critique des formes de vie. Nous critiquons une forme de vie seulement dans la mesure où elle est différente de ce
140 qu'elle *pourrait* être, | mais aussi de ce qu'elle *devrait* être. Les formes de vie se meuvent dans un espace de l'agir et des raisons, un espace où les êtres humains font quelque chose et peuvent ainsi faire quelque chose de juste *ou* d'injuste. C'est pourquoi, au contraire du fleuve, les formes de vie peuvent non seulement être *évaluées* mais aussi *critiquées* en tant qu'appropriées ou inappropriées, réussies ou ratées, « bonnes » ou « mauvaises ». Les formes de vie ont un trait normatif – et c'est justement cela qui les rend critiquables.

On peut de ce fait relever une autre différence entre le fleuve et la construction : *nous* pouvons certes appliquer des critères au fleuve – par exemple des critères de beauté ou de fonctionnalité. Mais aucune attente normative qu'il pourrait remplir ou échouer à remplir n'est liée au fleuve en tant que tel. Il est tel qu'il est, et toute exigence (de beauté ou de fonctionnalité) lui est apposée *de l'extérieur.* Ainsi, non seulement le fleuve ne fait pas d'erreur quand il est trop peu profond ou trop méandreux pour la navigation, mais de plus, il n'échoue alors à combler aucune exigence qui serait posée avec lui-même. Il en va différemment avec la construction : il n'est pas insensé d'affirmer qu'avec une construction est posée l'exigence qu'elle ne s'écroule pas au premier coup de vent, ou qu'elle corresponde à notre sens de la beauté, même si la formulation exacte de ces exigences peut être discutable dans chaque cas. On peut établir ici si la construction remplit ou non le sens qui est posé *avec elle.*

On peut affirmer qu'il en va de même avec les formes de vie : qu'elles peuvent non seulement être évaluées par nous comme bonnes ou mauvaises, mais qu'elles incorporent elles-mêmes des exigences et des normes. Ainsi, ma thèse est que, quand les formes de vie réussissent ou échouent, elles le font par rapport aux exigences normatives qui sont posées avec et par elles-mêmes, et qui sont liées à leurs propres conditions d'accomplissement.

Je vais creuser dans les deux prochains chapitres ce trait normatif et avec lui ce double fait que les formes de vie sont intérieurement structurées d'une manière normative et (peuvent) élever des prétentions à la validité. Deux questions liées s'imposent ici. D'une part en effet, l'affirmation du caractère normatif des formes de vie renvoie au fait

que les formes de vie elles-mêmes sont liées par des normes ou que ce sont des normes qui font d'elles | ce qu'elles sont. Le troisième chapitre 141
traitera d'abord de cette *normativité interne* des formes de vie et des critères de sa satisfaction ou de sa non-satisfaction. On développera ici la thèse que les formes de vie, en tant qu'ensemble de pratiques, sont des formations normatives, et on recherchera quelle espèce de norme est efficiente dans les formes de vie, comment elles agissent, et à quelle espèce de fondement de validité elles prétendent. Puisqu'il en va donc des exigences que les formes de vie se posent à elles-mêmes et qui sont posées objectivement avec elles, la question se pose de savoir s'il y a un point de référence normatif global pour l'échec ou la réussite des formes de vie en tant que formes de vie, quelque chose donc qui serait bon *en soi* et pas seulement *pour elles*. Quand Martin Seel parle d'un « éthos des formes de vie[1] », cela est lié à l'affirmation que les formes de vie impliquent des prises de position, et, en l'occurrence, des prises de position sur *comment on doit vivre*. On peut certes soutenir la thèse – et elle est souvent soutenue – selon laquelle les formes de vie en tant que telles ne peuvent faire valoir absolument aucun fondement pour leur constitution et leur existence, mais justement « sont comme elles sont » en tant que système référentiel fermé. Le quatrième chapitre, établira une thèse opposée : les formes de vie peuvent être comprises comme des modes (chacun différent) de résolution de problèmes qui se posent à nous sous une forme à chaque fois historiquement et culturellement spécifique et normativement prédéterminée. Ainsi comprises comme des instances de résolution de problèmes, leur réussite ou leur échec se mesure à leur capacité à résoudre les problèmes qui se posent à (et avec) elles. Les formes de vie valent ainsi non seulement parce que précisément elles valent, mais elles élèvent des prétentions fondées à l'aune desquelles, inversement, elles sont aussi critiquables.

1. *Cf.* M. Seel, « Ethik der Lebensformen », *in* H. Brunkhorst, M. Brumlik (Hrsg.), *Gemeinschaft und Gerechtigkeit*, Francfort, Fischer, 1993, p. 244-259.

LA NORMATIVITÉ DES FORMES DE VIE

C'est une représentation largement répandue que les formes de vie sont constituées par des normes et incorporent des normes. Dans son étude sur les formes de vie du Moyen Âge, l'historien Arno Borst définit les formes de vie comme des « modes sociaux de comportement *sanctionnés*[1] » et ainsi comme des formations collectivement contraignantes, constituées et liées par des normes. De manière analogue, Wilhelm Flitner, dans son ouvrage de référence, *Histoire des formes de vie européennes*, comprend celles-ci comme des « configurations normatives dont l'efficience est vivante[2] ». D'après cette conception, les formes de vie consistent en des normes historiquement instituées et intégrées dans les pratiques quotidiennes de la vie. Ce que « normativité » signifie véritablement, en quel sens et de quelles manières les normes sont « intégrées » aux formes de vie, « incorporées » ou « effectuées » dans celles-ci, tout cela reste toutefois ici plus qu'obscur.

La constitution normative des formes de vie s'impose certes déjà sur la base des conditions d'accomplissement des pratiques singulières décrites plus haut : si, par rapport à des pratiques, on peut « mal faire quelque chose » ou « rater » son sens (« Mais c'est pas du cache-cache si tu gardes pas les yeux fermés »), alors les formes de vie, en tant qu'ensembles de ces pratiques, peuvent aussi être déficientes. On dit parfois aussi par rapport à des formes de vie : « Mais ce n'est plus une famille ! », « Mais ce n'est plus une ville ! » ou encore : « Vous appelez ça un loisir ? ! »

1. A. Borst, *Lebenformen im Mittelalter*, Berlin, Ullstein, 1979, p. 69.

2. W. Flitner, *Geschichte der abendländischen Lebensformen*, Padeborn, Schöningh, 1990, p. 11.

Les situations décrites ici sont plus dignes d'attention qu'elles n'en ont l'air au premier abord : elles renvoient au caractère spécifique de la normativité qui agit dans les formes de vie. Dans ces cas, une prétention normative semble en effet être intégrée à la description des formes de vie elles-mêmes, mais, dans le même temps, sans que cette prétention ait le caractère d'une pure représentation d'un devoir librement en suspens. Lorsqu'on décrit de cette manière une forme de vie, on n'établit pas seulement comment il en va avec elle, comment elle se présente factuellement à nous. Mais on ne la soumet pas non plus à une exigence
143 abstraite indiquant | comment elle *devrait* être. Mon hypothèse est donc que la clef de compréhension de la normativité spécifique des formes de vie réside justement dans le caractère simultanément descriptif et normatif de telles appréciations. Pour le dire avec Hegel, la question est ici de savoir si une formation sociale donnée « correspond à son concept » ou non. Les formes de vie ne sont donc pas seulement normatives d'une manière générale, elles le sont d'une manière spécifique.

Plusieurs questions doivent donc être résolues dans ce chapitre : dans quelle mesure les formes de vie sont des formations normatives, et de quelles manières particulières les normes sont efficientes dans les formes de vie ? Comment les normes éthiques efficientes dans les formes de vie sont-elles fondées ? Et comment comprendre la réussite ou l'échec de formes de vie à l'aune du caractère spécifique de la normativité interne efficiente dans les formes de vie ?

Dans la première section de ce chapitre, quelques remarques préparatoires seront données sur ce qu'il faut entendre en général par normes et normativité. La deuxième section discute une catégorisation appliquée par Georg von Wright à la question de savoir quelles sortes de normes sont efficientes dans les formes de vie et comment elles le sont. Comme on le verra, le caractère spécifique des « normes éthiques » se révèle seulement vraiment lorsqu'on interroge la source de leur validité. C'est pourquoi, dans la troisième section, trois sortes de fondation des normes (conventionnelles, fonctionnelles et éthiques) seront distinguées afin d'établir la thèse selon laquelle les normes efficientes dans les formes de vie ne peuvent pas être fondées conventionnellement, mais ne peuvent l'être que par un rapport référentiel réciproque des aspects éthiques et fonctionnels. La quatrième section met à profit ce résultat et tente d'interpréter le caractère des normes éthiques à l'aide de la formule introduite par Hegel selon laquelle une forme de vie pourrait ou non « correspondre à son concept ». À la suite de cette formule, l'échec de formes de vie devant des exigences formulées intrinsèquement sera expliqué comme le ratage de « propriétés génériques sociales » historiquement sédimentées. Enfin, le résumé conduira à la question de la teneur de validité globale de normes ainsi définies.

| 3.1. NORMES ET NORMATIVITÉ 144

Au premier abord, la thèse de la teneur normative des formes de vie est banale, si ce n'est tautologique. Si une norme sociale est « une règle de comportement ou un modèle déterminé de comportement[1] » et si elle agit de la sorte comme une « disposition qui vise à structurer et régler la vie commune[2] », alors toute formation sociale fonctionnelle est, au moins dans un sens banal, assignée à la structuration par des normes. On peut formuler cela très généralement : partout où les choses n'ont pas lieu d'elles-mêmes, des normes agissent. L'existence de normes est donc la condition du fonctionnement de la pratique sociale en général. Mais que sont précisément les normes et que signifie donc de parler d'un « caractère normatif » de données déterminées ?

Dans les pages qui suivent, je vais esquisser quelques caractéristiques du concept de norme, pour m'approcher à partir de là de la manière complexe dont les normes agissent dans les formes de vie[3].

1) Pour le dire vite, il y a toujours des normes quand on peut mal faire quelque chose. Les normes établissent donc un *standard* auquel quelque chose ou quelqu'un peut correspondre ou non[4]. Ici, l'origine du concept est instructive : le latin *norma* signifie l'équerre avec laquelle on peut vérifier la rectitude des angles. Le domaine objectif des normes peut donc être totalement différent selon qu'il s'agisse | d'une procédure 145
technique de mesure ou d'une règle de la coopération sociale.

1. S. Blackburn (ed.), *Oxford Dictionary of Philosophy*, art. « Norm », p. 265.

2. P. Stemmer, *Normativität. Eine ontologische Untersuchung*, Berlin, De Gruyter, 2008, p. 239. Heinrich Popitz comprend les normes de manière similaire comme des accords qui rendent possibles la communauté humaine, de sorte qu'on peut parler d'une « contrainte à la normalisation » qui serait une condition de la société : *cf.* H. Popitz, *Soziale Normen*, Francfort, Suhrkamp, 2003, p. 95.

3. Je pars ici d'un concept très large de norme et non du concept étroit de normes morales ou éthiques.

4. « Les normes divisent le comportement en instances de vrai et faux, de correct et d'incorrect » (Titus Stahl, « Les fondations sociales et ontologiques de la critique immanente », manuscrit inédit, Francfort, 2008). De manière similaire, Robert Pippin comprend le normatif comme « une classe d'activités qui sont caractérisées par un effort intentionnel pour "faire ça bien" », *cf.* R. Pippin, *Die Verwirklichung der Freiheit*, Francfort, Campus Verlag, 2005, p. 66.

Ainsi, les normes techniques, par exemple le format DIN, fixent à quelle taille doit correspondre une feuille de papier pour coller à la norme correspondante, ou encore comment une roue dentée doit être faite pour être classifiée comme un certain type de roue dentée. La norme de l'étalon or fixe que la proportion d'or fin doit être de 24% dans un bijou, pour que celui-ci vaille comme « en or ». Et les normes de l'étiquette déterminent à qui céder le passage et qui tutoyer en entrant dans un café. La taille d'une feuille de papier, la constitution d'une roue dentée précise, la proportion d'or fin d'un bracelet ou le comportement d'un client en entrant dans un café correspondent donc ou non à un standard fixé fondamentalement. L'existence des normes implique qu'on agit ici sur l'effectivité et que l'on doit influer sur elle ou la configurer de certaines manières à l'aide de normes.

2) C'est pourquoi l'expression « normatif » est souvent comprise par opposition à l'expression « descriptif ». Sont descriptives nos tentatives pour *dé*crire l'effectivité adéquatement ; par différence, est normatif tout ce qui ne décrit pas mais *pre*scrit, tout ce qui vise à diriger un comportement humain. Une proposition *descriptive* est : « La Bibliothèque d'État de la Potsdamer Platz est un bâtiment baigné de lumière doté d'espaces verts en terrasse et d'environ 800 places de travail. » Une proposition *normative* est : « Au-dessus de 200 usagers, les bâtiments publics doivent fournir au moins une sortie de secours et être dotés de protection anti-incendie testée annuellement. » Autre proposition normative : « Nous devons nous comporter calmement dans une bibliothèque pour ne pas déranger les autres usagers.[1] »

La tournure courante des différentes « directions d'ajustement » (*direction of fit*) est d'une grande aide ici : les propositions descriptives
146 visent à s'ajuster *au monde* ; les propositions normatives veulent | que le monde s'ajuste *à elles*[2]. Ces différentes directions d'ajustement

1. On peut distinguer encore un autre type de proposition : les propositions *évaluatives*. Une telle proposition serait par exemple : « La Bibliothèque d'État de la Potsdamer Platz est l'une des plus belles bibliothèques au monde », ou encore : « Ce papier sent bon. » On voit aisément que la caractérisation d'une pièce comme « baignée de lumière » met déjà en jeu un tel moment évaluatif.

2. Le motif de la direction d'ajustement vient de la théorie des actes de langage de John L. Austin et de John Searle mais est aussi utilisé dans la discussion de la théorie humienne de la motivation dans la philosophie de l'esprit. Elisabeth Anscombe a illustré ce fait d'une manière concluante à l'aide de la différence de direction d'ajustement entre la liste de course du client au supermarché et la liste d'un détective espionnant les clients. La liste du client détermine ce qui doit aller dans le caddie, celle du détective décrit ce qui y est contenu. Dans le premier cas, la non-correspondance entre la liste et

correspondent à des manières différentes par lesquelles les propositions correspondantes peuvent être vraies ou fausses, exactes ou réfutées : ainsi, la proposition *descriptive* sur la Bibliothèque d'État est exacte s'il s'agit en effet d'un bâtiment baigné de lumière. Elle serait inexacte si, vu de plus près, le bâtiment de la Potsdamer Platz s'avérait être un caveau sordide. Il en va autrement des propositions *normatives* : qu'un bâtiment de cette taille doive avoir dix sorties de secours ou que nous devions nous comporter calmement dans une bibliothèque pour ne pas déranger les autres usagers ne deviendra pas faux si un bâtiment particulier ne fournit pas ces sorties de secours ou si tous les usagers de la bibliothèque téléphonent sur leur portable dans la salle de lecture (ce ne serait même pas faux non plus si nous ne trouvions empiriquement absolument pas le moindre bâtiment avec les sorties de secours conformes à cette prescription)[1]. Là où vaut une proposition normative, c'est l'effectivité qui a « tort », et elle doit dans ce cas s'ajuster à la norme : des sorties de secours doivent être prévues et le coup de téléphone doit être interrompu. Les propositions normatives ne veulent donc pas *pré*senter d'une manière descriptive la réalité, mais l'établir | – ou justement : la rendre ajustée **147**
à une norme. Ou encore : les propositions descriptives s'occupent du monde tel qu'il *est*, et les propositions normatives s'occupent du monde tel qu'il *doit* être. La critique normative indique ainsi que quelque chose dans le monde n'est pas tel qu'il doit être. Dit autrement, elle fait une différence entre l'être et le devoir-être et y attache l'exigence que cette différence soit surmontée.

3) L'une des déterminations courantes d'un *comportement* conforme à des normes est qu'il est réglé ou *dirigé par des règles*, par opposition à un comportement simplement *régulier*. On peut en expliciter la conséquence en confrontant deux cas : en allant prendre le métro, si je marche toujours du côté droit de la rue, ou si je ne touche jamais l'espace entre les pavés, cela peut simplement s'être passé ainsi. Il s'agirait seulement d'un comportement caractérisé par la régularité. Dans ce cas, si, en revanche,

le caddie vient d'une erreur dans la liste, et dans l'autre cas elle vient d'une erreur du client. *Cf.* G. E. M. Anscombe, *L'intention*, Paris, Gallimard, 2002. Pour un panorama et une problématisation des différentes références au motif de la « *direction of fit* », *cf.* I. L. Humberstone, « Direction of fit », *Mind*, n° 401, 1992, p. 59-93.

1. Il se pourrait bien sûr que les propositions normatives sur les sorties de secours ou le calme soient fausses. Mais elles ne sont pas fausses pour autant que les données effectives ne leur correspondent pas. Les normes ne sont donc pas réfutées empiriquement. Il est cependant vraisemblable que les normes correspondantes seraient changées s'il s'avérait que les sorties de secours ne contribuent pas à la sécurité des usagers ou que la concentration ne dépende pas du niveau sonore.

je marche une fois du côté gauche ou que je touche un espace entre les pavés, j'ai fait quelque chose *autrement* que d'ordinaire, mais je n'ai rien fait *mal*. L'autre cas auquel on peut penser est celui où, parce que je suis maniaque ou parce que je veux jouer avec mon jeune fils au jeu consistant à « ne pas toucher les espaces entre les pavés », je fais une règle de ne pas toucher ces espaces ou de toujours marcher à droite. Dans ce cas, marcher à gauche ou toucher un espace entre les pavés est une infraction à la règle. En soi, la régularité n'est donc pas une norme, dans la mesure où elle ne fixe encore aucun standard pour l'action que celle-ci pourrait manquer[1]. C'est seulement quand un comportement déterminé et régulier est exigé, de sorte qu'on peut entrer en infraction vis-à-vis de cette exigence, qu'il s'agit d'un comportement dirigé par une norme.

4) Les normes dirigent notre comportement et, quand nous sommes en accord avec elles, elles nous forcent à faire quelque chose. Il est alors caractéristique des normes qu'elles soient des *formations faites par les humains*, et qu'elles soient (en principe) configurées et
148 configurables[2]. La | « pression normative » qui émane d'elles n'est pas la même que la contrainte exercée par les lois naturelles. En ce sens, elles sont *artificielles*[3]. Les normes sociales valent sur un arrière-plan d'alternatives. Elles n'entrent donc en jeu que là où on pourrait faire autrement, là où il y a une marge de manœuvre pour le comportement. Là où l'on serait de toute façon contraint à agir d'une certaine manière, ou bien là où on agirait automatiquement, des normes seraient superflues.

5) Mais lorsque l'on peut faire quelque chose d'une certaine manière mais aussi autrement, se pose toujours principiellement la question de savoir *pourquoi* on doit faire ainsi, autrement dit, on peut toujours exiger qu'on nous donne une *raison* pour cela. L'« espace du normatif »

1. *Cf.* L. Wittgenstein, *Recherches philosophiques*, Paris, Gallimard, 2014, et S. Kripke, *Règles et Langage privé. Introduction au paradoxe de Wittgenstein*, Paris, Seuil, 1996.

2. C'est pourquoi l'attribut « social » appliqué aux normes est en fait redondant. Comme déjà pour les pratiques, on peut dire ici que toutes les normes sont sociales, dans la mesure où elles sont créées par les humains et posées dans le monde par des ensembles de validité créés par les humains. Même si les normes sont souvent nommées des normes sociales lorsqu'elles règlent le comportement entre humains, il faut se rendre compte que la manière dont on se comporte vis-à-vis des objets peut, elle aussi, être comprise comme une convention relevant d'un comportement social.

3. En ce sens, on peut accepter l'expression de pression normative « artificielle » de Peter Stemmer sans pour autant accepter l'ensemble de son approche. *Cf.* P. Stemmer, *Normativität. Eine ontologische Untersuchung*, *op. cit.*, p. 30.

est un « espace des raisons »[1]. Ça ne signifie pas nécessairement que ces raisons sont toujours transparentes ou qu'il serait toujours sensé de les demander. Mais surtout, l'entrée fondamentale dans un espace des raisons ne signifie pas que les raisons qui sont efficientes ici soient toujours déjà *bonnes*. Même la justification consistant à dire : « Nous faisons ainsi car nos grands-parents faisaient déjà ainsi » est en ce sens une justification, mais qui ne va pas bien loin, car elle est dogmatique. Cependant, même dans cette justification on peut lire une structure plus complexe (elle pourrait être explicitée ainsi : « On voit donc que cette manière s'est conservée. Rien ne s'est jamais passé de travers jusqu'ici quand on a fait comme ça. Il n'y a donc aucune raison de faire autrement. ») Et même de telles justifications contiennent aussi un point d'accroche sur lequel elles peuvent être mises en doute, après quoi de meilleures justifications peuvent être exigées (« Les circonstances ont changé, ce n'est donc pas une bonne idée de conserver la manière de faire de nos grands-parents », ou encore : « Mais, si on regarde bien, déjà nos grands-parents ont échoué en faisant ainsi »).

| *La forme de vie comme appartenance normative* 149

Dans quelle mesure les *formes de vie* sont des formations normatives ? Tout d'abord, si elles le sont, c'est parce que les exigences qui émanent d'elles sont des attentes normatives, par opposition aux conditions que la nature nous fixe. Même si s'y conformer devait devenir en nous une seconde nature, on voit entre autres que les lois de la seconde nature n'existent pas comme les lois de la nature à ce que, à l'exemple de l'éducation, elles doivent être instanciées, mais aussi à ce qu'elles peuvent être brisées ou modifiées. On peut montrer que, quoi qu'il en soit implicitement, les formes de vie dirigent le comportement et fixent des standards, en questionnant ce que signifie au juste de *partager* une forme de vie. Cela signifie participer aux pratiques qu'elle détermine, se comporter conformément aux modèles et aux règles que ces pratiques fixent et constituent, et s'y conformer dans ses propres actions – naturellement dans la marge des modes de comportement possibles. Celui qui, à un point décisif, n'essaie même pas de faire cela ne correspond pas aux critères d'appartenance de la forme de vie en question. Or ces critères d'appartenance sont d'espèce authentiquement *normative*. Ils se rapportent à un comportement qui est juste ou faux et

1. L'expression d'« espace des raisons » vient de W. Sellars, *Empirisme et philosophie de l'esprit*, Paris, Éditions de l'éclat, 1992.

se distinguent ainsi de critères d'inclusion et d'exclusion qui reposent sur des propriétés totalement indépendantes de l'activité humaine. Selon cette distinction, l'appartenance au groupe des roux n'est en soi pas connotée de manière normative[1]. Elle ne repose pas sur des règles ni des prescriptions que l'on pourrait suivre ou non. Mais c'est justement ce qui fait qu'elle ne peut pas être assimilée à l'appartenance à une forme de vie. Par contre, l'appartenance au groupe des pères de famille est connotée normativement, dans la mesure où « être un père de famille » n'est pas simplement une question de biologie, mais va de pair avec certaines attentes de comportement et certaines décisions.

Les formes de vie sont ainsi des ensembles normatifs dans la mesure où y participer est lié à l'attente d'une participation adéquate aux pratiques qui les constituent et au partage du cadre d'interprétation
150 qui est posé avec elles. | Naturellement, ces attentes peuvent fluctuer. On peut non seulement faire des erreurs ou dévier à certains égards du comportement conforme aux normes. Il est même envisageable que l'on se trouve partiellement en opposition consciente à plusieurs de ces règles, qu'on se rapporte donc négativement à elles, et cependant que l'on reste dans le cadre d'une forme de vie[2]. On s'oriente encore d'après celle-ci en en déviant[3].

Les normes n'agissent pas seulement dans les formes de vie lorsque, d'une manière explicite, elles interdisent des choses et en permettent d'autres dans les interactions sociales. Elles agissent aussi implicitement[4].

1. Et ce même si la propriété d'être roux peut, de manière absurde, être investie de sorte qu'elle a des conséquences normatives, comme le montre la chasse aux sorcières.

2. On peut mal faire quelque chose en essayant de se conformer à une règle sans pour autant sortir aussitôt de la forme de vie. Ceci dépend de la disposition à s'orienter selon ces règles et non pas toujours de ce que le comportement adéquat aux règles réussit.

3. Celui qui mange avec ses doigts lors d'un dîner cossu, car il veut blâmer la société, appartient de base encore à la forme de vie qu'il désapprouve. Celui qui veut tenir la main d'une femme au Pakistan et ne sait pas que c'est un affront n'y appartient pas. N'appartiennent pas simplement à une forme de vie « tous ceux qui participent » mais tous ceux qui se rapportent aux normes en vigueur ici en général, c'est-à-dire tous ceux qui connaissent les règles et pour lesquels l'espace social se structure selon ces règles, que ce soit positivement ou négativement. Le film de Luis Buñuel *Le charme discret de la bourgeoisie* (France, Espagne, 1972) est un exemple de rapport négatif à une forme de vie, rapport polémique qui ne fonctionne que parce qu'il est relatif à elle.

4. La remarque de Robert Pippin citée plus haut selon laquelle « le normatif [est] une classe d'activités qui est caractérisé par les efforts intentionnels de "faire ça bien" » est donc seulement en partie pertinente. La normativité dans les formes de vie ne se montre pas toujours dans des efforts intentionnels, mais aussi par des « échos » habituels : les normes pouvant aussi être implicites, notre orientation d'après elles peut être involontaire. Par exemple, nous ne prenons souvent conscience du fait que nous avions intériorisé des règles déterminées de distance spatiales à garder dans nos contacts sociaux que lorsque

Elles définissent et établissent avant tout les modes de comportement pensables à l'intérieur d'une forme de vie, de sorte qu'elles structurent normativement l'espace des possibles de l'agir même qui est donné avec cette forme de vie, elles découpent le domaine de l'agir humain en juste
| et faux, en adéquat et inadéquat. Ce n'est donc pas seulement l'évaluation 151
mais déjà l'identification de modes de comportement qui est en ce sens normative[1]. Mais cette efficience justement diffuse et parfois tacite fait à bien des égards apparaître d'autant plus incontestables les forces normatives qui sont ici efficientes.

Cette situation qui se présente à nous est schématisée d'une manière juste par le sociologue Heinrich Popitz lorsqu'il résume :

> Le fait que le comportement social soit lié à des normes signifie que les situations sociales sont chargées d'alternatives déterminées qui semblent reposer sur une sorte d'accord : des accords dont on ne sait pas qui les a vraiment passés, des accords que nous ne pouvons pas évacuer même si nous ne les acceptons pas dans certains cas. D'une certaine manière, ils sont installés sur la durée, de sorte qu'ils ne peuvent pas être abrogés selon le bon vouloir des individus.

Mais il n'est pas si aisé d'expliquer *de quelle manière* les normes deviennent efficientes dans les formes de vie. Comment unir le caractère « doux », informel et habituel des formes de vie avec le caractère prescriptif des normes ? Et si les formes de vie structurent déjà subtilement l'espace des possibles de l'agir, qui fixe, et envers qui, les standards normatifs, et avec quel effet ? De plus, les raisons efficientes dans les formes de vie – dans la mesure où l'espace normatif est un espace des raisons – sont rarement explicitées quand il en va de l'établissement et de la transmission de formes de vie[2].

quelqu'un les brise et « vient trop près » de nous. Nous identifions ainsi le caractère normatif de notre mode quotidien de comportement seulement à l'occasion de la transgression ou de l'effondrement de l'ordre normatif qui le constitue. *Cf.* R. Pippin, *Die Verwirklichung der Freiheit*, *op. cit.*, p. 66.

1. Par exemple, se comporter « de traviole » par rapport aux rôles sexués établis n'est en rien une possibilité de comportement identifiable tant qu'elle n'est pas établie comme mode social de comportement nommable et nommé (« queer », « métrosexuel »). Ou alors c'est un mode social de comportement qui est seulement définissable par différence aux normes établies (« il n'est ni un homme ni une femme »). C'est précisément en ce sens que les normes sociales constituent les possibilités de comportement autant qu'elles les limitent.

2. Ces raisons sont par contre souvent explicitées justement lorsque leur maintien est en jeu, dans le cas de contestations ou de changements faisant polémique qui concernent la figure d'une forme de vie.

Les normes efficientes dans les formes de vie ne dirigent donc manifestement pas la vie à la manière dont le règlement d'un établissement édicté par sa directrice détermine la vie dans cet établissement. Dans le
152 cas des formes de vie, aussi bien l'auteur de la norme que son | destinataire sont difficiles à identifier, et ce qui est dit n'est pas seulement souvent implicite mais se présente aussi typiquement comme une incorporation de description et d'évaluation sur fond d'un horizon complexe de compréhension où les hypothèses concernant la constitution du domaine pratique en vigueur sont incorporées avec des représentations sur ce qu'il est juste d'y faire. Que l'on puisse faire quelque chose bien ou mal là où des normes entrent en jeu ne nous apprend donc encore pas grand-chose. Toutes les normes ne sont pas constituées de la même manière – elles ne font pas que fixer des standards différents dans des domaines différents, mais elles se distinguent aussi en fonction de leur constitution et de leur mode d'efficience.

3.2. Modes de normativité

Une discussion de la typologie devenue classique de Georg Henrik von Wright peut aider à spécifier le type de normes qui est efficient dans les formes de vie. Dans son étude *Norme et action*, Von Wright distingue trois types principaux de normes : les *règles*, les *prescriptions* et les *directives*[1]. Ils ont tous en commun de vouloir influencer le comportement dans le sens qui a été indiqué. Mais ils le font de manières totalement différentes.

D'après Von Wright, les *prescriptions* sont *données* ou *édictées*, de sorte qu'elles ont leur origine dans la volonté d'une personne fixant les normes, l'« émetteur de norme », qui veut piloter le comportement des « destinataires des normes » au moyen de la norme. Le cas standard où les prescriptions sont efficientes et qui semble être modelé par ce type qu'est la prescription est celui du législateur et des normes de droit qui sont imposées par des sanctions.

Par contre, c'est le modèle du *jeu* qui inspire le *concept de règle*. Les règles sont des modèles standardisés qui établissent ce qui est interdit ou permis dans une constellation. Elles définissent ainsi le mode et le caractère des réalisations pratiques, tout comme les règles
153 d'un jeu définissent celui-ci. Un tel canon de règles peut plus | ou moins

1. Georg H. von Wright, *Norm and Action. A Logical Inquiry*, New York, The Humanity Press, 1963.

être formulé, les règles peuvent être implicites ou explicites et leur connaissance peut ne pas être seulement obtenue progressivement par une étude des règles avant de jouer, mais aussi lorsqu'elles sont suivies dans la pratique – lorsqu'on joue.

Enfin, les *directives*, aussi qualifiées de « normes techniques », donnent des indications relatives à l'emploi de moyens adéquats pour atteindre une fin déterminée.

Les usages comme forme mixte entre les prescriptions et les règles

Il est certes évident que ces trois types de normes peuvent être présents d'une manière ou d'une autre dans les formes de vie [1]. Mais ma question est plutôt de décrire l'espèce de normes qui donne aux formes de vie le caractère spécifique qu'elles ont en tant que formes de vie, et qui en fait ce qu'elles sont (en tant que formes de vie). Mais un autre type de normes s'impose ici par rapport à la typologie de Von Wright, un type que ce dernier qualifie comme une « forme mixte » existant à côté des types principaux, aux côtés des *principes moraux* et des *règles idéales* : celui d'*usages*. Les usages sont « des modèles de comportement qui sont
| suivis par les membres d'une communauté » [2], ils « déterminent ou, si **154**
l'on peut dire, “définissent” la forme de vie caractéristique déterminée d'une communauté » [3].

Que les usages en général soient semblables à des normes, cela se voit, pour von Wright, au fait qu'ils « influencent le comportement » et contrôlent ainsi quelque chose qui sans eux serait différent. Mais si l'on

1. Cette présence peut être différemment accentuée. Par exemple, les rapports entre les membres d'une famille sont confrontés à une série de prescriptions juridiques qui, pour partie, visent directement leur figure en tant que famille (ce qui est du ressort du droit familial à proprement parler), et qui pour partie vaut seulement *en plus* dans la famille (comme le droit pénal). De la même manière, les règles des petits-chevaux sont suivies dans les familles et les notices des aspirateurs y sont étudiées. Mais l'enjeu ici est, par opposition, celui des normes (et du mode d'efficience de ce type de normes) qui font d'une famille ce qu'elle est en tant que famille, ou qui font une famille, et donc celui de savoir ce qu'on attend normativement d'une famille et d'après quoi on évalue si quelque chose est ou non une famille. Je ne peux pas développer ici la question (certes très intéressante) de la mesure avec laquelle leur forme juridique co-constitue de manière décisive les formes de vie. Mais qu'il me suffise pour commencer d'avancer qu'il serait contre-intuitif de supposer qu'une formation comme la famille est constituée en totalité par des prescriptions juridiques : manifestement, le droit cherche bien plutôt, d'une part, à correspondre à ce qu'est une famille – donc à fixer des règlements conformes à la compréhension sociale de ce qui fait famille – et aussi à configurer et influencer cela.

2. Georg H. Von Wright, *Norm and Action*, *op. cit.*, p. 8.

3. *Ibid.*, p. 9.

s'enquiert de la manière dont le comportement est contrôlé par des usages, elles s'avèrent être des mélanges de deux des trois types principaux de normes : d'une part, elles se comportent en effet comme des *règles*, mais aussi, d'autre part, comme des *prescription*s : « les *usages* (...) sont pareils aux règles dans la mesure où ils déterminent, voire pour ainsi dire définissent certains modèles de comportement, et pareils aux prescriptions dans la mesure où ils exercent une “pression normative” sur les membres d'une communauté, afin que ceux-ci se conforment à ce modèle de comportement.[1] »

Ce qui parle en faveur de leur caractère de prescription, c'est que ces usages présentent des « modèles de comportement pour les membres d'une communauté », modèles qui sont généraux et qui ont été « adoptés au cours de l'histoire et se sont imposés à leurs membres plutôt que choisis individuellement par eux[2] ». Mais d'un autre côté, les usages n'ayant du reste pas d'auteur (ou du moins pas d'auteur exactement déterminable), il manque un donneur de norme clairement identifiable et, plus largement, un rapport hiérarchique clairement défini de l'émetteur et du destinataire de la norme qui caractérisait le type normatif des prescriptions : « Si nous pouvons parler d'une autorité se tenant derrière les normes, cette autorité serait alors la communauté elle-même, incluant tous ses membres passés et présents.[3] » C'est pourquoi, par une tournure heureuse, Von Wright décrit les usages comme des « normes anonymes ». De plus, les usages sont souvent présents implicitement et ne sont pas liés à une proclamation au moyen de signes symboliques. Tandis que le code de la route – en tant que prescription – ne vaut que dans la mesure où il est publiquement manifesté et fixé par écrit, les usages agissent aussi de manière silencieuse[4].

155 | Ces caractères anonyme et implicite (qui correspondent bien à ce que j'ai posé plus haut concernant les normes efficientes dans les formes de vie) éloignent déjà les usages des prescriptions et les rapprochent des règles. Mais un autre aspect est décisif. Lorsque Von Wright dit : « les usages déterminent ou, pour ainsi dire, “définissent” la forme de vie caractéristique d'une communauté déterminée[5] », il indique là un mode

1. Georg H. Von Wright, *Norm and Action*, *op. cit.*, p. 9.

2. *Ibid.*, p. 8.

3. *Ibid.*, p. 9.

4. Ce caractère silencieux et allant de soi a entre autres pour effet qu'il est difficile à ceux qui sont étrangers à certains usages de les incorporer. D'un autre côté, cette question est naturellement graduelle. Il arrive aussi que des usages soient communiqués publiquement d'une manière ou d'une autre.

5. Georg H. Von Wright, *Norm and Action*, *op. cit.*, p. 9.

d'efficience particulier des usages qui les distingue de la normativité directement prescriptive des prescriptions et les fait ressembler à des règles. Nous devons donc regarder de plus près le caractère « définitoire » des règles auquel nous avons seulement fait allusion plus haut, pour comprendre de quoi il retourne.

La différence entre *définir* et *prescrire* peut être présentée ainsi. La prescription dit : tu dois faire ou ne pas faire ceci ou cela (tu ne dois pas mal te garer, tu dois payer des impôts et ne pas mentir, tu dois séparer la viande et les produits laitiers). Les actions contre-indiquées s'attirent des sanctions. Par contre, la définition constitutive d'un jeu dit : quand tu fais ceci ou cela, c'est valable en tant que ceci ou cela dans un ensemble déterminé (quand tu poses les pierres dans cette position au *go*, les pierres adverses valent comme prises et tu peux prendre les pierres ainsi entourées). Dans la définition, quelque chose est donc déterminé comme quelque chose, certaines actions (de jeu) sont pourvues d'une signification déterminée et de conséquences déterminées. Tout un complexe de définitions connectées entre elles fait de ce jeu un jeu, détermine son caractère et le cours du jeu. C'est là un caractère décisif des règles par rapport aux prescriptions, ou du définir par rapport au prescrire : elles *rendent d'abord possible* par l'acte de définition la pratique sociale ou le jeu qu'elles régulent[1]. | C'est seulement par l'instauration de règles 156
que naît le jeu. La règle formule des conditions pour participer à une pratique sociale qui, inversement, naît par la règle correspondante, les comportements possibles correspondants eux-mêmes étant seulement créés du fait de cette règle.

La pression normative des règles et des prescriptions

Or, il y a entre les deux types de normes dont Von Wright compose la « forme mixte » des usages une différence significative en ce qui concerne leur capacité à déployer la « pression normative » évoquée plus haut.

1. Nous avons déjà rencontré ce moment constitutif au chapitre 2 à propos des pratiques sociales. John Searle a pris appui sur ce moment constituant pour sa distinction féconde entre règles constitutives et régulatrices : les règles régulatrices sont des règles qui ordonnent un comportement préexistant, un comportement qui peut donc être décrit indépendamment des règles correspondantes et est simplement régulé par celles-ci. Au contraire, les règles constitutives sont des règles qui rendent d'abord possible un comportement déterminé, qui constituent d'abord une possibilité de comportement par leur entrée en vigueur. Searle attribue par là à de telles règles un rôle décisif pour la constitution de l'effectivité sociale.

Celui qui ne suit pas la règle, de fait, agit inadéquatement par rapport au jeu et à ses règles. Mais il ne fait pas quelque chose de mal au sens où *cela pourrait conduire à le condamner*. Soit il ne joue pas à ce jeu-là, soit il joue en fait à un autre jeu. La question d'un joueur de *go* qui dirait : « Pourquoi ne puis-je prendre les pierres de l'adversaire que quand je les ai entourées » est absurde. C'est justement de placer les pierres d'une certaine façon qui fait de ce jeu ce qu'il est (et pas un autre), et la réponse sera la suivante : « Parce que c'est ce que dicte la règle du jeu. » Si la justification qu'on peut penser pour la règle du jeu sonne donc de manière très limitée : « C'est justement ce que cela signifie de jouer à ce jeu », les règles sont donc chargées au mieux d'une pression normative faible : elles produisent certes une division entre un comportement juste (en tant que conforme à la règle) et faux (en tant que non conforme), mais cette division dépend – hypothétiquement – de la condition très étroitement délimitée qui fait que l'on réclame en général une participation au système de règles en question, et, partant, elle est autoréférentielle d'une manière caractéristique. Ainsi, tandis que les règles formulent en quelque sorte les conditions de participation au jeu, les prescriptions veulent contrôler
157 les destinataires des normes en un | sens plus fort. Sur la base de ce qui a été dit, on peut maintenant dire que les prescriptions ne veulent pas seulement pour ainsi dire *définir* la participation à des jeux déterminés ou bien à des pratiques, mais qu'elles veulent (tout au moins) la *suggérer* et (parfois) y *contraindre*[1]. C'est bien en ce sens que la pression normative qui émane d'elle est « plus forte » – et ce même si la métaphore de la force utilisée ici n'a qu'un pouvoir explicatif limité.

La pression normative des usages

Mais comment Von Wright comprend-il alors la « pression normative » des usages, par rapport à ces deux types de norme – et comment cette pression est-elle à comprendre ? Les usages ou les habitudes sociales exercent aussi une pression normative sur les membres singuliers de la communauté où ils sont en vigueur[2]. Mais cela semble, à bien des égards, être aussi faiblement que dans le cas des règles. Si on ne remplit pas les attentes sociales qui vont avec les usages, selon Von Wright, on sera moins puni que plutôt rendu outsider, étranger. Celui qui dédaigne

1. Pour éviter un malentendu : il ne s'agit pas ici du pouvoir de sanction qui est à disposition, du moyen de violence qui est mis à disposition d'une norme pour qu'elle soit adoptée, mais du fondement de la prétention à être adoptée.

2. Georg H. Von Wright, *Norm and Action*, *op. cit.*, p. 9.

les usages ne serait pas un malfaiteur. Il serait plus proche de l'enfant qui ne prend pas part au jeu de ses camarades à l'école qu'à l'*outlaw* ou au criminel qui enfreint la loi et est poursuivi par celle-ci[1]. Si cela est vrai, alors, au sens strict, ne pas suivre les usages d'une communauté, ce n'est pas faire quelque chose *mal*, c'est seulement le faire *différemment*. La distinction entre un comportement « juste » et « faux » se traduit ici en termes de distinction entre « dedans » et « dehors », l'appartenance ou la non-appartenance. Mais quelle menace peut être liée à la « non-appartenance » si, inversement, on ne peut pas simplement affirmer que celle-ci est normativement neutre ?

Beaucoup de choses dépendent de ce que l'on met sous le terme d'« usages » et ce que l'on y compte comme pratiques. | Des alternatives **158**
ne peuvent être normativement significatives que si elles se rapportent aux « structures profondes » et pas seulement aux différentes colorations dans une forme de vie[2], bien que la limite soit difficile à tracer en cas de doute. Si l'on en reste aux usages évoqués par Von Wright lui-même, ceux-ci comportent, en plus des conventions de salutation et d'hospitalité, les pratiques qui entrent en vigueur lors des événements de la vie comme le mariage ou la mort. Or, qu'une communauté enterre ou incinère ses morts, les mette dans des cercueils ou des suaires, peut être sans conséquence et normativement neutre aussi longtemps que de telles différences ne sont pas chargées de dissociations ou de conflits plus fondamentaux. Certes, que les membres décédés d'une communauté soient mis en bière solennellement ou que ses cadavres soient laissés à pourrir dans un ravin (comme on le voit dans le film japonais *La ballade de Narayama*[3]) est une question qui déchaîne d'importants affects. Dans la mesure où les alternatives en débat ici renvoient à des différences plus fondamentales dans la « grammaire profonde » du rapport social à la naissance, la vie et la mort[4], leurs figures marquent d'une manière fondamentale la vie et la compréhension qu'une communauté a d'elle-même – elles définissent

1. *Ibid.*

2. Sur ce sujet, *cf.* mon développement au chapitre I et la distinction entre styles de vie et formes de vie.

3. *La ballade de* Narayama (Shohei Imamura, 1983). Que les usages clairement décrits ici aient correspondu dans les faits aux réalités de la vie de cette région du Japon fait certes débat.

4. De la même manière, des usages comme la « veille des noces » ou le « mariage en blanc » peuvent être considérés aujourd'hui d'un point de vue plutôt folklorique, de sorte que les transgresser ne sera plus sanctionné. Par contre, l'alternative entre monogamie et polygamie, mais aussi le mariage entre membres du même sexe déclenche encore un conflit sur les formes de vie.

« la forme de vie caractéristique d'une communauté »[1]. Par corollaire, la « non-appartenance » ou le fait d'être un « outsider »[2] est ici chargé d'une certaine pression normative.

Dans ce qui suit, je vais expliquer la force normative efficiente ici en
159 regard du complexe global de l'« éthos d'une forme de vie », | et donc du contexte de l'ensemble de pratiques où les usages singuliers sont situés. De plus, je qualifierai ces normes efficientes de « normes éthiques » afin d'éviter le terme quelque peu archaïque d'« usages ».

Les normes éthiques comme contrainte de participation à des ensembles de pratiques

J'affirme la chose suivante : même si elles agissent de manière « définitionnelle », de telles normes éthiques sont clairement différenciables des règles en ce qui concerne leur « poids » normatif. Celui qui ne suit pas les règles aux *petits-chevaux* ne joue pas vraiment aux *petits-chevaux*. Mais quand celui qui est père et ne lit pas d'histoires à son enfant (en ce qu'il s'agit d'une des pratiques qui est aujourd'hui largement attribuée à la forme de vie de la vie avec des enfants), ou que celle qui, en tant que médecin, n'examine pas à fond ses patients (comme l'éthos professionnel du travail médical l'exige dans le contexte d'une forme de vie déterminée), il n'en résulte pas qu'ils « n'en sont pas », mais qu'ils sont un mauvais père et une mauvaise médecin. Et Antigone serait une mauvaise sœur si elle n'enterrait pas son frère. Pour reprendre la manière de parler évoquée au début et que nous emploierons plus avant dans la suite, il n'est « pas un vrai père », elle n'est « plus médecin » ou « plus une sœur ». D'après une conception largement partagée, les acteurs ainsi décrits font quelque chose qui n'est pas seulement différent des autres d'une manière relativement anodine. Ils font *mal* quelque chose, même si c'est en un sens particulier.

Pour comprendre le pouvoir normatif spécifique des normes éthiques qui constituent les formes de vie, on peut tirer parti cette observation : les personnes concernées ne semblent pas faire quelque chose de mal *en tant qu'humains*, mais *en tant que père* ou *en tant que médecin* ou *en tant que sœur*. Ils n'ont pas rempli un rôle social déterminé ou ils n'ont pas

1. Georg H. Von Wright, *Norm and Action*, *op. cit.*, p. 9.

2. Naturellement, décrire la condition d'outsider ou d'étranger comme relativement faible au plan normatif est déjà une minimisation si on la considère socio-historiquement et sociologiquement.

correspondu aux attentes sociales liées à une pratique déterminée[1]. Pour y appliquer cette distinction, en agissant ainsi, ils n'ont pas mal agi en un sens *inconditionné* mais | *conditionné* : en effet, l'inadéquation de leur 160
action se rapporte hypothétiquement au fait qu'ils agissent ou visent à agir en tant que médecin, que père ou que sœur. Mais alors, comment ce rapport hypothétique se distingue-t-il de celui que j'ai ébauché en parlant de la participation à des jeux ? Quelle différence y a-t-il à dire : « Si on veut être une (bonne) médecin, on doit examiner ses patients à fond » et « Si on veut être un (bon) père, on doit lire des histoires à son enfant » par rapport au constat : « Si on veut jouer au *go*, on doit essayer d'entourer les pierres de son adversaire », si les deux ont bien manifestement la même structure d'obligation seulement conditionnée et non pas inconditionnée ?

Naturellement, on ne *doit* pas nécessairement devenir médecin ou père, comme on ne doit pas nécessairement jouer aux petits-chevaux. C'est pourquoi la pression normative, la pression qui doit nous conduire à satisfaire et remplir les pratiques correspondantes d'une certaine manière, semble au premier abord aussi limitée que celle du jeu. On pourrait penser qu'ici aussi, on fait mal quelque chose seulement dans la mesure où on entre dans la situation elle-même, donc où l'on vise à être médecin ou père. Pour celui qui ne vise pas à remplir ces rôles sociaux, les normes correspondantes ne sont pas valables. Comme pour le jeu, ce qui est alors clair, c'est ce qu'on doit faire *dans la mesure où* on endosse un rôle déterminé – mais il n'y aurait pas de raison de l'endosser. Mais à mieux y regarder, quelques différences décisives se font jour entre le jeu et les rôles sociaux.

Dans le cas du jeu, non seulement il n'y a pas de raison particulière pour qu'une personne déterminée doive participer à ce jeu. Il n'y a pas (c'est du moins ce qu'on pense d'abord[2]) de raison particulière pour que ce jeu en tant que tel doive exister. Il en va différemment pour l'ensemble des pratiques sociales avec une division du travail dont résultent les rôles de père et de médecin. Dans les sociétés modernes en tout cas, même lorsqu'il n'est exigé de manière contraignante de personne d'être médecin ou | père, il y a dans l'ensemble social des pratiques une 161
certaine contrainte nous poussant à occuper ces rôles et à rendre leur

1. Pour la défense d'un caractère spécifique de devoir des rôles sociaux, *cf.* l'article instructif de Michael O. Hardimon, « Role Obligations », *The Journal of Philosophy*, 1994, n° 7, p. 333-363, qui a lancé une discussion sur l'éthos spécifique des rôles qui s'est depuis largement ramifiée.

2. Comme nous le verrons par la suite, on peut tout à fait trouver des raisons de second ordre pour jouer à des jeux ou à des jeux de tel type.

exercice plausible sous une forme ou une autre. L'existence de la pratique même n'est donc pas infondée, dans la mesure où elle se trouve dans un ensemble déterminant avec un complexe ramifié de pratiques, ou en d'autres termes une forme de vie. Qu'il y ait ou non ces pratiques fait une différence pour celle-ci. Et la manière spécifique de les interpréter et de les exercer (si l'on enterre les morts comme ceci ou comme cela, si le couple est entendu de manière monogame ou polygame, et si l'on comprend les maladies comme des maux venus de Dieu ou comme des perturbations à diagnostiquer de manière différentielle), cela a aussi des conséquences sur la figure en vigueur de cet ensemble de pratiques – et, comme je l'expliquerai, sur son pouvoir fonctionnel.

Mon argumentation jusqu'ici suggère que la pression normative des formes de vie résulte donc des *conséquences* (sociales) liées au fait d'adopter ou de refuser, de reproduire ou de décliner un lot déterminé de rôles et de pratiques à l'intérieur d'une structure de coopération sociale existante. Comme nous le verrons, cette pression peut en fin de compte être déduite des *buts* qui sont liés aux pratiques sociales correspondantes.

Les formes de vie comme systèmes normatifs non-autonomes

Pour les réflexions qui suivent, je vais m'appuyer sur une caractérisation avancée par Joseph Raz dans sa recherche : *Raison pratique et normes*. Raz y saisit les jeux et les formations normatives qui leur correspondent comme des « systèmes normatifs autonomes[1] » et analyse sur cette base leurs modes de validité. De tels « systèmes de validité commune » sont « autonomes[2] », dans la mesure où ils sont auto-référentiels d'un certain point de vue. Que cette règle-ci ou celle-là doive valoir ne peut pas être
162 | fondé sur un recours à un système référentiel normatif extérieur au jeu. Ainsi considérée, la validité de telles règles ne peut pas être fondée, elle peut seulement être établie. Les jeux produisent en effet « eux-mêmes la raison de leur propre validité[3] ». C'est la raison que donne Raz à ce caractère non justifiable, cette absence de raison des jeux qui est instructive pour ma problématique : « La valeur d'un jeu n'étant pas intrinsèquement liée à des intérêts humains globaux, réfléchir à leur

1. J. Raz, *Practical Reason and Norms*, Oxford, Oxford University Press, 2002, p. 117.

2. *Ibid.*, p. 107. Raz décrit avec ce concept des complexes de règles qui se distinguent en valant en connexion, et qui sont rapportées les unes aux autres de manière à ce qu'il soit insensé de ne suivre que l'une d'entre elles.

3. *Ibid.*, p. 114.

justification universelle est à peine sensé.[1] » Pour Raz, de telles valeurs sont « artificielles[2] » justement du fait de l'inexistence d'une telle liaison.

Le motif d'« intérêts humains globaux » est utilisable pour les questions que j'ai posées plus haut. Les conséquences de l'existence de normes éthiques déterminées sur la teneur et la figure d'une forme de vie renvoient en effet au fait que les rapports pratiques globaux ou formes de vie constitués par des normes éthiques ne sont justement pas des systèmes autonomes, ce sont des systèmes *non-autonomes*, de sorte qu'on peut dire qu'ils vont avec des « intérêts humains globaux ». Ils seraient donc structurés intérieurement comme des « systèmes à validité commune » par les buts et les tâches donnés avec eux et qui leur fournissent, pour le dire de manière imagée, une « ancre » ou un point de référence dans le monde, par-delà leurs principes internes de validité. L'observation et l'application de ces normes seraient la condition pour que ces intérêts puissent être effectués. C'est justement par là que leur pression normative peut être expliquée.

On peut éclairer ce point à l'aide des diverses pratiques consistant à donner une raison dans différents contextes normatifs. S'il n'est pas sensé de demander des raisons dans le cas de systèmes normatifs autonomes, de telles demandes sont tout à fait pensables dans d'autres cas : « Mais *pourquoi* dois-je payer des impôts ou ne pas mentir ? Pourquoi dois-je séparer la viande et les produits laitiers ? » À ceci, on pourrait répondre par exemple : « Parce que Dieu le veut ; parce que l'État doit construire des écoles ; parce que sinon personne ne te fera plus confiance ; parce que le | respect de l'autonomie morale des autres te l'ordonne. » Aussi **163**
différents et contestables qu'ils soient, ce sont là des points de référence qui prétendent résider *en dehors* des normes correspondantes créées par les systèmes de règles[3]. La norme : « Tu dois payer des impôts » est (dans le meilleur des cas) fondée non pas sur le simple fait de son existence,

1. *Ibid.*, p. 123.

2. *Ibid.*, p. 122.

3. On peut éclairer à partir de l'exemple même du jeu la différence entre les cas où une telle connexion existe et ceux où ce n'est pas le cas : qu'il ne puisse pas y avoir « de justification universelle » orientant le jeu selon des valeurs, ou de possibilité de fonder quand on devrait s'orienter selon elles ne vaut pas seulement lorsqu'on commence à comparer le jeu avec d'autres orientations de vie. On peut ainsi naturellement dire : « Erwin ne devrait pas passer tout son temps libre à des jeux d'argent, mais plutôt s'occuper de ses enfants. » Et l'on peut aussi dire, à l'inverse : « ça lui ferait du bien d'oublier un peu son travail et de jouer à un jeu de société. » Mais on considère et on juge de la sorte les jeux justement en rapport avec des « intérêts humains globaux » et l'on ne s'interroge plus sur la raison pour laquelle la règle même vaut.

mais par le renvoi de nos intérêts à l'aménagement d'une infrastructure publique, à l'éducation et, en fin de compte, à un type déterminé de société[1]. Mais, corollairement, les normes éthiques qui nous intéressent sont aussi connectées par des chaînes de raisons et de faits à des valeurs et intérêts « globaux » plus étendus. Faire la lecture à ses enfants le soir et prendre au sérieux leurs besoins, ou examiner à fond ses patients, voilà des comportements fondés dans nos représentations de l'amour, de la famille, de l'éducation démocratique ou de la médecine qui contribuent à l'existence et au fonctionnement plus large et complexe d'ensembles de formes de vie. Mais dans le cas des normes éthiques, la constitution du « jeu » n'est donc pas neutre, pas plus que le fait d'y participer ou non.

Si nous regardons plus précisément les ensembles de pratiques en
164 question ici, apparaît alors encore une autre différence entre | les normes éthiques et les règles du jeu : par opposition à l'option de jouer aux petits-chevaux ou de les laisser de côté, il s'agit souvent (voir typiquement), dans le cas de la participation à des rôles sociaux, d'ensembles de pratiques par rapport auxquels nous ne nous comportons pas d'une manière purement optionnelle. Les normes éthiques renvoient à des contextes de coopération sociale qui, en tant qu'ensembles préalables d'interprétations et de pratiques, existent déjà et auxquels nous sommes liés, que nous le voulions ou non[2]. Pour reprendre la caractérisation par Von Wright de ceux qui ne participent pas aux usages, il n'est pas si facile ici d'être « outsider » ou même « étranger ». Déjà impliqués dans ces ensembles, nous nous rapportons à eux seulement *à partir de cette position*[3]. À la différence du jeu, la question n'est pas de savoir *si* l'on participe, mais

1. La question ici n'est pas de savoir s'il s'agit de bonnes raisons ni en quel sens ces raisons peuvent être contraignantes, mais seulement d'illustrer quel type de rapport à des intérêts généraux peut être pensé ici. C'est pourquoi j'ai mélangé ici des formes courantes de justification : « parce que tu y as intérêt », « parce que cela a du sens » et « parce que c'est absolument obligatoire ».

2. Même si l'on peut aussi en partie sortir de ces ensembles coopératifs, cette possibilité de sortie a un autre caractère qu'une situation où nous décidons de négocier une éventuelle participation.

3. Cela vaut pour l'ensemble de pratiques où le métier de médecin joue un rôle, naturellement pas au sens où chacune serait médecin, mais seulement en rapport avec l'ensemble interprétatif plus large de l'image scientifique du monde qui y est associée et des pratiques qui vont avec. Il en va de même avec l'exemple du rôle paternel. Dans la mesure où il existe la famille comme modèle social prégnant, toute sorte de comportement, même le refus de prendre un rôle de père ou sa réinterprétation, se rapporte à l'ensemble interprétatif qui est posé avec ce modèle. Les formes de vie ne sont pas des cérémonies optionnelles, des clubs où l'on pourrait ou non entrer.

seulement de savoir *comment*, de quelle manière, et si l'on peut aussi faire *autrement* qu'à l'accoutumée [1].

Comme il est maintenant établi, les normes éthiques formulent donc
| non seulement des conditions de participation, mais elles suggèrent 165
la participation à des pratiques déterminées à l'intérieur de formations complexes de pratiques sociales. Là où elles ont un rôle « définitionnel », qui rend possible et est constitutif, parce qu'à l'intérieur d'une configuration de pratiques sociales elles *renvoient à des fonctions* et *définissent des rôles*, elles définissent des positions tenues pour nécessaires et fondées car elles sont en rapport avec des objectifs et avec les conditions objectives des formes de vie actuelles. C'est justement pourquoi les formes de vie ne sont pas « autonomes ». Les normes éthiques constituant des formes de vie renvoient en effet à un *rapport au monde* et à *l'objectivité* à partir duquel on peut affirmer la conformité des pratiques sociales. Si les formes de vie, au contraire des « systèmes autonomes » auto-référentiels discutés par Raz, sont en ce sens susceptibles d'être fondées (et soumis à une fondation globale), il convient désormais de comprendre le caractère des fondements et des modes de fondation dont il s'agit ici.

3.3. Trois modes de fondation des normes

Dans ce qui va suivre, je distinguerai et examinerai d'abord trois modes de fondation des normes, dans la mesure où ceux-ci peuvent indiquer le caractère normatif des formes de vie : un mode 1) conventionnel, 2) fonctionnel et 3) éthique. Si la fondation conventionnelle des normes renvoie à un accord factuel sur une norme déterminée et ainsi à une convention établie, la fondation fonctionnelle reconduit la validité de la norme à son rôle pour la conservation ou l'établissement d'une pratique

1. Puisque les normes éthiques régulent en un certain sens toujours la participation à quelque chose qui existe déjà en tant qu'ensemble, elles ne sont pas constitutives au sens radical, même si elles possèdent le « *stage-setting character* » pointé par Rawls. Les pratiques correspondantes ne sont pas appelées *ex nihilo* à la vie par les règles, mais émergent toujours déjà de formes préalables de ces pratiques. Mais c'est justement pourquoi on peut trouver des conditions d'adéquation dans le domaine qu'elles régulent. Au plan principiel, on peut soutenir ainsi la thèse de Joseph Raz et Anthony Giddens, déjà défendue par Searle, selon laquelle les règles agissent sur le social d'une manière simultanément constitutive et régulatrice. Ainsi considérées, même les règles d'un dîner mondain sont simultanément constitutives et régulatrices. Elles constituent la forme sociale du dîner; elles régulent celle de l'alimentation, une pratique qui, quoiqu'elle ne soit jamais présociale et non-régulée, admet aussi des formes moins formelles que celle d'un dîner mondain.

déterminée. Par contre, la fondation éthique d'une norme renvoie au caractère « bon » d'une pratique. En ce qui concerne la constitution des formes de vie, je rejetterai la fondation conventionnelle des normes. Mais je souhaiterais montrer que, en ce qui concerne les normes éthiques, les fondations éthique et fonctionnelle s'imbriquent de manière caractéristique. On pourra en conclure que les normes éthiques visent le bon fonctionnement d'une pratique dans le contexte d'un ensemble de pratiques.

166 | *Fondation de norme qua*[1] *convention*

Ma thèse est que les normes éthiques ne peuvent pas être fondées conventionnellement. À la question : « Pourquoi cette norme vaut-elle ? Sur quoi est-elle fondée ? », la réponse par une fondation conventionnelle est la suivante : « Elle vaut, car nous nous sommes mis d'accord sur elle par convention. » Pour le dire vite, les conventions sont des accords entre une pluralité d'actrices et d'acteurs qui sont impliqués dans ce cas et qui par là coordonnent et rendent évaluables leurs actions présentes et à venir. Aux petits-chevaux, que ce soit le plus âgé ou le plus jeune qui commence, ou qu'on joue dans le sens des aiguilles d'une montre ou l'inverse, ce sont là des déterminations conventionnelles, au même titre que l'institution de rouler à droite ou à gauche sur la route, ou la taille exacte d'une feuille A4. En un sens décisif, le contenu de ces conventions est contingent, l'accord ainsi pris est une décision commune, sans que la teneur de cette détermination n'ait une raison qui irait au-delà d'elle. Le caractère conventionnel d'un tel accord se montre surtout à ce qu'il n'est fondé ni conditionné par rien d'autre. Les conventions sont *up to us* et – ce qui peut servir de critère pour les identifier – constituées de sorte qu'on peut toujours leur penser une alternative qui serait tout aussi bonne ou praticable[2]. Jouer dans le sens des aiguilles d'une montre est aussi bon que jouer dans l'autre sens, rouler à droite est aussi bon que rouler à gauche. La convention sur laquelle on s'accorde est indifférente, on doit juste se mettre d'accord. Les options peuvent être remplacées l'une par l'autre facilement et sans conséquence. De la sorte, les conventions sont une instance très « faible » de fondation. À la question de pourquoi les normes fondées conventionnellement doivent être en vigueur, on ne peut

1. [N.d.T.] En tant que.

2. La plupart des théoriciennes et théoriciens de la convention en philosophie adoptent un tel critère. Sur ce sujet, *cf.* aussi l'étude classique de D. Lewis, *Convention : A Philosophical Study*, Cambridge, Harvard University Press, 1969.

que répondre : « Parce que nous nous sommes mis d'accord dessus », ce qui *est* une raison – mais une raison qui ne va pas bien loin. Et ce n'est pas une simple plaisanterie de dire que les conventions valent précisément *parce qu'*elles valent.

| *Non-conventionnalité des jeux et des formes de vie* 167

Certes, beaucoup de pratiques sociales comportent manifestement des parties conventionnelles. Mais il serait trompeur de comprendre le tout des formes de vie comme l'expression de conventions. Il est utile de montrer que même les jeux qui sont en un sens décisif au-delà de toute fondation et tombent ainsi d'une certaine manière au cœur de la validité normative conventionnelle, ne peuvent pas être compris comme étant exclusivement conventionnels. On peut certes faire commencer le plus âgé ou le plus jeune aux petits-chevaux ou au UNO sans que le caractère du jeu soit changé en aucune façon. Les options sont ici égales. Mais cela ne vaut pas pour bon nombre d'autres règles qui constituent ces jeux. Sans le hasard du dé ou sans la règle selon laquelle on peut retourner à la case départ tout près du but, les petits-chevaux seraient un autre jeu. Et jouer au UNO avec ou sans la carte « tirer quatre nouvelles cartes de la pioche » a des conséquences sur la vitesse avec laquelle on passe d'une bonne à une mauvaise posture, donc la vitesse avec laquelle « le vent peut tourner ». Des modifications peuvent rendre les jeux plus ou moins compliqués, plus rapides ou plus lents, plus ou moins palpitants – jusqu'au point où ils cessent d'être un jeu d'un certain type (comme un jeu de hasard ou de stratégie).

On peut donc naturellement changer les règles d'un jeu de toutes les manières possibles – au bout du compte, les règles sont faites par nous et ne valent que dans la mesure où les joueurs s'accordent dessus. Mais ces changements font « une différence », d'une manière qui n'est pas la même que dans le cas des pures conventions. Il y a certes toujours plusieurs complexes de règles pensables, et dans ceux-ci toujours plusieurs équivalents fonctionnels. Mais ce n'est pas un arbitraire sans conséquence qui règne dans le domaine des jeux.

Ceci renvoie à un point supplémentaire. Ce que Maurice Hauriou, à propos des institutions sociales, a nommé leur *idée directrice*[1] semble aussi se rapporter aux jeux : une idée, donc, qui motive et dirige les

1. [N.d.T.] En français dans le texte.

168 institutions – ce qu'on peut donc transposer au jeu[1]. | Dans le cas des petits-chevaux, il y a au premier niveau le but du jeu : gagner en ramenant son pion « à la maison » le plus vite possible avant les autres joueurs. Mais à un deuxième niveau, pour ainsi dire un méta-niveau, on peut aussi voir l'*idée directrice*[2] du jeu dans l'apprentissage consistant à faire avec les hauts et les bas liés à la chance au jeu et à ne pas s'énerver[3]. En ce qui concerne le Go ou encore les échecs, l'idée correspondante serait l'enseignement cognitif de l'habileté stratégique. Il y a, par rapport à une telle idée directrice, de bons et de mauvais jeux, des jeux plus ou moins complexes, des jeux à jouer les uns avec ou contre les autres, comme on le voit bien au flot irraisonné de nouveaux jeux qui tentent de conquérir le marché des jeux pour enfants.

Ce qui vaut pour les jeux vaut d'autant plus pour les formes de vie : elles ne sont pas (ou pas seulement) faites de conventions. Pour revenir sur l'exemple mentionné plus haut, rouler à gauche ou à droite peut être affaire de convention, mais régler le trafic *en général* est une nécessité objective dans certaines conditions. Dans la mesure, *premièrement*, où on est intéressé au trafic, et, *deuxièmement*, où celui-ci serait rendu impossible si on conduisait sans règle les uns et les autres, il faut introduire une régulation comme le fait de rouler à droite ou à gauche. Ne pas le faire – ce dont en principe une société est libre – saperait l'objectif (la circulation). Mais la fondation des normes éthiques opère précisément à ce niveau et précisément avec cette logique. Que l'usage soit de se marier « en blanc » ou de s'habiller en noir peut bien être indifférent : qu'il y ait même dans une société des rapports intimes ou non, et que ceux-ci soient monogames ou polyamoureux sera décisif pour ce qu'une forme de vie peut et permet. La question de ce qui doit en général être régulé et de savoir quelles normes et pratiques sont ici pensables en général, voilà qui dépend (comme dans le cas de la régulation du trafic) des buts de la pratique comme des conditions objectives qui touchent à
169 la réalisation de ce but. |[4] Les normes efficientes dans ce cas sont donc

1. *Cf.* M. Hauriou, « la théorie de l'institution et de la fondation », *Cahier de la Nouvelle Journée*, n° 4, 1925. Joseph Raz aussi présuppose l'existence d'une idée de jeu dans sa discussion de la normativité du jeu. Mais celle-ci caractérise avant tout ce que j'ai situé dans l'idée de jeu à un premier niveau. *Cf.* J. Raz, *Practical Reasons and Norms*, *op. cit.*, p. 17 *sq.*

2. [N.d.T.] En français dans le texte.

3. [N.d.T.] En allemand, les petits-chevaux sont littéralement appelés : « mais t'énerve pas ! »

4. On peut aussi facilement établir des limites objectives aux normes techniques évoquées plus haut. Ainsi, les dimensions précises des feuilles A3 et A4 sont contingentes (les tailles de papier américaines valent bien les allemandes). Mais qu'il puisse et doive y

justifiées par quelque chose et *fondées* dans quelque chose. Si les normes conventionnelles ne sont que « faiblement normatives », un mode de fondation plus fort entre ici en jeu : celui d'une *fondation fonctionnelle* des normes.

Éthos professionnel et référence objective

On le voit bien à l'exemple introduit plus haut : la médecin qui fait un examen complet des patients malgré des comptes en tension n'agit pas par convention : elle lie au fait de tenir bon sur les standards de qualité de la pratique médicale un éthos professionnel déterminé. Elle n'est donc pas liée par une philanthropie abstraite, mais par le fait qu'elle identifie les exigences de la pratique médicale dans une telle conduite qui réalise (selon elle et selon des standards en vigueur) ce que c'est qu'être médecin. Cette normativité interne d'une pratique ne définit pas des critères conventionnels d'appartenance, à la manière de l'appartenance à tel ou tel club. En effet, ces critères ne reposent pas sur un arrangement arbitraire entre les médecins qui voudraient les établir comme les marques de reconnaissance de leur corps de métier. Ils existent, parce qu'on croit ne pouvoir atteindre le *but* de la pratique (le diagnostic correct et la thérapie adéquate) que justement par une telle conduite, et ne pouvoir correspondre qu'ainsi à la mission attachée à cette pratique. Ce qui est
décisif pour la qualification normative | d'une telle pratique, ce n'est donc 170
pas de devoir faire ceci ou cela pour *valoir* comme médecin (pour jouer au jeu consistant « à être médecin »), mais c'est le fait suivant : faire ceci ou cela est nécessaire pour atteindre le but inhérent à la pratique (soigner les patients) sur le fond de conditions objectives données (la complexion du corps humain et une interprétation déterminée de celui-ci) [1].

C'est un aspect important qu'une orientation « par rapport à la chose » et par rapport aux conditions objectives permettant d'atteindre le but entre ici en jeu. Les deux, le but et ses conditions objectives, sont des

avoir des tailles différentes en général est fondé objectivement dans la nature de l'usage qu'on fait du papier : prendre des notes sur un format d'affiche serait aussi peu pratique que d'essayer d'afficher des annonces publicitaires sur un format miniature. Les formats sont donc déterminés en partant des fonctions du papier dans l'ensemble de nos utilisations, et limités par des faits objectifs (comme notre capacité à percevoir des choses à une certaine distance). Ici aussi, c'est la détermination d'un but, liée aux conditions objectives de sa réalisation, qui fixe les limites du domaine de l'accord purement conventionnel et ainsi de la fondation purement conventionnelle de normes.

1. Ce qui est une convention, c'est qu'un juge doive porter une robe. Mais qu'une juge doive examiner un cas à fond est une question d'éthos professionnel – conforme aux règles relatives à ce dont il s'agit. Ici aussi, la frontière est fluide. Le port d'une robe peut ainsi souligner le caractère dégagé du quotidien du procès.

points de référence qui sont au fondement de la réalisation du but et qui nous conduisent à ériger un certain mode de participation à des pratiques – l'examen complet, la conduite consciencieuse – en critère qui vaut non seulement pour *notre* conduite mais pour toute conduite dans la même situation. Tout le monde ne doit pas être médecin, mais tout médecin devrait se conduire conformément à l'éthos professionnel décrit ici. La bonne médecin méprisera ses collègues négligentes ou cupides : non seulement celles-ci tout simplement « n'en sont pas », mais elles font mal ce qu'elles font. Il est alors important de rappeler la particularité établie plus haut : les collègues qui agissent ainsi sont mauvaises *en tant que* médecins[1]. Cependant, elles ne le sont pas parce qu'elles ont méprisé des conventions, mais parce qu'elles ont méprisé les *conditions d'adéquation* de la pratique médicale. Nous nous mouvons donc ici dans le domaine des fondations fonctionnelles des normes.

171 | *Fondations fonctionnelles des normes*

Que veut-on dire par *fondation fonctionnelle* des normes ? Aux questions : « Sur quoi cette norme est fondée ? Comment est-elle justifiée ? Pourquoi doit-elle valoir ? », la réponse est désormais : « Elle doit valoir car elle est *fonctionnellement nécessaire* à l'existence d'une pratique sociale ou d'un ensemble de pratiques. »

Que quelque chose (un objet, un élément, des faits) ait une *fonction* signifie qu'il contribue à atteindre ou conserver un état déterminé à l'intérieur d'un état où ce quelque chose est situé. Quelque chose est donc toujours fonctionnel par rapport à un but ou un objectif. Pour reprendre un exemple populaire, c'est la fonction du long cou de la girafe de rendre possible à celle-ci d'atteindre les feuilles des grands arbres. La fonction d'un élément singulier (le cou) est rapportée, dans ce cas, au but de la survie d'une plus grande unité (la girafe). Si le but (l'autoconservation de la girafe) disparaissait ou ne pouvait pas du tout être atteint par le moyen en question (le long cou), car les régions où vivrait la girafe ne comporteraient pas d'arbres, alors la description de la fonction donnée du cou de la girafe que j'ai décrite serait sans objet[2].

1. Je présuppose qu'il en va ici seulement de négligence et d'imprécision, et non de manquements médicaux qui relèveraient de l'infraction, de violation du devoir médical de soin ayant des conséquences juridiques correspondantes. Dans les cas qui relèveraient du droit pénal, un tel médecin n'est pas seulement mauvais « en tant que médecin ».

2. Pour éviter toute confusion, il est important d'attirer l'attention sur le fait qu'il s'agit ici non pas d'*explications* fonctionnelles mais de *fondations* fonctionnelles. L'orientation adaptative est donc ici inversée, puisque les données, en l'occurrence les normes, ne

Comment alors des normes peuvent-elles être fonctionnellement nécessaires pour l'existence d'une pratique sociale? Les normes peuvent constituer des pratiques sociales ou contribuer à leur maintien. Inversement, on peut dériver la fonction d'une norme sociale de sa contribution au maintien ou à la constitution d'une pratique ou encore d'un système global de pratiques rapportées les unes aux autres, et fonder la validité de la norme correspondante en renvoyant à cette fonction. C'est ainsi une fonction de la norme : « Tu dois rouler à droite » de rendre possible la pratique de la conduite automobile dans les conditions d'une circulation dense. Suivre cette norme a pour | effet causal que tout le 172
monde ne se rentre pas dedans, de sorte qu'est rendue possible la fluidité du trafic, et la norme est mise en vigueur pour rendre cela possible. Pareillement, la norme : « Tu dois tenir tes promesses » peut avoir pour fonction de rendre possible des rapports de confiance et de coopération informels sur la durée. De même, la norme : « Il faut s'adresser aux enfants de manière rationnelle et leur expliquer pourquoi ils doivent ou ne doivent pas faire quelque chose » peut avoir pour fonction d'apprendre aux enfants à se voir comme des personnes autonomes dont les besoins sont effectifs et pertinents.

De telles normes sont fonctionnellement nécessaires ou fonctionnellement fondées du point de vue de la conservation d'un ensemble de pratiques : elles établissent et rendent possibles le fonctionnement d'une pratique déterminée, comme dans le cas du cou de la girafe le fait de se nourrir sur les grands arbres. Les raisons pour lesquelles ces normes sont essentielles pour l'existence d'une pratique déterminée ont donc quelque chose à voir avec les conditions fonctionnelles de cette pratique et avec ses fondements objectifs : les girafes ont besoin de feuilles et les feuilles disponibles poussent haut. Lorsque les voitures roulent sans règles les unes sur la trajectoire des autres, elles s'entravent réciproquement. Les enfants à qui l'on n'explique rien seront butés, capricieux et malheureux. Un accord sur le côté de la route duquel on doit conduire est donc *fonctionnellement exigé* afin que puisse exister un trafic routier global qui, à son tour rende possible la mobilité des biens et des personnes (en tant qu'ensemble englobant de pratiques), et (si l'on suit mon interprétation) c'est donc dans l'intérêt de relations familiales réussies et des conditions de la socialisation sur lesquelles repose une culture démocratique qu'il

doivent pas dans ce cas être expliquées par leur fonction, mais fondées sur celles-ci (voire produites). Sur la problématique des « *functional explanations* », *cf.* notamment Gerald A. Cohen, *Karl Marx's Theory of History. A Defence*, Oxford, Clarendon Press, 1978.

serait exigé de se comporter respectueusement avec les enfants et en prenant en compte leurs besoins.

On vient assurément d'apporter toute une série de modifications à la compréhension des fonctions.

Premièrement, on ne peut pas conclure directement des prescriptions fonctionnelles aux motifs et aux *intentions* des personnes agissantes. Que les promesses soient de fait fonctionnellement nécessaires pour rendre possible la coopération sociale et que donner des explications soit fonctionnel pour développer l'autonomie des enfants, voilà qui ne signifie pas que les humains ne tiennent leur promesse que pour être capables
173 de coopération, ou donnent des explications pour | induire l'autonomie. Les fonctions opèrent le cas échéant aussi « dans le dos » des individus agissant et s'imposent même si leurs effets ne sont pas immédiatement visés[1].

Deuxièmement, si l'on parle de normes fonctionnelles en connexion avec les formes de vie socioculturelles, on doit considérer l'existence d'équivalents fonctionnels : il n'y a rarement qu'un moyen d'atteindre un but déterminé. Puisque la girafe ne peut pas monter sur une échelle, son long cou peut être son unique moyen pour atteindre les feuilles. Mais dans le domaine du monde humain, il y a typiquement plusieurs équivalents de même valeur pour chaque fonction que nous avons décrite.

Troisièmement, il doit être clair pour nous que la question du caractère fonctionnel ou dysfonctionnel d'une norme pour une pratique déterminée dépend des *buts* et des conditions de la pratique correspondante. Par exemple, donner le droit de se garer en deuxième ou troisième file, ce qui serait dysfonctionnel par rapport à la fluidité de la circulation, serait tout à fait fonctionnel par rapport au but de limiter la circulation[2]. Les prescriptions fonctionnelles dépendent donc des objectifs qu'elles visent mais aussi des *conditions objectives* qui doivent être remplies pour que l'objectif soit atteignable. (Tout comme le cou de la girafe serait sans fonction pour qu'elle se nourrisse s'il n'y avait plus de grands arbres,

1. Dans son article « Functional Explanation and Virtual Selection », Philip Pettit défend la thèse qu'on doit renvoyer les explications fonctionnelles moins à l'émergence qu'à la *résilience* d'institutions sociales déterminées, dans la mesure où, par rapport à celles-ci, un ensemble intentionnel n'est pas plus vraisemblable qu'un mécanisme de sélection à la manière biologique. *Cf.* Ph. Pettit, « Functional explanations and Virtual Selection », *The British Journal for the Philosophy of Science*, 47/2, 1996, p. 291-302.

2. *Cf.* le programme du KPDRZ (Centre Réaliste des Démocrates Patriotes de Kreuzberg) lors de l'élection municipale de Berlin en 1999 où la légalisation du parking en troisième file était explicitement demandée comme une mesure facile à mettre en œuvre pour limiter le trafic.

le principe pédagogique consistant à expliquer les sanctions serait sans fonction s'il s'avérait que de telles explications ne font qu'égarer les enfants, comme l'affirment beaucoup de représentants de la « pédagogie noire »). De manière décisive, les fondations fonctionnelles de normes sont ainsi non-autonomes : elles ne servent de justifications que si | on 174
détermine ce qui doit être atteint avec tel ou tel fonctionnement, un pourquoi du fonctionnement. Nous allons creuser ce point.

Fondations éthiques

Je veux toutefois d'abord discuter le troisième mode de fondation que j'ai évoqué en ouverture : la *fondation éthique* de normes. Les pratiques sociales et les institutions ne peuvent pas être décrites de manière strictement fonctionnelle. L'éthos de la bonne pratique médicale ou du bon père ne paraît pas s'absorber dans un pur « fonctionnement ». Pourquoi devrait-on, en tant que père, faire la lecture à son enfant ou lui expliquer les choses ? Et pourquoi doit-on en tant que médecin examiner à fond ses patients ? Parce que c'est *bon* de le faire et parce que seul peut valoir comme une *bonne éducation* ou comme une *bonne médecine* cet ensemble de pratiques et de dispositions comportant (pour partie) de telles pratiques de lecture, d'examen ou d'explication. La fondation éthique d'une pratique (ou d'une partie d'une pratique) affirme ainsi que cela est nécessaire pour faire d'une pratique une bonne pratique de son espèce.

L'éthos d'une pratique définit donc les conditions sous lesquelles celle-ci peut valoir comme une bonne pratique de son espèce[1], et la *fondation éthique* affirme, d'une manière correspondante, qu'une pratique devrait être exercée ainsi ou ainsi, parce que cette manière de l'exercer correspond aux exigences éthiques relatives à cette pratique[2].

En ce sens, le sérieux d'un examen médical est un critère (parmi d'autres) d'une bonne pratique médicale et, ainsi, la norme éthique à laquelle cette pratique est soumise ; une communication parentale juste

1. A. MacIntyre parle dans ce contexte de « standards d'excellence ». *Cf.* A. MacIntyre, *Après la vertu. Étude de théorie morale*, trad. fr. L. Bury, Paris, PUF, 2006.

2. Il y a là une connexion avec ce que Von Wright nomme « règles idéales », dont il fait une autre sous-classe de normes. Les règles idéales sont « étroitement attachées au concept de bon » ; les qualités qu'elles exigent sont des espèces de vertu. Dans la classification de Von Wright, elles prennent aussi une position intermédiaire significative : entre les normes techniques (qui informent sur l'utilisation du juste moyen pour un certain objectif) et les règles (qui définissent un paradigme ou un standard). Pourtant, les règles idéales ne sont pas instrumentales. *Cf.* Georg H. Von Wright, *Norm and Action*, *op. cit.*, p. 14.

175 envers les enfants est un critère | d'une bonne pratique pédagogique ; la transparence, l'exactitude ou encore l'originalité d'une argumentation sont des critères d'une bonne pratique académique. Dans tout cela, les normes éthiques inhérentes aux pratiques singulières (ou même à toutes les formes de vie) *n'*ont *pas* à être *pleinement explicites*. Les participantes et participants d'une forme de vie se conforment à cette norme inhérente du bien en accomplissant ces pratiques, et cet accomplissement comporte un mélange d'éléments plus ou moins conscients et plus ou moins explicites.

Intrication des normes éthiques et fonctionnelles

Si j'ai distingué analytiquement une dimension fonctionnelle et une dimension éthique de la fondation des normes, cette distinction doit elle-même être maintenant interrogée. En effet, en ce qui concerne les normes éthiques qui nous intéressent, ces deux dimensions n'interviennent pas séparément mais se traversent l'une l'autre. C'est ce que je veux soutenir : dans le cas des normes éthiques (et donc des formes de vie), les dimensions fonctionnelle et éthique se rapportent constitutivement l'une à l'autre. Le fonctionnement et le *bon* fonctionnement, la pratique en général et la *bonne* pratique ne peuvent pas être séparés l'un de l'autre. Dans le domaine des activités humaines, il n'y a pas de fonctionnement *per se*, mais seulement un fonctionnement toujours déjà plus ou moins *bon*.

Certes, il semble bien y avoir au premier abord une différence dans le fait qu'une norme se rapporte au *fonctionnement* d'une pratique ou au *bien* de cette pratique – au sens où il y a intuitivement une différence à ce qu'une pratique soit exécutée juste comme ça ou qu'elle soit exercée sur un mode qualifié comme bon. Ne peut-on pas ou bien maîtriser juste assez au piano un prélude de Bach, ou bien le jouer bien voire excellemment ? Mais en regardant mieux, il appert que (dans le domaine dont nous parlons) on ne peut même pas savoir en quoi consiste une pratique sans se rapporter à sa *bonne* exécution. « Fonctionne » signifie toujours plus
176 ou moins *bien* fonctionner. Il n'y a pas de | « fonctionnement pur » sans rapport à des critères du bien immanents à une pratique, tout aussi peu qu'il y a quoi que ce soit comme des « faits bruts » ou une « pure survie » en ce qui concerne la vie humaine. Ce qui fait d'une pratique en général une pratique déterminée paraît s'orienter selon les qualifications qui pointent vers le *bon exercice* d'une pratique.

On voit aussi cela dans le fait que le « bon fonctionnement » lui-même reste bien toujours le point de référence pour décrire une pratique lorsque ses instanciations factuelles sont déficientes. Seule une pratique qui correspond à certaines normes éthiques (ou en tout cas qui s'évalue relativement à celles-ci) *est* une telle pratique : c'est seulement avec l'exécution adéquate et bonne des pratiques que nous avons leur sens. La référence à l'éthos d'une pratique appartient donc à la description de ses conditions d'accomplissement. Être une médecin *signifie* examiner à fond ses patients et vouloir les aider dans la mesure du possible. Mais nous disons inversement d'une médecin qui, non seulement ne le fait pas factuellement, mais ne s'orienterait même pas selon ces critères, non seulement qu'elle est une *mauvaise médecin* mais nous inclinons à lui dénier sa qualité même de médecin : « C'est même pas une médecin, elle fait juste des affaires »[1].

Mais ce ne sont pas des critères de « fonctionnement » *per se* que renferment les pratiques et les convictions qui, ensemble, constituent une forme de vie, mais, tressés avec ceux-ci, des critères du bien ou du bon fonctionnement, de sorte que ces critères sont orientés vers la *réussite* de ces pratiques au sens emphatique du terme – au sens qui est visé | quand 177
on dit d'une œuvre qu'elle est « réussie ». Inversement, cette formulation rend clair le fait que les normes éthiques ont aussi un aspect fonctionnel. Finalement, les critères indiquent non seulement la réussite *bonne* mais aussi *factuelle* dans un ensemble fonctionnel façonné par des conditions objectives. Le « bon » ne flotte pas ici librement en l'air, mais qualifie les conditions d'exécution d'une pratique et permet d'en interroger et d'en mesurer le bon fonctionnement.

Pour résumer, on peut donc alors concevoir les normes éthiques comme des *normes éthico-fonctionnelles* qui agissent comme conditions d'exécution d'ensemble de pratiques dans les formes de vie, qui définissent

1. S. Haslanger évoque aussi ce point dans son article « On Being Objective and Being Objectified » paru dans *Resisting Reality*, Oxford University Press, 2012, p. 35-83 : « En général, nous évaluons un instrument comme bon ou mauvais relativement à une fonction, un but ou un objectif, et la norme sert de critère d'excellence dans l'exercice de cette fonction. » De même, pour ce qui est de l'adoption de rôles sociaux : « Pour chaque rôle, il y a des manières de le tenir qui valent comme réussies, et d'autres comme ratées » (*ibid*, p. 42. *sq*.) L'appartenance à un rôle se mesure ainsi à ces standards visant l'excellence, même lorsque ceux-ci ne sont pas complètement remplis par la porteuse singulière du rôle. Je discuterai plus bas, en mobilisant Hegel, la question qui découle de cette observation : à quoi alors mesurer qu'une mauvaise instanciation d'un ensemble de pratiques déterminé ou d'un rôle social déterminé puisse encore valoir comme instanciant justement cet ensemble ou ce rôle ?

celles-ci et en font ce qu'elles sont. De ce fait, les normes éthiques ne flottent pas séparément dans une sorte de « ciel des valeurs » au-dessus de la pratique sociale, mais elles sont « emmagasinées » dans les pratiques qui constituent les formes de vie en tant que conditions d'une réussite normativement prédéfinie. Inversement, il n'y a pas de moment qui serait déterminable purement fonctionnellement avec lequel on pourrait poser la question de la réussite d'un ensemble de pratiques, mais ce moment est toujours déjà coloré éthiquement. Les formations sociales fonctionnent, là où elles fonctionnent, toujours déjà d'une manière qualifiée éthiquement. Corollairement, les normes qui les constituent ne peuvent être fondées qu'en renvoyant aux conditions d'exécution d'une pratique qui est aussi bien éthique que fonctionnelle.

Positions conflictuelles de fins

Mais une telle fondation éthico-fonctionnelle suffit-elle à dépasser l'ensemble immanent d'un complexe de pratiques ? Quelle est sa pression normative ? Une norme fondée conventionnellement dit à l'automobiliste qu'il doit rouler à droite de la route. Fonctionnellement ou éthico-fonctionnellement, la régulation du trafic (non la convention spécifique de rouler à droite) se fonde par rapport au fait de rendre possible la fluidité du trafic. Mais les stratégies de fondation introduites ici ne donnent pas d'indication sur les raisons pour lesquelles, en général, il devrait être nécessaire ou bon de rendre le flux automobile le plus fluide possible.

178 Si les fondations de type conventionnel ne vont pas bien loin – | elles sont en vigueur parce qu'elles sont en vigueur –, on peut aussi soutenir à propos de la « vigueur » (ou de la profondeur) des fondations éthiques-fonctionnelles que celles-ci vont certes plus loin que celles-là – fonder les normes fonctionnellement ou éthico-fonctionnellement signifie qu'on les affirme comme étant *bonnes pour quelque chose*. Mais la validité de telles normes dans des formes de vie s'établit seulement dans le cadre d'une détermination supplémentaire de but, qui explique pourquoi la pratique et l'ensemble global d'un faisceau de pratiques « sont bons ». Une fondation fonctionnelle paraît donc dépendre d'une fixation supplémentaire de but qu'elle-même n'opère pas. Concevoir la fonctionnalité comme toujours déjà éthiquement encadrée, le fonctionnement d'une pratique comme un fonctionnement éthiquement prédéfini, n'y change rien.

Nous revenons ainsi au point déjà évoqué de la dépendance des normes éthiques envers des objectifs et à la question de la validité de ces normes par-delà leur contexte. La fonctionnalité ou le dysfonctionnement

d'une norme déterminée – par exemple, permettre de se garer en troisième file – dépend comme je l'ai dit de la position d'un but ou de la détermination d'un objectif qui dirige la pratique correspondante. Une fonction n'est donc une fonction que par rapport à un but à atteindre. Le sens fonctionnel du cou de la girafe pour sa survie dépend de l'existence de conditions constituant un cadre objectif (par exemple la hauteur de la nourriture atteignable) et, naturellement, de la validité ou de la plausibilité du but (la survie de la girafe). Cependant, non seulement par rapport aux moyens qu'il est sensé de mettre en place, mais aussi à la position des buts elle-même, il existe dans le cas des formes de vie humaines une marge de manœuvre pour ce qui est du cou de la girafe. Dans le cas de la girafe, le long cou peut bien être le moyen le plus immédiat, et le but fixé, par rapport auquel le long cou est fonctionnellement nécessaire, est indiscutablement l'autoconservation. Mais dans le cas de l'éducation, on peut très bien contester que le fait de donner des raisons rende les enfants autonomes, et que le but éducatif de l'autonomie soit sensé. Ainsi, on peut aussi poursuivre d'autres objectifs que l'autonomie et le bonheur dans le même ensemble de pratiques, par exemple la discipline et le calme : des buts pour la réalisation desquels de toutes autres normes et pratiques peuvent être présentées comme adéquates. Dans le cas de la pratique médicale également, on peut contester qu'examiner à fond ses patients
| soit la présupposition incontournable du diagnostic, et on peut aussi 179
affirmer que le but de la pratique même (une représentation déterminée de la santé) n'est qu'incomplètement compris par les médecins trop scolaires. Dans le domaine social, il y a donc un désaccord saillant et, corollairement, une marge de manœuvre pour interpréter et configurer tout ce qui concerne les buts comme les moyens. Ainsi toutefois, l'éthos d'une pratique éthico-fonctionnellement fondé, qu'on discute ici, serait d'abord déterminé d'une manière seulement *interne à la pratique*.

Celle qui examine à fond est donc une bonne médecin dans le contexte d'un ensemble pratique déterminé. Celui qui lit des histoires peut prétendre être un bon père. Mais que quelque chose soit une instanciation bonne ou réussie d'une pratique ne dit encore en rien sur la question de savoir si la pratique elle-même est bonne (digne d'être exigée), et s'il est donc bon qu'elle existe. Des pratiques mauvaises, condamnables et socialement douteuses s'orientent aussi selon des critères du bon : on peut être un pickpocket remarquable ou un tueur à gages particulièrement consciencieux. Et la petite sorcière du conte du même nom d'Otfried Preussler éprouve nécessairement d'une manière douloureuse le fait qu'« être une bonne sorcière » ne signifie précisément pas faire le bien, mais causer le plus de dégâts possibles. De tels critères sont des mesures de référence qui valent pour l'exécution réussie de telle ou telle pratique du point de vue des conditions de cette exécution, mais pas des critères concernant le caractère bon ou non de cette pratique en elle-même.

Pour le dire autrement, la partie pratique de l'examen détaillé ou celle de la recherche consciencieuse pour exécuter un meurtre sur commande sont exigées pour atteindre le but posé avec la pratique médicale (ou mafieuse) dans son ensemble. Mais elles ne sont compréhensibles que sur l'arrière-plan d'un système de référence où le meurtre et le soin selon la médecine apprise à l'école sont valorisés dans leur ensemble. Dans le cas du meurtre sur commande, il en va ainsi d'un ensemble très spécifique de pratiques avec des buts fixés très spécifiques que tous ne doivent pas partager. Mais même les pratiques médicales décrites ici se rapportent au contexte d'une forme de vie déterminée pour laquelle être médecin signifie quelque chose de déterminé et dans laquelle les pratiques de soin médical sont interprétées, accomplies et appréciées
180 de manière déterminée. Les | pratiques ou rôles singuliers et l'éthos qui y est lié dépendent donc du contexte pratico-interprétatif d'une forme de vie complexe. Par exemple, au contraire du médecin, le guérisseur peut croire que la condition décisive pour soigner les patients est, non pas l'examen et le diagnostic, mais une prise de contact réussie avec un ordre spirituel supérieur. Lorsqu'on ne croit pas que l'activité médicale contribue à soigner les patients, ni qu'il soit sensé de combattre les maladies, on n'instituera pas les standards de qualité médicale décrits plus hauts, et on n'aurait aucune raison de les suivre.

Séparation et connexion des points de vue internes et externes

Néanmoins, inversement, celui qui suit les *critères internes d'excellence* ne doit-il pas croire au *sens transcendant* d'une pratique ? D'un côté, il n'est pas exclu qu'on puisse partager les critères de qualité d'une pratique (dans une certaine mesure) sans approuver la pratique même ou la pratique dans sa totalité[1]. Je peux ainsi – c'est un *topos* de beaucoup de romans policiers – accorder contre ma volonté un certain respect à l'excellence d'un tueur à gages, même si j'estime que son

1. Nous pénétrons ici un terrain moralement délicat où cette question, traduite dans le monde de la vie, est celle de savoir si les meurtriers de masse fanatiques du fonctionnement du train-train bureaucratique peuvent légitimement se réclamer d'une telle normativité interne. MacIntyre discute cette question de manière innovante dans son article : « Social Structures and Their Threats to Moral Agency », *in* A. MacIntyre, *Ethics and Politics. Selected Essays*, vol. 2, Cambridge, Cambridge University Press, 2006, p. 186-205.

acte est répréhensible. Et même le médecin diplômé et convaincu qui tient, au mieux, les préparations homéopathiques pour un placebo peut distinguer un homéopathe sérieux d'un homéopathe négligent. Mais même le meilleur tueur à gages est condamnable aux yeux de la plupart des gens, et même l'homéopathe le plus sérieux est un charlatan aux yeux du médecin diplômé strict.

Pour nous qui observons cela, dans bien des cas, la valorisation d'une pratique comme sensée et la reconnaissance de son excellence interne peuvent bien être séparées. Avec tout mon respect pour la perfection artisanale, j'espérerai pourtant que le | tueur à gages soit plutôt négligé 181
dans l'accomplissement de son contrat. Et on n'investira pas immensément notre faculté de juger sur les questions homéopathiques alors qu'on tient globalement pour superstitieux de croire que des substances diluées des dizaines de milliers de fois puissent être efficientes. D'un autre côté, on peut se demander comment les mesures de références internes en général peuvent être obtenues si l'on coupe court à la valorisation de la pratique en tant que telle. Cette question se présente encore différemment du point de vue de l'agent. Bien qu'il puisse y avoir un plaisir à la perfection technique, abstraction faite des conséquences, la séparation durable des deux moments (la qualité interne et le sens transcendant celle-ci d'une pratique) peut être considérée comme douteuse voire comme un symptôme pathologique : la pratique correspondante apparaît alors pour le moins comme étrangement vide, et celui qui exerce cette pratique apparaît être un névrosé obsessionnel compulsif. La formation d'un éthos professionnel et, plus généralement, de la qualification éthico-fonctionnelle de pratiques n'est donc pas totalement indépendante de l'identification avec la profession correspondante ou la pratique correspondante, sur le fond du contexte qui les englobe.

Cette première indication selon laquelle les critères *internes* et *externes* – standards de ce qui est bon dans une pratique et du fait que cette pratique elle-même est bonne – ne peuvent pas être intégralement séparés les uns des autres, est instructive pour notre questionnement. Si les standards du caractère bon d'une pratique sont insérés dans une forme de vie, dans le contexte de pratiques et d'interprétations se rapportant les unes aux autres et dans lequel ces standards sont en vigueur, alors, d'une manière typique, des prétentions au moins implicites en rapport à la validité de l'adéquation globale de ces pratiques et, partant, en rapport au contexte comme tel sont avancées avec la poursuite de ces standards qui sont en vigueur dans un ensemble de pratiques. Nous agissons peut-être parfois avec un perfectionnisme vide ou un « plaisir fonctionnel »

indépendant. Cela posé, dans le doute, nous tenons pour indispensable l'examen médical minutieux parce que nous partageons les suppositions correspondantes sur le sens de la médecine. Et nous estimons que lire des histoires aux enfants ou leur donner des raisons est sensé parce que nous soutenons les présupposés pédagogiques correspondants. On peut ainsi affirmer que nous avançons *factuellement* des prétentions à la validité
182 en rapport à | l'adéquation de nos pratiques. Mais on ne peut pas encore décider sur la base de ce qui a été dit si, à propos de la dépendance envers un contexte et une interprétation, il y a réellement un fondement pour ces pratiques, et à quoi il pourrait ressembler.

Au chapitre 4, je défendrai la thèse selon laquelle ces prétentions à la validité résultent, en définitive, de la capacité des formes de vie à résoudre des problèmes d'une espèce déterminée. Pour préparer la thèse selon laquelle les normes éthiques qui sont ici décisives sont d'un certain point de vue simultanément internes et externes (une thèse qui sera à nouveau rapportée dans la troisième partie au mode de la critique immanente), je reviendrai d'abord une nouvelle fois, dans la prochaine section, sur le caractère spécifique de la normativité des formes de vie développée ici. Les normes éthiques suivent la logique normative de ce qu'on peut nommer, en suivant (librement) Hegel, la *normativité du concept*. Revenir sur cette logique permet de comprendre d'une façon non conventionnaliste et non traditionaliste la manière dont on doit se représenter la prescription fonctionnelle de pratiques sociales et d'institutions, ainsi que l'établissement de « critères d'excellence » ou de standards qui leur sont subordonnés. Le motif (hégélien) de la « non-correspondance-à-son-concept » autour duquel tournera cette explication est aussi une proposition pour comprendre l'art et la manière par lesquels les formations sociales peuvent aussi faire défaut aux normes éthiques qui font d'elles ce qu'elles sont.

3.4. « Ne pas correspondre à son concept »

Partons de cette spécificité que nous avons évoquée d'entrée de jeu. Des expressions du langage quotidien telles que : « Mais ce n'est même plus une famille ! » conquièrent par rapport aux formes de vie une signification normative particulière. Que l'on puisse dire d'une formation sociale où personne ne parle à personne ni ne s'occupe des autres que ce n'est « plus une famille », et ce même s'il s'agit d'une famille selon les « faits bruts » de la filiation biologique, mais sans immédiatement cesser pour autant de mesurer la formation en question aux critères que l'on

rattache au statut de famille, est un fait philosophiquement intéressant, et pas une simple *façon de parler*[1]. | De la même manière, les États ne 183
sont *plus des États* mais des *failed states*[2] à partir d'un certain degré de défaillance, que ce soit parce qu'ils ne peuvent plus garantir la sécurité de leur population ou qu'ils nuisent au bien commun. Et on dira aussi des démocraties à un certain stade d'insuffisance qu'elles ne sont plus vraiment des démocraties. Mais de la sorte, un *failed state* est d'une certaine manière encore un État, et la famille qui n'en est plus une en est en quelque sorte encore une, sans quoi la formation correspondante ne pourrait même plus être identifiée *comme* État (*failed*) ou *comme* famille (désunie), et ne devrait même plus être mesurée à l'aune des conditions posées par ces concepts. J'estime que les manières de parler évoquées ici ne sont justement pas « impropres », au sens où la privation signifierait en fait seulement que l'on trouve quelque chose mauvais. Avec de telles formules, on dit à la fois quelque chose de plus et quelque chose d'autre – et dans tous les cas on renvoie d'une manière spécifique au caractère déficient d'une telle formation. Avec cette possibilité du jugement, apparaît le statut normativo-descriptif (ou « épais ») de beaucoup de concepts auxquels nous avons à faire dans le contexte de la vie sociale.

Le concept hégélien de concept

On trouve dans la *Science de la logique* de Hegel la formule correspondant à ces observations et façons de parler quotidiennes, selon laquelle des entités (éthiques) données ne correspondent pas, telles qu'elles sont empiriquement, « à leur concept »[3]. La distinction qui est faite ici entre concept et effectivité (empirique) vise à expliquer le fait qu'un objet puisse essentiellement manquer des propriétés qui le déterminent typiquement (qui pourraient, comme le dit Hegel, être « étiolées », « immatures », « défectueuses » ou « entièrement oblitérées »), sans pour autant cesser d'être une instanciation de cet objet. À la différence de l'« exploration empirique » qui | croit pouvoir tirer les déterminations 184
essentielles d'un objet de l'ensemble de ces « propriétés immédiates » et pour laquelle, du coup, la perte de ces propriétés a nécessairement

1. [N.d.T.] En français dans le texte.
2. [N.d.T.] En anglais dans le texte.
3. Nous empruntons à Hegel ici seulement la position du problème, et lui donnons une explication résolument non hégélienne, ou, en d'autres termes, étrangère à la terminologie hégélienne, mais aussi étrangère au rapport philologiquement étroit à la logique de Hegel qui se fait jour ici.

pour conséquence que l'objet cesse alors d'être cet objet déterminé, Hegel établit ici la représentation selon laquelle « une différence entre le *concept* et sa *réalisation effective* » peut intervenir « eu égard aux choses concrètes » :

> quelque chose d'effectif montre bien en soi ce qu'il doit être, mais il peut aussi [...] tout autant montrer que son effectivité correspond seulement de façon incomplète à ce concept, qu'elle est mauvaise. En tant, alors, que la définition doit indiquer la déterminité du concept dans une propriété immédiate, il n'y a aucune propriété contre laquelle on ne puisse introduire une instance dans laquelle, si l'habitus total fait bien connaître le concret à définir, la propriété qui est prise pour ce qui caractérise celui-ci se montre immature ou étiolée. Dans une mauvaise plante, un mauvais genre animal, un homme méprisable, un mauvais État, il y a des côtés de l'existence défectueux ou entièrement oblitérés, qui ont pu par ailleurs, être pris pour la définition, comme le caractère distinctif et la déterminité essentielle dans l'existence d'un tel concret. Mais une mauvaise plante, un mauvais animal, etc., demeure toujours encore une plante, un animal, etc. C'est pourquoi, si aussi ce qu'il y a de mauvais doit être accueilli dans la définition, à l'exploration empirique se dérobent toutes les propriétés qu'elles voudraient regarder comme essentielles, en raison des instances faisant état de monstres auxquels de telles propriétés manquent, par exemple l'essentialité du cerveau pour l'homme physique en raison de l'instance alléguant des êtres acéphales, l'essentialité de la protection de la vie et de la propriété pour l'État en raison de l'instance alléguant des États despotiques et des gouvernements tyranniques[1].

La simple « exploration empirique » des caractéristiques et des propriétés qui composent une formation naturelle ou sociale vise selon les explications de Hegel à essayer de « définir » une entité en renvoyant à ses propriétés spécifiques. Mais une telle définition se trouve face à l'alternative suivante : ne pas pouvoir concevoir comme une instanciation de son « espèce » une formation à qui manquent ces propriétés constitutives (la rose sans épines ne serait plus une rose, la girafe avec un cou court plus une girafe, l'État despotique plus un État) ou accueillir aussi
185 sans distinction les déviations | dans la définition. Ces deux solutions sont insatisfaisantes. Il échappe à la première alternative que la rose sans épines est encore une rose, et que l'État despotique (ou le *failed state*) est encore un État. La deuxième alternative ne peut pas distinguer les

1. G.W.F. Hegel, *Science de la logique*, livre troisième, trad. fr. B. Bourgeois, Paris, Vrin, 2016, p. 273.

caractéristiques essentielles et inessentielles ; l'« essentialité » en général, le caractère essentiel ou constitutif de certaines propriétés pour l'entité correspondante (le cerveau pour l'être humain, la protection de la vie et de la propriété pour l'État) lui échappe. C'est à présent avec le concept de *concept*, et avec l'attitude conceptuelle et non définitionnelle vis-à-vis des objets qui semble être indiquée, que ce dilemme peut être résolu. La démarche « conceptuelle » ne reposant plus (comme la démarche définitionnelle) sur la simple nomination subsumant un rassemblement de propriétés se présentant empiriquement, on peut maintenant admettre la possibilité d'une différence entre le concept et son effectuation. La distinction du concept et de son effectuation permet de différencier les propriétés essentielles et inessentielles autrement que quantitativement (et donc par exemple selon la fréquence de leur occurrence). Lorsque quelque chose peut être subsumé sous un concept sans lui correspondre à tout point de vue, alors les propriétés correspondant à cet objet lui seront imputées même s'il ne les actualise pas ou si ces propriétés qui composent bien une telle formation naturelle ou sociale sont, comme le dit Hegel, « étiolées ». Comme on l'explique souvent, le concept est ainsi un *saisir*. Il *saisit*, ce qui signifie qu'il comprend, subsume, décrit et détermine quelque chose en tant que quelque chose. En saisissant, il prend en compte ce qui *est* et indique simultanément comment il *doit* être. En d'autres termes, le concept ne fait pas que (passivement) saisir le donné, ni n'imprime à l'effectivité ses déterminations à partir de lui-même (activement et extérieurement). Il apparaît ainsi comme une instance qui ne consiste pas seulement à trier et à classer, mais aussi comme une instance normative et évaluatrice par laquelle une effectivité elle-même normativement constituée peut être jugée normativement et simultanément saisie.

La possibilité d'une séparation de l'effectivité et du concept tout comme le pouvoir normatif de définition du concept vis-à-vis de celle-ci (si l'on peut s'exprimer de manière aussi non hégélienne) ouvrent alors pour les phénomènes sociaux la possibilité d'une variante particulière
de critique normative : une critique des | instanciations incomplètes ou **186**
déficientes de concepts (comme ceux d'État, de démocratie ou de famille) – et ce même si ce n'est pas la perspective qui intéresse Hegel lui-même au premier chef. Je vais tenter dans ce qui suit de déchiffrer et de rendre productive l'espèce, impliquée ici, d'application normative de concepts aux formations sociales ou aux formes de vie.

Ni descriptif ni normatif

À bien des égards, une telle figure de critique est *autrement normative* qu'une simple prescription qui serait appliquée du dehors à une forme de vie. La tension entre le concept et son effectuation n'aboutit pas à une simple différence entre ce qui est normativement exigé et ce qui est empiriquement accompli. Une telle argumentation conquiert bien plutôt son standard des conditions qui sont posées avec une pratique ou une forme de vie et de ses propres prétentions. Mais qu'implique une telle manière de parler ? Que signifie qu'une forme de vie « ne corresponde pas à son concept » ? Et en quel sens la réussite et l'échec d'une pratique sociale sont-ils ainsi indiqués ?

Tout d'abord, lorsqu'on affirme d'une formation sociale qu'elle « ne correspond pas à son concept », la déclaration ainsi faite n'est ni strictement descriptive ni strictement normative. On n'établit pas simplement ce qu'*est* ou *n'est pas* cette formation, mais on ne prescrit pas non plus simplement ce qu'elle *devrait être* ou *ne devrait pas être*.

L'affirmation correspondante n'est *pas purement descriptive*, dans la mesure où il n'y est pas seulement question d'établir empiriquement que manquent à une formation sociale certaines caractéristiques qu'on y associe d'ordinaire. Ainsi, face à un groupe pluri-générationnel dans le métro, on pourrait préciser qu'il s'agit d'un petit groupe d'enfants de la crèche accompagnés par l'une de leurs éducatrices, et pas d'une famille de six personnes, comme un observateur l'avait cru. C'est la clarification factuelle d'un événement. Par contre, lorsqu'on dit d'une famille qu'elle n'est « plus une famille », qu'elle « ne correspond pas au concept de famille », cette affirmation a une connotation *évaluative*. Elle comporte une référence à une *déficience normative* de la constellation
187 correspondante et implique un reproche. Il ne s'agit | pourtant pas ici d'une affirmation *purement normative* ni d'une affirmation normative au sens étroit où les pratiques d'interaction familiales rencontrées ici seraient différentes de ce qu'elles *devraient être*. En effet, elles remplissent les standards ou les tâches assignées à la figure de la famille.

Pour reprendre une distinction déjà évoquée : ce sont des normes *internes et non pas externes* qui entrent ici en jeu. Ce sont donc des normes qui sont données avec une formation elle-même et qui sont liées dans leur évaluation normative avec la *description* d'une pratique déterminée, avec ses conditions fonctionnelles et avec le sens des pratiques qui y est associé. Le « concept » d'une formation sociale saisit ou comprend une formation ou une pratique sociale comme quelque chose et, par cette saisie, en la comprenant, précise ce qui la constitue, les conditions de réalisation qui résident en elle-même.

Détermination de propriétés génériques sociales

La situation où une formation sociale (une forme de vie ou une institution) ne correspond pas à son concept peut être à titre d'essai comprise ainsi : elle n'est « pas un bon exemplaire de son genre ». Le terme de « concept » a alors dans le domaine social une fonction analogue à celui de « genre » : il attribue ou dénie d'une certaine manière à la formation en question les « propriétés génériques » sociales qui la définissent, qui la constituent en tant qu'institution ou que forme de vie.

Une formation ne correspondant pas à son concept serait déficiente en ce qu'elle ne possède pas les propriétés qui sont fixées avec son genre. Ces « propriétés fixées » sont alors à comprendre ainsi : *premièrement*, elles ne sont pas des standards appliqués du dehors à l'objet, mais des exigences qui sont établies *avec lui* ; *deuxièmement*, il s'agit de propriétés qui existent dans la formation correspondante, ne serait-ce que partiellement – et elles ne pourraient pas avoir de signification normative si elles n'y existaient pas au moins potentiellement.

Si nous pensons les « propriétés génériques » en référence à l'organisme biologique, expliquer le rapport qui vaut ici entre être et devoir devient relativement facile. Le long cou appartient aux propriétés
génériques de la girafe, | la mâchoire puissante à celle du lion : des 188
propriétés qui sont fonctionnellement nécessaires à la survie du lion et de la girafe. Il manque à une girafe à cou court ou à un lion sans dents des caractéristiques essentielles de leur genre. D'un certain point de vue, cet animal n'est « plus une girafe » ou « plus un lion », il ne correspond pas à son concept, ne réalise pas ses propriétés génériques – ou il les réalise incomplètement. La girafe au cou court ne représente pas une autre espèce de girafe – celle des girafes à cou court –, mais elle n'est pas non plus simplement quelque chose de totalement différent d'une girafe. Elle est un *exemplaire déficient* de son *genre*[1], et participe donc à quelque chose (le genre) dont, simultanément, elle ne remplit pas toutes les caractéristiques. Mais pourquoi reste-t-elle une girafe – malgré la privation des propriétés qui lui correspondent ? Et pourquoi est-elle *déficiente* et pas simplement *différente* des autres girafes ?

Si répondre à ces questions est déjà compliqué dans le cas des genres naturels, on voit aisément que la transposition de ce modèle sur les formations sociales est confrontée à des difficultés encore plus grandes. Les formes de vie humaines, en tant qu'elles sont des formations fluides,

1. La question du rapport entre l'exemplaire et le genre est naturellement bien plus compliquée, même dans le cas des animaux. Sur ce sujet, *cf.* M. Thompson, *Life and Action : Elementary Structures of Practice and Practical Thought*, Cambridge, Harvard University Press, 2012.

historiquement variables et configurables, ne se laissent pas fixer par des conditions fonctionnelles et des caractéristiques essentielles d'une manière analogue à la forme de vie de la girafe ou du lion. Les pratiques sociales et les formes de vie n'ont pas de cou court ni de mauvaises dents, elles n'ont donc pas de fonctions et de dysfonctions connaissables avant toute interprétation, et qui seraient données indépendamment des déterminations qui sont posées par nous : déterminer lesquelles de leurs nombreuses propriétés seraient essentielles pour elles est notoirement controversé. Qu'une famille moderne où l'autonomie de l'individu est méprisée, une démocratie où n'existe pas de formation démocratique de la volonté, ou une ville sans espaces publics soient respectivement des instanciations déficientes ou incomplètes des concepts de famille, de démocratie ou de ville, donc de ce qui constitue le genre même – à la différence du genre biologique –, voilà le résultat de la configuration humaine et de la compréhension de soi qui se forme dans le cadre de contextes sociaux d'interprétation.

On peut identifier ici deux questions sur la base de la description
189 | donnée ici du contenu objectif, spécialement en ce qui concerne les entités sociales. *Premièrement*, la question de la *continuité* : comment expliquer que même la famille déficiente soit pourtant bien une famille, la ville déficiente pourtant une ville ? Quelle continuité avec son genre a donc une instanciation déficiente, si elle ne partage pas des propriétés essentielles du genre ? En d'autres termes, dans quelle continuité avec son genre se trouve l'exemplaire déficient d'un genre, si « *ne pas* correspondre à *son* concept » signifie à la fois une continuité et une différence ?

Deuxièmement, la question de la *normativité* : comment au juste expliquer la tension spécifique entre être et devoir-être, une différence décrite du point de vue normatif qui ouvre la possibilité d'un jugement sur chaque instanciation du genre correspondant ? De quel point de vue comprendre l'absence d'espaces publics comme une déficience et pas seulement comme une simple différence, hors de toute norme ? Par quoi donc expliquer la fonction directrice normative du concept eu égard à une réalité qui s'en écarte ? Et dans quelle mesure l'explication de cette différence peut-elle être renvoyée à des critères internes et pas seulement externes ?[1]

1. On peut trouver qu'il est mal de mépriser l'autonomie, de commercialiser ou restreindre les espaces publics, ou de réduire la formation démocratique de la volonté à l'assentiment privé. Mais, exprimées ainsi, de telles positions restent des déterminations externes ou « normativistes » qui ne peuvent rien avoir à faire avec la figure de la formation correspondante elle-même.

Je voudrais d'abord tenter de répondre à la question de la continuité entre un concept et son effectuation insuffisante, pour en venir par la suite à la source de la normativité du concept.

Continuité du concept et de sa réalisation déficiente

Pourquoi donc, par exemple, une ville où domine l'homogénéité sociale et où il n'y a plus d'espaces publics est-elle une *ville* déficiente – pourquoi « ville » est-il encore le concept sous lequel tombe la formation correspondante mais, en même temps, tout en ne lui correspondant pas ? Une des réponses possibles à cette question est *quantitative*. Dans ce cas, une ville, même déficiente, serait toujours à évaluer à l'aune du concept de ville, car elle fait encore preuve de suffisamment | des caractéristiques **190**
qui composent le concept de ville : il y a encore assez de maisons, de rues, un métro et du brouillard. C'est pourquoi il s'agit d'une ville et non de quelque chose comme une forêt ou un village. Certes, cette réponse est d'une utilité limitée. Combien au juste de propriétés doivent encore être présentes afin que la formation déviante soit encore en continuité avec ce que décrit son concept ? Ou y a-t-il un *noyau* essentiel de *propriétés* différent de propriétés périphériques qui devrait rester persistant pour que quelque chose puisse valoir comme une instanciation défectueuse de son concept ? Une telle réponse ne fait que reporter le problème sur la difficulté consistant à identifier ce noyau de propriétés.

Une autre réponse possible se présente ainsi : « ville » reste le concept sous lequel tombe la ville déficiente, et sa teneur normative est, pour elle, contraignante, car il n'y a pas (encore) d'autre concept sous lequel elle pourrait tomber. Ce n'est clairement pas parce qu'elle est déficiente en tant que ville qu'elle serait soudain une forêt. Et elle n'est pas non plus quelque chose d'« apparenté », comme par exemple un village. Cette indication assurément informative n'est certes pas d'une grande aide pour notre problème – au bout du compte, il pourrait s'agir ici d'une confusion de notre part, et peut-être devrions-nous créer un nouveau concept le plus tôt possible.

La réponse que je souhaite avancer se distingue des deux réponses examinées. Que nous puissions, voire que nous devions encore mesurer aux concepts de ville, de famille et d'État, l'État, la ville et la famille déficients, voilà qui procède du fait qu'il y a une *histoire de la déformation* en rapport avec ces propriétés manquantes ou défectueuses des formations correspondantes. À la ville (idéal-typiquement européenne) reviendraient l'espace public, la densité sociale et la cohabitation des

différences. Si ces caractéristiques disparaissaient totalement à un moment, ce serait le résultat d'un *développement* qui aurait touché la constellation correspondante de pratiques sociales et d'institutions. Ce développement peut être décrit comme suit (j'anticipe ici sur la thèse que je développerai dans les chapitres suivants) : ici, les prétentions existantes à une résolution réussie de problèmes n'ont pas été accomplies ou ont été inversées, car des pratiques essentielles se sont érodées, ont disparu ou ont été transformées jusqu'à être méconnaissables. La disparition des
191 | caractéristiques constitutives d'une ville serait donc l'histoire d'un échec normatif, l'*histoire d'une crise*. La continuité entre la bonne instanciation et l'instanciation défectueuse est à ramener au fait que la formation correspondant à celle-ci ne *manque* pas simplement des propriétés essentielles, mais qu'elle les a « perdues » d'une manière déterminée. Les pratiques et les institutions devenues défectueuses, obsolètes, portent donc encore en elles les traces inversées des prétentions et des possibilités qui ont un jour été fixées avec elles. Ce n'est pas seulement que la réalité effective ne correspond pas à son concept, mais plutôt qu'elle a *échoué eu égard à son concept*, qu'elle a échoué à l'accomplir, et qu'elle le porte donc (encore) avec elle comme une prétention. Selon cette conception, les « concepts » tiennent lieu de sorte de position de problème ou de tâche.[1]

Une ville, une famille ou une démocratie en serait donc toujours une, même en étant une instanciation ratée de son concept, car persiste encore la problématique à la solution de laquelle elle ne contribue (plus) en rien. D'une certaine manière, elles se tiennent encore à la place qui revient, dans la connexion fonctionnelle d'une forme de vie et qui est liée à la division du travail, aux pratiques et institutions appartenant à la « ville », à la « démocratie » ou à la « famille ». Pour parler d'une manière imagée, les concepts de « ville », de « démocratie » ou de « famille » seraient donc des « places réservées » conceptuelles et normatives. Si cette place est réservée pour la « ville », alors ce qui se trouve normativement en faute et n'y correspond pas n'est plus une ville véritable – mais est encore, d'une manière déficiente, *en tant que ville*.

Normativité de la différence entre concept et réalité

La question de la *normativité*, de la force de validité du concept envers les phénomènes qu'il saisit n'est certes pas encore résolue avec celle de la continuité. D'où vient la fonction directrice normative du concept, et

1. Cette conception va aussi avec la rareté de la complète correspondance d'une formation avec son concept.

quel droit a le concept envers la réalité effective ? Pourquoi, lorsqu'une formation sociale ne correspond pas à son concept, ne laissons-nous pas tomber celui-ci au lieu de critiquer une déficience de la formation ? En d'autres termes, qu'est-ce qui au juste rend normativement pertinente une description déterminée de problèmes ? Le cas des girafes et des lions donne aussi des indices évidents pour répondre à cette question : | la vie 192
est plus facile pour la girafe qui a un long cou, tout comme pour le lion à la mâchoire fonctionnelle. C'est dans cette mesure qu'il tombe sous le sens de fixer conceptuellement la girafe comme un animal avec un long cou et le lion comme un animal avec une mâchoire puissante et de voir là une norme dont des déviations peuvent être déterminées. Par contre, est justement sujet à débat ce que signifie pour une forme de vie d'être bonne ou fonctionnelle lorsque des pratiques sociales sont dignes d'être conservées, ou quand elles se transforment à bon droit, ou s'érodent pour des raisons compréhensibles.

En partant de ma compréhension du concept comme « espace réservé » pour une description problématique, je souhaite donc aborder la prétention normative de validité des concepts en la démarquant de deux possibilités alternatives.

1) La première branche de l'alternative correspond à la situation où nous sommes nous-mêmes l'auteur des conditions éthico-conceptuelles, et donc libres de fixer des normes et de forger avec celles-ci les institutions et pratiques sociales qui nous déterminent. On pourrait alors saisir comme définitionnelle (ou définitionnelle-contractualiste) la détermination des propriétés génériques ou du concept auxquels doit être mesuré l'« exemplaire » singulier, dans ce cas l'instanciation d'une pratique sociale. Ce qui fait une famille, une démocratie ou une ville serait donc ce sur quoi nous nous sommes accordés (éventuellement de manière collective). Les instanciations déterminées de la famille, de la démocratie ou de la ville correspondent alors à notre accord sur ce qu'elles doivent être et sur la manière dont nous voulons les comprendre – ou bien elles ne leur correspondent pas. « Ne pas correspondre à son concept » ou ne pas remplir ses propriétés génériques signifierait alors violer ces décisions collectives. Une différence normative naît alors entre la définition sociale et la réalité d'une formation sociale. Dans cette version, la détermination de propriétés génériques serait une simple décision normative (et volontariste) qui existerait tout à fait indépendamment des pratiques sociales existant de fait.

2) La deuxième branche de l'alternative consiste à situer historiquement et de manière culturellement spécifique les propriétés génériques recherchées. Ce qui fait une formation sociale comme la famille, la démocratie ou la ville serait alors la figure déterminée dans laquelle celle-ci s'est historiquement développée : le « concept » d'une famille,
193 d'une ville ou d'une démocratie | comporterait ce à quoi nous sommes habitués à lui associer sur le fond d'une histoire et d'une culture déterminées. Cette histoire se serait d'une certaine manière sédimentée dans le concept. L'ensemble des propriétés et des caractéristiques qui ont configuré ces formations au cours de cette histoire en ce qu'elles *sont devenues* déterminerait alors ce qu'elles doivent être, de même que ce qui leur correspond (au sens de ce qui correspond à leur concept). Le surplus normatif du concept sur sa réalisation factuelle et ainsi la possibilité d'une différence normative résulte dans ce cas d'une attente historiquement développée par rapport à laquelle les instanciations du concept actuellement existantes doivent être mesurées. La ville qui ne correspond pas à son concept ne correspond alors plus à ce que les villes ont été autrefois, la famille déficiente ne correspond plus à ce que furent les familles. Une formation sociale déterminée est alors déficiente par rapport à son histoire et sa tradition ainsi que par rapport aux exigences spécifiques qui s'y sont développées. Savoir si une formation sociale « correspond à son concept » ou non dépend donc de son insertion réussie dans un contexte historiquement et culturellement spécifique. Le concept est donc normativement contraignant en tant que *résultat* de son histoire.

De mon point de vue, les deux variantes que je viens d'esquisser manquent ce que l'on recherche, à savoir la signification spécifique de la normativité d'un concept tel que je veux la concevoir en lien avec le motif de Hegel. Tandis que la première variante réduit le « concept » à une décision normative au plan définitionnel, la seconde, la tentative de déduire la teneur normative d'une formation sociale de son devenir historique, retombe dans quelque chose de purement factuel ou descriptif, même s'il y a une dimension historique. Dans le premier cas, l'être et le devoir-être restent abstraitement séparés l'un de l'autre, et dans le second cas, ils tombent l'un dans l'autre, de sorte que la différence entre être et devoir-être se ratatine en une différence sans spécification normative entre « être » et « être devenu ».

| *Inhabitabilité* 194

Je ne peux ici faire qu'esquisser ma contre-proposition car elle anticipe sur quelque chose qui ne pourra être développé que dans le prochain chapitre. De fait, le concept de formation sociale sera certes alors déterminé ainsi : en lui, une figure déterminée de pratiques sociales, telles qu'elles se sont développées historiquement, s'est sédimentée : il ne s'agit donc pas d'une simple décision normative (ou encore collective). D'un autre côté, cette figure n'est pas simplement donnée factuellement : ce qui se dépose dans son « concept » (par rapport à sa simple effectivité historique et empirique), c'est quelque chose qui peut prétendre avoir une rationalité sur un arrière-plan historique déterminé. Pour traduire cela dans le vocabulaire, indiqué ci-dessus, de la « résolution du problème » : en tant qu'il résulte des réactions à des problèmes, le concept fixe une position de problème historiquement atteinte à un niveau d'exigence historiquement atteint – et il est ainsi une anticipation en même temps qu'un résultat d'un processus social d'apprentissage. Ne pas correspondre à son concept signifie alors (dans une certaine réinterprétation pragmatique de ce motif hégélien) être en dessous du niveau problématique ainsi décrit. Par conséquent, quoique cette interprétation admette le caractère historique que nous avons présenté comme seconde possibilité (le fait que quelque chose se soit « stocké » historiquement en lui, autrement que par des définitions, et constitue sa teneur), elle insiste cependant sur une conception plus forte d'une rationalité (historiquement située) et introduit donc la différence entre être et devoir-être d'une manière qui n'est pas simplement historique[1].

Ne pas correspondre à son concept signifie donc par rapport aux formations sociales ne pas remplir les tâches qui sont fixées avec lui et ne pas correspondre à la position de problèmes historiquement posée en lui. | Pour reprendre la compréhension éthico-fonctionnelle des normes 195
éthiques développée plus haut, ceci signifie qu'une forme de vie qui ne correspond pas à son concept ne remplit pas sa fonction éthiquement

1. La présentation que fait Robert Brandom de ce motif hégélien semble au contraire ne pas sortir essentiellement de la conception que nous avons présentée ici comme « traditionaliste » : « La théorie hégelienne de la normativité est la suivante : une norme conceptuelle n'est rien d'autre que ce qui est mis en elle par nos applications factuelles de la norme. Toutefois, par l'application d'une formule à des cas concrets, nous pouvons simultanément instituer une norme qui jugera par la suite toutes nos applications et les trouvera peut-être insuffisantes. » M. Haase, « Semantik ohne Wahrheit. Ein Interview mit Robert Brandom », *Deutsche Zeitschrift für Philosophie*, 54/3, 2006, p. 459.

prescrite de la manière dont celle-ci s'est formée sur l'arrière-plan d'une histoire spécifique de résolution de problèmes.

La déficience d'une forme de vie ou d'un ensemble social de pratiques est donc attestée par son échec et l'état de crise des pratiques qui y sont impliquées. L'érosion et l'obsolescence de pratiques sociales ou de toute une forme de vie sont un échec d'un point de vue à la fois éthique et fonctionnel. Pour employer une expression de Terry Pinkard, de telles formes de vie sont devenues « invivables », « *inhabitables* »[1]. Tout comme la girafe avec un cou court ne peut pas bien survivre, la démocratie, la ville ou la famille qui ne correspondent pas à leur concept sont aussi – dans chaque cas d'une manière distincte – des formations inhabitables, des formations qui se sapent elles-mêmes. Mais, encore une fois, il ne s'agit pas d'un simple dysfonctionnement, et cette situation ne correspond pas non plus à la disparition factuelle de la figure correspondante. Comme nous l'avons vu plus haut, le fait qu'une formation sociale fonctionne ou non dépend de prescriptions normatives. Mais d'un autre côté, il ne s'agit pas d'un simple manquement à une exigence normative fixée de l'extérieur. C'est une *non-réussite* normative, un *échec* factuel, même si c'est un échec à l'intérieur d'une formation constituée par des exigences normatives.

Nous avions interrogé plus haut la possibilité de critères transcendant les contextes pour juger de l'adéquation ou de l'inadéquation des pratiques sociales. S'ébauchent ici des critères qui sont à la fois immanents et transcendants, dépendant du contexte et transcendant le contexte. J'aborderai au chapitre suivant la question seulement présupposée ici de la position de problème (et de son caractère transcendant par rapport à un contexte). Ici, je me contenterai d'une illustration conclusive quant au statut normatif du concept, qui devra montrer que sa normativité n'est pas à comprendre comme statique (ni traditionnelle) mais comme dynamique. Elle se trouve en effet dans un jeu d'échange à l'intérieur
196 d'un triangle constitué par l'être | (la situation empirique actuelle), le devoir-être (l'exigence normative) et les conditions objectives qui se transforment. On voit ainsi que le concept n'est pas quelque chose comme le « mètre étalon », le standard normatif valide éternellement et intangible opposé à une réalité se transformant, mais qu'il est lui-même soumis à des transformations normativement orientées dans une discussion avec cette réalité.

1. *Cf.* T. Pinkard, *Hegel's Naturalism. Mind, Nature, and the Final Ends of Life*, New York, Oxford University Press, 2012.

Politique conceptuelle : « La famille est là où il y a les enfants »

Le slogan « La famille est là où il y a les enfants » qui s'est propagé dans la politique allemande ces dernières années illustre très bien ce jeu d'échanges et, ainsi, la manière spécifique dont les concepts prennent une fonction directrice et peuvent pourtant être compris de façon dynamique. D'une part, on peut en effet comprendre ce slogan en voyant qu'un concept hérité s'adapte ici à une effectivité en transformation, et peut donc être changé par celle-ci. On peut bien avoir autrefois lié la « famille » à l'institution du couple hétérosexuel (et tout ce qu'il implique), mais on voit aujourd'hui qu'il peut y avoir des familles de toutes les formes psychosexuelles et sociales imaginables. Affiché sur les murs, le slogan : « La famille est là où il y a les enfants » ne fait pas que donner une information sur cette effectivité en transformation, mais propose une réinterprétation du concept de famille : sa caractéristique essentielle doit désormais être l'existence d'enfants et la permanence de rapports de soin. Qui plus est, ce slogan émet une exigence normative : on devrait respecter les formations correspondantes (de la même manière qu'on respecte les « familles traditionnelles »). Reformulé, ce slogan signifie donc quelque chose comme : « Ce que nous nommons "famille" et avons autrefois identifié avec des institutions et des pratiques déterminées s'est aujourd'hui transformé et s'est en partie dissocié de ces institutions et pratiques héritées. Mais nous devons respecter ces nouvelles formations comme une nouvelle figure de ce qui est établi normativement par le concept de famille. » Un tel appel est lié à l'espoir que la nouvelle figure en vienne à participer à la signification normative de l'ancienne. Si un déplacement advient dans la teneur sémantique d'un concept à travers
le développement social et l'intervention de | politique conceptuelle qui 197
l'accompagne[1], ce concept n'en perd pas pour autant sa fonction directrice normative.

Ce déplacement dans la teneur d'un concept n'est toutefois pas une redéfinition arbitraire (« nous appelons aujourd'hui "famille" quelque chose de tout différent que ce que nous appelions ainsi autrefois »). Lorsque nous nommons, de manière offensive, les nouvelles formations « famille », nous prétendons ainsi qu'elles sont en continuité avec les

1. Dans ce cas, on peut bien parler d'une intervention de politique conceptuelle qui a agi dans le cadre d'une campagne à grande échelle. Face à cela, il y a les cas bien plus nombreux de réévaluations ou de réinterprétations de concept ayant lieu de manière inofficielle et subversive.

caractéristiques que nous lions traditionnellement à ce concept[1]. Mais l'interprétation opposée de cette politique conceptuelle n'est aussi qu'en partie pertinente. Le déplacement dans la compréhension du concept ne peut en effet pas non plus être compris comme « extrait d'un noyau normatif », au sens d'un noyau qui serait valide anthropologiquement et universellement – qui résiderait ici par exemple dans le fait d'assumer les devoirs (asymétriques) de soin. De plus, il n'est simplement pas vrai que les familles consistent toujours dans le soin des enfants ou, plus largement, dans l'assomption asymétrique de responsabilité pour autrui, et que des sociétés passées n'auraient lié tout cela que par erreur à d'autres pratiques et institutions que la famille.

Comment s'explique alors la force normative ou la fonction directrice normative d'un concept, s'il s'avère aussi que sa teneur est modifiable ? Manifestement par son adéquation à une description fonctionnelle et aux conditions objectives données avec celle-ci, et qui ne peuvent toutefois pas être saisies de manière anhistorique. Et comment expliquer que même les changements dans la teneur d'un concept puissent prétendre avoir une force normative ? La nécessité d'un tel changement résulte du dysfonctionnement de la compréhension conceptuelle dont nous héritons (une des raisons de la campagne, qui a émergé au beau milieu de la
198 | société, était bien la suivante : s'accrocher aux concepts traditionnels de famille conduit de fait à de grands problèmes). S'il est en effet faux de voir dans la famille nucléaire hétérosexuelle institutionalisée en tant que couple le noyau de la famille, cette conception n'est pas qu'une « erreur » normative, mais une erreur dans le contexte d'un développement historique déterminé d'étapes de résolution de problèmes. J'y reviendrai.

RÉSUMÉ

Le motif de la « non-correspondance à son concept », tel que je l'ai développé ici à partir de Hegel, nous apprend trois choses sur le caractère de la normativité à l'œuvre dans les formes de vie :

1 Les normes éthiques (telles qu'elles s'expriment dans un « concept ») sont des normes internes. Le « concept » n'est pas un critère *externe*[2], il

1. On peut aussi étudier ici le fait qu'un tel geste de tolérance va souvent avec un geste d'incorporation : en particulier, lorsqu'on prend en considération les composantes figuratives des affiches évoquées, on peut supposer que s'y exprime l'espoir conformiste que ces « nouvelles » familles ne se montreront pas trop déviantes.

2. Je discute plus largement les critères externes et internes de critique dans la troisième partie de l'ouvrage.

n'est pas une norme qu'on appliquerait seulement de l'extérieur aux formes de vie du moment. Enfin, il ne s'agit pas d'une non-correspondance d'une formation sociale avec *les représentations que nous en avons*, mais de sa non-correspondance avec *son propre* concept.

2) À la différence de la conception des normes évoquée introductivement, selon laquelle cela ne change rien à une norme de n'être réalisée nulle part, les normes et les attentes qui sont établies dans un concept comme celui de ville ou de famille ne sont pas indépendantes de leur *effectuation*. Le concept d'une chose saisit donc ce qui est, il conceptualise la réalité effective, mais la dépasse tout à la fois et lui prescrit quelque chose, dans la mesure où la réalité effective ne signifie pas ici le simple donné factuel mais aussi le potentiel qui y réside. En d'autres termes, le concept comporte un *surplus* qui dépasse la pratique factuelle.

3) Les formes de vie sont donc « constituées normativement » au sens fort, selon lequel les normes ne sont pas qu'une composante extérieure ou un aspect surajouté à leur configuration, mais ont un effet constitutif sur la forme de vie : elles font des pratiques constituant les formes de vie ce qu'elles sont. Par là, elles ne les créent pas au sens où elles créeraient la réalité sociale effective en un sens radical, à neuf et sans aucunes conditions. | Des exigences fonctionnelles proviennent **199**
du domaine pratique correspondant, exigences qui viennent en ce sens « du monde » (un monde empreint de normes, dans lequel il y a toujours déjà de l'éthicité). Mais ce ne sont pas seulement des *instanciations* déterminées d'un concept qui peuvent être critiquées de manière interne comme défectueuses, mais aussi *les concepts eux-mêmes* – sur fond de leur menace par des dysfonctionnements normatifs. Ces concepts sont pour ainsi dire « mis en mouvement » par une telle critique.

Le clivage en devenir que l'on peut ainsi penser entre l'exigence et la réalisation d'une pratique singulière ou de toute une forme de vie ouvre la possibilité d'une critique s'élevant au-dessus de son contexte, dans la mesure où la réussite et l'adéquation des pratiques sociales peuvent désormais être comprises non seulement comme internes mais par rapport à ses tâches. C'est ce point d'ancrage et ce motif que je vais élaborer dans ce qui suit avec la thèse faisant des formes de vie des stratégies de résolution de problèmes. Je reviendrai dans la quatrième partie sur l'idée également évoquée ici de processus d'apprentissage, une fois que j'aurai élaboré le motif d'une critique s'appliquant à des contradictions immanentes.

LES FORMES DE VIE COMME INSTANCE DE RÉSOLUTION DE PROBLÈMES

Dans les chapitres précédents, nous avons suivi ce que j'ai nommé la normativité interne des formes de vie jusqu'au point où s'est posée la question des prétentions d'une forme de vie à une validité transcendante. En effet, si les normes à l'œuvre dans les pratiques s'avèrent dans chaque cas bonnes (au sens où elles sont nécessaires éthico-fonctionnellement) pour les conditions internes d'exécution de la pratique, et si leur caractère bon s'explique en retour par leur ancrage dans une forme de vie déterminée, la question reste ouverte de savoir pourquoi il est bon que cet ensemble de pratiques existe tout court. Qu'est-ce qui est bon *avec lui* et non seulement *pour lui*? Et inversement : qu'est-ce qui pourrait faire qu'un tel ensemble de pratiques, en tant que forme de vie, ne soit pas bon ou échoue ? La structure téléologique que nous avons découverte plus haut (au chapitre 3.2) paraît trouver ici sa limite. Les formes de vie ne sont pas « bonnes pour quelque chose », elles ne sont pas là pour effectuer un but déterminé – elles existent, tout simplement. Elles font certes plus que ça : elles déploient des effets. Ma thèse est la suivante : en faisant cela, les formes de vie résolvent des problèmes. Ou, pour le dire d'une manière qui se prête moins à la mécompréhension : elles sont des *instances de résolution de problèmes*. Mais elles ne sont pas par là de simples moyens pour atteindre un but déterminé : dans la mesure où elles sont ce qu'elles sont, la solution de problèmes se manifeste en elles.

La thèse à élucider dans ce chapitre est donc que les formes de vie sont des instances de résolution de problèmes. Elles réagissent à des problèmes qui se posent à l'espèce humaine par rapport – non à la simple protection – mais à la configuration de sa vie. Corollairement, ce qui rend valides les formes de vie (implicitement ou explicitement), c'est qu'elles sont alors la solution adéquate pour le problème qui se pose à (et avec) elles. La réussite des formes de vie peut donc être mesurée à leur réalisation ou non de cette exigence. Il peut certes y avoir plusieurs solutions adéquates mais, à l'inverse, il y a aussi plusieurs tentatives inadéquates de résolution d'un problème.

Mais dans quelle mesure les formes de vie sont-elles des résolutions de problèmes ? Qu'est-ce qu'un problème au juste, et de quelle sorte sont
201 les problèmes qui | sont résolus par la forme de vie du moment ? À quoi
reconnaît-on une solution de problème réussie ou son échec ?

Dans la première section de ce chapitre, j'expliquerai ma conception des problèmes en tant que tâches et conflits prédéfinis normativement (en les distinguant du concept de besoin). Dans la deuxième section, je discuterai avec Dewey du « problème avec les problèmes » et de sa position ambivalente entre interprétation subjective des problèmes et situation problématique objective. Dans la troisième section, j'exemplifierai ma conception des problèmes à l'aide de la théorie hégélienne de la famille, en déchiffrant comme une instance de résolution de problèmes la compréhension par Hegel de la famille comme rapport éthique. Il sera ainsi possible, dans la quatrième section, d'expliciter le concept de crise – l'échec de formes de vie en tant qu'échec d'une prétention normativement prédéfinie à la résolution de problèmes – résultant de cette compréhension de ce qu'est un problème. Enfin, la cinquième section résumera à partir de ces acquis la conception des problèmes-formes de vie en tant que problèmes de second ordre.

4.1. Que sont les problèmes ?

Que sont donc les problèmes – et de quel point de vue les formes de vie sont-elles des instances de résolution de problèmes ? D'après l'origine grecque du mot (πρόβλημα), les problèmes sont « ce qui est placé devant[1] », un obstacle placé devant une solution, à surmonter. Un problème surgit là où des conduites d'action déterminées sont bloquées, où des interprétations font fausse route, où ce que nous faisons et voulons ne réussit plus, ou ce que nous avons cru comprendre devient incompréhensible ou inconsistant.

1. *Cf.* F. Kluge, *Etymologisches Wörterbuch der deutschen Sprache*, Berlin, New York, De Gruyter, 1995, entrée « Problem », p. 648.

Une ambivalence caractéristique est instructive pour ma discussion des problèmes : lorsque quelqu'un « se trouve face à un problème », cela peut signifier qu'« il se trouve devant une *tâche* » ou bien qu'« il se trouve devant une *difficulté* »[1]. Pareillement, parler des formes de vie comme d'instances de résolution de problèmes peut signifier soit que les formes de la vie commune | se trouvent devant des *tâches* déterminées **202**
qu'elles ont à résoudre, sans qu'il soit toujours forcément impliqué que quelque chose serait déjà devenu difficile ici. Soit cela signifie que les formes de vie sont confrontées à des *difficultés*, donc à une situation où quelque chose est déjà devenu « problématique » ou est entré en crise. Pour l'usage proposé ici du concept de problème, il est important de voir comment ces deux moments sont entrelacés : les formes de vie, quand elles surmontent des problèmes au sens de tâches, se heurtent toujours aussi à des problèmes au sens de difficultés. De ce fait, la position d'une tâche n'est parfois visible qu'au moyen du surgissement d'une difficulté. Par corollaire, ces formes de vie sont confrontées avec des dynamiques instables de changement et de conflit, qui doivent être traitées et surmontées de différentes manières en tant qu'elles posent des problèmes. Le point de départ pour juger et critiquer les formes de vie tel que je le conçois ici est donc le *devenir-problématique* des formes de vie, les *crises* possibles où elles peuvent entrer. Et même les problèmes dont il est question ici sont conçus en ce sens de manière pratique : comme quelque chose qui se pose aux humains à partir des pratiques sociales et des formes de vie déterminées dans lesquelles ils agissent.

Problème versus besoin

Le sens qu'il y a à parler de problèmes et de résolution de problèmes à propos des formes de vie s'éclaire si on le confronte à la manière différente dont on parle des besoins et de leur satisfaction. Au lieu de dire que des *problèmes* sont résolus dans les formes de vie, on pourrait aussi soutenir la thèse (justement en pensant à l'aspect de tâche des formes de vie) que les formes de vie satisfont des *besoins* et sont d'autant meilleures qu'elles y réussissent. De fait, les concepts de problème et de besoin ont en commun d'indiquer un manque dont le remède doit être inventé. Mais le concept de besoin, au contraire de ce que je souhaite souligner avec le concept de problème, est souvent employé en un sens *statique* et

1. *Ibid.*

203 *anhistorique*[1]. Les besoins, compris comme | des « besoins fondamentaux », font office de valeurs de référence basiques, objectives et donc indiscutables[2], prétendant fournir un critère, qui serait indépendant de toute imprégnation historique et culturelle, quant au caractère adéquat d'une forme de vie culturelle spécifique. Par corollaire, une forme de vie donnée pourrait par là être questionnée sur sa capacité à rendre justice aux besoins humains.

Toutefois, l'un des résultats les plus largement diffusés de l'anthropologie philosophique, spécialement déjà chez Hegel et Marx, s'oppose à une telle approche[3]. Ce dernier souligne le caractère principiellement illimité et indéterminable des besoins humains et leur caractère variable et dynamique. Il en résulte une malléabilité qui contredit l'idée d'un point fixe objectif. Mais il en résulte aussi le fait que les besoins sont toujours déjà historiquement spécifiques et culturellement informés. Comme
204 Marx l'a | formulé classiquement : « La faim est la faim, mais la faim qui se satisfait avec de la viande cuisinée et mangée à l'aide d'un couteau et

1. Le concept de besoin est parfois développé à partir de l'opposition entre désirer et avoir besoin : à la différence des préférences ou des désirs, les besoins ne seraient pas ce que nous *voulons* subjectivement (comme le chocolat), mais ce dont, d'un point de vue objectif, nous *avons besoin* (comme des vitamines). Sur le concept de besoin, *cf.* B. Merker, « Sind angemessene Wünsche solche, die unseren Bedürfnissen entsprechen? [Les désirs adéquats sont-ils ceux qui correspondent à nos besoins?] », *Angemessenheit. Zur Rehabilitierung einer philosophischen Metapher* [Adéquation. Pour réhabiliter une métaphore philosophique], Wurtzbourg, Königshausen & Neumann, 1998, p. 133-144, et D. Wiggins, « Claims of Need », Needs, Values, Truth. Essays in the Philosophy of Value, Oxford, Oxford University Press, 1987, p. 1-57. Nora Sondhauss propose un traitement systématique instructif de cette discussion contemporaine dans *Zur politische Theorie der Bedürfnisse* [De la théorie politique des besoins], mémoire de master, Berlin, 2011.

2. Dans le débat dont il est question ici, je ne souhaite pas entrer dans la discussion très ramifiée sur les besoins, étant donné que je prends mes distances vis-à-vis de ce concept. Mais si l'on voulait comprendre le concept de besoin autrement qu'à l'aune de son interprétation immédiate comme besoins fondamentaux, on pourrait déterminer la distinction entre désir et besoin en traçant une limite, moins entre différents objets de besoin qu'entre différentes manières de se rapporter à eux. Avoir un besoin signifierait alors ne pas pouvoir s'en distancier, ne pas avoir d'alternative et ne pas pouvoir repousser sa satisfaction. Par contre, les désirs sont négociables, ils peuvent être repoussés et remplacés. Les nourrissons et les jeunes enfants sont des êtres de besoin dans la mesure où ils ne peuvent pas ou difficilement se distancier par rapport à leurs besoins. Ceci vaut tout autant pour le besoin de nourriture que pour celui de divertissement ou de proximité. Nourrissons et jeunes enfants se façonnent et s'extraient peu à peu – c'est un aspect de la maturité – hors de cet état où ils sont déterminés par leurs besoins, ce que l'on voit à ce que leurs besoins deviennent peu à peu des désirs qu'ils peuvent différer et négocier.

3. Sur le concept de besoin chez le jeune Marx, *cf.* A. Chitty, « The Early Marx on Needs », *Radical Philosophy*, n° 64, 1993, p. 23-31.

d'une fourchette est une autre faim que celle qui dévore de la viande crue à l'aide des mains, des ongles et des dents [1].

Et Theodor W. Adorno illustre justement ce même point :

> La satisfaction des hommes civilisés demande qu'ils puissent recevoir quelque chose à manger qui ne les dégoûte pas, et dans le dégoût et son contraire se réfléchit l'histoire tout entière [2].

Or, cette nature malléable du besoin correspond au fait qu'il y a de si profondes différences dans les formes de vie des êtres humains que celles-ci semblent à peine unies par un fondement commun – qu'il y a, pour le dire avec Arnold Gehlen, « une opposition si manifeste entre les humains, pour ainsi dire jusqu'aux replis de leur cœur, qu'on pourrait presque croire qu'ils appartiennent à des espèces différentes ». Et déjà Gehlen en tire la conséquence que « nous ne pouvons faire l'expérience de tout ce qui est naturel en l'être humain qu'à travers son imprégnation par des colorations culturelles tout à fait déterminées » [3].

En d'autres termes : « On ne survit jamais nu ». Les formes de vie ne se rapportent pas à la « pure survie » mais toujours déjà à une vie spécifique, à une vie toujours déjà configurée de telle ou telle manière. C'est pourquoi elles ne peuvent pas être mesurées à l'aune de besoins fondamentaux pensés comme un point fixe. Même s'il peut y avoir des aspects – ce qui est parfaitement plausible – qui lient tous les êtres vivants humains qui nous sont connus, cela concerne pourtant souvent les aspects de la vie humaine qui sont communs avec ceux des autres êtres vivants [4].

| On doit, quand on parle de « problèmes », prendre en compte ces 205
objections qui pointent le caractère culturellement formé, interprété et « de plus haut degré » des formes de vie humaine (et des besoins qui y

1. K. Marx, « Introduction aux *Grundrisse* », *Contribution à la critique de l'économie politique*, trad. fr. G. Fondu, J. Quétier, Paris, Éditions sociales, 2014, p. 40.

2. Theodor W. Adorno, « Thèses sur le besoin », trad. fr. Ph. Langlois, *Mouvements*, n° 54, 2008/2, p. 15.

3. A. Gehlen, « Über Kultur, Natur und Natürlichkeit [Sur la culture, la nature et la naturalité] », *in* G. Funke (Hrsg.), *Konkrete Vernunft. Fetschrift für Erick Rothacker*, Bonn, Bouvier, 1958, p. 113.

4. Notons que les objections simplement esquissées ici peuvent converger avec le développement d'un concept de besoin plus évolué, c'est-à-dire dynamique et d'un plus haut degré, ou avec une détermination plus exigeante de la forme de vie des humains qui prenne en compte ses spécificités (par exemple l'existence de la raison pratique). Tous deux ont été profondément élaborés dans la discussion contemporaine et seraient dignes d'une discussion plus longue. Mais il s'agit ici pour moi que de signaler l'importance de la notion de problème par rapport à une conception du besoin servant de toile de fond.

correspondent). On pourrait présenter ainsi ma stratégie argumentative : au contraire d'une position qui (en recourant aux besoins) partirait de *la* forme de vie humaine à définir de façon naturaliste afin de déterminer, à partir d'elle, le caractère adéquat des formes de vie culturelle – celles-ci seraient toujours alors adéquates quand elles correspondent à *la* forme de vie des êtres humains –, je pars dans mon approche des « problèmes » liés au fait suivant : à savoir que « la » forme de vie de l'être humain n'est jamais accessible qu'à travers des médiations socioculturelles et historiques. C'est pourquoi, en me demandant ce que sont les formes de vie, j'aborde immédiatement ces moments de médiation eux-mêmes et j'emprunte ainsi une voie qui est d'une certaine manière l'inverse de l'approche par les besoins : le point de départ, ce n'est alors pas le point zéro imaginaire d'un « besoin nu », indépendant des formes culturelles de vie ou qui serait à leur fondement, mais ce sont d'emblée les formations culturelles elles-mêmes et, avec celles-ci, les problèmes qu'elles rencontrent et dont elles incarnent la résolution.

Les « problèmes », tels que je les comprends dans ce contexte, sont donc, *premièrement*, formés d'une manière culturellement spécifique ainsi qu'historiquement et socialement. Ils ne surgissent que dans le contexte d'une forme de vie toujours déjà configurée et à chaque fois déterminée, située historiquement et socialement instituée, et ils naissent d'une situation déjà configurée et interprétée. Par rapport aux formes de vie, les problèmes sont, *deuxièmement*, constitués de manière fondamentalement normative, au sens où – conformément à la normativité éthico-fonctionnelle des formes de vie que j'ai exposée plus haut – ils ne présentent pas *per se* simplement comme des obstacles ou des sources de perturbation dans un accomplissement déterminé, mais comme un devenir problématique en rapport à une description de problèmes éthiquement prédéfinie, et donc à un accomplissement adéquat au sens de la signification normative des pratiques. *Troisièmement*, les problèmes sont donc toujours aussi des résultats de résolutions de problèmes déjà essayées : ils sont des problèmes qui sont nés de l'essai consistant à résoudre des problèmes, pour ainsi dire des *problèmes de deuxième*
206 *ordre.* | Ainsi, les problèmes sont quelque chose à quoi est confrontée une forme de vie déterminée, mais aussi quelque chose qui est posé *avec elle*. Remonter à un premier point, à un problème « originel » – que l'on pourrait alors nommer besoin – est vain mais aussi superflu.

Mésinterprétations possibles

Mais dans quelle mesure les formes de vie résolvent-elles des problèmes ? Que font-elles pour cela ? Je souhaite prévenir à ce propos deux mésinterprétations qui pourraient faire apparaître comme contre-intuitive l'interprétation des formes de vie en tant qu'instances de résolution de problèmes. On peut ainsi douter que quelqu'un, qui participe par exemple à la forme de vie de la famille bourgeoise ou de la famille post-bourgeoise et post-conventionnelle, ou bien encore qui loue la ville en tant que forme de vie, qualifierait celles-ci de tentatives pour « *résoudre* un problème ». N'y a-t-il pas derrière l'affirmation de formes de vie déterminées un « c'est ainsi que nous voulons vivre » très euphorique, compris positivement et n'avançant pas plus de raisons, par opposition à un « c'est ainsi que précisément nous devons vivre » ? En d'autres termes, les formes de vie telles que je les décris en tant qu'instances de résolution de problèmes sont-elles strictement *réactives* ? Ne font-elles que réagir à des problèmes qui se posent à elles, au lieu de pouvoir elles-mêmes construire des esquisses positives ? Et est-ce que je ne contredis pas ma propre conception des formes de vie comme expression de la configurabilité des conditions de vie humaine ?

D'une part, je crois que, même si la résolution de problèmes ne relève pas constamment de l'auto-compréhension actuelle d'une forme de vie, cette conception n'en est pas moins actualisée dès qu'à l'occasion d'une confrontation, il est nécessaire de défendre une forme de vie déterminée ou d'en rejeter une autre. Puisqu'ici, comme nous l'avions affirmé d'emblée, on ne va pas en rester à marteler que « c'est justement comme ça qu'on fait », mais que des prétentions à la validité vont être élevées, celles-ci interviennent en affirmant être de meilleures résolutions d'un problème que d'autres possibilités. D'autre part, pour ainsi dire, un « élément matérialiste » se cache derrière le caractère réactif de la forme de vie que je souhaite défendre : les formes de vie sont (d'autant plus) réactives qu'elles doivent réagir à quelque chose et ne se déploient pas dans un espace vide. Voilà qui ne contredit pas la conception des formes de vie comme | conditions de vie configurées : tout pouvoir de 207
configuration rencontre des conditions, discute avec des conditions qui présentent pour lui un point de départ et une limite.

Une autre raison pour laquelle parler des formes de vie comme de résolutions de problèmes semble contre-intuitif est la suivante : dire que des problèmes sont réglés avec les formes de vie donne l'impression qu'il y aurait toujours des actrices et des acteurs qui pourraient poursuivre des intentions et former des projets, comme si une forme de vie naissait du fait qu'une ou plusieurs personnes décideraient consciemment d'une pratique déterminée par laquelle ils voudraient atteindre un but déterminé. Or, comme on l'a dit plus haut, il est manifeste que les formes de vie sont des ensembles de pratiques qui sont partiellement antérieures et ne sont pas totalement explicites, voire ne sont même pas toujours totalement explicitables. En résumé, les formes de vie sont donc quelque chose dans quoi nous sommes pris et toujours déjà emberlificotés, sans que nous puissions toujours donner le but de cette pratique, et encore moins sans que nous décidions de poursuivre un but déterminé depuis une situation *extérieure* ou *antérieure* à cette pratique. On doit donc se représenter différemment le caractère résolutif de problèmes des formes de vie, pour éviter une mécompréhension cognitiviste ou « intentionnaliste ». Non seulement les problèmes surgissent toujours déjà *dans* et *à partir* d'une pratique dans laquelle seulement des positions de problèmes et la fixation de buts se concrétisent progressivement, mais on ne voit parfois que du dehors que certaines pratiques équivalent à résoudre effectivement des problèmes. Cela signifie que lorsque des formes de vie résolvent un problème, ce n'est pas transparent à chaque instant, et cela est encore moins toujours visé de manière directe[1], et ce d'autant plus qu'une forme de vie n'est pas elle-même un sujet qui pourrait viser quelque chose[2].

Une troisième mécompréhension possible consiste à comprendre de manière instrumentale cette théorie des formes de vie comme instances de résolution de problèmes. Que les formes de vie soient des instances de résolutions de problèmes, qu'elles résolvent des problèmes qui se posent avec elles, voilà qui ne signifie pas qu'elles seraient simplement
208 un moyen pour atteindre un | but préétabli. Les formes de vie ne sont pas un moyen dans le but de résoudre un problème, mais elles *sont* des solutions de problèmes, elles sont des cas paradigmatiques de résolution de problèmes. En d'autres termes, il ne s'agit pas ici d'un rapport causal mais conceptuel : être résolutif de problème, voilà ce que signifie être une forme de vie[3]. Résoudre des problèmes n'est pas leur tâche (comprise de manière instrumentale), c'est ce qu'elles font.

1. Les formes de vie ne sont donc pas « sans sujet », à la différence de ce que Foucault nomme des « stratégies », par exemple : elles sont plutôt « supra- » ou « intersubjectives ». *Cf.* M. Foucault, « La formation des stratégies », *L'archéologie du savoir*, Paris, Gallimard, 1969, p. 89-97.

2. Sur la question des formes de vie comme sujet collectif, cf. *infra*, chap. 7.

3. Je dis ici « conceptuel » en référence à la distinction que fait von Wright lorsqu'il explique le statut des règles idéales. Si poursuivre un idéal est poursuivre un but, ce serait cependant selon von Wright « une erreur de voir les règles idéales comme des normes

4.2. Donnés ou construits ? Le problème avec les problèmes

Or, si on les comprend ainsi, les problèmes ne sont pas simplement indubitables, objectifs, ou donnés avant toute interprétation. Les problèmes dépendent de l'interprétation. Un problème émerge là où quelque chose ne fonctionne pas. Il y a une « pression du problème » ou une invitation à lever la discordance qui a émergé. Le critère pour la juste solution d'un problème est donc : est-ce que ce qui ne fonctionne pas fonctionne mieux ainsi ? Mais ce fonctionnement et la question de ce qui peut valoir comme la solution juste et adéquate d'un problème dépendent de considérations et d'interprétations – et ce surtout si nous partons de la prédéfinition normative du problème. Pour prendre d'abord deux exemples dont je parlerai plus en détail dans la section suivante, il peut paraître évident que quelque chose ne va pas dans une société où la participation à la vie sociale est essentiellement médiatisée par le travail, mais où simultanément une grande partie de la population | est touchée 209
par un chômage structurel. Cependant, comprendre cette situation comme une crise, expliquer en quoi exactement consiste cette crise de la société du travail et à quoi pourrait ressembler une solution adéquate du problème, n'est en rien évident et dépend dans une large mesure des concepts avec lesquels on comprend la société du travail en tant que telle. On voit aussi cela aux propositions de solution : celui qui plaide pour un revenu minimum inconditionnel, la plupart du temps, définit d'emblée le problème tout à fait différemment de celui qui soutient la redistribution du travail par le raccourcissement du temps de travail. Et pour revenir à la seconde thématique abordée plus haut : voir des enfants assis à table respectueusement et calmement, comme dans le film de Haneke, *Le Ruban blanc*, comme un signe d'une situation familiale en crise et désastreuse, ou voir ce comportement comme l'effet de l'action réussie de l'autorité parentale, voilà qui dépend de la manière de voir qui va avec un idéal déterminé d'éducation. Les problèmes doivent donc d'abord *être transformés* en problèmes. Ils doivent être compris et interprétés *comme* problèmes, et la façon dont ils sont interprétés imprègne les possibilités

touchant à la relation entre fin et moyen. Pour être un bon enseignant, on devrait posséder telle et telle qualité. Pour prendre un livre sur la rangée la plus haute de son étagère, on devrait utiliser une échelle. Il n'en demeure pas moins que ces qualités par lesquelles on est un bon enseignant ne sont pas dans une *relation causale* avec l'idéal – tandis qu'utiliser une échelle peut être causalement nécessaire, lorsqu'on veut prendre un livre sur une étagère. La première relation est conceptuelle (logique). Les règles idéales déterminent un concept, par exemple le concept de (bon) enseignant ou soldat. » Georg H. von Wright, *Norm and Action*, *op. cit.*, p. 14.

de solution. Mais il faut alors répondre à la question : « les problèmes sont-ils vraiment construits “subjectivement” par nous c'est-à-dire, sont-ils seulement “construits” par notre interprétation, ou sont-ils “objectifs” et donc donnés indépendamment de nos interprétations ? » Et il faut répondre qu'ils sont les deux – *à la fois donnés et construits.*

La conception des problèmes de Dewey

Afin d'expliquer cette thèse, je vais faire un rapide détour par la conception des « problèmes » de Dewey et sa description de la « logique de l'enquête ». Dewey conçoit l'enquête comme un processus de résolution de problèmes d'une manière qui, vu la façon dont il comprend sa propre théorie, va au-delà du processus d'enquête au sens étroit de recherche scientifique. Cette conception deweyenne du problème est appropriée pour être rapprochée d'une manière intéressante de ce que j'ai esquissé à propos de l'ambivalence des problèmes, à la fois « construits subjectivement » et « donnés objectivement »[1].

210 | Étant donné que Dewey présente le devenir problématique d'une situation comme la situation de départ par laquelle un processus d'enquête est lancé en général, sa description de ce qu'est un problème est inhabituelle. Pour lui en effet, un problème est essentiellement caractérisé par l'*indétermination d'une situation.* Par conséquent, l'enquête (en tant que processus de la résolution du problème) est le chemin par lequel une situation indéterminée (fragmentée, divisée) est transformée en une situation déterminée (formant un tout) :

> L'enquête est la transformation contrôlée ou dirigée d'une situation indéterminée en une situation qui est si déterminée en ses distinctions et relations constitutives qu'elle convertit les éléments de la situation originelle en un tout unifié[2].

L'aspect de la théorie de Dewey qui est ici pertinente pour mon questionnement est celui qui est placé tout à fait au début du processus qu'il décrit et qui concerne le *setting* du problème en tant que problème. D'une part, Dewey reconnaît en effet qu'un problème, en tant que tel, doit toujours être d'abord saisi et conceptualisé, pour devenir un problème. Il n'y a pas de problème sans sa perception *comme* problème, et donc sans

1. Je reviendrai plus en détail sur la théorie deweyenne de l'enquête dans la quatrième partie. Je ne m'intéresse ici qu'à la problématique du statut objectif ou subjectif de ce qui peut valoir comme étant un problème.

2. J. Dewey, *Logique. La théorie de l'enquête*, trad. fr. G. Deledalle, Paris, Puf, 1967, p. 169.

le processus d'enquête qui le détecte et le rend saisissable comme tel : « La situation indéterminée devient problème dans le cours même du processus qui la soumet à l'enquête.[1] » Ainsi, le devenir problématique lui-même d'une situation est déjà un effet du processus d'enquête. Et inversement : « Constater qu'une situation exige une enquête est le premier pas de l'enquête.[2] » Il en résulte aussi que la façon dont un problème est conçu décide des possibilités et de la manière dont il est résolu[3]. Les problèmes et leur solution sont | donc construits par nous. 211
Nous ne les *trouvons* nulle part, mais nous les *construisons*.

Cependant, d'autre part, Dewey maintient le caractère objectif, venant de la réalité, des problèmes. On ne se pose pas les problèmes soi-même. Les problèmes se posent : « C'est la *situation* qui possède ces traits caractéristiques. *Nous*, nous doutons parce que la situation est intrinsèquement douteuse.[4] » Mais si ce sont des aspects de la réalité qui deviennent problématiques, nous ne sommes pas libres de problématiser ceux-ci ou de ne pas le faire, ou, comme on dit de manière si significative, « d'en faire un problème » ou non. Nous n'*inventons* pas les problèmes mais nous y *réagissons*. De ce point de vue, on ne peut pas repousser sans conséquence ces problèmes et on ne peut pas non plus les poser arbitrairement : « poser un problème qui ne provient pas d'une situation réelle, c'est faire œuvre morte[5] ». Voilà la quintessence de ces réflexions : le problème réside du côté de la réalité effective, pas du nôtre. Dewey délimite ici l'état de doute ou de trouble, relevant de projections pathologiques, qui résulte d'un événement effectif : on peut distinguer le spectateur de théâtre (pour reprendre un exemple employé par Dewey lui-même) dont l'anxiété lui fait soupçonner un incendie dans tout espace public, de l'homme qui détecte avec effroi les premiers signes d'un départ de feu effectif et tente d'interpréter et de maîtriser la situation.

Or, ce trait « objectiviste » dans la conception des problèmes est encore modifié doublement. Premièrement, il est modifié par le fait que Dewey réserve un emploi spécifique au terme de « situation » : une situation est pour lui toujours ce qu'il nomme un « tout contextuel » :

1. *Ibid.*, p. 172.

2. *Ibid.*

3. En d'autres termes, Dewey affirme « que ce n'est pas seulement le savoir de l'objet mais aussi l'objet du savoir qui est changé pendant l'enquête scientifique », H.-P. Krüger, « Prozesse der öffentlichen Untersuchung. Zum Potential einer zweiten Modernisierung in John Deweys *Logic. The Theory of Inquiry* », *in* H. Joas (Hrsg.), *Philosophie der Demokratie. Beiträge zum Werk von John Dewey*, Francfort, Suhrkamp, 2000, p. 196.

4. J. Dewey, *Logique*, *op. cit.*, p. 170.

5. *Ibid.*, p. 173.

> Ce que désigne le mot “situation” *n'est pas* un objet ou événement isolé ni un ensemble isolé d'objets ou d'événements. Car nous n'expériençons jamais ni ne formons jamais de jugements à propos d'objets et d'événements isolés, mais seulement en connexion avec un tout contextuel. Ce dernier est ce qu'on appelle une “situation”[1].

212 | Mais deuxièmement, une telle totalité contextuelle est toujours établie *activement* ou plutôt *interactivement* en tant qu'ensemble, elle est un événement envisagé d'un point de vue pratique et non un état extérieur du monde dissocié de l'observateur. Qu'une situation soit une totalité contextuelle implique qu'elle naisse d'une action réciproque entre les acteurs et le monde. Un tel ensemble surgit en tant que contexte d'action d'un sujet agissant, interagissant avec le monde. Mais s'il n'y a de problèmes que par rapport à des situations – puisqu'en effet le problème réside dans le devenir indéterminé d'une situation – mais que celles-ci, en retour, se rapportent à nous, il en résulte une situation ambivalente pour le statut objectif des problèmes affirmé plus haut. Les problèmes viennent certes « du monde », mais ce monde (ou encore : la situation) n'est en même temps pas indépendant(e) de nous. Il (elle) est, comme chez Heidegger, « autour de nous », il (elle) se rapporte à nous en tant que contexte d'action[2]. Quel statut ont alors les problèmes dont Dewey parle ?

À la fois donnés et construits

Ma thèse peut être insérée ici : pour Dewey aussi, les problèmes sont toujours « à la fois donnés et construits ». Si le point de départ du processus d'enquête est la « situation indéterminée », c'est-à-dire une situation fragmentée, contradictoire et obscure, alors ce qui d'abord est encore totalement indifférencié et indéterminé se « présente » comme une crise : on peut même dire que c'est dans l'indétermination de la situation que réside son caractère de crise. Or si l'identification du problème est la première étape de sa résolution[3], c'est parce qu'elle rend
213 possible de s'extraire de l'indéterminé | et de parvenir à des premières bases d'orientation et d'identification, et ainsi de détermination.

1. J. Dewey, *Logique*, *op. cit.*, p. 128.

2. Pour une interprétation du concept heideggerien de monde compatible avec le pragmatisme, *cf.* Hubert L. Dreyfus, *Being-in-the-world : A Commentary on Heidegger's Being and Time, Division I*, Cambridge, MIT Press, 1991.

3. La théorie deweyenne de l'indétermination permet de penser un continuum entre la position des problèmes et leur résolution : un travail progressif pour sortir de l'indétermination. Ceci tient aussi au fait que, comme le souligne Dewey en modifiant la définition de départ qu'on a citée, nous ne nous trouvons jamais dans une situation totalement indéterminée.

Nous pouvons ainsi résoudre le paradoxe apparent de la description de quelque chose qui est à la fois donné et construit. Un problème est *donné* dans la mesure où une situation montre les signes d'une crise (d'un problème) ; il est *construit* dans la mesure où il doit être conquis à partir de ce matériau d'abord indéterminé. L'identification d'un problème est donc une construction (elle « constitue » le problème) dans la mesure où plusieurs figures tout à fait différentes peuvent être conquises à partir de l'indéterminé. À titre d'exemple, ce qui est fragmenté peut se présenter comme fragmenté de plusieurs points de vue totalement distincts (par rapport à des totalités tout à fait différentes), et le contradictoire ne devient une contradiction que lorsque des choses sont rapportées les unes aux autres de manière à être opposées. Les éléments interprétatifs avec lesquels nous « transformons en problème » quelque chose se construisent ainsi à partir d'un réservoir, socialement préalable, de descriptions possibles de problèmes, descriptions qui, pour leur part, peuvent être transformées par la confrontation avec de nouvelles situations et de nouveaux problèmes. Un problème se « présente » donc certes comme quelque chose d'irrécusable. Mais ce qui se présente est encore si diffus et indéterminé qu'il doit d'abord être transformé en un problème déterminé. Ainsi, d'une part, un problème doit être transformé en problème par l'interprétation, mais il n'est pas d'autre part construit à partir de rien : il est construit à partir de ce qui existe indépendamment de nous et qui pour ainsi dire peut se révéler gênant. Pour le dire simplement, c'est justement pour cela que les problèmes ne peuvent ni être inventés de toutes pièces, ni ignorés.

On peut donc distinguer deux « états agrégatifs » qui peuvent ici être appelés problèmes : d'abord, les problèmes se présentent comme des failles pratiques, enclenchant une crise – un blocage dans l'accomplissement d'une action, l'interruption dans une interprétation –, sans qu'ils aient ici déjà pris la figure déterminée que l'on identifiera plus tard comme un « problème ». Le problème encore indéterminé auquel nous sommes d'abord confrontés n'est donc pas le même que celui que nous en viendrons à identifier comme problème concret dans une première étape constructive du processus d'enquête. Comme nous pouvons maintenant le dire, il s'agit de différents états d'indétermination : un problème plus déterminé est fait à partir d'un problème diffus, ce qui est la raison pour laquelle le lieu commun selon lequel | poser correctement un problème, **214**
c'est déjà le résoudre à moitié, est bien pertinent. Savoir si la description, l'interprétation du problème sont adaptées au problème initial, c'est-à-dire à la crise qui a déclenché le processus d'enquête, voilà qui doit

donc être établi par le fait que la pression du problème diminue au fur et à mesure du déroulement de la stratégie de résolution qui était partie de la description du problème. Naturellement, il s'agit ici de nouveau d'une question d'interprétation : la question de savoir si une résolution de problème a réussi – justement dans le domaine des formations sociales auquel j'applique ici ce discours sur les problèmes – est, dans les cas litigieux, aussi polémique que la position du problème même. On peut se représenter la validation d'un problème comme de sa solution – c'est la voie ébauchée par Dewey – comme un processus par étapes d'ajustement herméneutique du problème et de sa description. Seuls les éléments de description d'un problème qui « conviennent » aux éléments de la situation de crise initiale, de sorte qu'il en résulte des modifications ou des connexions productives – de sorte que, dans les termes de Dewey, l'indétermination de la situation initiale se dissolve – ont des chances de pouvoir valoir comme décrivant le problème. La description et la résolution du problème sont donc tissées dans la forme d'un processus d'apprentissage ou d'expérience.

Je discuterai davantage des caractéristiques du déroulement processuel dont il est question ici dans la partie 4. Le résultat provisoire de mon exposé sur Dewey est le fait qu'on peut obtenir, à partir de sa description, une conception des problèmes permettant de comprendre les problèmes comme « points d'ancrage » pour juger les formes de vie – un point d'ancrage qui transcende l'alternative entre position subjective et position objective des problèmes (autrement dit, entre constructivisme et réalisme). Si les formes de vie sont donc des résultats et des instances de processus de résolution de problèmes, la dynamique qui en résulte – accompagnant ce processus actif d'ajustement et d'interprétation – doit donc en tenir compte.

Un caractère universel des problèmes ?

L'élaboration du concept de problème à laquelle nous sommes désormais parvenus permet un premier retour sur les questions posées d'entrée concernant l'universalité des situations problématiques ou de
215 besoin. Si les problèmes | sont toujours déjà interprétés, alors les questions qui peuvent devenir significatives pour nous par rapport à des formes de vie se posent toujours déjà sur le plan de situations problématiques historico-culturellement déterminées, et se posent à partir d'un conflit sur les institutionnalisations et interprétations spécifiques des problèmes « universels ». Là donc où quelque chose en général peut « faire une

différence » pour nous, il ne s'agit pas d'une éventuelle situation initiale qui serait commune à tous, mais de situations, de positions de problèmes et de rapports des tensions qui, en général, n'émergent que sur l'arrière-plan de manières très différentes de composer avec cette situation et d'une histoire qui s'est sédimentée dans ces manières de composer.

La position que je défends prend ainsi une position d'une certaine manière intermédiaire entre l'universalisme anthropologique et le culturalisme constructiviste. Tout comme il est déraisonnable (mais surtout pas même nécessaire) de nier certaines « constantes » universelles de la *conditio humana*, il est tout aussi absurde de partir de ce que nous aurions tous toujours les mêmes problèmes – comme si ceux-ci se posaient toujours « vraiment » de la même façon, indépendamment des constellations historico-culturelles[1].

Le caractère universel des problèmes peut donc être déduit de la persistance et de la régularité de situations problématiques déterminées. Même s'il est aisé d'admettre la représentation selon laquelle il doit y avoir une série de problèmes fondamentaux auxquels l'« espèce » est confrontée, une telle « liste » serait pourtant impossible à clore. Les différentes modalités et colorations que prennent les problèmes « universels » dans différentes situations historiques et socioculturelles ne sont pas accidentelles. Cela tient à ce que ces universaux sont instanciés d'une manière historique toujours nouvelle et à chaque fois spécifique. De plus, les problèmes ont des histoires (de leur résolution). Un problème qui se pose à un moment historique déterminé et | dans un 216
environnement socioculturel déterminé est toujours déjà imprégné des tentatives de résolution antérieures. En ce sens, l'histoire se « sédimente » dans les problèmes eux-mêmes et les problèmes « s'enrichissent ». Les problèmes ont donc une histoire et un lieu (social ou culturel) toujours différent. Ils n'ont ainsi pas de situation initiale « pure » (c'est-à-dire problématiquement neutre ou anhistorique) : le « point zéro » d'un problème, antérieur à toute interprétation et à toute histoire, serait une mauvaise abstraction.

1. Cornelius Castoriadis, dans sa discussion avec le fonctionnalisme ethnologique, défend une position semblable. Les institutions ne peuvent pas être interprétées de manière purement fonctionnaliste, car les situations problématiques qu'elles doivent résoudre n'existent ni préalablement ni sans être interprétées, et les besoins, comme leur satisfaction, ne peuvent être compris que sur le fond d'un horizon de sens socialement constitué – ce qui renvoie dans la terminologie de Castoriadis au rôle des « significations imaginaires ». *Cf.* C. Castoriadis, *L'institution imaginaire de la société*, Paris, Seuil, 1975, p. 174 *sq.* et 202 *sq.*

Pour le dire dans un esprit pragmatiste : les formes de vie représentent les structures sociales du rapport pratique humain au monde. Dans la mesure où des problèmes sont résolus en elles et avec elles, il ne s'agit pas ici de problèmes qu'on pourrait concevoir abstraitement avant qu'ils apparaissent au grand jour d'une manière pratique, mais de problèmes tels qu'ils se posent pour les humains à partir des aspects pratiques des formes de vie dans lesquelles ils vivent.

4.3. TENTATIVES DE RÉSOLUTION DE PROBLÈMES : LA THÉORIE HÉGÉLIENNE DE LA FAMILLE

Je vais expliciter dans ce chapitre ce que signifie la thèse selon laquelle les formes de vie résolvent des problèmes, à l'aide de l'exemple de la famille nucléaire et du mariage civil (et plus tard de l'exemple du travail et de la crise de la société du travail). Je m'appuie pour cela sur l'interprétation qu'en a donné Hegel – et je crois, à propos de cette interprétation, que, implicitement ou explicitement (avec des écarts manifestes et le besoin évident de mises à jour), nous la partageons encore pour l'essentiel.

Dans les *Principes de la philosophie du droit*, lorsque Hegel introduit la famille comme une instance de l'éthicité, il traite d'une forme de la famille tout à fait déterminée, historiquement distincte et récente : la famille nucléaire civile d'imprégnation européenne et chrétienne[1]. Ce qui rend si intéressant pour nous la présentation par Hegel de cette forme spécifique de famille, présentation qui est à la fois sa description
217 | et sa justification, c'est le fait qu'à partir de cette figure « éthique » historiquement spécifique (dans ma manière de dire : à partir d'une constellation problématique historiquement spécifique), et en discutant des rapports de tension où elle se trouve, il essaie de montrer qu'elle est supérieure à d'autres figures. Traduit dans la langue des résolutions de problèmes (qui n'est évidemment pas celle de Hegel), cela signifie qu'elle est une résolution de problème supérieure – en l'occurrence, la solution normativement imbibée d'un problème à comprendre normativement.

1. *Cf.* Hegel, *Principes de la philosophie du droit*, Paris, PUF, 2013, § 158-181. Sur la théorie hégélienne de la famille, *cf.* aussi S. Blasche, « Natürliche Sittlichkeit und bürgerliche Gesellschaft. Hegels Konstruktion der Familie als sittliche Intimität im entsittlichten Leben », *in* M. Riedel (Hrsg.), *Materialen zu Hegels Rechtsphilosophie*, t. 2, Francfort, Suhrkamp, 1975, p. 312-340, ainsi que H. Schnädelbach, *Hegels praktische Philosophie. Ein Kommentar der Texte in der Reihenfolge ihrer Entstehung*, Francfort, Suhrkamp, 2000, p. 251-263.

La famille comme institution éthique

On peut résumer ainsi le fondement de l'interprétation hégélienne : la famille est une institution éthique[1]. Parler d'« éthicité » implique deux choses en site hégélien. *Premièrement*, cela implique un aspect de *culture*. Dans le mariage qui fonde la famille, la naturalité des rapports sexuels est transformée en un rapport culturellement informé et normativement déterminé. Un rapport déterminé par la nature devient une forme de vie humaine. L'éthicité s'oppose donc à la nature brute, la première nature (ou encore au besoin non formé et non médiatisé)[2]. Le mariage en tant qu'institution éthique signifie la transformation des rapports sexuels biologiques en « amour conscient de soi », « *spirituel* »[3]. | Que la famille 218
soit un rapport éthique implique *deuxièmement* une structure qui est décisive dans la conception hégélienne de l'éthicité. Un rapport éthique est un rapport qui peut être voulu pour lui-même et dans lequel ceux qui y participent réalisent leur propre liberté en tant que liberté sociale[4].

Comment décrire la constellation problématique où intervient la théorie hégélienne ? Si l'on considère la théorie hégélienne de l'éthicité sur le fond des alternatives contre lesquelles Hegel argumente (explicitement ou implicitement), on peut faire ressortir deux lignes argumentatives.

D'abord, Hegel formule un *idéal de famille spécifiquement moderne* dont le moment central est l'idée d'autonomie de ses membres, idée dirigée contre la famille patriarcale. Cette idée d'autonomie implique le caractère volontaire des rapports dans lesquels on entre et l'autonomie de la « nouvelle famille » née du mariage vis-à-vis de la famille d'origine (et donc la suprématie des rapports conjugaux sur les relations de consanguinité). Cela va aussi de pair avec la préférence explicite pour

1. Ce qui tient aussi à ce que la famille est une présupposition pour que l'individu puisse s'intégrer dans les autres institutions éthiques, qu'il devienne une personne juridique, un sujet moral, un citoyen – dans la mesure où on y apprend par exemple à retarder la satisfaction de ses propres besoins, à occuper le point de vue d'autrui et à prendre en compte le bien commun.

2. Frederick Neuhouser écrit en ce sens dans *Foundations of Hegel's Social Theory. Actualizing Freedom*, Cambridge, Harvard University Press, 2000, p. 276 : « Pour le dire très généralement, la famille est bonne ou rationnelle car c'est un lieu dans lequel les humains peuvent satisfaire leurs besoins fondamentaux de sexe et d'amour d'une manière telle que ces besoins naturels reçoivent simultanément une signification. »

3. Ici et dans ce qui suit, je cite d'après les paragraphes : Hegel, *Principes*, *op. cit.*, § 161.

4. Sur l'idée de liberté sociale, *cf.* notamment F. Neuhouser, *Foundations of Hegel's Social Theory*, *op. cit.*, Robert B. Pippin, *Hegel's Practical Philosophy. Rational Agency and Ethical Life*, Cambridge, Cambridge University Press, 2008, et A. Honneth, *Le droit de la liberté*, Paris, Gallimard, 2015.

l'exogamie (c'est-à-dire le choix du partenaire en dehors de la famille) et avec la monogamie. On pourrait affirmer que Hegel conduit l'idéal chrétien de famille à son sommet séculier[1].

219 | Hegel, dans l'étape suivante, mène cet idéal familial « jusqu'à lui-même » en le défendant contre deux mésinterprétations contemporaines : contre l'idée romantique d'amour qui menace le caractère éthique et institutionnel de la famille par sa surévaluation unilatérale de l'aspect émotionnel et érotique du mariage, d'une part, et, d'autre part, contre la réduction du mariage et des rapports familiaux à un contrat qui ne rend pas justice, non seulement au caractère émotionnel, mais avant tout au caractère de fin en soi intrinsèque propre à l'engagement éthique, comme étant celui dans lequel il faut comprendre la famille.

Les deux axes de confrontation, l'opposition à la famille patriarcale traditionnelle et aux deux interprétations défectueuses de la famille moderne, constituent à eux deux la justification hégélienne de la famille civile en tant qu'instance éthique qui effectue la liberté. Et on peut identifier dans les deux cas, dans le sens de ma thèse, différentes positions de problèmes et leurs résolutions.

(1) Occupons-nous d'abord du premier aspect, celui de l'autonomie de la famille nouvelle et du principe associé, « selon lequel les membres de la famille deviennent des personnes juridiques autonomes » (§ 180)[2]. C'est le rapport entre la liberté et la nature, ou plus exactement entre le caractère naturel du mariage et son caractère éthique qui est en débat ici. Le § 172 des *Principes* affirme ainsi :

1. On devrait peut-être plutôt dire, en regard des thèses de Jack Goody : le modèle familial imposé par l'Église chrétienne qui fut déterminant pour le développement du mariage et de la famille en Europe, et qui est entré en scène par opposition au modèle de la famille orientale ou arabe. *Cf.* J. Goody, *L'évolution de la famille et du mariage en Europe*, Paris, Armand Colin, 2012. Il défend la thèse selon laquelle le bannissement des structures endogames (qui étaient très présentes dans les multiples formes de mariage consanguin) et la préférence pour le rapport conjugal aurait ses racines moins dans l'héritage chrétien que dans une politique ecclésiastique consciemment menée lors des premiers siècles postérieurs à la diffusion du Christianisme. Selon la thèse de Goody, ces principes, en Europe aussi nettement en opposition avec les usages hérités (entre autres le droit d'adoption et le « Levirat » coutumier dans le Judaïsme et en Islam), furent établis par l'Église malgré quelques obstacles et étaient essentiellement motivés par la volonté d'augmenter les possessions ecclésiastiques. En effet, tandis que, dans la structure endogame, les possessions familiales restent dans la famille, l'exogamie et la dissolution des clans de parenté par l'absence d'enfants mènent à l'existence d'héritages « sans héritiers » qui pouvaient alors revenir à l'Église, ce qui était souvent le cas.

2. Hegel, *Principes*, *op. cit.*, p. 343, traduction modifiée. [N.d.T.]

> Par un mariage se constitue une *nouvelle famille* qui est un *élément autonome* pour soi vis-à-vis des *lignées* ou maisonnées dont elle est issue; la liaison avec celles-ci a pour assise la consanguinité naturelle, mais aussi l'amour éthique[1].

L'addition du § 172 fait encore plus ressortir cette autonomie par rapport à ses contre-modèles :

> | Néanmoins [c'est-à-dire malgré des règles patrimoniales en partie différentes dans le droit romain antique, R. J.], chaque nouvelle famille est l'aspect plus essentiel en regard de la connexion plus vaste de la consanguinité, et époux et enfants [en] forment à proprement parler le noyau, par opposition à ce que l'on nomme aussi famille en un certain sens. 220

Le modèle familial de la famille civile ressort ainsi dans sa particularité historiquement et culturellement spécifique lorsqu'on le compare à d'autres modèles fondamentalement différents « que l'on nomme aussi famille en un certain sens », par exemple la famille orientale et toutes les formes traditionnelles de famille où ne sont pas données la supériorité à ce qui devient la « nouvelle famille » et l'autonomie des membres générationnels de la famille. Au § 180, Hegel condamne en ce sens « la dureté et [le] caractère contraire à l'éthique des lois romaines » qui, en plus de la conception faisant des enfants la propriété des parents, consiste à considérer la femme comme appartenant à sa famille d'origine, de sorte qu'elle reste exclue de celle qui est « effectivement la *sienne* », et en outre au sens où elle ne peut pas hériter en tant qu'« épouse et mère ». Que Hegel souligne la priorité du couple marié et donc du rapport conjugal, c'est une conséquence directe de l'idée que la famille, en tant qu'instance éthique, devrait surmonter et transformer le rapport naturel. L'absence d'autonomie de la famille qui se crée, caractéristique des modèles traditionnels, mais aussi l'endogamie que Hegel critique explicitement (qui était encore pratiquée dans le mariage entre cousins qu'il évoque) consiste paradigmatiquement à rester dans les liens naturels de la consanguinité, au contraire du mariage en tant qu'« action éthique, libre ». Dans celui-ci, l'individu est donc libre ou autonome en un double sens : il est libre ou le devient vis-à-vis de sa famille d'origine, puisqu'il est libre d'entrer dans une nouvelle liaison en tant qu'individu indépendant. Mais il doit aussi être libre dans cette nouvelle liaison pour pouvoir s'y effectuer en tant qu'autonome. Est lié à cela le fait que Hegel

1. *Ibid.*, p. 337, traduction modifiée. [N.d.T.]

soutient la théorie du mariage comme consentement, dans laquelle la volonté des deux partenaires constitue le moment décisif du mariage[1].

221 | (2) Venons-en au deuxième axe de confrontation dont nous parlions : le positionnement du mariage compris comme rapport éthique entre l'amour romantique d'un côté, et le modèle contractuel de l'autre. Hegel cherche à séparer de ces deux formes, qu'il évalue comme des interprétations trompeuses, le modèle – auquel il accorde une préséance fondamentale – tout autant du choix libre et individuel que des rapports conjugaux spécifiques et de l'autonomie des individus qui se lient. Tandis qu'il était question auparavant du rapport entre liberté et nature tel qu'il s'exprime dans la famille, il est ici question de la juste compréhension de la liberté en tant que liberté éthique telle qu'elle se présente dans le rapport en tension entre dépendance et indépendance. Le point de référence de cette confrontation est aussi le modèle hégélien de l'amour conjugal comme amour *éthique*[2].

Consacrons-nous d'abord à la critique hégélienne de la conception romantique du mariage. Le § 158 des *Principes* affirmant que « la famille a pour détermination sienne [...] l'*amour* », il ne fait pas de doute que, pour Hegel, par opposition à l'utilité économique ou politique d'une liaison conjugale, l'amour doit être au centre du mariage. Et il s'agit bien en l'occurrence de l'amour en tant que « la conscience de mon unité avec quelqu'un d'autre » (*ibid.*, addition). Hegel ne défend donc absolument pas la position, proche de certaines conceptions traditionnelles du mariage, selon laquelle le mariage peut aussi fonctionner sans amour. Mais il ne suit pas non plus ici l'interprétation romantique de l'amour comme sentiment pur; le mariage, en tant qu'« amour juridiquement éthique » équilibre plutôt différentes dimensions de l'amour. Hegel fonde donc le mariage sur l'amour, mais conçoit l'amour même autrement que, selon lui, le romantisme le fait[3]. Selon l'interprétation hégelienne, l'amour a quelque chose à voir avec une reconnaissance éthique de l'autre, une reconnaissance qui repose sur plus qu'un sentiment passager. Contre « ce
222 que [...] l'inclination particulière [a] de | contingent » et l'« évanescence de la passion », le mariage se présente comme « indissoluble [...] en soi ». Dans l'amour éthique du mariage, « les différents moments qui sont [présents] dans l'amour parviennent à leur rapport réciproque

1. Le fait irritant que Hegel semble être dans le même temps indifférent à la question de savoir si un tel mariage peut être initié par la famille ne change rien à cet état de fait.

2. Conformément à cela, Hegel résume au § 161 trois représentations du mariage à rejeter : comme rapport sexuel naturel, comme contrat et comme amour romantique.

3. Sur la critique hégélienne du romantisme, *cf.* O. Pöggeler, *Hegels Kritik der Romantik*, Munich, Fink, 1999 (Bonn, 1956).

véritablement rationnel » (addition au § 164). On rejoint la position de Hegel sur le divorce : il essaie d'équilibrer l'opposition entre le caractère volontaire de l'engagement et son indissolubilité. Étant donné que le mariage « contient le moment du sentiment, il n'est pas absolu, mais instable » (addition du § 163). Il doit donc y avoir, bien que le mariage soit « indissoluble [...] en soi » une possibilité de divorce. Celui-ci doit toutefois être compliqué et ne pouvoir être prononcé que par des instances éthiques (Hegel s'oppose ici à la conception romantique éminemment représentée dans *Lucinde* par Friedrich Schlegel, selon qui le mariage est nul lorsque l'amour disparaît).

Le mariage civil n'est donc pas réductible à l'amour romantique, au sens du pur « sentiment ». Il se manifeste dans des institutions séculières, doit se donner une effectivité et repose sur une stabilité qui peut ne pas cesser lorsque s'estompe le sentiment fondateur, compris comme attraction érotique immédiate. Il transcende et transforme donc le point de départ qu'est l'amour érotique. En tant qu'institution éthique, il ne sert pas que la satisfaction des besoins – pas même dans la forme transfigurée de la sensation romantique –, mais il est une instance d'effectuation de la liberté humaine. Cette conception perd un peu de son étrangeté si l'on traduit l'insistance hégélienne sur le caractère éthico-institutionnel dans l'idée que, dans le rapport amoureux « consolidé », au contraire du rapport amoureux éphémère, il en va toujours aussi de projets et d'intérêts communs, de la conduite d'une vie commune consistant en beaucoup de moments différents, et que ce que l'on éprouve l'un pour l'autre s'« effectue » ou s'« objective » dans ce que l'on fait l'un avec l'autre.

Tandis que l'interprétation romantique de l'amour avait transposé l'« autonomie » de ses participants dans une fondation du mariage sur le sentiment romantique, la seconde interprétation éminente de cette autonomie est celle qui conçoit le mariage comme contrat (bien entendu, pas comme un rapport contractuel patriarcal concernant par exemple les filles, mais comme contrat entre égaux – les deux partenaires mariés).
Pour Hegel, | c'est parce que la forme d'autonomie associée au contrat, en **223**
tant qu'autonomie atomistique, ne correspond pas au type d'indépendance qui doit se réaliser dans un rapport éthique, que le mariage ne doit pas être conçu à l'aune de ce modèle contractuel. Cet argument repose sur la seconde caractéristique, déjà succinctement évoquée, de l'éthicité telle qu'Hegel la comprend : l'« unicité éthique » est une unité de « soi-même dans l'autre être »[1]. En tant qu'instance de l'éthicité, le mariage est un

1. Sur la conception hégélienne de l'amour, *cf.* D. Henrich, *Hegel im Kontext*, Francfort, Suhrkamp, 1981, « Hegel und Hölderlin », p. 9-41.

rapport non instrumental (autotélique) dans lequel les individus entrent et restent simultanément eux-mêmes, ou plutôt, d'abord, le deviennent. Au contraire, le contrat est une liaison mécanique et instrumentale. L'« autonomie éthique » se distingue ainsi de l'autonomie atomistique des partenaires concluant un contrat : la conclusion du mariage n'est justement pas, comme celle du contrat, une conclusion pour l'avantage mutuel de ses participants. Dans le passage où il discute cela, Hegel joue avec adresse rhétorique de l'amusement involontaire suscité par la définition kantienne du mariage comme « la liaison de deux personnes de sexe différent en vue de la possession réciproque, pour toute la durée de la vie, de leurs qualités sexuelles propres »[1]. Certes, la conception du mariage comme contrat prend aussi en compte la dimension sociale et non naturelle du mariage, et elle est aussi conforme à l'indépendance et à la liberté des individus dans le mariage qui sont défendues par Hegel. Mais elle comprend mal le caractère du rapport conjugal en tant que rapport éthique. Dans un tel rapport, les mariés ne sont pas indépendants comme le sont les partenaires d'un contrat, car l'amour désigne un rapport dans lequel l'on devient libre dans l'autre et par l'autre.

Problèmes et résolutions de problèmes dans la théorie hégélienne de la famille

Je ne peux pas poursuivre ici cette présentation – qui de toute façon n'est qu'une esquisse – de la théorie hégélienne de la famille, et je n'examinerai ni ne critiquerai la teneur de ses thèses d'après une
224 compréhension contemporaine de la famille, quoique je | tienne une telle tâche pour prometteuse[2]. Ce qui m'importe est plutôt d'expliciter grâce

1. Kant, *Métaphysique des mœurs*, t. II, *Doctrine du droit*, trad. fr. A. Renaut, Paris, GF-Flammarion, 1994, p. 78.

2. J'avais déjà affirmé en introduction que, malgré tous les besoins de mise à jour, nous partageons encore le concept hégélien de famille. Naturellement, ce besoin de mise à jour concerne avant tout la position subordonnée de la femme, pour nous inacceptable, et son assignation aux sphères du privé et du sentiment par opposition à celle de la rationalité et de l'espace public. Là-dessus, *cf.* principalement l'addition au § 166 dans laquelle se trouve la citation fameuse : « Les femmes peuvent avoir des inspirations, du goût, de l'élégance, mais elles ne possèdent pas l'idéal. La différence entre homme et femme est celle entre l'animal et la plante » (*Principes*, *op. cit.*, p. 671). Sur ce sujet, *cf.* la discussion par Frederick Neuhouser de la conception hégélienne de la famille dans ses *Foundations of Hegel's Social Theory*, *op. cit.*, p. 275-277. La présentation de Neuhouser, quoique critique, souligne aussi que l'interprétation hégélienne de la famille comme sphère éthique, dans son ensemble, rend possible, sur ces questions, de nécessaires « révisions substantielles », et ce même si la subordination des femmes concerne, il est vrai, des éléments de sa théorie qui ne sont pas triviaux. Le dogme de la supériorité masculine

à cet exemple ma conception des problèmes, des positions de problème et des instances de résolution de problèmes normativement constituées.

Comment se présente donc la théorie hégélienne de l'éthicité à propos de la famille, reformulée dans ma conception de la résolution des problèmes ? Au vu de la théorie hégélienne de la famille, que seraient au juste les problèmes et leurs résolutions ? La description par Hegel de la formation éthique qu'est la famille fixe deux tâches :

Premièrement, la tâche fixée par Hegel et résolue d'une certaine manière par la famille civile consiste à positionner le mariage *entre nature et éthicité*, de sorte qu'il réside non pas en un rejet ou une négation, mais en une transformation et une culture de l'élément naturel. L'emprisonnement dans le côté naturel, aussi bien que son surmontement négateur serait de fausses unilatéralités, de sorte qu'il s'agit de dépasser le côté « propre à la nature » dans un rapport éthique, ou | plutôt de le 225
transformer en ce rapport éthique et, par là, de le prendre en compte.

Deuxièmement, la théorie hégélienne de la famille est une tentative pour équilibrer le rapport de tension entre *dépendance* et *indépendance* en lequel consiste la famille. La famille, en tant que rapport éthique, doit résoudre le problème suivant : unifier la dépendance et l'indépendance, vivre de façon indépendante dans la dépendance et de façon dépendante dans l'indépendance. Corollairement, qu'une conception de la famille repose sur la représentation illusoire de l'indépendance envers toute relation d'un des partenaires contractuels, ou sur l'idée d'une indistinction régressive (et naturelle) et d'une absence d'autonomie des membres, tel est le signe d'une conception de la famille vouée à l'échec. Il s'agit pour le rapport familial de surmonter une alternative fausse et unilatérale entre liberté et engagement. Puisque c'est donc la tâche de la famille d'établir la liberté éthique, ou de servir de base naturelle à la socialité de la liberté, la famille civile moderne est dans la présentation de Hegel la résolution adéquate par opposition avec ces alternatives déficientes qui entrent en jeu pour résoudre cette tâche.

ne serait cependant pas, selon Neuhouser, le noyau qui rend rationnelle la famille. En croyant que la compréhension hégélienne de la famille rejoint encore le noyau des attentes que nous attachons à la famille civile, je pense par là que même les transformations contemporaines de la famille – cela vaut, d'une manière presque triviale, pour l'extension du concept de famille aux couples homosexuels –, et même les tentatives pour critiquer et surmonter radicalement ce modèle de famille, se meuvent encore probablement dans le cadre de ce modèle et de son interprétation, si l'on compare avec le contre-modèle que j'ai ébauché : la conception patriarcale traditionnelle.

Mais d'où procède le fait de poser des tâches? Étant donné que les problèmes sont doubles – tâches et difficultés –, les positions de problèmes ne viennent pas de rien, mais elles se présentent en réaction à des obstacles pratiques et des crises. La dimension de difficulté, de perturbation ou de conflictualité que j'ai associée plus haut aux « problèmes » peut être intégrée dans la théorie hégélienne de la famille. Ce n'est pas gratuitement que Hegel développe sa conception sur fond d'alternatives, donc de rapports de tension qu'il a pu avoir en permanence sous les yeux en tant que tensions réelles et conflits devenus historiques et effectifs. Sous cet angle, ce qui nous apparaissait plus haut comme une position purement dogmatique résulte d'un dysfonctionnement et d'un devenir problématique des formes familiales de vie préalables.

Si le modèle éthique du mariage résout le problème d'installer dans la durée quelque chose d'aussi fugitif que le sentiment (amoureux), puisque le mariage, tout en faisant du sentiment (l'inclination, l'attraction et la vie en bonne intelligence) le point de départ et la condition *sine qua non*
226 du rapport, n'en fait pas son seul | contenu, inversement, l'instabilité du sentiment comme la sur-stabilité du côté institutionnel du mariage mène à des difficultés et à des crises. Les unilatéralités décrites plus haut ne sont donc pas seulement fausses théoriquement, mais elles conduisent aussi à des impasses pratiques. Et le modèle traditionnel et orientalo-patriarcal (dont Hegel se détourne) n'est pas seulement faux dans l'abstrait, mais rencontre des difficultés dès que s'annonce une revendication d'indépendance chez les individus[1]. C'est justement le fait de se cramponner à ce modèle qui mène à une instabilité critique des formations familiales ainsi orientées[2]. On peut encore observer régulièrement aujourd'hui ce drame dans les films de Bollywood : l'irruption de la passion pour une femme qui « ne convient pas » du fait de son état ou plutôt de sa caste force le fils à renier sa famille qui menace alors d'éclater.

1. *Cf.* W. Schiffauer (Hrsg.), *Familie und Alltagskultur. Facetten urbanen Lebens in der Türkei*, Francfort, Institut für Kulturanthropologie und Europäische Ethnologie der Universität, 1993, sur les familles en tension entre conceptions « moderne » et « traditionnelle » de la famille dans la Turquie contemporaine, et les conflits corollaires dans les familles migrantes.

2. On peut certes avancer que cela n'arrive que lorsque des modèles traditionnels sont confrontés à des modèles non traditionnels. Mais, d'une part, ce serait déjà suffisant à rendre supérieur un modèle plus intégratif, au vu du caractère factuel inévitable de la confrontation, et, d'autre part, les modèles non traditionnels, « modernes », sont de leur côté le résultat d'une transformation qui s'est accompagnée de conflits – que l'on songe au thème de *Roméo et Juliette*.

Si le mariage civil surmonte mieux les problèmes qui se posent que le mariage traditionnel et patriarcal, et si l'interprétation éthique du mariage correspond plus à son idée (même si n'est pas inconditionnellement le cas pour la réalité vécue) que les interprétations erronées du mariage civil comme contrat ou comme amour romantique, l'adéquation de cette formation éthique est attestée par sa maîtrise, meilleure que les autres solutions alternatives, des conflits réels qu'on a décrits[1]. On peut donc comprendre la formation favorisée par Hegel comme étant celle qui n'est pas seulement vraie abstraitement (ou supérieure moralement), mais qui
| réagit et *résout* le mieux les problèmes effectivement survenus. (Et on 227
peut – sans beaucoup s'éloigner de Hegel – tout à fait se représenter une continuation du processus ici esquissé de résolution des problèmes, au-delà de la famille civile. Mais même cette continuation, des familles recomposées aux partenariats multiples, peut être comprise comme des réactions aux problèmes qui se posent de nouveau à la famille civile, mais ne sont pas résolus).

4.4. Crises de la résolution de problèmes

Ma thèse était que les formes de vie, en tant que stratégies pour résoudre des problèmes, prétendent être la solution adéquate et la meilleure dans leur cas pour un problème qui se pose. Des variantes différentes de formes de vie peuvent donc être vues comme des réponses distinctes à un tel problème. Les critères de réussite des formes de vie qui sont ainsi mis au jour se rapportent au surmontement de contradictions et de conflits pratiques, et non à des normes abstraites de la vie en commun auxquelles elles correspondraient ou non. Pour revenir sur les développements du chapitre 3. 4, des formes de vie déterminées s'avèrent aussi en ce sens « invivables » ou « inhabitables » (Terry Pinkard). Nous pouvons désormais mieux comprendre ce motif grâce à l'introduction du concept de problème et de la thèse faisant des formes de vie des instances de résolution de problèmes.

Mais ce caractère « inhabitable » de certaines formations éthiques (ou formes de vie), au sens du concept de problème tel qu'il a été introduit plus haut, n'est pas un fait « brut ». Les problèmes et les crises dont il

1. Il est facile de penser, dans le sens de la possibilité d'actualisation évoquée plus haut, une continuation de cette histoire des problèmes qui aille, afin d'accomplir ces tâches, jusqu'à la dissolution de la famille civile. Mais il est ici décisif que même la dissolution en familles recomposées ou en partenariats multiples peut être comprise selon les exigences d'autonomie et d'authenticité établies avec la famille civile.

est question sont des *crises normatives*, conformément au caractère médiatisé de la position des problèmes et du caractère des normes éthico-fonctionnelles qui sont efficientes dans les formes de vie. C'est cette possibilité d'échec des formes de vie face aux problèmes qui se posent avec elles qui doit donc désormais être davantage élucidée.

Les formes de vie échouent *normativement* et elles échouent *en tant que* formes de vie sur la base de leur déficience normative. Ces déficiences peuvent être maintenant comprises comme l'échec face aux problèmes, imprégnés de normativité, posés par une forme de vie.
228 Les difficultés qu'une forme de vie peut rencontrer, ses crises | et son « dysfonctionnement » seraient donc toujours aussi un problème normatif (et pas seulement fonctionnel) : inversement, les crises normatives apparaissent toujours aussi comme des problèmes de dysfonctionnement. Les formes de vie échouent *en tant que* formations normatives et échouent inversement, avec l'échec de leurs prétentions normatives, aussi *en tant* que formes de vie. L'échec n'est donc pas un échec « brut », purement factuel, mais un échec qui va avec l'évaluation de la situation. Il peut pourtant être identifié comme échec factuel dans la résolution de problème et dysfonctionnement de cette résolution. La différence qui m'importe est donc, d'une part, celle d'avec une situation dans laquelle une forme de vie est simplement mauvaise au sens où elle est moralement condamnable, et, d'autre part, celle d'avec la représentation d'un simple dysfonctionnement (prénormatif et pur de toute interprétation).

Il faut distinguer ici deux cas. D'une part, des instances singulières d'une forme de vie peuvent échouer à effectuer les prétentions posées par celle-ci : une famille donnée peut échouer à atteindre le niveau auquel prétend le modèle de la famille moderne. Mais, d'autre part, une forme de vie peut elle-même échouer, de sorte que la configuration normative et pratique qu'elle décrit s'avère « inhabitable ». Néanmoins, ces deux cas se produisent sur le mode de l'échec normatif dont il est question ici et à titre d'échec des prétentions qu'ils ont eux-mêmes émises (dans le premier cas vis-à-vis des prétentions de la forme de vie que l'individu soutient, bien qu'il n'y soit pas adéquat ; dans le second cas vis-à-vis des implications posées avec les conditions d'exécution). Ce rapport entre des moments fonctionnels et éthico-normatifs – et ainsi la possibilité de l'« échec normatif » des formes de vie – doit maintenant être détaillé.

Revenons à l'exemple de la famille. Que se passe-t-il lorsque la famille civile « échoue normativement » à réaliser le modèle familial (décrit par Hegel), par exemple parce qu'elle ne réussit pas à accorder effectivement à ses membres cette indépendance visée qui les détache de leur famille d'origine ? Elle échoue alors devant les prétentions qui lui sont fixées et peut donc aussi (tout à fait pratiquement) échouer en tant que formation familiale. Ce n'est donc pas sans dommage qu'elle ne correspond pas aux prétentions (au concept) qui lui sont fixées.

Il est maintenant clair que, dans un tel cas, l'idée | (normative) **229**
en question de la famille ne serait pas effectuée dans cette famille. Cependant, reste encore obscure la mesure dans laquelle (et pour qui) cette non-effectuation est à considérer comme un échec, dans quelle mesure quelque chose entre donc ici en crise ou « ne fonctionne pas ». Il faut ici distinguer deux cas. Le premier cas est celui qui aboutit à un conflit ouvert et ne laisse les membres singuliers de la famille parvenir à l'indépendance qu'en rompant avec la famille. Dans cette situation, manifestement, la famille n'existe *factuellement* plus en tant que famille et a en ce sens échoué. La seconde possibilité, celle qui aboutit à ce que les membres de la famille renoncent à leur indépendance, nous place devant de plus grandes difficultés. Dans ce cas, la famille persiste. Et dans ce cas, beaucoup de ses composantes émotionnelles et tâches d'assistance « fonctionnent » encore pour les individus – peut-être même trop bien. Dans quelle mesure serait-il alors juste de décrire une telle famille comme « un échec objectif », uniquement parce qu'elle ne correspond pas à l'idéal moderne de famille (ou plus précisément à la théorie éthique de la famille de Hegel) ?

Il importe maintenant de rappeler deux données. La *première* concerne le fait qu'il s'agit ici de prétentions normatives posées avec l'empreinte déterminée d'une forme de vie qui sont non pas étrangères mais *propres* à la situation. On doit comprendre ce caractère « propre » en un sens élargi où il ne s'agit pas seulement de l'affirmation explicite de valeurs et encore moins de déclarations faites du bout des lèvres, mais de points de référence contenus dans les pratiques sociales et partagés à travers la participation à ces pratiques. Mais il y aurait alors dans la poursuite (apparente) du fonctionnement de cette famille une expérience de l'échec eu égard à ces prétentions, qui aurait un effet sur la formation familiale (le fait de se replier avec une aigreur particulière derrière le bastion familial et celui de rejeter de façon agressive d'autres modèles familiaux sont souvent le signe d'une telle situation). La seconde donnée est le fait que les prétentions normatives dont il est question ici ne sont pas « tombées du ciel » ni ne sont simplement trouvées isolément dans le monde. Les idéaux et les pratiques normatives de la famille moderne n'existent pas pour elles-mêmes, mais elles sont connectées avec toute une série d'autres pratiques qui concernent la vie moderne dans son ensemble.

On ne peut donc pas simplement dire que cette famille ne partage
230 en rien ces normes ou a cessé | de les partager. Que ce ne soit pas si simple, on le voit dans le fait que cette famille partage pourtant encore dans l'ensemble beaucoup d'autres éléments relevant de la zone plus large couverte par cette forme de vie moderne, et pour le dire vite qu'elle *doit nécessairement* les partager et ne voudrait pas s'en passer. En partant de là et en admettant ce qui en découle, à savoir que les normes partagées de cette manière sont liées à l'idéal d'indépendance, l'argument défendu ici signifie donc que cette famille est pour ainsi dire obligée, « par inférence », de partager aussi l'idéal d'indépendance. Il ne s'agit donc pas seulement d'un problème de consistance personnelle, mais aussi d'un problème lié à un rapport consistant à l'environnement[1]. Certes, cette position demeurerait abstraite au mauvais sens du terme et trop peu fondée si on ne pouvait pas aussi identifier factuellement des rapports de tension, c'est-à-dire, des rejets internes tout comme des perturbations dans les échanges avec l'environnement qui mènent à des dysfonctionnements.

La famille hermétique

On peut imaginer, pour la famille qui s'oppose à l'autonomie, le genre de scénario suivant : un père patriarcal et une mère trop protectrice et possessive entravent le départ du fils aîné de leur cercle restreint et l'empêtrent dans un modèle régressif de famille qui ne lui permet pas de mener une vie indépendante de sa famille d'origine, et de développer ses propres compétences. Il en ressort que ce modèle ne peut pas fonctionner dans les conditions actuelles. Ce fils aîné, de toute façon moins dynamique que son cadet, est enfermé par sa famille, comme dans un cocon, dans ses conditions de vie presque sans échappatoire, au moyen d'offres très attractives. Après avoir fait son apprentissage dans l'entreprise du meilleur ami de son père, il commence à travailler dans l'entreprise familiale. Quoiqu'il ne soit pas d'abord décidé à vraiment continuer à
231 exercer ce métier | ni même à reprendre l'affaire, de nombreux attraits l'enfoncent toujours plus dans cette situation. Ainsi, il travaille certes par exemple au début seulement à mi-temps (pour pouvoir s'adonner

1. J'interrogerai encore la question de l'insertion de (micro-)formes de vie singulières dans des ensembles plus larges dans la partie IV. Je ne défendrai pas la position donnant un caractère généralement « régressif » aux « inactualités », telles des « enclaves » de formes de vie prémodernes à l'intérieur d'ensembles plus modernes. La question est au contraire celle des rapports d'adaptation et celle de la consistance et vivabilité des formes de vie en tant qu'ensembles de pratiques.

sans réserve à ses hobbys), mais reçoit néanmoins une rémunération substantielle par rapport aux salaires dans cette branche. Si l'on va dîner après le travail – naturellement avec toute la famille –, le fils voit bien entendu sa part prise en charge, et il commande par principe le menu le plus cher. Il peut même emprunter la voiture de sa mère à n'importe quelle heure. Il va de soi qu'il ne paye rien des vacances que toute la famille passe chaque année ensemble. Entretemps, il arrive à la moitié de sa trentaine sans qu'on aperçoive encore en lui un quelconque signe d'un projet de vie personnel. Il se soumet au fait que, dans quelques années, il reprendra l'affaire – une entreprise artisanale de taille moyenne. Cela ne change rien à la façon plutôt passive de travailler qu'il a cultivée, malgré son statut de chef junior dont il se pare toujours fièrement. Il ne s'attaque pas non plus au brevet professionnel requis pour pouvoir former des salariés. Il accomplit les travaux relevant de l'organisation de l'entreprise sans qu'on puisse trop se fier à lui – le père est toujours en coulisse, même si officiellement ce n'est que pour aider et sans être beaucoup payé pour cela, et la mère fait la comptabilité. Il n'a presque aucune vision plus précise sur les affaires financières, et il n'a absolument aucune idée des innovations nécessaires que devrait faire une entreprise familiale bien implantée dans une petite ville. Tout ceci n'a pas que des raisons individuelles ou psychiques, mais repose sur l'attitude d'ensemble plutôt statique qu'il a adoptée, laquelle semble présupposer que tout pourrait rester toujours ainsi, comme à l'époque de son grand-père, sans même s'adapter aux modifications demandées par l'époque. La situation tourne au drame lorsqu'il apparaît un beau jour à quel point l'entreprise est en réalité profondément endettée et peu compétitive.

La fin de l'histoire est fâcheuse et très différente de celle d'une famille fonctionnelle. Les parents, entre-temps sous-payés pendant des années tout en travaillant, ne pourront, une fois la vieillesse venue, qu'à peine subvenir à leurs besoins. Une fois le crédit épuisé et la maison mise aux enchères, l'entreprise ne suffira plus à assurer au fils le train de vie qu'elle lui | avait permis d'assurer auparavant. Au lieu de la vie insouciante au 232
cœur de la famille, au sein de la vie sociale d'une entreprise artisanale florissante, à laquelle il aurait pu participer, jusqu'à un âge avancé, avec un appartement se trouvant sur le même site, la menace est désormais celle d'une vie solitaire dans un petit logement isolé. Aucun membre de la famille ne s'était imaginé cela. Ce n'est toutefois pas que financièrement mais aussi émotionnellement que la situation est ébranlée : depuis des années, les fils aîné et cadet ne s'adressent plus la parole, des reproches mutuels et du ressentiment imprègnent l'atmosphère. Le cadet reproche

à l'aîné d'avoir exploité et ruiné l'entreprise. Et l'aîné reprend envers le cadet le reproche de la mère, à savoir qu'il aurait abandonné la famille. Au bout du compte, les explosions de colère de l'aîné contre le cadet qui a fait carrière à l'étranger donnent à voir qu'il se sent inférieur à lui.

Quelle est la conséquence de cet exemple pour mon questionnement ? J'interprète ainsi cette situation familiale.

La famille dépeinte ici ne peut pas rester intacte en tant que famille, et ne peut donc pas « fonctionner » comme une famille, car elle n'effectue pas l'idée d'autonomie qui est constitutive de la famille moderne (et qui exige que ses membres la quittent pour être autonomes). Au contraire, elle reste prisonnière d'un modèle régressif et traditionaliste (psychiquement comme socialement). Cet exemple doit illustrer le type systématique de raisons qui font échouer un tel modèle et, en conséquence, la raison pour laquelle c'est un problème interne et non plaqué de l'extérieur de ne pas correspondre au « concept de la famille moderne ». On le voit à deux choses :

Premièrement, selon mon interprétation, le fait de « rester à la maison » échappe difficilement aux exigences actuelles qui consistent justement à « tracer sa propre route » et à faire quelque chose par sa propre force (même s'il s'agit de développer l'entreprise familiale par sa propre force). Comme Hegel l'affirme dans l'un de ses « Discours du lycée » : au contraire du rapport familial où valent le sentiment, la confiance et l'amour, « dans le monde, l'homme vaut par ce qu'il fait : il
233 n'a de la valeur que pour autant qu'il la mérite.[1] » Ces | représentations valorisantes sociales contribuent à former l'idéal propre du moi, et on voit qu'il conduit au rejet lorsqu'on ne lui correspond pas – cela apparaît ici dans le rapport tendu et d'infériorité envers le frère cadet. Il est en effet peu vraisemblable que l'aspiration actuelle à l'autonomie et à vivre « sa propre vie » reste extérieure à l'économie morale et affective d'un humain contemporain. Tout cela étaie la thèse selon laquelle il ne s'agit pas seulement ici d'une non-correspondance (vis-à-vis des attentes normatives de l'environnement) mais d'un échec, et plus précisément d'un échec *vis-à-vis de ses propres exigences*[2].

1. Hegel, « Discours du 2 septembre 1811 », *Textes pédagogiques*, trad. fr. B. Bourgeois, Paris, Vrin, 1990, p. 108.

2. On aurait toutefois raison d'objecter que des formes de vie déterminées se maintiennent quoiqu'elles échouent constamment à réaliser leurs exigences. Par exemple, on pourrait aisément avancer que les familles organisées de manière pourtant patriarcale permettent à leurs membres de mener une vie autonome, et que cette forme de vie a pourtant persisté. Il apparaît ainsi clairement que l'« échec » ne signifie pas une disparition réelle inconditionnelle, mais peut prendre plusieurs formes parmi lesquelles la persistance

Si ce qui a été dit jusqu'à présent ne touche encore qu'à l'altération émotionnelle de la famille, on voit au second aspect qu'ici, un mouvement est mis en branle qui sape aussi cette stabilité qui devrait être assurée expressément par le déni de l'autonomie. D'après mon interprétation, l'empêchement intra-familial de l'autonomie du fils aîné a précisément conduit à perdre le « professionnalisme » bourgeois et la capacité à innover qui y est liée, ce qui anéantit la subsistance matérielle comme émotionnelle de cette famille. Ce qui m'amène au second fait que j'ai évoqué : le modèle normativement déficient de famille que j'ai dépeint ne peut pas s'adapter à son environnement. Cela ne concerne dans mon exemple pas seulement les rapports sociaux de reconnaissance, au sens d'être regardé de travers, mais aussi, tout à fait matériellement, les conditions de reproduction de la famille. Pour le dire vite : une constitution économique dynamique doit compter sur des personnalités dynamiques et responsables, c'est-à-dire sur | des personnalités qui 234
réalisent une certaine dose d'autonomie[1].

Ce n'est donc pas seulement factuellement qu'échoue la famille décrite. L'échec n'est compréhensible comme un échec que sur le fond de normes qui sont incorporées dans la forme de vie qui leur correspond. Mais d'autre part, il s'agit d'un échec effectif, ce qui signifie que ce n'est pas seulement que nous tenons quelque chose pour mauvais, mais aussi bien qu'il ne fonctionne pas. Comme je l'ai décrit, la famille échoue non seulement à effectuer une exigence mais à effectuer *son concept* (c'est-à-dire le concept de la famille civile moderne).

malgré la péremption, la stagnation et la distorsion idéologique. C'est ainsi le rôle de la critique qui est clarifié : on peut concevoir celle-ci, vis-à-vis de tels phénomènes, comme l'instance qui, en un certain sens, met leurs tensions internes en tant que souffrances du fait de contradictions et ultimement d'un « échec » sous les yeux des formes de vie inconsistantes.

1. Cela ne signifie pas que les modèles traditionnels de la famille *per se* ne peuvent pas fonctionner. Mais là où ils fonctionnent, c'est avec d'autres environnements et d'autres conditions de subsistance. C'est partiellement le cas pour le modèle du petit commerce familial de Kreuzberg, à Berlin, où toute la famille, cousines et cousins éloignés compris, collabore d'une manière ou d'une autre, et qui, en contrebalançant une situation socialement précaire, déploie une inestimable fonction intégratrice. Ce type de fonctionnement peut représenter la meilleure solution disponible – dans le cadre de conditions (suboptimales) données. Et là où toute une culture ainsi qu'une culture d'entreprise fonctionnent différemment – comme dans l'exemple qu'on donne toujours du Japon –, les choses sont encore différentes. Ce que j'ai en vue ici, c'est le caractère d'enclave d'une situation qui est constituée statiquement de manière interne, et dynamiquement de manière externe.

235 | *Crise de la société du travail*

Néanmoins, que les formes de vie échouent face à des problèmes historiquement situés et normativement prédéfinis, on peut également le voir relativement à l'échec d'une forme de vie elle-même – c'est-à-dire dans les cas où ce n'est pas une instance particulière ou un individu qui échouent à effectuer une forme de vie, mais où c'est cette formation elle-même qui entre en crise. Je vais l'expliquer en revenant sur l'exemple déjà évoqué plus haut de la « crise de la société du travail », qui est souvent diagnostiquée dans les sociétés occidentales post-industrielles. La société civile du travail (toujours selon sa description par Hegel) fournit à l'individu ses revenus et son intégration sociale en le faisant participer au marché – libre – du travail. C'est justement dans cette connexion formée par le marché que, idéalement, les besoins particuliers de l'individu doivent se médiatiser avec les intérêts généraux, de sorte que les uns soient satisfaits au moyen des autres. Mais selon le diagnostic établi par Hegel, cette résolution de problème idéal-typique harmonieuse (conçue par Adam Smith) ne fonctionne justement pas, dans la mesure où la société civile, en tant qu'éthicité scindée « dans ses extrêmes », ne peut justement pas garantir cette participation au marché du travail, mais – on peut du moins comprendre ainsi les pronostics précoces de Hegel – génère le problème du chômage structurel[1]. (On pourrait aussi raconter la préhistoire par laquelle le marché du travail, tout comme la famille, représente d'abord la solution d'un problème, mais ce n'est pas ce qui nous intéresse ici). Surgit ainsi ce qui était peut-être déjà compris, dans les descriptions de l'époque, comme une « crise de la société du travail ». Celle-ci est elle aussi une crise aussi bien normative que fonctionnelle.

En effet, la crise de la société du travail en tant que « société de travailleurs sans travail[2] » (comme Hannah Arendt l'a décrite, certes avec pertinence mais sans l'avoir traitée à fond pour autant) peut seulement être comprise en mettant sous les yeux le niveau de prétention
236 atteint par la société civile en tant que société | du travail, ainsi que l'appréciation et la fonction que le travail a acquis dans cette constellation, au contraire des situations pré-bourgeoises[3]. Dans une telle société du

1. Ce point est particulièrement lisible dans les notes de cours de Hegel sur la *Philosophie du droit* édités par K.-H. Itling : *Vorlesungen über Rechtsphilosophie : 1818-1831*, Suttgart-Bad Cannstatt, Frommann-Holzboog, 1974.

2. H. Arendt, *Condition de l'homme moderne*, trad. fr. G. Fradier, Paris, Calmann-Lévy, 1983, p. 38.

3. *Cf.* A. Gorz, *Métamorphoses du travail. Critique de la raison économique*, Paris, Folio-Gallimard, 2004, et R. Castel, *Les métamorphoses de la question sociale. Une chronique du salariat*, Paris, Folio-Gallimard, 1999. Sur les transformations

travail, il n'y a pas que la subsistance, mais aussi l'intégration sociale et la reconnaissance – l'« honneur » – qui sont médiatisés par le travail et, inversement, même certaines attentes normatives sont placées dans le travail lui-même [1]. La crise de la société du travail n'est donc pas qu'une crise de subsistance mais une crise de la forme sociale d'intégration que nous avons décrite. Et la tâche sociale qui va avec cette crise ne consiste pas seulement à garantir la survie des membres de cette société, mais aussi à donner du travail aux membres de la société dépouillés de leur revenu, et ce d'une manière qui ne rompe cependant pas avec le caractère libre du travail tel qu'il a été décrit. Ni la simple compensation par l'État social et l'assistance, ni l'organisation planificatrice du travail libre et sa transformation en un service dirigé du travail ne peuvent donc constituer une solution au problème (c'est pourquoi celui-ci reste aporétique pour Hegel).

Toute solution de la crise, qu'elle passe par des mesures politiques ou économiques, doit donc proposer des équivalents fonctionnels de ce que le travail a permis en tant que mécanisme d'intégration pour la société civile. La crise de la société du travail (son problème) ne peut donc être décrite que dans une constellation déterminée et historiquement posée, c'est-à-dire sur fond d'une forme spécifique que l'organisation sociale du travail a prise et avec laquelle est posé un niveau déterminé de prétention normative. Or, ce n'est pas seulement la description du problème mais 237
aussi toute résolution effective de celui-ci qui | doit se placer à ce niveau. La solution de la crise de la société du travail doit donc être une solution qui permette de réagir à la figure historiquement, socialement et normativement déterminée que ce problème a prise [2].

historiques de la conception du travail depuis l'Antiquité, *cf.* C. Meier, « *Griechische* Arbeitsauffassungen in archaischer und klassischer Zeit », *in* M. Bierwisch (Hrsg.), *Die Rolle der Arbeit in verschiedenen Epochen und Kulturen*, Berlin, Akademie Verlag, 2003, ainsi qu'A. Arndt, « Arbeit und Nichtarbeit », *in* F. J. Wetz (Hrsg.), *Recht auf Rechte*, Stuttgart, Reclam, 2008.

1. *Cf.* A. Honneth, « « Travail et reconnaissance. Une tentative de redéfinition », trad. fr. P. Rusch, O. Voirol *in* A. Honneth, *Un monde de déchirements. Théorie critique, psychanalyse, sociologie*, Paris, La Découverte, 2013, p. 257-277.

2. Mais cela signifie aussi par exemple que le revenu de base universel, s'il ne doit pas devenir une « gigantesque prime à rester chez soi » (Julian Nida-Rümelin) aux effets sociaux désintégrateurs, ne doit justement pas être caractérisé par un retour à une conception pré-bourgeoise du travail, mais devrait transformer la conception bourgeoise du travail. Une *alternative* sérieuse à la société du travail qui passerait par un revenu de base devrait tout autant se distinguer du mépris facile envers le travail que les dissolutions contemporaines de la famille nucléaire bourgeoise dans les polycules queer doivent se distinguer de la polygamie pré-bourgeoise.

Échec normatif de la société civile

Pourquoi donc la situation que nous décrivons, par laquelle, comme Hegel l'a formulé, « malgré l'*excès de fortune*, la société civile n'est *pas assez fortunée* » pour résoudre le problème pressant de la pauvreté due au chômage[3], est-elle une crise normative de cette formation sociale précise ? Qu'est-ce qui ne « fonctionne » pas ici où pourtant quelque chose fonctionne, et pourquoi est-ce un problème pour la société civile – la non-exécution de la prétention posée avec celle-ci ? On peut donner différentes raisons qui en font un problème pressant. Par exemple, on peut prendre en pitié la situation malheureuse et précaire des exclus et des pauvres. Ou on peut, quand on est kantienne, être convaincue que le problème de la pauvreté renvoie à une violation de nos devoirs moraux, et que nous avons donc le devoir d'aider les pauvres et les opprimés. Dans une perspective fonctionnaliste systémique, on pourrait tenir le problème
238 pour pressant dans la mesure où la | colère de la populace décrite par Hegel déstabilise la société et pourrait menacer l'ordre social[4].

Mais tout ceci ne touche pas à la manière dont le problème se posait sous les yeux de Hegel. Le problème de la pauvreté est un problème de désintégration sociale. En tant que tel, selon l'interprétation qu'en donne Hegel, il pointe une déficience fonctionnelle aussi bien que normative. La société civile, en tant qu'ensemble englobant qui est à la fois économique mais aussi lié à la vie, dépouille les individus de leurs moyens d'existence élémentaires. Dans les termes de Hegel, elle est la « puissance prodigieuse qui tire [tout] à soi » et devient ainsi factuellement et fonctionnellement la « nouvelle famille » de l'individu. Une exigence normative à laquelle la société civile est confrontée naît de cette situation. C'est l'exigence selon laquelle la société (à la place de la famille qui ne sert désormais plus de connexion économique liée à la reproduction, mais se réduit à la famille nucléaire) devrait assurer la subsistance des individus[5]. Cette exigence

3. La pauvreté par le chômage repose sur le fait que la société civile n'assure pas aux êtres humains le moyen qui y est l'unique moyen de subsistance. En ce sens, d'autres formes de pauvreté – résultant par exemple de l'inaptitude à l'emploi ou de la maladie – ne représentent pas un problème « fait maison » et, pour cette raison, pas même un problème urgent au sens entendu ici.

4. Je discuterai du rapport entre « contradiction » et « conflit » qui joue un rôle dans cette question à la fin de la quatrième partie.

5. Hegel souligne le devoir de la société envers les pauvres au § 238 des *Principes* (*op. cit.*, p. 401) : « Ainsi, l'individu est devenu *fils de la société civile*, laquelle a tout autant de revendications envers lui qu'il a de droits sur elle ». *Cf.* aussi l'addition du § 244 : « La question importante [de savoir] comment remédier à la pauvreté est une question qui émeut et tourmente de préférence les sociétés modernes. » La difficulté qu'il y a à

n'est cependant pas | appliquée de l'extérieur mais résulte de ce qu'*est* la 239
société civile selon le mode de fonctionnement qu'elle a historiquement développé – « selon son concept ». Mais ainsi, même l'assistance immédiate envers les pauvres ou l'intervention politique dans le marché contrediraient le principe propre de la société civile. La société civile fait donc face à un problème qui menace de la scinder en tant qu'ensemble éthique, voire de la déchirer, car il signifie la désintégration de la société – la scission de l'éthicité « dans ses extrêmes » et, il conduit à ce que Hegel nomme « l'engendrement de la *populace* ».

Le problème de la pauvreté est donc un *problème normatif* (d'après l'auto-compréhension qu'a d'elle-même la société civile, la pauvreté ne doit pas exister : la société doit trouver une solution pour ce problème), mais c'est en même temps un problème *fonctionnel* (une société caractérisée par de telles tendances désintégratrices risque de se dissoudre, d'échouer en tant que société). L'intégration sociale elle-même fonctionne sur la base d'une norme : la promesse qu'une position dans la société est obtenue par le travail, position par laquelle on peut subvenir à ses besoins d'une manière autonome et, de la sorte, être reconnu. Là où cette promesse ne peut systématiquement pas être tenue, elle risque de perdre sa fonction intégratrice, et la forme de vie qui se fonde sur elle risque alors de se briser. La « désintégration » même est donc un concept qui ne se contente pas de décrire un état, mais décrit un état *inacceptable*, car dans ce cas, une exigence normative, une idée de la

surmonter ce problème en se fondant sur les principes de la société civile est discutée au § 245 : « Il apparaît clairement en cela que, malgré l'*excès de fortune*, la société civile n'est *pas assez fortunée*, c'est-à-dire qu'elle ne possède pas suffisamment, en la richesse qu'elle a en propre, pour remédier à l'excès de pauvreté et à l'engendrement de la populace. » Mais la « richesse en propre » de la société civile est le travail. Corollairement, le paragraphe indique plus haut qu'une garantie de subsistance des nécessiteux qui « serait assurée sans être médiatisée par le travail (...) irait à l'encontre du principe de la société civile et du sentiment que les individus qui en font partie ont de leur subsistance par soi et de leur honneur » (p. 405). À propos de la seconde alternative, la création de travail (ce qui signifie en fin de compte une intervention dans l'économie [capitaliste de marché]), Hegel écrit : la subsistance « serait médiatisée par du travail (grâce à l'occasion donnée de l'accomplir), et la masse des productions serait ainsi augmentée [;] [or] c'est en la surabondance de celles-ci et dans le défaut de consommateurs en proportion (ils sont eux-mêmes producteurs) que réside précisément le mal, lequel ne fait ainsi que s'accroître de l'une et l'autre manière » (*ibid.*) Enfin, lorsqu'en affirmant que « par cette dialectique qui est la sienne, la société civile, [et] tout d'abord *cette* société *déterminée*, est poussée au-delà d'elle-même », le § 246 indique l'instabilité et la propension aux crises (le « caractère contradictoire ») de cette situation. Déterminer la mesure dans laquelle les corporations – en tant qu'institution éthiquement régulatrice dans la sphère du marché – sont capables de résoudre ce problème est un débat complexe.

façon dont la société devrait être constituée en tant que rapport éthique, se trouve violée.

Cependant, la critique de cette déficience de la société civile n'est pas une critique normativiste[1]. La société civile est critiquée de façon immanente et, plus précisément, du point de vue de l'éthicité divisée. Du point de vue de la perspective que j'ai introduite ici, il s'agit d'un phénomène d'*échec normatif*, dans la mesure où il n'est nullement possible de décrire les tendances de division et de désintégration produites par le principe
240 de la société civile | indépendamment des exigences (éthico-)normatives de cette formation sociale. C'est seulement dans la mesure où cette formation a pour exigence et pour tâche de prendre soin de ses membres (« prendre la place de la famille »), et ce d'une manière qui corresponde au principe de la société civile, la subsistance médiatisée par le travail et le rendement, que le problème décrit par Hegel peut être caractérisé en général comme une crise ou un problème de désintégration. Pour parler de désintégration en ce sens, on doit donc avoir une représentation de la manière dont est et doit être constituée l'unité, la connexion de la société. Il est clair qu'il ne suffit pas de dire : « Bon, ce qu'on affirme ici, c'est qu'il est (moralement) injuste de laisser sombrer des individus sous le seuil de subsistance », car Hegel décrit assez explicitement le dysfonctionnement menaçant de cette forme d'organisation sociale. Or cette organisation n'est pas simplement dysfonctionnelle factuellement, mais elle ne doit pas être séparée du dysfonctionnement d'un contenu normatif. La dissolution factuelle de la société est déclenchée par le sentiment qu'ont des individus d'être traités injustement. La populace n'est pas seulement affamée : elle est révoltée[2].

4.5. Problèmes de deuxième ordre

L'explication de la thèse faisant des formes de vie des instances de résolution de problèmes à l'aide de la théorie hégélienne de la famille et de la crise de la société du travail doit avoir clarifié la conception des problèmes très ambitieuse sur laquelle je fais fond.

Premièrement, on a vu ce que signifie le fait de ne pas partir de besoins « nus » ou de problèmes non-interprétés, mais de se trouver toujours déjà

1. Sur la distinction entre critiques « normativiste » et « immanente », cf. *infra*, partie III.

2. Frank Ruda a souligné la signification décisive de l'existence de la populace dans la philosophie hégélienne du droit dans *Hegels Pöbel. Eine Untersuchung der « Grundlagen der Philosophie des Rechts »*, Constance, Konstanz University Press, 2011.

au beau milieu de situations imprégnées d'exigences et de solutions. Les problèmes ne se posent pas sans médiation : ils doivent d'abord être posés en tant que problèmes, et ils le sont dans une situation qui est déterminée par des exigences normatives, et par des interprétations de la situation et des descriptions du problème qui sont éthiquement marquées. Le problème que résout la famille civile | n'est précisément 241
pas simplement le problème générique de l'organisation des rapports de parenté et de la socialisation de la nouvelle génération. De même, le travail social ne fait pas que résoudre le problème de la subsistance qui se pose en toutes circonstances. Comme on le voit avec notre arrière-plan hégélien, nommer ainsi le problème n'est pas seulement faux mais trivial. Si le problème de la reproduction, comme tous les autres problèmes qui peuvent se poser dans et avec une forme de vie, ne se pose pas sous une forme pure et non-médiatisée, alors ce problème même (et pas seulement sa solution sous la forme de rapports familiaux ou de travail déterminés) est déjà culturellement déterminé et normativement qualifié. Les formes de vie sont des réponses à des défis historico-culturellement marqués et normativement prédéfinis. Il en résulte que, lorsqu'elles échouent, les formes de vie *échouent normativement*.

Deuxièmement, on voit désormais aussi ce que peut signifier l'idée selon laquelle les problèmes en question sont toujours des problèmes *qui naissent de résolutions de problèmes* et peuvent être l'occasion de nouvelles résolutions de problèmes. En situant les formes de vie non seulement historiquement mais dans des histoires de conflits, si le modèle du contrat et la conception romantique du mariage réagissent d'une manière unilatérale au problème du non-respect de l'individualité et de l'autonomie de l'individu dans les structures familiales éthiques traditionnelles, et si le modèle hégélien de la famille réagit aux problèmes qui naissent de cette unilatéralité, alors, lorsque ce modèle familial est institué, de nouvelles constellations de problèmes peuvent à leur tour se développer à partir de lui. Si, comme on peut l'affirmer, le « libre » marché du travail propre à la société civile réagit aux problèmes qui ont résulté de l'organisation servile du travail (par exemple féodal), cette résolution de problème peut alors – comme principiellement toute résolution de problème – créer encore de nouveaux problèmes (et, vraisemblablement, elle le fait)[1].

1. La question de savoir si Hegel lui-même pouvait voir les choses ainsi se pose évidemment. Je reprendrai cette thèse du caractère ouvert du développement dans ma quatrième partie.

Troisièmement, si on peut connaître le caractère extrêmement complexe des problèmes que les formes de vie, d'après ma thèse, tentent de résoudre et sur lesquels se fixe la critique de celles-ci, un autre aspect se
242 dissimule derrière cette conception : | il résulte de la présentation que j'ai donnée que là où les formes de vie entrent en crise, elles échouent d'abord non pas face à des obstacles extérieurs, mais face à des problèmes qu'elles ont causés et posés elles-mêmes. En d'autres termes, elles échouent face à un niveau d'exigence qu'elles-mêmes ont établi et qui font d'elles ce qu'elles sont. En effet, il ne s'agit pas d'exigences étrangères, mais de leurs *propres* exigences normatives, posées avec la modalité déterminée d'une forme de vie, auxquelles elles ne correspondent pas. Qu'il s'agisse de leurs « propres » exigences, on doit l'entendre au sens large, dans lequel il ne s'agit pas seulement de valeurs explicitement déclarées s'opposant à des déclarations faites du bout des lèvres, mais de points de référence qui sont déjà contenus dans les pratiques sociales et qui sont partagés du fait de la participation à ces pratiques d'une part, mais d'autre part, ils ne sont pas, de fait, effectués au sens plein, voire ils ne sont jamais réalisables sans contradiction dans une situation donnée. Les problèmes résultent ainsi d'une constellation spécifique à la forme de vie du moment – et de son caractère spécifiquement contradictoire[1]. C'est donc un type déterminé de position de problèmes et de crises – pour le dire mieux : une manière déterminée par laquelle nous sommes confrontés aux problèmes dans les exécutions pratiques d'une forme de vie – dont il peut s'agir dans une critique des formes de vie. Les résolutions de problèmes, telles qu'elles se présentent à titre de critère englobant pour la réussite ou l'échec des formes de vie, sont donc prédéfinies normativement, situées historiquement et « faites maison ».

Par là, on commence il est vrai à répondre à une question ultérieure, mais sans y répondre encore complètement. Si l'on pose que les problèmes ne sont jamais « purs », mais toujours des problèmes d'un ordre supérieur, d'où viennent-ils alors et comment naissent-ils ? Qu'est-ce qui déclenche une dynamique de crise ou, plus précisément, qu'est-ce qui fait d'une dynamique donnée de crise la crise d'une forme de vie en tant que forme de vie ? Ou encore : qu'est-ce qui différencie les problèmes dans lesquels les formes de vie peuvent tomber des problèmes de cette forme de vie même ?

1. Au sens développé plus haut (chapitre 3.4) à l'aune de la conception hégélienne de la séparation du concept et de la réalité.

| *Une petite typologie des problèmes* 243

Pour saisir la figure spécifique des problèmes que je conçois comme des *problèmes des formes de vie*, il est pertinent de distinguer différentes manières de se confronter avec des problèmes, différents types de cause des problèmes et différentes manières de travailler les problèmes.

1) Représentons-nous une forme agraire de vie se trouvant dans la plus profonde détresse du fait de toute une année sans pluie, la sécheresse ayant rendu impraticables les manières connues de se nourrir. Ici, la *cause du problème* est *externe*, puisque ce n'est pas la figure ou la dynamique des pratiques et des institutions (reproductives) propres à la forme de vie en question elle-même qui ont conduit aux manques actuels, mais un événement naturel qui a surgi de manière contingente. C'est justement pourquoi une telle crise n'est pas, selon ma perspective, la crise d'une forme de vie *en tant que* forme de vie. Les problèmes auxquels elle est confrontée sont des problèmes *pour elle* mais pas des problèmes liés *à elle*.

2) Il en va autrement en changeant la description du problème. En effet, on peut penser un second cas où une crise – imaginons de nouveau une sécheresse et une famine en résultant – est certes causée de manière externe, mais où cette cause externe ne mène à un problème ou à une crise que parce qu'elle rencontre des *déficiences internes* des pratiques et institutions constitutives de cette forme de vie. Comme auparavant, les personnes concernées n'ont pas le pouvoir de faire pleuvoir. Cependant, il tombe sous le sens de se prémunir des conséquences d'une prochaine catastrophe au moyen de réserves dans des granges, surtout lorsque la survenue de telles périodes de sécheresse est plus que vraisemblable. Si une communauté ne le fait pas, on peut affirmer (ou analyser ce cas en disant[1]) que la situation de détresse, quoiqu'intervenue à la suite d'un événement naturel contingent, n'a pu survenir que du fait d'une *réaction* insuffisante de la part des institutions sociales en question à une crise d'abord induite du dehors. | On pourrait aussi montrer que le répertoire 244
de pratiques et d'interprétations de cette communauté n'est pas approprié pour surmonter ce genre de crises, que la forme sociale de vie en question ne fournit en tant que forme de vie pas les ressources nécessaires pour faire face à une telle situation de crise. Ainsi, les mesures évidentes pour

1. Nous allons montrer que la critique (des formes de vie) procède fondamentalement par de telles analyses, en montrant que des problèmes ou des crises qui semblent d'abord « externes » ont des fondements immanents à la forme de vie. Sur ce point et sur le rapport de l'analyse et de la critique, cf. *infra*, partie III.

éviter les famines résultant d'une sécheresse pourraient ne pas être prises du fait de raisons immanentes à la forme de vie, en l'absence de pratiques de stockage de la nourriture ; leur développement pourrait encore ne pas avoir lieu du fait de mésinterprétations systématiques, par exemple si la sécheresse n'est pas interprétée comme un événement naturel survenant périodiquement, mais comme un « châtiment divin ». Une crise apparaissant ainsi (et comprise ainsi) peut être comprise complètement comme une véritable crise de forme de vie, justement lorsqu'elle peut être reconduite à un processus d'apprentissage, devant permettre d'éviter de telles situations, qui n'a pas eu lieu ou qui a échoué. Quoique dans ce cas aussi, le problème ait des causes externes – après tout, il ne serait pas survenu, ou pas sous cette forme, si la pluie n'avait pas cessé –, il devient un problème immanent à la forme de vie. Pour ainsi dire, de tels problèmes se trouvent à l'*interface* entre ce qui est propre à la forme de vie et les conditions contingentes de l'environnement. Les problèmes causés par la confrontation avec des conditions externes deviennent ainsi de véritables problèmes de forme de vie – et ainsi un problème *de* la forme de vie en question et non seulement *pour* elle – dans la mesure où ils mettent à jour une incapacité interne [1].

De telles constellations de crise sont courantes. Ainsi l'échec (final) des Vikings à conquérir le Groënland dont Jared Diamond a fait un cas si impressionnant de déclin d'une culture et d'un mode de vie dans son
245 livre *Effondrement* [2], | est d'abord à reconduire à la position externe d'un problème qui n'a rien à voir avec les déficiences de la forme de vie des Vikings. Les conditions climatiques étaient défavorables à la survie d'une population habituée à une certaine forme de reproduction – celle des économies de type agraire – et devinrent même de plus en plus défavorables. Les Vikings n'ont pas *mal fait* quelque chose, ils ont *eu la poisse* dans leur colonie. Cependant, l'inflexibilité et l'incapacité à s'adapter, décrites d'une manière si captivante par Diamond, de cette population fraichement installée, qui s'exprime entre autres, chez les Vikings émigrés depuis la Norvège, par leur refus de manger du poisson et, partant, leur incapacité à intégrer l'expérience des Inuits

1. Préférer dire que cette forme de vie avait toujours déjà eu ce problème, et qu'il n'a fait que s'actualiser par des facteurs externes, ou ne parler de « problème » et de « crise » que lorsque ceux-ci parviennent à leur actualisation – pour prouver l'incapacité à apprendre de la forme de vie –, ce n'est finalement qu'une question de goût.

2. J. Diamond, *Effondrement. Comment les sociétés décident de leur disparition ou de leur survie*, Paris, Folio-Gallimard, 2009. Merci à Eva von Redecker pour avoir attiré mon attention sur ce livre et à Jacob pour avoir éveillé mon intérêt pour les Vikings.

installés sur place pour faire face aux conditions de vie difficiles sur le plan climatique et écologique au Groënland[1], tout cela est plus que de la poisse. Les raisons multiples et emmêlées de s'agripper à des modes de vie et d'économie pourtant difficilement réalisables sous certaines conditions climatiques et géographiques sont des modes de réaction dont on doit chercher les causes dans un blocage de l'apprentissage qui résulte de la forme de vie même des Vikings.

Si, par souci de clarté, j'ai illustré cette confrontation à l'aune de la prise en compte de la *première* nature, le même mécanisme qui fait devenir immanents des problèmes causés de l'extérieur peut être transposé à la confrontation avec d'autres formes de vie (et donc à d'autres instances de la *seconde* nature). Une formation familiale patriarcale et traditionaliste peut par exemple entrer en crise par sa confrontation soudaine avec d'autres modes de vie, de sorte que les rôles typiques incorporés, le modèle de la division domestique du travail ou les limitations de l'autonomie
sont mis sous pression. Ici aussi, | on peut éprouver la plausibilité des **246**
interprétations affirmant qu'une problématique d'abord causée de l'extérieur se révèle, ensuite, une crise immanente à une forme de vie (si l'on part contra-factuellement d'un développement d'abord séparé et d'une véritable « étrangeté » entre les formes de vie qui se rencontrent ici), du fait qu'en elle la confrontation avec des pratiques différentes rend virulentes les déficiences internes de la forme de vie elle-même[2].

3) Nous parvenons par cette discussion aux cas d'immanence « véritable » ou « authentique » à distinguer des deux autres classes. Les cas discutés en détail plus haut à l'aide de la théorie hégélienne de la famille et de la « crise de la société du travail » peuvent être caractérisés comme des problèmes posés d'une manière authentiquement immanente. Dans ces cas, ce n'est pas un problème d'abord causé de l'extérieur qui devient immanent, mais le problème émerge déjà des « contradictions » (comme on peut les nommer ici) et des champs conflictuels posés de

1. Évidemment, comme l'admet aussi Diamond, les choses sont plus compliquées : au bout du compte, la colonisation du Groënland a été un succès pour un certain temps. Finalement, la tentative de conserver une économie mixte et d'établir une agriculture à côté de l'économie des Inuits concentrée sur la pêche avait aussi ses avantages et, en dernière analyse, la dégradation des conditions climatiques n'était pas prévisible.

2. Le volume déjà mentionné plus haut de Werner Schiffauer, *Familie und Alltagskultur*, offre un riche matériau à de telles interprétations. On peut même affirmer dans beaucoup de cas qu'il est hautement invraisemblable que les défis externes mènent à une situation problématique critique sans que soit déjà présente une insuffisance interne – ce qui met fin à l'analogie avec la famine, laquelle existe bien factuellement, qu'elle soit ou non un problème de la forme de vie.

manière immanente dans la configuration des pratiques propres aux formes de vie. La crise de la société civile en tant que société du travail que j'ai esquissée est immanente au sens suivant : le problème qui survient, le chômage structurel, est le résultat du *design* des structures économiques et sociales centrales de cette société. Ce problème est donc « produit par elle-même » ou causé de manière immanente, et les difficultés qu'il y a à le résoudre sont engendrées par la prétention, élevée par la société civile elle-même, selon laquelle les individus de la société civile peuvent et doivent conquérir « leur dignité et leur existence » par leur participation à cette société en tant qu'elle est soudée par le travail[1]. Ici, les crises des formes de vie deviennent ce que l'on peut nommer avec Hegel des « contradictions ».

J'ai donc esquissé trois variantes dans ma petite typologie des problèmes : il y a des problèmes qui sont causés de l'extérieur et restent extérieurs, auxquels ne correspond donc pas de déficience du côté de la forme de vie. Il ne s'agit dans ce cas pas de véritables problèmes de forme de vie selon ma définition. En revanche, je caractériserai comme
247 des problèmes de forme de vie les deux autres | cas, celui où un problème venant « du dehors » fait devenir patent le manque de ressources interne d'une forme de vie afin de résoudre les problèmes, tout comme celui d'une genèse au sens fort immanente du problème. De tels problèmes concernent une forme de vie *en tant que* forme de vie et sont ainsi des problèmes qui n'existent pas seulement *pour celle-ci*, car ils sont aussi *liés à celle-ci* – bref, à mieux y regarder, des problèmes que cette forme de vie n'a pas seulement avec quelque chose, mais aussi *avec elle-même*[2].

Je reviendrai au chapitre 9 sur la conception « dialectique » des problèmes comme contradiction que j'ai évoquée ici. J'y défendrai l'idée que cette conception, malgré toutes les difficultés liées à la théorie hégélienne de la contradiction, est celle qui saisit le mieux l'ossature particulière des problèmes de forme de vie.

1. Cf. *infra*, chap. 4.4.

2. On voit aisément que je conçois le troisième cas comme celui qui est paradigmatique pour les formes de vie, ce qui peut être argumenté en renvoyant au fait suivant : la situation d'un manque de ressources internes d'une forme de vie peut être en retour le mieux expliqué comme étant la conséquence d'un développement raté immanent et d'un blocage, induit d'une manière immanente, de l'apprentissage.

Les problèmes internes en tant que problème de deuxième ordre

Cependant, dans ce qui suit, je vais poursuivre, mais d'une manière encore plus approfondie et d'un autre point de vue, l'étude de l'« interface » entre la position interne des problèmes et la position externe, et, ainsi, introduire une nouvelle catégorie d'analyse à propos de la question du moment « externe » ou « matériel » des problèmes.

La distinction faite par Larry Laudan (et devenue courante en théorie des sciences) entre problèmes empiriques et problèmes conceptuels est instructive ici. Selon cette distinction, les *problèmes empiriques* sont des problèmes liés au monde, des problèmes qui viennent du monde : « tout ce qui nous apparaît, en rapport avec le monde naturel, comme bizarre ou nécessitant une explication, constitue un problème de ce type »[1]. Dans la mesure où ces problèmes soulèvent des questions « sur les objets qui constituent le domaine de toute science[2] », Laudan les caractérise comme des problèmes de *premier ordre*.

En revanche, les *problèmes conceptuels* sont des problèmes d'un ordre supérieur. | Ils ne se posent pas par rapport au monde même, mais **248**
par rapport aux théories sur le monde – des théories devant résoudre des problèmes empiriques – qui ou bien se contredisent elles-mêmes, ou bien peuvent entrer en conflit avec d'autres théories. C'est-à-dire, comme Laudan l'écrit :

> Les problèmes conceptuels sont des questions d'un ordre supérieur relatives au bien-fondé des structures conceptuelles (c'est-à-dire des théories) qui ont été inventées pour répondre aux questions d'ordre premier[3].

Selon la perspective de Laudan, cette distinction entre problèmes empiriques venant du monde et problèmes qui naissent en rapport à notre observation théorique du monde ne peut être soutenue que si nous sommes conscients du fait que nous n'observons jamais le monde qu'à travers une « lentille » de catégories et de concepts préexistants et que les problèmes ne peuvent être connus comme problèmes qu'à l'intérieur d'un contexte (théorique) donné.

1. L. Laudan, *La Dynamique de la science*, trad. fr. Ph. Miller, Bruxelles, Mardaga, 1987, p. 34.
2. *Ibid.*, p. 35.
3. *Ibid.*, p. 66.

Mais même si (contre Laudan) on veut soutenir une thèse plus forte sur la structuration conceptuelle du monde[1], sa distinction peut servir de carte de contraste pour notre questionnement. Ma thèse peut ainsi être traduite au moyen de sa distinction : s'agissant de ce qui peut être pertinent pour une critique des formes de vie, il n'y a pas de problèmes « empiriques », mais seulement des problèmes conceptuels, des problèmes de deuxième ordre. Ou bien, en d'autres termes : les problèmes d'ordre premier ne sont même perceptibles que médiatisés par des problèmes de deuxième ordre en tant que questions de formes de vie.

On peut en effet transposer aux formes de vie l'analogie avec la distinction entre « monde » et « théorie » (entre un problème lié au monde ou un problème lié à la théorie) de la manière suivante : une période soudaine de sécheresse ou un changement climatique
249 insurmontable sont des | problèmes (empiriques) venant du monde : ils créent un *problème avec le monde* pour les formes de vie. Mais, comme nous l'avons développé plus haut, là où un tel problème survient en tant que problème d'une forme de vie, c'est-à-dire en tant que déficience dans les mécanismes culturels pour surmonter ces problèmes, il s'agit d'un *problème conceptuel* – et ce même si l'on ne doit pas se représenter dans ce cas l'aspect conceptuel sur le modèle de pures théories, mais comme un lacis de pratiques et d'interprétations de celles-ci, qui forment le cadre interprétatif d'une forme de vie.

Pour le traduire dans ces termes, les problèmes immanents à une forme de vie sont des problèmes conceptuels (ceux qu'on a discutés dans les cas 2 et 3), et les problèmes externes sont des problèmes empiriques (comme celui du cas 1). La sécheresse advient dans le monde sans que nous ne fassions rien. Cependant, le fait qu'aucune grange permettant de faire des réserves n'ait été construite afin de réagir adéquatement à une expérience répétée n'est pas du ressort du « monde » même, mais de nos propres mécanismes culturels pour surmonter le problème qui se pose dans ce cas ainsi que des interprétations du monde liées à ces mécanismes. Nommer ces problèmes des « problèmes conceptuels de deuxième ordre permet de souligner le fait que ce sont les blocages ou les défauts systématiques dans l'ensemble interprétatif d'une forme de vie elle-même qui surviennent *en tant que problèmes*, et non les manques

1. *Cf.* Hegel qui, dans la *Phénoménologie de l'esprit*, critique la représentation de la théorie de la connaissance comme d'un instrument au travers duquel on observerait l'effectivité. *Cf.* aussi la critique par W. Sellars du « mythe du donné » dans *Empirisme et philosophie de l'esprit*, trad. fr. F. Cayla, Combas, Éditions de l'éclat, 1992, et J. McDowell, *L'esprit et le monde*, trad. fr. C. Al Saleh, Paris, Vrin 2007 qui reprennent la critique hégélienne.

factuels ou matériels eux-mêmes (la famine, le chômage, les conflits familiaux)[1]. Pour aller plus loin, ce point attire notre attention sur le fait que c'est un lacis complexe de théories et de pratiques qui s'avère être inadéquat ou déficient dans de tels cas. La faculté de construire des granges en réponse à un problème empirique et externe une fois qu'il s'est posé, voilà qui dépend de pratiques incorporées qui, en retour, sont influencées par notre savoir sur le monde – par exemple, savoir apprécier que le problème de la sécheresse puisse toujours se répéter. Mais même la possibilité de ce savoir se base sur tout un complexe d'autres savoirs et d'autres dispositions pratiques, par exemple un concept déterminé du
temps et une | expérience pratique déterminée du temps, et, plus encore, 250
cela dépend non seulement d'une compréhension du monde, mais aussi de l'auto-compréhension de la communauté en question ainsi que des ressources et possibilités (intellectuelles et matérielles) qui en résultent. Le savoir qui se rapporte à cette situation particulière, et la possibilité de développer des pratiques correspondantes qui y est liée sont imprégnés d'interprétations globales du monde et peuvent toujours être bloquées par celles-ci (si l'on interprète la sécheresse comme un châtiment divin, les fondements conceptuels permettant de construire des granges deviennent inutiles).

Les problèmes de forme de vie sont donc des problèmes « conceptuels » de deuxième ordre, dans la mesure où ils concernent l'introduction d'une pratique dans le cadre interprétatif d'une forme de vie, où ils s'avèrent être des incongruences dans le cadre interprétatif pratico-normatif d'une forme de vie et, par là, où ils peuvent être saisis comme des crises de ce cadre de référence (ce qui correspond à ce qu'est la « théorie » chez Laudan). Les problèmes « empiriques » se jouent dans un domaine qui n'est pas pertinent pour mon questionnement, car les formes de vie *en tant que* formes de vie ne sont en rien confrontées avec des problèmes d'ordre premier, puisque les problèmes et leurs solutions sont toujours médiatisés conceptuellement. Comprise comme un « châtiment divin », la sécheresse n'appelle pas seulement à une autre solution que la construction de granges (par exemple des mesures d'apaisement) : d'une manière décisive, c'est aussi tout bonnement d'un *autre problème* qu'il

1. Fait décisif, les mécanismes pour surmonter des problèmes ne résident pas simplement dans ces mécanismes eux-mêmes, en quelque sorte dans des « pratiques brutes », mais dans un mélange de pratiques et d'interprétations de celles-ci : ces mécanismes sont possibles sur un fond d'interprétations, car le rapport pratique au monde est connecté à son interprétation.

s'agit alors[1] (d'une manière analogue, le problème du chômage se pose différemment, même en tant que problème, selon l'interprétation des mécanismes économiques qui le causent ainsi que selon la conception qu'on se fait de la société).

Il apparaît aussi que la « résolution » de tels problèmes des formes
251 de vie est plus exigeante que celle des problèmes | d'ordre premier. Chacune de ces résolutions doit être introduite dans un espace donné, elle doit être la résolution conceptuellement adéquate d'un problème posé conceptuellement, et donc s'insérer dans l'horizon normatif et l'ordre de problèmes d'une forme de vie donnée.

Moment matériel, et correctifs

Si les problèmes ne sont toutefois « ni donnés ni construits » au sens de la thèse formulée plus haut avec Dewey, donc ni donnés, au sens de « faits bruts », ni totalement construits, comme s'ils étaient « inventés », quel rôle joue alors le moment externe et, en cas de doute, le moment matériel pour la position des problèmes ? On pourrait dire qu'il joue le rôle d'un correctif matériel ou factuel (au sens large). Selon cette conception des problèmes, on peut difficilement contester que, dans beaucoup de situations dans les cas de crise, il y a un problème, c'est-à-dire, le déroulement de la vie ou des actions est perturbé ou se présente autrement qu'attendu, et ce même s'il ne s'agit pas encore du problème déterminé – conceptuel – d'une forme de vie. Le moment « matériel » ou généralement « externe » qui entre ainsi en jeu – ce qui importe pour la suite de la discussion[2] –, à cause de la pression de problèmes d'ordre premier (nos exemples du fait incontournable de la famine ou de la discorde familiale), autorise des diagnostics selon lesquels une forme de vie a un problème de deuxième ordre empêchant la perception adéquate d'un problème d'ordre premier. Si, d'un côté, les problèmes empiriques (d'ordre premier) ne sont donc pas pertinents pour la critique des formes de vie, la prise en compte d'une source d'abord indépendante de nous dans la position d'un problème, en ce sens faible, peut toutefois être

1. Là-dessus, *cf.* dans le même sens (quoiqu'avec d'autres conséquences) E. Laclau, C. Mouffe, *Hégémonie et stratégie socialiste. Vers une radicalisation de la démocratie*, Paris, Fayard, 2019, p. 200-201 : « Un séisme ou la chute d'une brique sont des événements qui existent certainement, au sens où ils arrivent ici et maintenant, indépendamment de ma volonté. Mais quant à savoir si leur spécificité d'objets est construite en termes de “phénomènes naturels” ou “d'expression du courroux de Dieu”, cela dépend de la structure d'un champ discursif. »

2. *Cf.* plus bas, chap. 9.

efficace ou informative. Autrement dit, si la conclusion (constructiviste et relativiste) selon laquelle il n'y a de problèmes que si on les construit (d'où il résulterait, d'un point de vue épistémique, l'impossibilité de thématiser le cadre de référence lui-même) pouvait résulter de l'insistance sur le caractère « conceptuel » des problèmes des formes de vie, il n'en reste
pas moins que la connexion immanente | d'une forme de vie est rompue **252**
par l'introduction de cet élément matériel.

La signification du concept de problème et l'hypothèse d'un déroulement des formes de vie au cours duquel surgissent des crises consistent alors, pour les réflexions développées ici, à introduire un moment « matérialiste » modéré dans la conceptualisation des formes de vie. Le caractère par ailleurs souvent conçu comme fermé des formes de vie en tant que système interprétatif et de référence global « éclate » d'une certaine manière eu égard au fait que les formes de vie peuvent se trouver face à des problèmes et entrer en crise. Dans le sens de ce que j'ai affirmé plus haut avec Dewey, à savoir que l'on ne peut ni provoquer ni éluder des problèmes sur le temps long, le concept de problème, d'une part, fait ainsi office de « pierre d'achoppement », mais ne prescrit pas, d'autre part, d'adopter un naturalisme des faits pré-interprétatifs ou présociaux.

Résumé

Ma thèse était la suivante : les formes de vie sont des stratégies de résolution (toujours différentes) des problèmes qui se posent à l'humanité – en tant que genre mais toujours d'une manière historiquement et culturellement spécifique. Par rapport aux problèmes, les formes de vie en « rencontrent » d'autres dans leurs tentatives de solution, ou bien elles se distinguent des autres dans leur manière de résoudre ces problèmes. C'est sur cela que reposent la comparabilité et l'évaluabilité différentielle des formes de vie. La discussion entre elles est donc une discussion sur la meilleure solution d'un problème, et les formes de vie doivent être mesurées à leur capacité à résoudre les problèmes qui se posent à elles.

Les formes de vie s'incarnent dans des pratiques sociales et s'occupent de problèmes de maîtrise de la vie. Quoique le discours sur les « valeurs » et ma conception ne s'excluent mutuellement pas directement, ma conception met un autre accent que la discussion sur les valeurs, à savoir celui qui souligne que les valeurs sont motivées, qu'elles ont des motifs et des conséquences, qu'elles sont « ancrées dans le processus matériel

de la vie ». La focale est ainsi mise sur ce qui est aussi un *moment réactif* des formes de vie et, par là, sur la discussion avec les tâches « venant du
253 monde » : et c'est justement ce fait qui doit rendre possible | de concevoir comme discutables et critiquables les formes de vie. Leur évaluation trouve donc son critère dans l'état des choses qui fait problème. Mais que signifie pour la possibilité de leur critique le fait que les formes de vie affrontent des problèmes et puissent entrer en crise ? La prochaine partie de cette recherche est dédiée à cette question.

Troisième partie

FORMES DE LA CRITIQUE

> | Toute dialectique laisse valoir ce qui doit valoir comme s'il était valable, 257
> elle laisse la destruction interne elle-même s'y développer. G.W.F. Hegel
> Nous ne faisons ainsi pas face au monde d'une manière doctrinaire avec un nouveau principe : voici la vérité, agenouille-toi ! Nous développons pour le monde des nouveaux principes à partir des principes du monde.
> *Karl Marx* [1]

La critique des formes de vie est, comme cela résulte des deux derniers chapitres, possible dans la mesure où ces formes de vie ne sont pas seulement telles qu'elles sont, mais peuvent réussir ou bien échouer[2]. Si les critères de réussite se réfèrent à l'exigence de résoudre les problèmes posés par chacune des formes de vie respectives, celles qui n'y parviennent pas tombent dans des *crises normatives* qui leur sont spécifiques. Il n'y a donc pas seulement des critères posés par elles-mêmes pour en faire la critique ; il y a une autre occasion pour la faire. On peut envisager la critique comme le côté subjectif de telles crises. Et elle est, dans la mesure où les crises et les problèmes ne sont pas seulement d'ordre objectif, mais sont produits par des sujets, en

1. K. Marx, Lettre à Arnold Ruge de septembre 1843, trad. fr. P. Clochec, « Une correspondance de 1843 », *Annales franco-allemandes*, Paris, Les Éditions sociales, 2020, p. 195-198. Il est écrit dans la même lettre : « C'est toutefois justement l'avantage de la nouvelle orientation que nous ne voulons pas anticiper dogmatiquement le monde, mais seulement trouver le nouveau monde à partir de la critique de l'ancien » (p. 195). On y trouve également la remarque suivante intéressante sur la position du critique : « Nous pouvons donc résumer la tenance de notre journal en *un* mot : compréhension de soi (philosophie critique) de l'époque quant à ses propres luttes et souhaits ».

2. Cela ne signifie pas qu'elles ne peuvent à chaque fois que réussir ou bien échouer : dans la plupart des cas elles se trouvent bien quelque part dans l'entre-deux.

même temps une partie de la crise – et comme telle une partie de ce qui constitue la dynamique des formes de vie.

Au caractère spécifique de la forme de normativité qu'on a mise en évidence ici correspond donc quelque chose du côté du « comportement critique ». Si les formes de vie peuvent être critiquées à l'aune des normes qui sont posées par elles-mêmes, qui sont pour ainsi dire stockées dans leurs exécutions pratiques, cette structure normative (ou l'ontologie
258 sociale normative des formes de vie) suggère | un *mode* déterminé pour une telle critique : c'est la critique *immanente* en un sens fort qui se rapporte à la crise dans laquelle tombent les formes de vie, dans la mesure où celles-ci échouent face aux problèmes qu'elles portent et qu'elles font naître. Dans les prochains chapitres, il faudra traiter de cette *forme* de critique que je voudrais mettre en évidence en la distinguant d'autres modèles de critique.

Mais comment *procède* une telle critique ? À partir de quel point de vue juge-t-elle, et pourquoi est-elle proprement nécessaire si pourtant les formes de vie tombent dans des crises d'elles-mêmes ? La critique immanente part, pour le dire en une courte formule, des exigences et des conditions posées avec une forme de vie, elle réagit aux problèmes et aux crises qui surgissent dans celle-ci et en tire précisément le potentiel de transformation qui va au-delà des pratiques en question et vise à les changer.

Seule l'approche de la critique immanente permet, telle est ma thèse, de résoudre le problème consistant à établir un critère de la critique d'une manière qui *ne* renvoie *ni* à une variante « contextualiste » devenant dans la critique une auto-compréhension pure à l'intérieur d'un cadre que pour sa part on n'interrogera plus, *ni* à un standard externe qui ne satisferait pas la tâche d'une critique des formes de vie à titre de forme de vie. Le point de départ de ma discussion est pour cela le jugement suivant : la critique des formes de vie doit se passer de méta-jeu de langage, et de « point d'Archimède » neutre, transcendant toutes les formes de vie particulières. Elle ne peut pas non plus rester purement interne, si elle veut prendre en compte la thématisation des formes de vie comme telles en général. Une version forte de ce qu'on appelle depuis Hegel et avec lui une « critique immanente » peut donc résoudre ce problème. Cette critique transcende certaines dichotomies courantes[1] : elle n'est ni

1. Pour une autre tentative, abordant la discussion sociale scientifique, de développer une alternative entre la critique sociale interne et celle externe, *cf.* R. Celikates, *Kritik als soziale Praxis. Gesellschaftliche Selbstverständigung und kritische Theorie*, *op. cit.*

« forte » ni « faible » (au sens d'Onora O'Neill) ; elle n'est ni « interne » ni « externe » (au sens de Michael Walzer)[1]. Elle part | d'un contexte 259
déterminé (situé historiquement et socialement) et, en même temps, le transcende. Si, comme Marx l'a formulé, elle veut, « à partir de la critique du vieux monde, trouver le nouveau monde », la critique immanente des formes de vie génère donc, d'un côté, ses critères « à partir de la chose (critiquée) elle-même », mais, de l'autre côté, elle est pourtant suffisamment forte – c'est-à-dire transformative– par comparaison avec le particularisme et le relativisme d'une critique restant interne, pour pouvoir critiquer une forme de vie *en tant que* forme de vie.

Dans ce qui suit, j'examinerai le concept de critique immanente d'abord par rapport aux formes (dans ma typologie « faibles ») de « critique interne », avec lesquelles elle est souvent confondue. Ce faisant, je mettrai l'accent dans la critique immanente sur le procédé négatif ou critique de l'idéologie[2]. Dans ma typologie (loin d'être exhaustive) des manières critiques de procéder, la critique interne et la critique immanente sont donc envisagées comme deux variantes d'une critique qui, par opposition à la critique externe, trouve « son critère dans ce qui est critiqué même »[3]. Si toutefois la critique interne est l'autocompréhension qu'une forme de vie a d'elle-même et le rétablissement des idéaux qui sont déterminants pour elle, alors la critique immanente,

1. *Cf.* O. O'Neill, « Starke und schwache Gesellschaftskritik in einer globalisierten Welt », *Deutsche Zeitschrift für Philosophie*, 48/5 (2000), p. 719-728 ; M. Walzer, « Mut, Mitleid und ein gutes Auge », *Deutsche Zeitschrift für Philosophie*, 48/5 (2000), p. 709-718.

2. Je ne voudrais pas que la typologie soit ici trop longue, mais on pourrait facilement opposer trois formes de critique : la critique interne, la critique immanente-reconstructive et la critique immanente négative qui est critique de l'idéologie. Je me concentre ici sur l'aspect négatif. Quant à la question de savoir comment une telle conception de la critique immanente peut être comprise comme critique de l'idéologie, je l'ai développée dans R. Jaeggi, « Qu'est-ce que la critique de l'idéologie », *Actuel Marx*, 2008/1 (n° 43), p. 96-108.

3. Ces distinctions recoupent largement, mais pas totalement, celles proposées par Axel Honneth : Honneth distingue d'un côté la critique *reconstructive* et la critique *constructive*. Celle-là *reconstruit* les principes et idéaux normatifs qui sont constitutifs d'une société ou d'une formation sociale et mesure la réalité effective à l'aune de cette reconstruction ; celle-ci *construit* – dans cette mesure d'une manière externe – les idéaux normatifs à l'aune desquels la société doit être mesurée. Dans le « camp » de la critique reconstructive, Honneth distingue ensuite en retour une « variante herméneutique » et celle de l'hégélianisme de gauche. *Cf.* Axel Honneth, « Une critique reconstructive de la société sous réserve généalogique. Sur l'idée de "critique" dans l'École de Francfort », *Ce que social veut dire. Les pathologies de la raison*, t. II, trad. fr. P. Rusch, Paris, Gallimard, 2015, p. 81-94.

orientée par les crises dans lesquelles les pratiques sociales comme les
idéaux peuvent tomber, est le ferment critique de l'auto-transformation
260 d'une forme de vie. C'est en tout cas | la compréhension de la critique
immanente que je développerai dans ce qui suit et eu égard à laquelle le
projet d'une critique des formes de vie peut s'attacher.

Dans le cinquième chapitre qui suit j'analyserai, après une délimitation d'avec la critique externe, la démarche et la structure de la critique *interne*, afin, dans le sixième chapitre, d'examiner la méthode de la critique *immanente*, mais aussi d'éclairer le problème du modèle ainsi esquissé. Le tableau à la fin de cette partie, p. 276, donne un aperçu des modèles de critique – externe, interne, immanente – discutés ici.

CHAPITRE 5

QU'EST-CE QUE LA CRITIQUE INTERNE ?

| Dans ce chapitre, j'esquisserai la façon dont fonctionne la critique 261
interne par opposition à la critique externe (première section), puis j'examinerai plus en détail, dans sa structure, la démarche de la critique interne à l'aide d'exemples (deuxième section) et, enfin, j'exposerai ses avantages et ses limites (troisième section).

5.1. CRITIQUE EXTERNE ET CRITIQUE INTERNE

Comment procède une critique qu'on effectue de manière interne par opposition à une critique externe? La définition la plus générale est la suivante : le « critère de la critique », dans les cas de critique interne, se trouve, non pas *à l'extérieur* de l'état de choses ou bien de l'objet critiqués, mais *en eux-mêmes*. Par opposition, la critique externe procède de telle sorte qu'elle mesure une situation existante à l'aune d'exigences dépassant les principes se trouvant en celle-ci ou bien qu'elle met en question cette situation dans son ensemble. Les différentes variantes de la *critique externe* font donc valoir des critères qui sont appliqués de l'extérieur aux normes et aux pratiques d'une formation sociale donnée. Les exigences eu égard auxquelles une situation existante est mesurée transcendent les principes valant dans celle-ci ou bien ne partagent rien avec eux.

Par là, les positions de la critique externe englobent un vaste champ que je ne prétends pas ici explorer en détail. C'est « de l'extérieur » que proviennent les critères d'une critique, aussi bien lorsque l'observatrice d'un pays étranger critique celui-ci à l'aune de ses propres normes particulières qu'elle a apportées avec elle, que dans les variantes universalistes de la critique externe qui prétendent correspondre à un

« regard de nulle part »[1] en dehors de tout lien particulier, donc n'étant pas lié à la configuration normative d'une communauté particulière[2],
262 mais | se rapportant à une universalité de toutes les communautés pensables. Même les fondations anthropologiques de la critique, telles celles qui partent donc de représentations de ce que sont les êtres humains en général ou de ce qui leur est nécessaire, les besoins et les capacités qui sont les leurs et les qualités permettant de réaliser une vie humaine bonne, sont à cet égard externes face aux sociétés particulières et à leurs institutions concrètes du point de vue historique et culturel, dans la mesure où elles font valoir quelque chose qui doit valoir pour tous les êtres humains du fait qu'ils sont humains, indépendamment de leur lieu concret socioculturel et de leur histoire.

Indépendamment de ces ressources à chaque fois particulières pour la fondation de la critique, la critique externe applique donc un critère normatif à une société existante, qui doit être valide indépendamment de la question de savoir s'il vaut déjà ou pas dans une société existante ou dans une configuration institutionnelle sociale existante, c'est-à-dire s'il est « contenu » dans un état de choses donné, et elle juge la situation donnée à l'aune de la question de savoir si celle-ci satisfait à ce critère. La critique vise dans ce cas une transformation, le surmontement ou la réorientation du donné à l'aune du critère des normes qu'on a importé sur ce donné.

En ce qui concerne le lieu social de la critique, c'est-à-dire de celle qui effectue la critique, ce qui vaut est par conséquent la chose suivante : celle ou celui qui critique d'une manière externe ne partage précisément pas les normes valant dans une communauté déterminée et, dans les cas qui posent question, manifeste sa distance vis-à-vis de leurs habitudes de vie. On peut également penser il est vrai au cas dans lequel il ou elle partage factuellement leurs habitudes de vie, c'est-à-dire le lieu social de pratiques normatives déterminées, mais voit précisément la tâche principale de la critique tout comme sa condition de possibilité dans le fait de se distancier de ce lien[3]. Il y a non seulement différentes

1. *Cf.* T. Nagel, *Le Point de vue de nulle part*, trad. fr. S. Kronlund, Combas, Éditions de l'éclat, 1993.

2. La critique « constructive » de type kantien est donc un cas particulier ambitieux d'une critique externe au sens générique. Cependant, on peut trouver de bonnes raisons pour affirmer que l'impératif catégorique n'est précisément pas un critère externe, c'est-à-dire n'est pas envisagé comme tel même par Kant dans la mesure où il est immanent à notre faculté rationnelle.

3. Sur le regard distancié du critique, *cf.* M. Saar, « Die Kunst, Abstand zu nehmen. Überlegungen zur Logik der Sozialkritik », *Texte zur Kunst* 70 (2008), p. 40-50.

variantes de ce que peut signifier le fait de s'approcher de l'objet critiqué « de l'extérieur », mais il y a aussi des représentations très différentes de ce que peut signifier l'affirmation selon laquelle les critères doivent être trouvés *dans* ce qui est critiqué, | et des représentations distinctes qui en 263
résultent relativement à la manière dont ces critères et ce qui est critiqué sont constitués dans un tel cas. Ce que, dans ce qui suit, je souhaite délimiter en un sens plus étroit (ou herméneutique) à titre de critique « interne » par opposition à la critique immanente, trouve ses critères « dans ce qui est critiqué lui-même » d'une autre manière que la critique immanente. J'examinerai donc d'abord ce que signifie proprement, dans le cas de la critique interne, le fait de parler d'un critère qui se trouve « dans » la chose même.

5.2. LA STRATÉGIE DE LA CRITIQUE INTERNE

Qu'est-ce exactement que la critique interne (dans le sens plus étroit décrit maintenant) et comment procède-t-elle ? La critique interne est une forme de critique défendue entre autres par Michael Walzer[1], mais aussi très fréquente dans l'entendement quotidien, qui part du fait que des idéaux et normes déterminés appartiennent certes à l'auto-compréhension d'une société déterminée, mais sans être *de facto* effectués en elle. La « réalité effective » de pratiques et d'institutions déterminées est alors mesurée à l'aune de ces idéaux déjà contenus en elles, mais non réalisés. Je veux désormais analyser plus précisément ce caractère *interne* des critères critiques à l'aune de différents cas de critique interne, afin de pouvoir caractériser plus précisément leur structure et de reconstruire les caractéristiques à l'aide desquelles, en fin de compte, les limites de la critique interne peuvent être mises en évidence.

Cas de critique interne

De très simples exemples du procédé de critique interne sont des cas tels ceux-ci[2] :

A. Un directeur des ressources humaines affirme publiquement que la promotion des femmes est l'une des tâches les plus importantes de la gestion moderne d'une entreprise. Mais, dans les faits, dès qu'il s'agit

1. Voir entre autres M. Walzer, *Critique et sens commun*, trad. fr. J. Roman, Paris, La Découverte, 1990 ; et « Mut, Mitleid und ein gutes Auge », *op. cit.*

2. Les exemples suivants ne relèvent pas forcément du domaine de la critique des formes de vie. Ce qui m'importe ici est avant tout seulement la manière de procéder d'une forme déterminée de critique.

d'embaucher, il ne prend même pas en considération les candidatures
264 féminines. Celui qui | critique une telle pratique renverra à la divergence entre la position prise officiellement et la pratique effective d'embauche. Il critique donc le directeur des ressources humaines à l'aune du standard que celui-ci a lui-même formulé.

B. Dans une communauté qui se croit engagée dans les idéaux de l'amour chrétien du prochain, on assiste à des discriminations malveillantes à l'égard de demandeuses d'asile qui cherchent de l'aide. Celles-ci (ou celles qui les défendent) peuvent faire remarquer que la pratique en vigueur dans la communauté est en contradiction avec les idéaux d'amour du prochain défendus par cette même communauté.

C. Les musulmanes féministes ou les théologiennes chrétiennes argumentent également de manière interne lorsqu'elles critiquent les pratiques misogynes du catholicisme ou de l'islam en affirmant qu'elles ne sont pas en accord avec la Bible bien comprise ou l'enseignement du Coran bien interprété. Cette critique trouve elle aussi son critère dans ce qui est critiqué lui-même, dans la mesure où une pratique ou une interprétation existantes sont critiquées au moyen d'une (ré)-interprétation de la source à laquelle se rapporte aussi la position critiquée elle-même.

D. Une société est, dans sa constitution, une démocratie fondée sur l'État de droit, mais, dans les faits, d'importants droits fondamentaux et de gestion paritaire sont mis à mal par les rapports de force existants. Celle qui critique se référera à la constitution pour critiquer la situation factuelle telle qu'elle s'est mise en place. Ici, ainsi qu'on l'a dit, l'*idée* de la constitution n'est pas en accord avec la *réalité effective* de la constitution.

E. On peut critiquer un roman « comme roman », dans la mesure où il ne satisfait pas au titre qu'il revendique par sa composition de roman. La critique dit alors par exemple : « La matière serait intéressante en tant que nouvelle, néanmoins, pour un roman, elle est trop mince et la composition n'est pas suffisamment englobante ». La composition de l'œuvre en tant que roman est donc en contradiction avec sa réalisation ou sa teneur, l'objectif visé est en contradiction avec le savoir-faire de l'auteur ou le potentiel du matériau. L'objet est ici mesuré aux normes ou principes formels internes, posés avec un genre déterminé.

Dans les exemples esquissés, le critère de la critique se trouve à chaque fois d'une manière distinctive *dans la chose elle-même* : il réside
265 dans la teneur des promesses eu égard auxquelles | quelqu'un devra nécessairement se laisser mesurer parce qu'il les a lui-même faites (comme dans l'exemple A), ou bien dans les convictions religieuses qui

se trouvent au fondement de l'auto-compréhension d'une communauté (comme dans l'exemple B) ; il peut aussi se trouver dans les principes qui découlent logiquement de la description d'une action (comme dans E) ou bien dans une source acceptée comme une autorité par un individu ou une communauté (comme dans C ou dans D).

Ce que présentent tous ces cas, c'est une inconsistance ou bien entre des affirmations et des faits, entre des normes acceptées et des pratiques, entre une apparence et la réalité effective ou entre la prétention et l'effectuation. La critique d'une telle situation procède par conséquent de telle façon qu'elle met en évidence les normes, prétentions, idéaux ou les principes génériques, qu'elle montre la contradiction à établir entre ceux-ci et la réalité effective existante, et qu'elle critique cette dernière en renvoyant à la contradiction, la présentant donc comme déficiente et fausse. La réalité effective à évaluer – les pratiques existantes, l'œuvre achevée – est mesurée par rapport à un critère accepté par ceux-là mêmes qui sont critiqués. La transformation espérée des pratiques ou des œuvres correspondantes est pour cette raison telle qu'on peut en dire qu'elle va les aider à revenir « à elles-mêmes ». « Je ne reconnais plus notre paroisse », a dit un pasteur protestant dont la paroisse avait été le théâtre de violences xénophobes massives. « L'Amérique s'est éloignée des valeurs qu'elle défendait autrefois », tel est le message de nombreux films d'Oliver Stone. Cette espèce de critique vise de manière correspondante, non pas le renversement d'un ordre déterminé ou bien l'établissement d'un nouvel ordre, mais la reconquête ou le rétablissement des normes qui ont été partiellement annulées par des pratiques s'en éloignant. La critique interne aspire du coup à la restitution des principes qui constituent la vie d'une communauté, ou la réactivation du « sens véritable » de leurs idéaux, même quand cela peut apporter des modifications parfois cruciales. On ne combat alors pas seulement les pratiques misogynes de l'Église catholique, mais on insiste sur le fait que celles-ci manquent le véritable sens de la doctrine chrétienne.

La formule selon laquelle la critique interne signifie le fait de critiquer un objet à l'aune d'un critère se trouvant « dans celui-ci » devient désormais un peu plus claire : l'« objet » est, | dans les cas qu'on 266
a discutés jusqu'ici, une communauté (comme dans B, C et D) ou bien (comme dans A) un individu ou encore (comme dans E) l'exemplaire d'un genre artistique. Tous ces cas se caractérisent par le fait qu'ils renferment des normes censées être acceptées et qui, normalement, devraient conduire toutes les pratiques, ce qui pourtant n'est précisément

pas le cas dans les faits pour différentes raisons. Le critère posé est donc une norme N qui, en principe, est reconnue comme valide par la communauté même en question, l'individu lui-même, ou en rapport à tel genre artistique. Ce critère est appliqué à la pratique factuelle. La critique est « interne », parce que la norme N à laquelle elle a recours est considérée comme valide par ceux-là mêmes qui exercent une pratique s'en éloignant. Là contre, la critique *externe* tire pour la critique d'une pratique P (et portée par la norme N) la norme N', proposant donc un remplacement de la norme N par N' – une norme qui ou bien provient d'une autre communauté ou bien revendique une validité universelle, par-delà les communautés déterminées.

La structure de la critique interne

Afin de mieux présenter sa problématique et de pouvoir mieux, ultérieurement, la distinguer de la critique immanente, je veux analyser la structure argumentative de la critique interne au moyen d'un schéma plus détaillé :

(a) Tout d'abord, on peut identifier *trois présupposés* de la possibilité de la critique interne :

(1) Une situation donnée et caractérisée par le fait qu'en elle, en même temps, une *norme N est acceptée* et une *pratique P est exercée*,

(2) N est *applicable* à P, c'est-à-dire *concerne* P et

(3) Entre N et P il y a *une contradiction*; N n'est pas effectué dans P

(b) Une fois que ces présupposés sont donnés, la démarche d'une critique interne consiste en ce qu'elle

(4) indique le lien entre N et P, c'est-à-dire la rend explicite. La
267 critique interne souligne | que N est une norme qui vise P, c'est-à-dire que P est une pratique qui tombe sous N;

(5) indique l'*inadéquation*, c'est-à-dire la contradiction entre N et P, autrement dit, elle montre que N ne s'est pas effectué dans P et

(6) pose l'exigence d'un *alignement* de P sur N.

La critique interne, donc, en passant par les étapes (4) à (6) (qui, selon le cas, sont différemment explicitées et reçoivent un poids différent), tire la conséquence à partir des présupposés (1) à (3).

Celle qui critique se trouve alors devant la situation suivante : la critique qu'elle doit exercer n'est *possible* que si les présupposés (1) à (3) sont donnés; l'activité de celle qui critique devient *nécessaire* parce qu'aucune des étapes (4) à (6) n'est évidente, même si celle qui critique ne fait rien d'autre que tirer la conséquence directe de ces présupposés. Celle qui critique est ici principalement une interprète et elle fait connaître, par l'interprétation, des connexions qui ne vont pas de soi. Elle doit dans les cas problématiques d'abord renvoyer au fait qu'une pratique déterminée tombe sous une norme – comme requis à l'étape (4) – et que toutes deux se trouvent en contradiction l'une vis-à-vis de l'autre. Ce n'est que si nous comprenons les actions militaires en Afghanistan comme guerre que nous savons que la convention de Genève doit valoir là-bas ; ce n'est que si nous considérons la distribution de bons alimentaires (au lieu d'argent liquide) aux demandeurs d'asile en général comme une discrimination paternaliste que l'on peut affirmer qu'une communauté a des pratiques discriminatoires en contradiction avec ses idéaux, que, partant, il y a une inadéquation entre ses normes et ses pratiques.

La critique interne est donc, notamment, *une démarche consistant à montrer des liens*. La « part active » de la critique interne consiste dans le fait d'indiquer, sur le fond de tels liens, des contradictions entre des normes et des pratiques et d'exiger qu'on y remédie. Les normes fonctionnant comme point de référence sont par là présupposées et, comme telles, n'ont pas à être d'abord établies ni interrogées. La tâche du critique consiste donc, non pas dans la (re)fondation ou la transformation de normes, mais dans le fait *de les faire valoir*. C'est pourquoi une telle démarche est parfois nommée « normativement faible ».

5.3. Avantages et limites de la critique interne

| Il est facile de voir quels sont les avantages de la manière de procéder **268**
de la critique interne qu'on vient de caractériser.

Avant tout, la critique interne possède des *avantages pratico-pragmatiques* pour les tâches de la critique sociale. Si je critique quelqu'un en le prenant « par ses propres exigences », il a une bonne raison pour accepter la critique. Les motifs pour changer une situation (c'est-à-dire l'ajustement de la réalité effective aux idéaux, des pratiques réelles à la norme) sont d'une certaine façon intrinsèques. Personne ne peut, voilà ce que nous soutenons, vouloir rester dans une contradiction interne, tout le monde doit avoir un intérêt propre à l'éliminer. La rhétorique du retour aux racines de l'identité propre ou communautaire, du réveil du sens véritable d'institutions sociales (dont la plupart des mouvements révolutionnaires font encore usage, du moins au début) ou de la réalisation du « rêve collectif » (comme l'*american dream*) fait ici son effet. Cette effectivité est également une des raisons qui fait que Michael Walzer, dans ses réflexions sur la possibilité de la critique sociale [1], prend parti pour la figure du « critique lié [à la société dans laquelle il est] », du critique interne, impliqué dans la société. À la localisation « interne » normative correspond aussi, dans l'image de Michael Walzer, son lieu social [2]. Le critique local peut fournir des motivations, on l'écoute. Lié comme il l'est, sa critique, même là où la critique interprétante doit entrer dans des questions de détail, n'est pas abstraite ; elle est concrète et rapportée à la particularité des situations problématiques.

269 En cela, Walzer semble toujours déjà présupposer que | le critique interne est une part, reconnue comme telle, de la communauté, et que, même là où sa critique doit maintenir inévitablement une prise de distance partielle vis-à-vis des habitudes existantes, on lui fait même confiance, parce que cette distanciation n'est précisément que partielle. Ainsi, la sincérité des motivations du critique local ne fait aucun doute pour sa communauté. Il veut améliorer d'une manière constructive l'état de choses auquel il se sait lié. Le critique externe, au contraire, suscite facilement, par sa radicalité, le soupçon d'être trop peu lié avec le contexte existant, et, ainsi, face aux institutions existantes, d'avoir une insensibilité et une violence larvée [3].

Il est vrai que les avantages *systématiques* de la démarche de la critique interne sont plus importants que de telles raisons pragmatiques : elle échappe au problème de la fondation du critère de la critique, étant donné que sa validité est déjà « proprement » reconnue. Le critère de la critique, dans le contexte de la société existante, n'a pas besoin ni le devoir d'être légitimé. Étant donné que la critique interne ne fournit pas le schéma abstrait et utopique d'un ordre social à atteindre, elle peut

1. Dans la terminologie de Walzer il s'agirait de la « voie de la découverte » et de la « voie de l'invention » (en tant qu'externes par rapport aux pratiques existantes de la communauté morale), par opposition à la « voie de l'interprétation » qui doit être conduite de manière interne. Cf. *Critique et sens commun*, *op. cit.*

2. M. Walzer, implicitement, identifie le lieu social, épistémique et normatif de cette critique. Mais ces points de vue ne sont pas nécessairement liés les uns aux autres. On pourrait tout aussi bien penser que quelqu'un, appartenant à un lieu social complètement en dehors de la communauté, fasse pourtant valoir dans la critique les principes normatifs propres à celle-ci, ou que, inversement, quelqu'un étant socialement lié à une communauté fasse valoir des critères normatifs obtenus de manière externe contre celle-ci, sans pour cela se distancier totalement d'elle.

3. Déjà Hegel voit (dans sa critique du jacobinisme) le radicalisme abstrait comme le danger d'une « furie du disparaître » agissant d'une manière purement négative : *Phénoménologie de l'esprit*, trad. fr. B. Bourgeois, p. 676.

se rapporter à quelque chose qui *se trouve* déjà dans la réalité sociale effective et qui, en plus, *vaut* même déjà normativement en elle. Même la question, souvent posée, du point de vue épistémique de la critique, donc la question de savoir de quel point de vue le critique, s'il occupe pourtant nécessairement lui-même toujours un point de vue déterminé, doit pouvoir juger ce qu'il critique, est superflue. Ce point de vue est en effet celui que partagent déjà tous les membres d'une communauté (qui produit des évaluations), auquel tous ont accès, même s'il peut être partiel ou bien temporairement caché.

En quel sens toutefois la critique interne est-elle proprement *critique*, si en effet elle trouve ses critères dans ce qui existe ? Et en quel sens est-elle normative ? Ici, « être » et « devoir-être » ne coïncident-ils pas d'une manière telle qu'il n'est pas facile de voir comment, à partir des critères empruntés à la réalité effective elle-même, une protestation critique contre ce qui existe doit pouvoir être élevée ? Assurément, | ce **270**
qui existe est mesuré « à l'aune de ses propres exigences » – mais que se passe-t-il si celles-ci ne vont pas très loin ? Le modèle ci-dessus rend donc visible, avec les conditions de possibilité d'une critique interne, également sa problématique, c'est-à-dire sa limitation. L'avantage du fait d'être impliqué et du recours à des normes déjà partagées semble, de l'autre côté, impliquer l'inconvénient d'une distance trop faible et d'un potentiel de transformation faible. Dans ce qui suit, je traiterai trois complexes de problèmes qui en résultent pour la critique interne. Le premier concerne le besoin d'interprétation des critères desquels se réclame la critique interne (1), le deuxième le conventionnalisme de la critique interne (2). En troisième lieu toutefois, la question qui se pose est de savoir dans quelle mesure on peut soutenir une séparation entre une perspective interne et une perspective externe quand on examine les relations sociales, et si le programme d'une « critique interne » ne conduit pas presque inévitablement à une conception illusoirement homogène de formations sociales qui doit être le fondement de la critique interne (3).

Interprétation et conflit

(1) La contradiction entre normes et pratique (sociale), à laquelle se rapporte la critique interne, a besoin d'être interprétée à de multiples égards. Comme nous l'avons vu plus haut, le fait qu'une norme déterminée soit applicable à une pratique déterminée et doive lui être appliquée n'est déjà pas évident. Même le fait qu'il y ait une contradiction entre norme et pratique doit d'abord, le cas échéant, être rendu compréhensible par

une interprétation – et peut par conséquent être contesté. Dans les cas les plus rares, il y a une contradiction manifeste, comme c'est le cas (dans l'exemple A) avec le directeur des ressources humaines qu'il suffit de « prendre au mot » pour faire apparaître une contradiction entre ses mots et son comportement. En revanche, la prise de conscience qu'il existe une contradiction entre le commandement d'aimer son prochain et la manière dont une société traite ses demandeurs d'asile (comme le montre l'exemple B) est le résultat d'une interprétation déterminée et d'une application de ce commandement. Dans de nombreuses situations qui réclament une critique interne, les *normes* elles-mêmes sont déjà plus ou moins explicitement données et elles doivent donc
271 d'abord être verbalisées et actualisées par celle qui critique ; | ou bien toutefois elles sont ambiguës et doivent d'abord être appliquées par elle à un cas particulier. Cependant, il n'y a pas que les normes, mais aussi les *pratiques* se présentant à partir d'une perspective critique comme réalisation inadéquate des normes, qui ont besoin d'être interprétées (qu'implique la distribution de bons alimentaires et dans quelle mesure doit-on la considérer comme discriminatoire ? Dans quelle mesure les procédés de certaines coteries et l'existence de rapports de force sociaux déterminés annulent-ils les droits constitutionnels ?).

Mais cette dépendance interprétative et la potentielle obscurité de la signification des pratiques et des normes ont, pour les conditions d'existence de la critique interne, des conséquences décisives. Même si on voulait partir, d'une manière contrefactuelle, de l'unicité d'une communauté[1], il apparaît que les contradictions, établies par celle qui critique, entre les normes et les pratiques d'une société aboutissent à des interprétations en rivalité, même là où ces interprétations partagent un point de vue commun. On peut évidemment justifier des institutions et pratiques très différentes en rapport à la Bible ou au Coran, mais la querelle sur cette question ne peut pas être réglée d'une manière simple par le renvoi à un texte fondateur qui ferait autorité. Et les opposants aux quotas féminins en tant qu'action positive visant à établir l'égalité entre les sexes n'invoquent généralement pas simplement le « droit du plus fort » pour s'y opposer, mais une autre interprétation du même principe normatif d'égalité de traitement pour tous.

1. Je parle ici et dans ce qui suit toujours de cas de critique sociale. Appliquée à l'exemple E – le mauvais roman –, l'unicité de la communauté correspondrait à l'unanimité concernant la description du genre.

À cela s'ajoute le fait que des situations sociales complexes sont caractérisées par une diversité de normes qui se chevauchent. Ainsi y a-t-il dans toute société plusieurs idéaux donnés (potentiellement en conflit) ; la question de savoir celui qui, parmi ces idéaux, constitue la communauté et, partant, peut d'une manière légitime être pris comme objet de la critique – et, le cas échéant, un autre idéal « triomphe » –, n'est pas décidée à l'avance. Ainsi, dans le débat sur les demandeurs d'asile, le durcissement du droit d'asile n'est évidemment pas présenté par ses défenseurs comme le refus d'une solidarité humaine universelle, mais comme une mesure de protection de sa propre communauté.

| Mais un autre problème se pose encore. Si l'on admet qu'il y a une 272
contradiction (reconnue) entre les normes valant dans une communauté et une pratique sociale, est-il alors si évident que, dans un tel cas, il faille régler la pratique sur la norme, au lieu, inversement, d'adapter la norme à la pratique existante ? Évidemment, il y a un aspect cynique dans la proposition consistant à tirer la conséquence de l'extension factuelle des pratiques discriminatoires à l'égard des étrangers en affirmant qu'il vaudrait mieux abandonner l'idée d'amour du prochain ou le principe de dignité humaine. Si l'on pense par exemple au destin de la morale sexuelle chrétienne dans les sociétés occidentales modernes, nous connaissons bien des cas où l'on a conclu à l'obsolescence de normes et de représentations morales à partir d'une pratique déviante qui s'est répandue, et où l'on a abandonné ces normes et ces représentations – ainsi que leur codification juridique[1].

Là où toutefois il y a une marge de manœuvre pour l'interprétation, il y a aussi un conflit à son propos. L'image consensuelle du critique qui aide la communauté à « se trouver elle-même », donc à vivre en accord avec ses propres principes, perd alors de sa crédibilité. Face à cela, la question que l'approche interne pensait avoir rendue superflue se pose toutefois à nouveau. Le problème de l'identification et de l'obtention de critères de la critique retrouve maintenant à nouveau la figure du problème de l'interprétation « juste » des normes et des pratiques autant que celle de la question de savoir ce qui autorise cette interprétation.

1. Comme par exemple l'abandon en 1969 du paragraphe sur les rapports sexuels hors mariage et même avant le mariage (§ 180 du Code pénal allemand).

Conventionnalisme et conservatisme de la critique interne

(2) Si les problèmes mentionnés ci-dessus ont mis en évidence la conflictualité persistante qui résulte de la mise en œuvre d'une critique interne, l'objection plus générale à cette méthode concerne le problème plus fondamental de sa portée limitée – en d'autres termes : la « faiblesse » de sa normativité et, partant, son *conventionnalisme normatif.* Dans la mesure où la critique interne vit d'une contradiction dans ce qui existe, elle ne peut devenir efficiente que là où l'on peut trouver quelque norme qui, déjà là, contredise la pratique. Si donc le directeur des ressources
273 humaines (dans l'exemple A) | ne défend aucun idéal s'éloignant de sa pratique d'embauche, alors on ne réussira pas, avec les moyens de la critique interne, à le convaincre de la justesse d'une politique égalitaire; là où une société qui discrimine les demandeurs d'asile ne professe pas l'amour chrétien du prochain (ou bien d'autres idéaux moralement inclusifs), il n'y a, sur la base de la critique interne, aucun argument contre sa pratique discriminatoire; et c'est seulement là où il y a déjà une constitution codifiant (le cas échéant contrefactuellement) des normes (exemple D) qu'on peut en appeler contre la réalité effective qu'elle prend à un idéal de constitution. Dans une société sans idéal ou une société qui se serait complètement abandonnée au cynisme [1], la critique interne ne trouverait assurément aucun support. Et même une société qui aurait établi sur la cruauté et la méchanceté sa configuration normative d'une manière consistante et en accord avec sa pratique ne peut pas être critiquée de manière interne pour cette raison [2]. La critique interne ne peut donc critiquer une mauvaise pratique que là où elle entre en contradiction avec des normes qui existent déjà. La critique interne se contente ainsi explicitement d'une conception *conventionnaliste* des normes pour laquelle, en conséquence, des normes valent parce qu'elles valent dans les faits, que ce soit en vertu d'un accord ou que ce soit en vertu d'une tradition.

1. Voir sur ce point les remarques de Jürgen Habermas sur la critique de l'idéologie dans la Préface à la nouvelle édition de *L'Espace public. Archéologie de la publicité comme dimension constitutive de la société bourgeoise*, trad. fr. M. B. de Launay, Paris, Payot, 1993.

2. La question se pose naturellement de savoir s'il peut exister en général une telle configuration – à titre de configuration sociale stable. Il est bien connu que même les bandes de voleurs ont une morale.

Au conventionnalisme normatif correspond un *conservatisme structurel*. Dans la mesure où la critique interne se rapporte aux contradictions internes d'un ordre social existant, elle vise la (ré)instauration d'un accord, donc la restauration d'un état antérieur. Ainsi, la critique interne est dans son essence conservatrice (en un sens structurel, pas nécessairement en un sens politique[1]). Ou bien, autrement dit : la critique interne *n'est ni dynamique ni transformative*, elle ne veut pas changer l'ordre existant, mais elle veut l'aider à revenir à lui-même. Des innovations ou des modifications principielles d'une société ou d'un cadre de référence normatif sont, | dans cette perspective, très difficiles à 274
intégrer. La critique interne, là où la critique sociale s'en sert, ne part donc pas seulement d'une image *unitaire* (à contester), elle trace également la figure idéale de l'objet à critiquer à titre de formation tendanciellement immobile, exempte de dynamisme. Orientée sur le modèle du retour, de la restitution et de la restauration d'un état antérieur, elle ne peut pas envisager l'idée d'un changement et d'une transformation nécessairement innovants d'une formation sociale (et l'on peut déjà se demander si elle peut rester en phase avec leur dynamique factuelle en général).

Puisque la question liée à la critique interne était donc de savoir dans quelle mesure celle-ci en général est critique, le résultat est le suivant : bien que la critique interne soit incontestablement une approche fréquemment adoptée et souvent couronnée de succès, et bien que de nombreuses confrontations qui surgissent du point de vue pratique commencent d'une manière typique au moins sur le mode de la critique interne[2], elle reste un modèle limité. Elle ne peut faire avancer le surmontement critique des rapports existants (en tant qu'ils sont appréciés de manière négative) que dans un sens limité. Cela saute complètement aux yeux : la critique interne telle qu'on vient de la décrire reste faible du point de vue normatif et affectée par la particularité.

1. Les exigences politiques de nombreux critiques internes sont en effet *du point de vue politique* tout autres que conservatrices. On trouve certes, dans les cas les plus rares, un retour à un passé perdu. Je qualifie donc simplement ici de « conservatisme » un élément structurel de la critique interne.

2. Même le travail social et pédagogique de « déradicalisation » des néonazis se sert dans certains cas de la critique interne comme moyen, lorsque, dans des conférences, le doute sur l'orientation d'extrême droite doit être semé en renvoyant à l'« affairisme » dans ce milieu ou même au fait que les objets de dévotion et les publications de l'extrême droite ne sont pas fabriqués en Allemagne, mais, pour des raisons de coûts, dans des pays à bas salaires. Voir sur ce point un rapport sur l'aide pour sortir du néonazisme, « Exit », dans le *Tagesspiegel* berlinois du 17 octobre 2008, p. 3.

Doute relatif à la séparation des perspectives interne et externe

(3) À cela s'ajoute un autre point. À certains égards, la séparation entre « interne » et « externe » et l'affirmation de la possibilité d'une perspective purement interne sont déjà problématiques. Ainsi, la distinction entre un point de vue « interne » et un point de vue « externe », rapportée à la critique des sociétés dans lesquelles nous vivons, est, *dans la pratique*, difficile à tenir. Si l'on part d'une société envisagée
275 de manière pluraliste, qu'est-ce qui | ici doit valoir comme perspective « de l'intérieur » et qu'est-ce qui doit valoir « de l'extérieur » ? Vis-à-vis de quels cadres argumentatifs des critères normatifs sont-ils internes ou externes ? L'attaque des fondamentalistes chrétiens (par exemple la *moral majority* américaine dans les années 1980) contre le mode de vie d'une subculture gay est-elle une critique interne ou externe ?

Il est donc complètement manifeste que le modèle de la critique interne ne peut rendre compte ni de l'influence mutuelle entre l'« intérieur » et l'« extérieur » ni de la transformation des communautés. Ce modèle est formé à l'aune de l'idée d'unités sociales autosuffisantes, homogènes et statiques – c'est-à-dire d'une représentation qui est déjà fausse pour des raisons sociologiques. Par-delà le problème pratique, face auquel la critique sociale pose cette situation, nous sommes toutefois également du coup renvoyés à un problème systématique : les limites entre « interne » et « externe », entre un critère qui est acquis à partir de l'existant et un critère qui est « tiré de l'extérieur », dépendent toujours de jusqu'où on étend le cadre de référence propre à une forme de vie et à quoi on applique les points communs décisifs (il faut distinguer le fait de partir des pratiques communes partagées dans les faits – ce qui permet même de lier les fondamentalistes chrétiens avec la communauté *queer* – et celui de partir d'orientations axiologiques explicites et publiquement défendues.)

RÉSUMÉ

Ce qui devrait déjà être devenu clair, c'est la raison pour laquelle une critique qui s'applique de manière « interne » n'est pas le mode approprié d'une critique des formes de vie telle que je l'aborde ici. Si elle s'applique là où une formation sociale ne correspond pas à sa propre compréhension d'elle-même, elle est une part de ce qui a été qualifié dans l'introduction de « discours interne d'auto-compréhension », partant, elle est une « purification », tournée vers la cohérence et l'intégrité internes,

d'identités individuelles ou collectives. Néanmoins, elle ne transcende justement pas son contexte, dans la mesure où elle ne revendique pas de validité au-delà de son propre cadre de référence[1]. La critique interne peut | rendre attentif au fait que notre autocompréhension ne correspond 276
pas à nos pratiques, elle le peut, mais elle ne peut pas interroger celle-ci, ou plutôt : elle ne peut pas interroger le bien-fondé du conglomérat de pratiques et de normes qui constitue une forme de vie, elle ne peut pas mettre en débat la forme de vie comme telle en elle-même.

Avec sa tendance au relativisme et au particularisme quant à l'évaluation des formes de vie, la critique interne n'est toutefois pas seulement normativement trop « faible » (au sens de la distinction faite par Onora O'Neill) pour pouvoir présenter une critique transformative. Pour mon argumentation, est presque encore plus décisif le fait suivant : les représentations en vigueur ici sur la relation entre les normes et les pratiques sont simplificatrices par rapport aux représentations développées ci-dessus et elles ne peuvent pas envisager de possibles causes systématiques de la violation de normes déterminées. La question de savoir si des normes sont donc (dans le sens développé ci-dessus) « habitables » ou « vivables » et dans quelle mesure beaucoup de formes de vies sont systématiquement déficientes (et, partant, ne sont pas adaptées pour qu'on résolve les problèmes posés avec elles), voilà des questions qui ne peuvent donc pas être thématisées avec une telle perspective interne.

Dans le prochain chapitre, l'examen approfondira, par contraste avec la structure qu'on a mise en évidence et qui est propre à la critique interne, le procédé que je lui ai opposé comme « critique immanente » et que je voudrais spécifier par voie de comparaison. Comme on le verra, la critique immanente surgit avec une prétention à la validité différente – et à certains égards « plus forte » – qui résout quelques-uns des problèmes

1. Je n'ai pas, dans ma présentation, pour des raisons de clarté et pour pouvoir examiner les distinctions importantes pour mon travail, mis en lumière de manière détaillée les différentes formes que peut prendre la critique interne. Dans la pratique de la critique interne, on peut évidemment trouver quelques réponses aux questions qui sont soulevées ici. Il dépend également de la radicalité d'une herméneutique critique de savoir le degré de transformation que peut produire une telle critique dans la pratique, et la critique normative ne va pas nécessairement de pair avec la réserve politique. Ainsi, Michael Walzer, dans *Sphères de la justice*, propose sur la base d'une interprétation des « valeurs communes » des réformes et transformations sociales qui ne sont pas du tout insignifiantes. Voir M. Walzer, *Sphères de la justice. Une défense du pluralisme et de l'égalité*, trad. fr. P. Engel, Paris, Seuil, 1997.

propres à la critique interne que j'ai développés et, en outre, elle peut construire quelque chose à partir d'une compréhension plus subtile des pratiques et des normes, comme je l'ai développé dans la deuxième partie. Mais tout cela implique qu'on admette quelques présupposés qui posent à leur tour des difficultés au concept de critique immanente.

CHAPITRE 6

« À PARTIR DU VIEUX MONDE, TROUVER LE NOUVEAU MONDE » : LA CRITIQUE IMMANENTE

| La critique immanente critique, comme la critique interne, son 277
objet à l'aide de critères qui sont déjà contenus dans celui-ci même. Même la critique immanente n'agit pas à partir d'un point d'Archimède imaginaire qui serait « en dehors » de ce qu'il faut critiquer – elle part même systématiquement de la conviction qu'il ne peut pas y avoir, pour la critique, de position sensée en dehors de ce qui est critiqué. Néanmoins, elle est, ainsi que le montrera ce qui suit, normativement « plus forte » que la critique interne. La critique immanente ne tire pas du point de départ particulier propre au fait d'être-toujours-déjà-impliqué-dans-quelque-chose et de la situation interne de son critère la conclusion d'une validité relative (ou locale). En s'appliquant d'une manière interne, elle pose des exigences qui dépassent son contexte et produit un effet transformatif.

On peut brièvement décrire la démarche de la critique immanente ainsi : elle part de contextes donnés et de critères se trouvant dans la chose, mais elle repose alors sur une compréhension de la manière dont les normes ont une effectivité dans les pratiques sociales – compréhension qui se distingue de la critique interne, des normes comme orientations axiologiques et idéaux. La critique immanente localise la normativité des pratiques sociales dans les conditions d'exécution de ces pratiques mêmes. En outre, la critique immanente part du fait que les contextes desquels elle tire ses critères sont en même temps *en eux-mêmes* contradictoires. Il n'est pas contingent que ces critères ne soient pas effectués, car ils sont caractérisés par un problème systématique. La critique immanente est par conséquent moins dirigée sur la *reconstruction* ou le respect de potentiels normatifs que sur une *transformation* de ce qui existe, exigée

par les problèmes et contradictions immanents d'une constellation sociale déterminée. En se rattachant aux normes inhérentes aux pratiques, elle procède donc en même temps à leur critique. La critique immanente, comme le dit Marx, ne se présente pas du coup « avec un idéal déjà élaboré relatif à la réalité effective », mais elle ne l'emprunte pas non plus simplement à cette réalité, car elle développe cet idéal à partir d'un
278 | « modèle dynamique de l'effectivité » elle-même. La critique immanente unit donc l'idée d'un critère se trouvant dans la chose avec l'exigence d'une critique dépassant le contexte, et cela la rend intéressante pour le projet d'une critique des formes de vie les transcendant.

J'examinerai dans ce qui suit la démarche de la critique immanente en situant tout d'abord, dans la première section, la critique immanente comme « critique d'un type nouveau » ; là-dessus, je mettrai en évidence, dans la deuxième section, le procédé, la structure et les caractéristiques de la critique immanente en référence à des exemples significatifs, et pour finir, dans la troisième section de ce chapitre, je discuterai les difficultés et les potentialités d'une critique immanente telles qu'elles se présentent eu égard aux fondements de la critique des formes de vie développés jusqu'ici.

6.1. Une critique d'un type nouveau

Si la critique interne est un procédé appliqué au quotidien d'une manière ou d'une autre à diverses situations, la critique immanente est conduite théoriquement[1]. Je veux brièvement esquisser le type théorique dont il est question dans ce qui suit. Dans ses formes manifestes les plus marquées, la critique immanente est liée aux prémisses méthodologiques de la théorie hégélienne et des aspirations de la tradition hégélienne de gauche provenant de Hegel, passant par Marx, et aboutissant à la Théorie critique[2]. Pourtant, cette forme de critique n'est pas une spécificité qui serait seulement propre à la tradition hégélienne : indépendamment

1. La critique immanente a donc besoin, d'une manière différente de ce qu'affirme Walzer à propos de la critique locale interne, d'une « bonne théorie ». Le fondement normatif d'une communauté, qui ne peut être découvert que de manière analytique, et la violation de ce fondement, qui ne peut être découverte que de cette manière, ne peuvent pas être vus avec le seul « bon œil » du critique. Je reviendrai sur ce fait plus bas dans le contexte de la critique de l'idéologie.

2. Voir sur ce point A. Honneth, « Une critique reconstitutive de la société sous réserve généalogique », dans *Ce que parler veut dire*, t. 2. Les pathologies de la raison, trad. fr. P. Rusch, Paris, Gallimard, 2015; *La Société du mépris*, trad. fr. O. Voirol, P. Rusch, A. Dupeyrix, Paris, La Découverte, 2006, chap. 5 : « La dynamique du mépris ».

de cette ligne d'influence, on peut également affirmer qu'il existe un processus immanent analogue dans la psychanalyse ou dans la cure psychanalytique.

| La critique immanente se présente comme un nouveau type de 279
critique, non pas seulement parce que, par opposition à la prétention de neutralité incarnée par la métaphore du tribunal, elle est « interne » et « partisane », de sorte que la critique de ce type est, à titre de critique, toujours aussi autocompréhension et autocritique. Davantage, il y a, pour cette « transformation du concept de critique » qui commence avec Hegel, quatre autres éléments qui sont décisifs.

Premièrement, la critique immanente est une *« critique objective »* (Arnold Ruge), dans la mesure où elle se met en place « à partir de la chose » et ne part pas simplement d'une intention critique subjective de celle qui critique[1]. « Objectif » doit ici signifier, bien compris, non pas (seulement) que cette critique prétend être vraie ou valide, mais que, si l'on veut pousser le paradoxe à l'extrême, ce sont ici les choses elles-mêmes qui se critiquent. Une telle critique est donc « objective » dans la mesure où elle apparaît comme un accomplissement des rapports de tension, des moments de crise ou des déficiences qui se trouvent du côté des objets (de la situation). C'est l'existence de conflits et de contradictions immanents à la réalité effective et, partant, la connexion entre crise et critique qu'une telle forme de critique amène à la conscience. Ce moment a été formulé d'une manière rigoureuse par Seyla Benhabid (qui reprend Reinhart Koselleck[2]) : « La critique est l'évaluation ou la décision subjectives d'un processus conflictuel et contradictoire – d'une crise »[3]. Ainsi, la critique est d'une certaine manière en même temps active et passive, c'est-à-dire en même temps active et *ré*active. Et elle n'est possible que là où ce qui est critiqué, l'objet de la critique, est tombé à partir de lui-même dans une crise. Si la prétention du critique consiste à devoir comprendre des déficiences ou même des contradictions se trouvant dans une formation sociale elle-même, elle ne procède pas en ce sens d'une manière dogmatique (comme le dit Marx) ou bien d'une manière normative, en ce sens qu'elle ne conquiert pas simplement ses

1. Sur le diagnostic hégélien des conditions déficitaires de l'éthicité comme forme de « critique objective », voir mon article : « Freiheit als Nicht-Entfremdung », *in* A. Honneth, G. Hindrichs (Hrsg.), *Freiheit. Stuttgarter Hegel-Kongress 2011*, Francfort, Vittorio Klostermann, 2013.

2. *Cf.* R. Koselleck, *Le règne de la critique*, Paris, Minuit, 1979.

3. S. Benhabib, *Critique, Norm and Utopia. A Study of the Foundations of Critical Theory*, New York, Columbia University Press, 1986, p. 19.

critères indépendamment de cette formation ou bien à partir d'un état idéalement conçu.

280 | Deuxièmement, est fondée dans cette disposition la connexion étroite entre analyse et critique qui est caractéristique pour la compréhension de la critique apparaissant ici (et qui est devenu programmatique chez Marx), dans la mesure où il s'agit toujours aussi d'abord d'analyser et de mettre au jour théoriquement la crise à titre de crise des objets (à titre de problématique se trouvant aussi dans la situation). Par là, l'analyse n'est pas seulement une condition préliminaire instrumentale de la critique, mais un composant du processus critique lui-même. Elle est, *à titre d'analyse, critique* (et non pas : une simple *description* de l'existant) et, *à titre de critique, analyse* (et non pas : une simple *revendication* envers l'existant). Parmi les « erreurs dogmatiques » que Marx reproche à la critique « vulgaire », il y a aussi pour cette raison le procédé de la simple mise en évidence de contradictions qui ne se soucie pas de la « genèse », de la « nécessité » et de la « signification propre » d'une contradiction ainsi diagnostiquée[1].

Troisièmement, la critique immanente n'est pas purement destructrice, mais aussi *affirmative* ou productive. À titre de moteur ou de catalyseur d'un processus de développement, elle « absorbe » la position à dépasser, au sens hégélien du terme. Si la critique surgit déjà chez Hegel essentiellement comme antidogmatique et anticonstructiviste, si elle ne consiste donc pas – en procédant d'une manière immanente – dans la position dogmatique d'une norme érigée contre ce qui existe, surgit de cette antidogmatisme chez Marx l'anti-utopisme d'une critique sociale qui « ne se présente pas au monde d'une manière doctrinaire avec un nouveau principe », mais qui « d'abord, à partir de la critique du vieux
281 monde, [veut] trouver le nouveau monde ». C'est ainsi | que naît le

1. « La critique vulgaire tombe dans une critique opposée, *dogmatique*. Ainsi critique-t-elle par exemple la constitution. Elle rend attentif à l'opposition des pouvoirs, etc. Elle trouve partout des contradictions. C'est bien encore une critique dogmatique, qui *combat* avec son objet, comme on éliminait autrefois le dogme de la Trinité par la contradiction de 1 et 3. La véritable critique, au contraire, montre la genèse interne de la sainte trinité dans le cerveau humain. Elle décrit son acte de naissance. Ainsi, la critique philosophique véritable de la constitution actuelle de l'État ne se contente pas de montrer les contradictions comme existantes, elle les *explique*, elle saisit leur genèse, leur nécessité. Elle les envisage dans leur signification *propre* » (Marx, *Contribution à la critique de la philosophie du droit de Hegel*, trad. fr. V. Beguin *et alii*, Paris, Les Éditions sociales, 2018, p. 187-188).

nouveau à titre de transformation de l'ancien[1]. Ou bien, comme l'indique Adorno, renvoyant à Spinoza : « Le faux, une fois reconnu et précisé de manière déterminée, [est] déjà un index du vrai, du mieux »[2].

Quatrièmement, la critique immanente est une critique qui est *actualisée par sa réalisation.* Ici, on ne pose pas un critère fixe, qui reste constant eu égard à un objet donné, mais le critère de la critique lui-même a un caractère dynamique, dans la mesure où il se transforme dans l'exécution même de la critique[3]. Le critère doit se justifier dans le déroulement du processus de la critique elle-même. S'il n'y a donc pas de commencement dogmatique, dénué de présupposition, mais seulement un point de départ à l'intérieur d'une constellation déjà existante, ces présupposés doivent être repris au cours de l'exécution. Ainsi, non seulement le critère de la critique n'est pas posé de manière dogmatique, mais il n'est pas non plus à « construire » « avant l'exécution » ou en dehors de son advenue. La critique est en ce sens un processus qui se fonde lui-même.

Le programme méthodologique de la Phénoménologie de l'esprit

Les éléments, réunis par mes soins ici, d'une critique qui s'institue de manière immanente, se trouvent pour la première fois d'une manière programmatique dans l'approche méthodologique de Hegel dans la *Phénoménologie de l'esprit*, esquissée dans l'Introduction et développée dans le déroulement de « l'auto-examen de la conscience » qui procède phénoménologiquement. Ainsi, la « voie de la phénoménologie » se présente comme critique des illusions sur soi, des unilatéralités et des fausses objectivations auxquelles est soumise la conscience quand elle tente de se situer par rapport à son objet. La critique est immanente dans cette conception, | dans la mesure où l'« examen de la réalité du **282**
connaître » « par la conscience elle-même » advient sans qu'il y ait

1. Et cela même si ce motif a fleuri de manière étrange dans l'histoire de l'impact politique du marxisme : en ce sens, la critique est la renaissance de l'art socratique de la maïeutique, qui aide à produire les nouveaux principes déjà développés « dans le giron de l'ancienne société ».

2. Theodor W. Adorno, « Kritik », *Kulturkritik und Gesellschaft II* (*Gesammelte Schriften*, vol. 10.2), Francfort, Suhrkamp, 2003, p. 785-793, ici p. 793.

3. Voir en ce sens K. Röttgers : « Le modèle éternel, inchangeable, de la chose même, à titre de critère de l'appréciation, devient, au moyen de la *dialectique du critère* qui fait apparaître celui-ci comme n'étant plus un pur présupposé, le traitement de la chose dans la critique, au sein duquel le critère doit toujours d'abord faire ses preuves » (K. Röttgers, *Dialektik als Grund der Kritik*, Königstein, Athenäum, 1981, p. 163).

besoin d'un critère se trouvant en dehors de la conscience. C'est par rapport à ses propres exigences que la conscience se mesure, et ce sont ses présupposés propres qu'elle reconnaît et reprend par son examen critique dans son effectuation déficiente. Cet examen critique accompagne un processus de formation et de développement dont le progrès est, sur le fondement d'une « négation déterminée », une élaboration et une refonte qui s'enrichissent – à titre d'« expérience qui constitue la conscience avec elle et son objet » (Hegel). Terry Pinkard décrit ce processus d'auto-examen critique de la conscience sous la forme d'un progrès dialectique comme suit :

> Une forme de vie réflexive comprend ceci et cela comme des arguments d'autorité fondant des convictions et des actions; ces espèces de raisonnements génèrent alors, par leurs propres concepts, des objections sceptiques contre eux-mêmes (pour parler avec Hegel, elles produisent leur propre négation). Il apparaît alors pourtant que cette forme de vie réflexive n'est pas capable de s'assurer elle-même des fondements de validité de ce qu'elle a elle-même admis comme arguments d'autorité. La nouvelle forme de vie réflexive, qui remplace alors la forme de vie antérieure et prétend la compléter, comprend ses propres représentations sur ce qui constitue pour elle des arguments d'autorité comme étant nécessaires pour résoudre avec succès les problèmes par lesquels la forme de vie précédente se minait elle-même. Néanmoins, cette nouvelle forme de vie réflexive produit de nouveau elle-même le scepticisme qui la mine, relativement à ses propres représentations relevant d'arguments d'autorité, et le développement se poursuit[1].

La question soulevée plus haut, qui porte sur le point de vue normatif du critique – externe ou bien impliqué de manière interne – prend ainsi, examinée avec Hegel, un tournant inattendu. La thèse fondamentale propre de la discussion par Hegel de la critique de la connaissance de Kant – une thèse qu'on peut appliquer à notre problème – est en effet que la question du critère est déjà en tant que telle faussement posée. C'est la faute fondamentale de la critique de la connaissance d'origine kantienne que de croire qu'il puisse y avoir un point de vue externe – ce qui signifie ici essentiellement : un critère de la critique du connaître *avant* le
283 connaître | lui-même[2]. Comme Hegel l'a affirmé de manière frappante :

1. T. Pinkard, *Hegel's Phenomenology. The Sociality of Reason*, Cambridge, Cambridge University Press, 1994, p. 12.

2. Sur la discussion par la critique de Hegel de la critique de la connaissance, voir J. Habermas, *Connaissance et intérêt*, trad. fr. G. Clemençon, Paris, Gallimard, 1976, et Hans J. Krahl, *Erfahrung des Bewusstseins*, Francfort, Materialis, 1979.

c'est « comme vouloir nager avant d'entrer dans l'eau »[1]. Si toutefois la critique (de la connaissance) est sans valeur à titre d'« exercice au sec », cela ne signifie pas que le fait de critiquer – au sens de se-rendre-des-comptes-à-soi-même au sujet de son propre agir et connaître – serait impossible. Il faut à vrai dire l'entendre comme un processus au sein duquel on est toujours déjà impliqué dans ce qu'on fait, de sorte que le fait de critiquer est une partie d'une *exécution pratique* qui ne se joue pas avant ou à l'extérieur de son déroulement. Que ce processus *ne* puisse *pas* être accompli *antérieurement*, cela a ainsi également des conséquences sur la question relative au lieu du critère : dans l'accomplissement de l'auto-examen critique de la conscience, cela n'a plus de sens de poser la question d'un « intérieur » ou d'un « extérieur ». D'un côté, le critère se trouve toujours déjà « à l'intérieur », dans la mesure où il est conquis à partir des exigences de la conscience elle-même ; de l'autre côté, il devient, dans la mesure où surgit eu égard à lui l'insuffisance d'une position existante, en quelque sorte situé « à l'extérieur » de la position critique, pour aussitôt, au cours de la progression dialectique, redevenir un nouveau composant « interne ». La critique immanente au sens de la *Phénoménologie de l'esprit* de Hegel ne peut donc nullement procéder autrement que d'une manière « interne », mais, pour autant qu'elle vise un surmontement critique, elle ne peut faire autre chose que transcender cette position. C'est la particularité décrite ainsi (très abstraitement), celle de la position normative d'une critique immanente au sens fort (hégélien), que je veux examiner de plus près – à vrai dire moins dans le cadre d'une lecture interne de Hegel qu'en rapport aux cas dans lesquels cet idéal critique immanent devient efficient historiquement et historico-théoriquement.

6.2. La stratégie de la critique immanente

Dans ce qui suit, je présenterai à l'aide de quelques-uns de tels cas « classiques », paradigmatiques, la prétention et le modèle du procédé immanent, | et je dégagerai d'une manière idéal-typique les éléments **284**
systématiques d'une critique immanente. La structure de cette critique doit en fin de compte être éclairée grâce à son opposition à la critique interne.

1. G.W.F. Hegel, *Encyclopédie des sciences philosophiques en abrégé*, trad. fr. B. Bourgeois, Paris, Vrin, 2012, § 10, p. 96-97.

Cas de critique immanente

A'. Le premier cas reprend un exemple du chapitre 4. La présentation par Hegel de la société civile, dont j'ai traité plus haut pour présenter une normativité spécifiquement efficiente, procède comme une critique immanente. La « déficience éthique » de la société civile diagnostiquée par Hegel – à savoir sa déchirure et ses dynamiques de destruction et de désintégration – n'est pas mesurée à l'aune d'un critère « externe » face à cette formation sociale. Hegel témoigne du fait que, pour ce qui est de la société civile, il y a déjà au niveau de son autocompréhension (et donc au niveau de la conception propre qu'elle a d'elle-même et des exigences qu'elle formule elle-même) une contradiction interne. Celle-ci se présente, pour le dire brièvement, comme contradiction entre la compréhension atomiste et l'interdépendance réelle des individus rassemblés dans la société civile. Certes, dans la société civile, les individus sont, en tant qu'autonomes juridiquement et économiquement, « livrés à eux-mêmes ». L'indépendance vis-à-vis des liens directs (concrets, personnels) et des positions statutaires s'accompagne toutefois d'une plus grande dépendance vis-à-vis des instances anonymes de la socialisation, par exemple celle du marché. Il y a donc une disproportion entre l'interdépendance réelle des individus poursuivant leurs propres intérêts et la « réalisation » ou l'appropriation éthique d'un lien social qui pourtant existe – dans le dos des individus –, car celles-ci font défaut (Marx qualifiera ultérieurement de tels rapports de « lien propre à l'absence de lien ».) Du point de vue pratique, cette disproportion, comme cela est décrit dans le chapitre 4 à l'aide de la « question sociale » du chômage, se manifeste comme une contradiction entre les prétentions posées par la société civile quant à l'intégration de ses membres et le fait que l'accomplissement de ceux-ci reste empêché – avec les conséquences, qu'il décrit, d'une désintégration sociale désastreuse. Ainsi, il est reproché à la société civile, au moyen de
285 la critique immanente qu'en fait Hegel, | le fait suivant : elle souffre à la fois d'une mé*compréhension* concernant le rapport entre dépendance et indépendance et d'une dis*proportion* pratique entre ces deux moments.

B'. De même, certains motifs de la critique marxienne du capitalisme, si ce n'est l'ensemble de son projet, peuvent être compris comme critique immanente[1]. Marx montre par exemple à l'aide des normes de la liberté et de l'égalité générales sur le marché capitaliste du travail que les normes

1. Voir pour une telle compréhension, mais aussi sur les limites auxquelles Marx s'est heurté dans la poursuite d'une approche immanente : G. Lohmann, *Indifferenz und Gesellschaft. Eine kritische Auseinandersetzung mit Marx*, *op. cit.*

ancrées dans l'autocompréhension de la société civile et impliquées dans sa structure sociale sont annulées par les pratiques sociales qui existent dans cette société. Ce n'est pas seulement l'autocompréhension de cette société, mais les institutions essentielles de la société civile – le marché libre, le salariat libre et le contrat de travail conclu entre des personnes libres et juridiquement égales – qui reposent sur ces normes (et les génèrent). En même temps, la liberté et l'égalité sont sapées par les institutions de la société civile capitaliste et, partant, elles ne sont pas effectuées dans cette société ou ne le sont que de manière incomplète. Le travailleur n'est, en tant qu'il prend part au marché du travail, que « formellement » libre et égal, car dans la réalité il n'est ni libre ni égal. En tant que « doublement libre »[1] (comme le dit Marx de manière percutante), il est libre des chaînes de la dépendance féodale, mais il est aussi libre de mourir de faim. Ici, la critique immanente est l'instance qui, entre deux états de choses – celui de l'égalité formelle et celui de l'inégalité sociale – établit un lien systématique, et affirme non pas seulement sa conflictualité potentielle, mais la « contradiction » d'une telle formation sociale.

C'. Pour finir, l'entretien psychanalytique peut être compris comme une version de la critique immanente[2]. Même l'analyste | fait 286
de la critique immanente, dans la mesure où elle ne présente pas son diagnostic aux patients comme venant « de l'extérieur », mais comme un ferment qui doit permettre au conflit qui s'y exprime de parvenir à s'exprimer et, au bout du compte, à se transformer. La compréhension de la critique comme (auto-)examen de la conscience, l'activité active-passive du spectateur qui examine et la dissipation des illusions sur soi entraînées par l'expérience de l'échec, sont les éléments caractérisant la méthode de Hegel dans la *Phénoménologie de l'esprit* et qu'on retrouve dans la psychanalyse à titre de rapport réciproque entre l'interprétation de l'analyste et l'auto-interprétation du patient : au « processus dialectique » correspond le processus psychanalytique de la perlaboration. Ici aussi, le critère de la critique, c'est-à-dire du diagnostic, demeure en fin de compte immanent.

1. K. Marx, *Le Capital*, Livre I, section II, *op. cit.*, p. 165.

2. Le parallèle entre le procédé de la cure psychanalytique et le « processus dialectique de développement » est décrit de façon pénétrante par G. Fischer, *Dialektik der Veränderung in Psychoanalyse und Psychotherapie*, Heidelberg, Asanger, 1989. Voir aussi sur ce point J. Küchenhoff, « Mitspieler und Kritiker. Die kritische Hermeneutik des psychotherapeutischen Gesprächs », *in* R. Jaeggi, T. Wesche (Hrsg.), *Was ist Kritik ?*, *op. cit.*, p. 299-318.

La démarche de la critique immanente

Mais comment procède la critique immanente ? Si nous comparons les cas qu'on vient d'esquisser ici avec les cas développés plus haut de critique interne, il apparaît d'abord que tout autant le terme de « lien » que celui de « contradiction » semblent avoir, du point de vue théorique, une signification plus exigeante que dans le cas de la critique interne. Alors que le lien, sur lequel la critique interne a systématiquement attiré l'attention, se présentait, d'une manière excluant tout spectaculaire, comme un lien exigé entre actions et convictions et que, par conséquent, les contradictions en résultant étaient à expliquer comme une inconsistance entre ce qu'on dit et ce qu'on fait, les choses sont désormais plus compliquées. Les « liens », ici, sont moins *trouvés* qu'*établis* par des moyens théoriquement exigeants. Si la critique immanente, dans le cas de la dialectique hégélienne de la société civile, pose deux moments qui sont en lien – l'*indépendance* de l'individu suivant ses intérêts particuliers et la *dépendance* de celui qui, pour réaliser ces intérêts, dépend de la « chaîne » générale d'institutions sociales comme celle du marché –, elle affirme ainsi un rapport *systématique* de conditionnement. Elle montre que l'indépendance de l'individu vis-à-vis des liaisons concrètes est d'abord rendue possible par une dépendance vis-à-vis d'institutions englobantes. L'absolutisation d'un moment – l'indépendance – est
287 | ainsi démasquée comme *unilatérale* et comme source de l'instabilité[1]. Si donc, pour employer les termes de Hegel, la société civile est une formation de « l'éthicité dans son état de scission », la tâche du critique immanent consiste alors à montrer qu'il s'agit ici en général d'un lien et, par là, à mettre en évidence les deux moments (« séparés l'un de l'autre ») à titre de parties de ce lien qui, par conséquent, est marqué par une « contradiction ». Cette « contradiction » n'est pas une simple

1. Même si Hegel, pour différentes raisons (voir sur ce point entre autres Michael Theunissen, « Die verdrängte Intersubjektivität in Hegels Philosophie des Rechts », *in* D. Heinrich, R.-P. Horstmann (eds.), *Hegels Philosophie des Rechts*, Stuttgart, Klett-Cotta, 1982, p. 317-381), ne poursuit pas cette direction de la critique et de la transformation (et, partant, en fin de compte, le programme immanent), de sorte que ce sera finalement Marx qui situera le potentiel d'un mouvement d'éthicisation dans la sphère de la société civile, c'est-à-dire dans son économie elle-même, la quintessence du modèle hégélien de critique demeure celle-ci : la société civile est, dans son droit, une instance de ce qui est éthique et elle doit, pour cette raison, pouvoir être mesurée à l'aune des exigences de l'éthicité. Elle est, là où elle reste déficiente, une forme déficiente de ce qui est éthique, non pas une absence de celui-ci. Là où la déficience doit être surmontée et est surmontée, cela se produit avec les forces de l'éthicité qui sont néanmoins inhérentes à cette formation éthique.

inconsistance, elle ne signifie pas non plus une incompatibilité logique, mais un *rapport de tension au sein d'une formation qui la poussera au-delà d'elle-même*[1]. C'est d'une manière analogue qu'on peut défendre, chez Marx, l'établissement d'un lien entre les libertés juridiques civiles et celles sociales ; et même la psychanalyste doit d'abord établir des liens comme des contradictions, mais elle découvre ainsi des constellations qui ne sont pas arbitraires.

En outre, il est frappant de constater que les contradictions à mettre en évidence ici ne sont pas contingentes, mais systématiques. Ce diagnostic de crise hégélien peut être lu comme une critique immanente, dans la mesure où non seulement l'exigence qu'il pose n'est pas remplie par la société civile, mais qu'il n'est pas non plus possible de la remplir en son sein pour des raisons structurelles[2]. L'indépendance des individus, qui doivent prendre soin d'eux-mêmes en participant au lien de la société civile constitutif du travail et du marché, | est aussi bien le fondement 288
de la constitution dynamique de l'économie que la cause des problèmes de cette société. Il s'agit donc ici, non pas simplement d'une exigence qui n'est pas résolue par la société civile, mais d'un conflit qui est logé dans ses pratiques et ses institutions elles-mêmes et qui constitue celle-ci comme tension qui ne peut pas facilement être résolue.

Même dans le deuxième exemple (B'), on trouve la distinction décisive d'avec une critique interne dans le fait que Marx met en évidence non seulement une contradiction qui n'est qu'un exemple se jouant à côté[a] entre l'autocompréhension (normative) et la réalité effective de la société civile, mais une contradiction entre l'autocompréhension normative et la réalité effective de la société civile elle-même – contradiction qui ne fonctionne pas selon le modèle d'une simple « parole en l'air ». Il s'agit d'une tension qui se trouve dans la société civile elle-même, qui est ancré systématiquement dans le type de fonctionnement de ses institutions et qui, en outre, rend d'abord possible ce fonctionnement. La même chose vaut pour le cas de la psychanalyse. Même ici, les contradictions identifiables ne sont pas incidentes ni contingentes, mais fortement

a. L'autrice reprend ici le terme de Hegel *beiherspielen* – où l'exemple se joue à côté de l'essence (*cf.* P.-J. Labarrière, *Introduction à une lecture de la* Phénoménologie de l'esprit *de Hegel*, Paris, Aubier, 1979, p. 92 *sq*).

1. J'aborde plus en détail la dynamique qui y est liée au chapitre 10.

2. Naturellement, il y a sur ce point des interprétations plus ou moins pessimistes. Voir par exemple l'interprétation un peu plus optimiste de la « dialectique de la société civile » de Hegel qu'on trouve chez Axel Honneth, *Le Droit de la liberté*, trad. fr. F. Joly, P. Rusch, Paris, Gallimard, 2015.

ancrées dans les événements psychiques en question et lourdes de sens – elles ont donc une valeur constitutive pour la personnalité du patient, dans l'espèce et le déroulement du processus pathologique.

Sept caractéristiques d'une critique immanente

Observons maintenant de plus près comment procède la critique immanente et ce qui la distingue de la critique interne décrite plus haut. Il y a sept caractéristiques que je voudrais ici indiquer.

(1) *La normativité de l'effectif.* La critique immanente part, comme la critique interne, de normes qui sont inhérentes à une situation (sociale) existante. Certes, ces normes ne sont pas simplement des valeurs que nous, [à titre d'individus], ou « nous à titre de communauté », possédons. Si la critique interne cherche son critère critique dans des normes (valeurs ou idéaux), qu'elle comprend comme convictions fondamentales plus ou moins explicites, partagées par une communauté, la critique immanente se fonde sur une autre compréhension des normes et de leur relation à la réalité effective. Elle suppose en effet que *la réalité effective est toujours*
289 *constituée normativement*, et elle rend explicite les normes | inhérentes à cette réalité effective, même là où elles ne sont pas verbalisées. Elle indique donc, en cas de doute, qu'une institution sociale vit de principes normatifs déterminés, même si celle-ci, elle-même (c'est-à-dire ceux qui y ont part) n'en a (ont) aucune conscience. Les normes sont ici recherchées dans les interactions, pratiques ou institutions elles-mêmes, et pas seulement dans l'autocompréhension verbalisée d'une communauté ou d'un individu (celle de l'amour du prochain dans l'exemple B, celle où l'on s'engage à promouvoir les femmes dans l'exemple A ou bien à faire valoir les textes sacrés dans l'exemple C). Pour rattacher cet aspect aux réflexions que j'ai développées plus haut : le point de référence de la critique immanente n'est donc pas tant un « canon de valeurs » partagé par tous que, plutôt, *la normativité implicite des pratiques sociales*. Ou pour le dire autrement : il ne s'agit pas seulement de quelque chose que nous *croyons*, mais de quelque chose que nous – d'une certaine façon que nous le voulions ou non – *faisons* déjà, lorsque nous participons à des pratiques sociales déterminées, c'est-à-dire que nous sommes impliqués dans des institutions sociales[1]. La critique immanente s'attaque donc

1. Un problème, que j'ai discuté à propos de la critique interne, ne se pose par conséquent pas pour la critique immanente : elle ne craint nécessairement pas que la réalité effective puisse – cyniquement – perdre ses idéaux. Il ne peut absolument pas y avoir, du point de vue de la critique immanente, une réalité effective (sociale) « exempte de

aux conditions de fonctionnement d'une pratique (décrites ci-dessus), chargées de normes, qui seulement font d'elle ce qu'elle est.

(2) *Le caractère (fonctionalo-)constitutif des normes*. Les normes auxquelles se rapporte la critique immanente ne sont donc pas contingentes à maints égards. Elles correspondent à une réalité effective déterminée et sont, pour les pratiques et les institutions constituant celle-ci, nécessaires d'une manière systématique en un sens déterminé. Cela est dû au fait que les normes *constituent* la réalité effective (sociale). Ce n'est donc pas seulement que, dans un contexte social donné, des principes normatifs déterminés sont défendus (d'une manière plus ou moins contingente), et qu'ils sont ensuite enfreints dans ce même contexte ; mais les pratiques et institutions sociales correspondantes sont elles-mêmes constituées par les normes auxquelles, en même temps, elles ne correspondent pas. Alors que, dans la critique interne, il est contingent que le directeur de ressources humaines, à côté de sa pratique misogyne, | défende aussi des « convictions féministes » qui se trouvent 290
en contradiction avec sa pratique, pour Marx (dans l'exemple B'), ce sont les normes d'une liberté et d'une égalité civiles qui sont constitutives de l'autocompréhension comme du fonctionnement de la société civile. Avec elles, on décrit une partie non négligeable de ce qui caractérise une société civile capitaliste par rapport à d'autres formations sociales. Elles sont constitutives du fonctionnement de la société ainsi décrite *et* elles sont décisives pour l'autocompréhension de ceux qui participent à cette formation. Le marché capitaliste du travail, par exemple, ne peut se passer du contrat conclu entre des individus libres et égaux, le mode de production capitaliste ne pourrait pas fonctionner dans des conditions de servitude féodale. En même temps, il appartient à l'autocompréhension de la formation sociale – de la société civile –, à l'intérieur de laquelle surgit d'une manière typique le marché capitaliste du travail, que les individus soient ici envisagés comme étant libres et égaux, et cela constitue une part non négligeable de sa prétention à être légitime[1].

normes ». Si le terme de « normes » ne désigne pas seulement des « valeurs » partagées, mais des principes de fonctionnement normatifs, l'ordre social n'est nullement concevable sans ces derniers.

1. Ce point est lié d'une manière complexe avec le fait que les normes en question – d'une manière dont il faut rendre compte – sont non seulement données dans les faits, mais qu'elles sont considérées comme des normes fondées, rationnelles. Dans l'optique développée ici, la rationalité des normes en question doit être cherchée dans la forme de déroulement du processus déclenché par les crises. Je renvoie là-dessus à la quatrième partie de ce livre.

Pour le traduire dans le vocabulaire développé plus haut dans les chapitres 3 et 4, cela signifie la chose suivante. Non seulement les formations sociales critiquées ici ne réalisent pas une conviction que pourtant elles défendent, comme c'est le cas dans les exemples de critique interne que j'ai examinés, mais il s'agit ici plutôt du fait qu'elles « ne correspondent pas » à « leur concept » – et, partant, à la tâche décrite d'une manière fonctionalo-normative qu'elles posent.

(3) *L'efficience inversée des normes.* On voit maintenant dans quelle mesure la critique immanente ne suit précisément pas le modèle argumentatif typique de la critique interne, selon lequel une communauté a perdu le lien avec ses idéaux. Autrement dit, elle tient la connexion entre les normes et la réalité, dans la situation qu'elle critique, non pas comme étant dissoute ou affaiblie, mais comme étant inversée ou bien *renversée en elle-même.* Ce qui veut dire que les normes *sont* efficientes (comme dans
291 le cas introduit plus haut | des valeurs, constitutives de la société civile, de liberté et d'égalité ou de subsistance rendue possible par le travail) –, mais *en tant qu'elles sont efficientes* elles sont devenues contradictoires et sont déficientes. Elles sont effectuées, tout comme la liberté et l'égalité dans le contrat de travail capitaliste le sont incontestablement (après tout, le travail dans les conditions d'un contrat de travail capitaliste n'est pas la même chose que dans les conditions du servage féodal). Cependant, elles produisent, *en tant que* normes effectuées, des effets qui se tournent contre la teneur des normes elles-mêmes.

Aussi, la critique immanente, par opposition à la critique interne, n'est pas seulement dirigée sur une contradiction entre la norme et la réalité effective (donc la non-réalisation des normes dans la réalité effective); elle se dirige plutôt sur la *dimension contradictoire, qui est interne*, entre la réalité et les normes elles-mêmes qui constituent celle-ci. La réalité institutionnelle d'une société peut, par conséquent, être « contradictoire en soi » au sens où elle incorpore, d'une manière constitutive, des exigences et des normes divergentes, qui ne peuvent pas s'effectuer sans contradiction ou bien qui se retournent dans leur effectuation contre leurs intentions originaires. Dans notre exemple, c'était le cas pour les normes de la liberté et de l'égalité, on peut actuellement l'observer dans des processus sociaux où, par exemple, la responsabilité est à la fois revendiquée et sapée, où la créativité est revendiquée et la conformité générée, etc.[1] La critique immanente continue d'affirmer que les

1. Il s'agit là d'une description relativement prudente ; dans les contextes de discussion correspondants, il est en outre souvent question de contradictions *nécessairement* produites, mais le caractère de cette nécessité est bien entendu controversé. Voir à ce

contradictions qu'elle met en évidence sont constitutives de l'existence des pratiques correspondantes. C'est (dans mon exemple) la réalité effective de l'échange capitaliste des marchandises lui-même que de dépendre, d'un côté, des normes de liberté et d'égalité, mais, de l'autre côté, de les saper. | Telle est la condition de la société civile elle-même, dans laquelle le **292**
rapport entre dépendance et indépendance ne peut pas se configurer sans contradiction. Il n'y a pas que les normes, mais aussi la contradiction, à laquelle s'attaque la critique immanente, qui est donc « plus profonde » que dans le cadre de la critique interne ; car la contradiction se trouve *dans* les pratiques et institutions sociales de cette société elle-même. La critique immanente, contrairement à la simple mise en évidence d'une contradiction entre la réalité effective et les normes, a nécessairement pour but de montrer la fonction *constitutive* de la contradiction, c'est-à-dire de montrer les raisons systématiques de cette non-coïncidence (cela vaut autant pour la psychanalyse que, de même, pour la problématique déterminante chez Marx et Hegel.)

(4) *L'orientation sur une crise de la critique immanente.* Il découle du caractère de la critique immanente qu'on a ainsi esquissé une conséquence importante : la critique immanente se base sur le caractère de crise d'un arrangement social déterminé. Ce qui est caractéristique, pour l'espèce de contradiction d'une pratique ou d'une institution sociale visées par la critique immanente, ce sont l'instabilité et la déficience qui les accompagnent. Un tel état est caractérisé par des obstacles et des dysfonctionnements pratiques. Là où, dans les exemples discutés plus haut de critique interne, on pouvait certes établir une contradiction entre les normes et leur effectuation, il ne s'ensuivait pas que la pratique s'éloignant de l'idéal pourrait, comme telle, avoir une consistance nulle. Du point de vue de la critique immanente, au contraire, les contradictions diagnostiquées par celle-ci ne sont pas seulement un problème de consistance ni seulement non plus un problème purement normatif, mais il s'agit d'une question portant sur *des failles et des crises pratiques.* Ainsi la société civile, déjà chez Hegel, révèle une déficience intégrative aussi bien fonctionnelle que normative. Ainsi le capitalisme entre-t-il, selon Marx, dans des crises d'espèces différentes qui sont conditionnées

sujet le programme de recherche actuel de l'Institut francfortois de recherche sociale et les contributions dans A. Honneth (Hrsg.), *Paradoxien kapitalistischer Modernisierung*, Francfort, Campus Verlag, 2002. Pour des raisons liées à l'exigence du concept de contradiction, l'accent sur les « contradictions » est remplacé par le discours sur les « paradoxes ». Je reviendrai plus tard sur la question de savoir dans quelle mesure le discours sur la contradiction peut, au contraire, être maintenu.

systémiquement. Et, même dans la psychanalyse, le symptôme à analyser contribue à limiter l'action et la liberté, et ce sont les limitations comme les accès de souffrance liée aux crises qui motivent le processus douloureux de l'analyse. S'il peut donc dans le cas de la *critique externe* s'avérer questionnable du point de vue normatif, qu'une entreprise soit exempte de femmes et qu'un voisinage soit xénophobe, et si une telle situation, dans le cas de la critique *interne*, se présente comme une incongruence
293 menaçant l'identité, la critique *immanente* | s'attaque aux moments de crise déclenchés par une telle contradiction[1]. À cela s'ajoute le fait que, par la manière dont la critique interne pose le problème, elle semble, en fin de compte, mettre le poids sur la bonne volonté des sujets ou la bonne volonté collective des sociétés pour remédier à la contradiction mise en évidence. Le directeur des ressources humaines *pourrait* tout aussi bien tenir sa parole ; la société à l'orientation chrétienne *pourrait* se souvenir de l'amour du prochain quand il est question des demandeurs d'asile. Les problèmes et les tendances à la crise qui ont été mis en évidence par la critique immanente renvoient au contraire à des problèmes structurels qui mettent en question la constellation décrite elle-même (ou bien qui en sont en tout cas constitutifs) et qui, pour cette raison, ne se laissent plus résoudre à l'intérieur de cette constellation.

(5) *La contradiction parallèle entre la réalité effective et les normes.* La transformation qui devient par là nécessaire se rapporte alors, ce qui est décisif, à tous deux : à la réalité déficiente et aux normes elles-mêmes. Les normes ne restent pas inchangées par le fait que, dans une situation donnée, elles n'ont pas été réalisées, ou même ne sont pas réalisables ; elles peuvent, dans la perspective de la critique immanente, non pas simplement être justes et le rester, de sorte qu'on devrait simplement critiquer leur mise en œuvre comme défectueuse, ainsi que le fait la critique interne. La critique immanente mesure par conséquent non seulement la réalité effective à l'aune de la norme, mais aussi *la norme à l'aune de la réalité effective* – ce qui toutefois ne doit pas signifier que les normes, d'un point de vue relevant de la realpolitik, devraient être

1. Ici se pose la question de savoir si la critique interne et la critique immanente sont véritablement dirigées sur des cas qui sont d'espèce principiellement différente ou bien si elles donnent des mêmes cas une interprétation toujours différente. La réponse est la suivante : les deux possibilités sont pensables. Il peut y avoir d'authentiques cas de critique interne, mais il peut aussi y avoir des situations dont l'interprétation est réduite du point de vue de la critique interne – ou même « susceptible d'être idéologique ». Cela dépend du contexte où l'on place chaque cas. Ainsi peut-on, par exemple, comprendre la xénophobie plutôt comme une rémanence contingente ou la placer dans la configuration systématique d'un contexte social de domination.

adaptées à ce qui est « faisable » dans la réalité effective. La critique immanente est alors tout autant la critique d'une pratique à l'aune de normes avec lesquelles celle-ci ne s'accorde pas que la critique de ces normes elles-mêmes. Le critère de la critique se transforme alors dans le processus de la critique. Mais ainsi, la contradiction dont il s'agit dans
la critique ne doit pas être écartée | – comme dans la critique interne – 294
par un simple alignement de la réalité effective sur la norme, mais par une modification qui concerne les deux côtés[1]. Dans la mesure où, par exemple, comme dans B', les contradictions entre les normes, relevant du droit naturel, de l'égalité et de la liberté d'un côté, et, de l'autre, la réalité sociale, ne peuvent être résolues que par un nouveau principe d'une organisation économique et sociale, les concepts de liberté et d'égalité se transforment par là en une compréhension plus englobante de la liberté comme « liberté positive » ou bien en une compréhension plus englobante, c'est-à-dire « matérielle », de l'égalité.

Par là, la référence restauratrice au « plus jamais » de la validité de la norme n'est donc pas la seule à être bloquée. Même la simple affirmation selon laquelle la critique doit intervenir au nom de normes qui « ne se sont pas encore imposées », mais qui, comme telles, renferment déjà l'émergence d'une réalité meilleure, n'est alors pas tout à fait juste. Les normes ne sont alors en effet pas une « émergence » du vrai qui ne serait pas touchée par leur réalité, mais un ferment et un moment dynamique du développement de formations sociales qui ont d'abord à acquérir le « juste » (la norme juste comme la réalité juste).

(6) *Le caractère transformateur de la critique immanente.* Ainsi sommes-nous parvenus à la distinction la plus caractéristique entre critique immanente et critique interne : la critique immanente n'est pas *reconstructive*, comme la critique interne, mais *transformative*[2].

1. Le rapport de la norme idéale à l'effectuation dans le processus d'une critique immanente est, selon mon interprétation, un rapport compliqué. Si l'effectuation de l'idéal évoqué par la critique immanente signifie sa transformation, ce qui est ici acquitté n'est pas une effectuation de quelque chose qui serait posé en un sens statique, mais un mouvement qui s'enrichit. Ce qui devrait ici être acquitté naît tout d'abord dans le processus de cet acquittement. Une telle interprétation (« performativo-constructiviste ») du thème philosophique du potentiel et de l'effectuation s'attend à ce que le rapport de motivation entre le potentiel et l'effectuation soit significatif, même s'ils ne se recouvrent pas complètement.

2. C'est ici que la distinction entre mon interprétation de la critique immanente et celle d'Axel Honneth devient patente, même s'il y a aussi d'autres distinctions dans la manière de typologiser. En les superposant, on obtient trois variantes : (a) la critique interne (chez Honneth : la variante herméneutique de la critique immanente) ; (b) la critique immanente reconstructive (qui s'oriente d'une manière positive par rapport aux normes rationnelles

295 Elle | vise moins la restauration d'un ordre existant et la réintroduction de normes et d'idéaux possédant une validité que leur transformation. Elle ne rétablit donc pas un accord, perdu aujourd'hui, qui régnait jadis entre la norme et la réalité, mais elle veut transformer une situation contradictoire et de crise en quelque chose de nouveau.

Le dépassement des unilatéralités et l'élimination des déficits présentés par la critique immanente conduisent donc à une transformation au terme de laquelle les deux côtés, la réalité effective et son concept, l'« objet » et son « critère » (comme le décrit Hegel dans la *Phénoménologie de l'esprit*) ont été transformés. Dans la mesure où la critique de l'auto-mécompréhension atomiste de la société civile (exemple A') met en évidence la limitation de cette compréhension, cette critique vise un processus transformateur dans lequel le point de départ (la supposition de l'indépendance) se transforme en une prise de conscience de la dialectique entre dépendance et indépendance, de sorte que, désormais, l'indépendance se présente comme le résultat d'un travail d'appropriation de la dépendance [1]. Et même la psychanalyse ne veut pas seulement (aider à) mettre en évidence des liens et des contradictions, mais provoquer par cette mise au jour des transformations.

(7) *La critique immanente comme processus d'expérience et d'apprentissage.* Alors que la critique interne a un caractère *statique* et conservateur, la critique immanente est *dynamique* en un sens très
296 exigeant. | Elle est le médium (ou, mieux, le catalyseur) d'un *processus d'expérience et d'apprentissage* qui est enrichi par la critique. La réalité

qui sont logées dans la réalité effective) ; et (c) la critique immanente transformative dont l'inspiration est négative (ce serait la variante de la critique immanente orientée par rapport aux crises, que je mets en évidence dans le présent texte). Il convient toutefois de noter que même la critique immanente transformative reste dans la perspective qui cherche dans les moments de crise la base d'un développement « rationnel ». J'envisage donc le problème également autrement que Seyla Benhabib, qui voit déjà dans ce désir de transformation un dépassement du concept de critique immanente. Voir sur ce point la différence qu'elle établit entre « *fulfillment* » et « *transformation* » chez Marx, dans S. Benhabib, *Critique, Norm, and Utopia*, *op. cit.*, p. 67. D'après mon interprétation, au contraire, le moment transformatif – précisément quand on comprend la critique immanente à partir de la *Phénoménologie de l'esprit* de Hegel – appartient à la manière même dont procède la critique immanente.

1. Le « processus de formation » dont parle Hegel dans les *Principes de la philosophie du droit* (§ 187) serait un tel processus social d'expérience dans lequel le point de départ – l'indépendance – se transforme lui-même : la prise de conscience de l'interdépendance liée aux institutions fondant la circulation générale (p. ex. des marchandises) et la « réalisation » pratique de cette interdépendance visent la transformation du lien social resté jusque-là déficient.

effective critiquée est en effet, premièrement, contrainte d'entrer dans ce processus de transformation par les expériences d'un échec ou d'une déficience. C'est en cela que, deuxièmement, le processus d'échec et de dépassement de l'échec se présente comme mouvement d'enrichissement et de progrès – donc comme un processus d'apprentissage. Le développement d'une pratique déficiente en une nouvelle pratique (et avec une nouvelle autocompréhension) devient un processus d'expérience qui s'enrichit, précisément parce qu'il ne consiste pas unilatéralement à détruire et à surmonter une position fausse, mais à conquérir une nouvelle position à partir de l'expérience de l'échec. C'est ce que Hegel appelle une « négation déterminée »[1]. Le développement initié par la critique immanente peut, par conséquent, être compris comme une espèce de processus résolvant un problème, dont la « vérité » ou la crédibilité consiste dans le fait qu'il « renferme en soi » l'élaboration de l'insuffisance de la position précédente.

Si, dans le cas de la société civile, c'est de la déficience de la liberté et de l'égalité décrites au sens du droit naturel que résultent la liberté et l'égalité « matérielles et positives », la formation social-historique en question a tiré des leçons des déficiences de la « liberté civile » ; mais ce résultat n'est pas concevable sans la préhistoire du dépassement de la position précédente. De même, dans la psychanalyse, le sujet « guéri » conquiert sa liberté dans la confrontation avec les symptômes qui l'entravent et dans leur perlaboration. Sur la base d'une théorie psychologique pour laquelle, comme pour celle de Freud, il n'existe pas, d'une certaine manière, quelque chose comme la « santé », mais seulement des manières pathologiques et moins pathologiques de gérer les conflits qui, en tant que tels, sont non seulement inévitables, mais aussi constitutifs du développement de la personnalité, toute constitution psychique est le résultat d'une histoire de conflits. Ou bien pour le dire autrement : elle est le résultat d'un équilibrage de conflits qui, en tant que tels, ne disparaissent pas simplement, mais restent constitutifs du résultat[2]. Le processus, compris psychanalytiquement, | du développement de la 297

1. Le caractère de ce processus d'apprentissage ainsi que la caractérisation plus précise du mouvement d'une négation déterminée sont l'objet de la quatrième partie.

2. Par opposition, la thérapie comportementale, par exemple, vise uniquement le résultat, c'est-à-dire le rétablissement du fonctionnement. C'est pour cette raison qu'elle n'a nul besoin du processus de prise de conscience et qu'elle se rapporte d'une manière purement négative face au symptôme. La psychanalyse en revanche a besoin du symptôme, elle travaille avec lui et conçoit, pourrait-on dire, la santé comme une appropriation supprimante.

personnalité, comme aussi le processus thérapeutique psychanalytique pourraient ainsi être décrits comme des processus d'expérience et d'apprentissage dont le principe dynamique n'est pas sans ressemblance avec celui de la « négation déterminée »[1].

La structure de la critique immanente

Comparons pour résumer la structure de la critique immanente avec celle de la critique interne à l'aide du modèle structurel déjà développé plus haut.

(a) Il y a déjà des différences au niveau des trois *présupposés* de la critique interne et de la critique immanente :

(1) Le point de départ de la critique interne est le suivant : une situation donnée est caractérisée par le fait que, en elle, en même temps, *une norme N est acceptée* et *une pratique P est exercée.*

(1') La critique immanente ajoute : les deux dimensions ne sont pas contingentes, mais se trouvent dans un lien nécessaire.

(2) La critique interne affirme : une norme N est *applicable* à une pratique P, c'est-à-dire concerne celle-ci.

(2') La critique immanente dit d'une manière plus exigeante : N est *constitutif* pour P et constitue même P *dans les faits* (même si c'est d'une manière contradictoire).

(3) La critique interne constate : il y a, entre la norme et la pratique, une *contradiction*, c'est-à-dire que N n'est pas *effectué* dans P.

(3') La critique immanente affirme : si N est, dans P, effectué
298 d'une manière déficiente, cela témoigne d'une | *contradiction interne*, c'est-à-dire d'une *déficience* de N *et* P et, partant, du caractère contradictoire de la pratique constituée par N elle-même.

1. Même s'il est douteux que l'idée d'un développement à travers les crises et celle de « teneur positive » de ce qui est nié soient affirmées de manière constante, la psychanalyse est toutefois, précisément d'un point de vue métapsychologique, proche du modèle de développement hégélien, c'est-à-dire dialectique. C'est, d'une manière correspondante, comme un « modèle de développement dialectique » qu'est aussi décrit le modèle psychanalytique par le psychanalyste Gottfried Fischer (*Dialektik der Veränderung in Psychoanalyse und Psychotherapie*, *op. cit.*).

(b) Si ces présupposés sont donnés, les *démarches* de la critique interne et de la critique immanente se distinguent de la manière suivante :

(4) La critique interne renvoie à un lien entre N et P et la rend explicite. Elle établit donc que N est une norme qui vise la pratique P, c'est-à-dire que P est une pratique qui tombe sous N.

(4') La critique immanente, en revanche, découvre dans quelle mesure N prend effet dans P et P dépend de N, de sorte qu'il s'agit d'un lien dans le sens plus fort d'une dépendance réciproque et, en outre, d'un lien qui est nécessairement établi par les moyens de l'analyse.

(5) La critique interne renvoie à l'inadéquation entre N et P.

(5') La critique immanente analyse la contradiction interne de la pratique P constituée par N.

(6) La critique interne pose l'exigence d'un alignement de P sur N.

(6') La critique immanente agit comme « ferment » de la transformation pratique de N et P.

Une démarche pour établir des liens

Comment donc procède la critique immanente par opposition à la critique interne ? Même la critique immanente, comme la critique interne, passe par les étapes (4') à (6'), et tire la conséquence à partir des présupposés (1') à (3'). Même la critique immanente n'est *possible* que quand ces présupposés sont donnés, et, d'autre part, est *nécessaire*, parce que les conséquences des conditions ne se tirent pas d'elles-mêmes. La tâche et l'activité de celle qui produit une critique immanente se distinguent toutefois de la tâche et l'activité de celle qui exerce une critique interne.

D'un côté, il faut distinguer les présupposés suivants : celle qui produit une critique immanente part d'une situation « contradictoire »
| qui est au moins, d'une manière latente, en crise et pas seulement 299
incohérente. Cependant, même sa tâche est distincte : elle doit établir le caractère constitutif de N pour P (4') ; elle doit montrer que N prend effet dans P. Et elle doit établir que P dépend de N. En fin de compte, elle doit même non seulement mettre en évidence la contradiction, mais établir qu'elle est contraignante. L'exigence d'un alignement de P sur N est, en fin de compte, comme nous l'avons vu, résolue par la transformation de N et P eux-mêmes. S'il est dit ici de la critique qu'elle agit comme « ferment » ou catalyseur de cette transformation, cela doit alors signifier que la critique (dans son unité avec l'analyse, c'est-à-dire

avec la mise en évidence des liens décrits plus haut) renferme elle-même un caractère pratico-transformatif. C'est à celui-ci que correspond, dans la psychanalyse, ce qu'Alfred Lorenzer a appelé la « double nature du procédé psychanalytique, qui consiste à être critico-herméneutique *et* pratico-transformateur »[1].

Les deux tâches, à savoir celle qui consiste à établir un lien entre des éléments en général qui se contredisent l'un l'autre, d'un côté, et, de l'autre, celle qui consiste à localiser ici une contradiction, se présentent comme une entreprise exigeante du point de vue théorique. Par opposition à la thèse de Michael Walzer, selon laquelle la critique n'est pas une théorie (de la société), mais nécessite simplement « du courage, de la compassion, et un bon œil », la critique immanente repose sur l'analyse et, partant, dépend de la théorie. L'effort théorique est une partie de la pratique de la critique. Pour le dire de manière très simplifiée : nous pouvons éventuellement voir au moyen d'un « bon œil » si les hommes souffrent. Cependant, nous avons besoin d'une théorie pour déchiffrer cette souffrance comme étant causée par l'exploitation ou l'aliénation
300 au sens de Marx[2]. De même, on ne comprendra la tension | entre la déclaration du patient, « Je suis un homme très pacifique », et ce qu'il relate, « Je rêve toujours de monstres auxquels j'arrache la tête », que si l'on dispose d'une thèse théoriquement informée sur l'interaction entre « conscient » et « inconscient ». La critique immanente, précisément par opposition à ce que Walzer affirme à propos de la critique interne locale, a donc besoin pour cette raison d'une « bonne théorie ». Le fondement normatif d'une communauté, qui ne peut être mis en évidence que par l'analyse, et sa violation, qui ne peut être découverte que de cette manière, ne peuvent pas être réalisés par le seul « bon œil » du critique.

1. A. Lorenzer, *Die Wahrheit der psychoanalytischen Erkenntnis. Ein historisch-materialistischer Entwurf*, Francfort, Suhrkamp, 1986, p. 138.

2. On peut même aller plus loin. Non seulement l'exploitation et l'aliénation ne sont pas évidentes, mais notre perception des blessures et des situations fâcheuses – qu'elles concernent les autres ou nous-mêmes – est marquée et rendue possible par des termes et des concepts qui nous permettent de voir quelque chose comme blessant ou mauvais. Le fait que nous trouvions cruel de laisser pleurer les nourrissons ne dépend pas seulement de notre imprégnation culturelle, mais aussi – précisément lorsqu'il s'agit de la modifier – de ce que nous savons et pouvons nous représenter du vécu intérieur et du monde interne de l'expérience des nourrissons. Les interprétations sont donc toujours déjà à l'œuvre. Et le fait de renoncer à la théorie, à cet égard, signifie simplement qu'on peut se fier à nos interprétations quotidiennes rodées. Il ne s'agit pas de nier que ce sont parfois d'autres médias que la théorie qui nous permettent d'accéder à de telles expériences.

Si j'ai caractérisé plus haut la critique interne comme « procédé pour trouver des liens », la critique immanente est un procédé permettant *non seulement de mettre en évidence* des liens, *mais de les établir.* En effet, ce qui caractérise le procédé et les domaines d'objet d'une critique immanente, c'est que de tels liens ne sont pas « sous la main ». La critique immanente analyse une situation sociale donnée d'une manière qui établit un lien qui ne serait pas perceptible sans le procédé analytique du critique. C'est d'abord sur cet arrière-plan que quelque chose se présente comme « contradiction »[1]. Cela vaut aussi pour la caractérisation par Hegel de la société civile à titre de « lien » : c'est d'abord parce que cette société peut être comprise comme un lien posé d'un point de vue éthique que le problème non résolu de la pauvreté et de la naissance de la populace devient connaissable à titre de contradiction qui menace, du point de vue normatif, ce lien[2].

| Le concept de « lien » (et le procédé consistant à établir un tel lien) 301
passe donc du statut de concept insignifiant à celui de concept exigeant du point de vue théorique. Si Marx, d'une manière correspondante, parle de la société civile comme le « lien propre à l'absence de lien », c'est par là un point de départ systématique décisif pour la critique qu'il formule. La « contradiction » – terme synonyme, pour la critique interne, de celui d'« inconsistance » – devient ici une « contradiction dialectique » dans laquelle les deux termes contradictoires d'un lien sont en même temps renvoyés constitutivement l'un à l'autre, de sorte que l'apparente absence de lien est reconduite à sa connexion.

Pour résumer, il faut donc se représenter le procédé de la critique immanente comme suit : partant de contradictions nécessaires (posées d'une manière systématique), la critique immanente est le *ferment d'un processus de transformation* qui surmonte les déficiences de la situation

1. Voir sur ce point P. Redding, *Analytic Philosophy and the Return of Hegelian Thought*, Cambridge, Cambridge University Press, 2007, le chapitre « Hegel and Contradiction », qui défend la thèse selon laquelle les contradictions ne sont faites telles que dès lors qu'elles sont transformées dans l'espace des raisons.

2. *Cf.* G. Lohmann, *Indifferenz und Gesellschaft*, *op. cit.*, p. 47 : « Marx qualifie le type d'unité de la société civile avec le même concept que Hegel lui aussi utilise pour la caractériser : "lien". Le "lien" désigne, dans la terminologie hégélienne, la caractérisation d'un rapport de réflexion entre des éléments singuliers (des particularités) apparaissant comme étant autonomes en soi, mais qui, pour réaliser leur particularité (réaliser leurs besoins), ont besoin de la relation à d'autres particularités. La nécessité du rapport à d'autres constitue la détermination de l'universalité qui toutefois devient un moyen dans la réalisation du particulier. Cette réalisation est quelque chose de qualitativement différent de l'"autonomie, initialement apparente, d'un singulier". »

caractérisée par ces contradictions. L'enchevêtrement de l'analyse et de la critique a aussi en cela le résultat suivant : les liens qui transforment, avec la perception de la réalité, en même temps les types possibles de réactions sur celle-ci, deviennent visibles. À cet égard, la critique immanente a aussi un « moment d'ouverture », elle rend visible d'une façon nouvelle les aspects de cette réalité effective. C'est précisément en ce sens que l'« attitude critique » est, d'un côté, (passivement) dépendante de l'état de crise propre à ce qui est critiqué, et, de l'autre côté, (activement) un « ferment » de la transformation.

Nous verrons dans la prochaine section que, dans les caractéristiques esquissées ici, se cachent aussi bien la force que l'aspect problématique de la critique immanente ?

6.3. Potentiels et difficultés

302 | La question est désormais de savoir dans quelle mesure la critique immanente est *immanente*, dans quelle mesure elle est *critique* – mais aussi dans quelle mesure elle parvient à être les deux en même temps [1]. La réponse à cette question nous conduit aux potentiels comme aux problèmes de la position abordée ici.

L'immanence transformative

Comme nous l'avons vu, la critique immanente (dans la variante « forte » que je défends ici) trouve ses critères dans « ce qui est critiqué lui-même » – mais en un tout autre sens que la critique interne. En effet, elle ne se rattache pas positivement à ce qu'elle trouve dans ce qui existe. La norme à effectuer n'est pas, à titre d'idéal, déjà existante dans la réalité effective, et, en conséquence, elle n'est pas directement à exiger. Cette forme de critique procède d'une manière immanente plutôt au sens où – « négativement » – elle s'attaque aux contradictions et aux moments de crises qui constituent une constellation. L'immanence est

1. C'est au fond une reformulation de la question posée par Anton Leist dans son article « Schwierigkeiten mit der Ideologiekritik » (*in* E. Angehrn, G. Lohmann (Hrsg.), *Ethik und Marx*, Königstein, Athenäum, 1986, p. 58-81), celle de savoir en quel sens la critique de l'idéologie peut être en même temps non-normative mais pourtant en cela critique. Si j'ai répondu à la question en renvoyant au fait que la critique de l'idéologie est certes normative, mais pas normativiste et, dans cette mesure, déploie son potentiel critique à titre de critique immanente – *cf.* mon essai « Qu'est-ce que la critique de l'idéologie ? », *Actuel Marx* 2008/1 (n° 43) –, on voit à présent quelle hypothèque normative est liée au concept de problème, de crise ou de contradiction et au processus de leur résolution.

ici envisagée d'une manière transformative– mais, en même temps, la transformation qui procède d'une telle critique est, dans son caractère, une transformation immanente, elle trouve son origine d'une manière immanente dans des positions de problème d'un ordre supérieur posées avec une formation sociale. La critique immanente se rattache alors à ce qui existe dans une constellation pour autant que les moyens permettant de résoudre le problème ou la crise sont localisés *dans* cette situation même. Le processus de transformation est donc en quelque sorte suggéré par la situation elle-même, il est tracé en elle, même s'il la dépasse. La contradiction donnant lieu à une crise, à laquelle la critique immanente fait face et qui nous fait face, est envisagée par elle – par opposition à la manière dont procède la critique interne –, non seulement comme « nécessaire », mais aussi | comme « productive ». La déficience d'une **303**
position déterminée ne peut être établie qu'à l'aune de son échec, mais la possibilité de sa résolution résulte de la critique de l'état déficient lui-même. D'une manière très prudente, Adorno suggère cet élément en même temps négatif et productif de la critique, lorsqu'il dit : « Le faux, une fois qu'on le reconnaît et qu'on le précise d'une manière déterminée, est déjà un index du vrai, du mieux »[1]. Un tel élément constructif de la critique est pensé de manière un peu plus robuste si le processus de crise et de critique est envisagé comme un événement enrichissant dans le sens indiqué ci-dessus. On peut alors désigner comme immanence transformative un processus dans lequel « le nouveau », la pratique réussie face à celle ancienne, et la norme transformée, enrichie, ne peuvent être conquises que dans l'explication avec l'« ancien » et comme son surmontement, et non en en faisant abstraction. L'« état nouveau » qu'on atteint à chaque fois serait du coup « plus vrai » que l'ancien, dans la mesure où il résout le problème, qu'il supprime la déficience ou l'unilatéralité qui a poussé l'ancien état dans la crise ou bien qui a produit un problème.

L'avantage de la critique immanente (par opposition à l'avantage de la critique interne qu'on a discuté plus haut) ne se trouve donc pas dans le fait que les « normes et valeurs » auxquelles on pourrait seulement s'attacher seraient déjà contenues dans les pratiques et institutions sociales existantes et qu'il faudrait simplement les reconstruire et les effectuer en les préservant. Néanmoins, même le critique immanent est impliqué dans ce qui est critiqué. Même lui ne juge pas de façon abstraite, à partir d'un point de vue extérieur, mais à partir des déficiences

1. T. W. Adorno, « Kritik », *op. cit.*, p. 793.

concrètes et à l'aune du critère équivalant au potentiel, existant dans cette réalité effective, permettant de surmonter cette déficience. Ainsi, les deux formes de critique partagent malgré toutes leurs différences la conception selon laquelle ce qui existe n'est pas purement négatif. Il y a dans ce qui existe – même dans ses contradictions– le potentiel auquel il faut se rattacher, mais uniquement par le biais d'une transformation. Qu'il faille chercher dans ce qui existe le « mieux », cela appartient donc aussi aux convictions de la critique immanente. L'attractivité – et
304 précisément la | promesse – du programme de la critique immanente est ainsi la suivante : celle-ci (comme Michael Theunissen l'a remarqué à propos de la méthode négative-immanente d'Adorno) permet de tenir ferme « à la possibilité d'un autre (et) de lui attribuer en outre aussi une réalité effective, et une réalité effective dans le monde existant »[1], sans pour cela se comporter vis-à-vis de celui-ci d'une manière affirmative-conservatrice.

Si la critique immanente est donc en même temps critique et immanente, et, par opposition à la critique interne, plus fortement normative dans la mesure où elle peut projeter un « mieux » au-delà des normes existantes, ce type de critique pose aussi des problèmes qui sont ici manifestes.

Les difficultés de la critique immanente

La critique immanente, dans sa prétention à la validité, est loin d'être exempte de présupposés. Nous avons dit, à propos de la *critique interne*, qu'elle exige simplement les normes existantes d'une société, dans leur particularité et leur contingence, sans pouvoir plus avant les fonder. Elle peut donc seulement établir *que* ces normes valent dans une communauté donnée, sans pouvoir fonder *pourquoi* celles-ci doivent valoir. Si, par opposition à cette critique interne, la « critique externe » fonde sa force critico-normative sur le fait qu'elle affirme un critère indépendant de toutes les formes de vie particulières, le modèle de critique immanente que j'ai introduit comme alternative et position médiatrice se présente au contraire avec une prétention à la vérité et à la validité qui fait appel au potentiel rationnel des normes incorporées dans les pratiques sociales, même sous leur figure négative ou de crise. Le caractère rationnel de ces normes ne se trouve donc ni uniquement dans leur validité de fait, ni non plus dans un critère dépassant les normes et pratiques correspondantes.

1. M. Theunissen, « Negativität bei Adorno », *in* L. von Friedeburg, J. Habermas (Hrsg.), *Adorno-Konferenz 1983*, Francfort, Suhrkamp, 1983, p. 41-65, ici p. 50.

Comme je l'ai affirmé, ce caractère se détermine plutôt par le critère du surmontement réussi des problèmes, des crises et des contradictions inhérents aux conditions à critiquer – et, en fin de compte, par le caractère rationnel, qui s'enrichit vers le mieux, | du processus de développement 305
lui-même qu'a initié la critique immanente.

Comment toutefois un tel développement (et, partant, le processus de transformation permis par la critique immanente) peut-il être qualifié de surmontement vers un mieux, si l'on ne veut pas, dans ce but, en appeler à un télos final de l'histoire ou du processus en question ? Et comment en général peut-on comprendre les « crises » comme moteur du développement si l'observation des développements historiques suggère précisément que les crises (et leur solution) ne sont pas « données objectivement », mais dépendent pour leur part d'interprétations, de processus d'autocompréhension et des chaînes et enchaînements d'actions inspirés par ceux-ci ? Le problème du point de référence normatif de la critique immanente semble donc alors seulement se déplacer. Déjà la question de savoir ce qu'est proprement une contradiction pratique ou bien une crise, et ce qu'est dans les deux cas sa « solution », n'a pas, comme nous l'avons vu[1], de réponse évidente. Dans quelle mesure l'inégalité matérielle est-elle une contradiction par rapport à l'égalité juridique ? Dans quelle mesure le fait que, comme Hegel l'a écrit, la société civile n'est « pas assez riche dans toute sa richesse » pour résoudre le problème pressant de la pauvreté et de l'exclusion, signifie-t-il une « crise » de cette même formation sociale ? Et, à nouveau : qu'est-ce qui ne « fonctionne » pas ici, alors que d'autres choses fonctionnent ?

Reconstruire la critique immanente

Il résulte déjà de la description de la normativité propre aux formes de vie que j'ai développée dans les chapitres précédents des pistes pour résoudre ces problèmes – et des tâches pour les prochains chapitres.

Premièrement, la question de savoir comment décider de ce qui vaut comme « fonctionnement » et comme « problème » renvoie à une ambiguïté dans l'expression de « normes inhérentes ». Celles-ci peuvent être des normes au sens *fonctionnel* ou bien au sens *éthique*. Les réflexions que j'ai présentées au chapitre 3 sur la normativité des formes de vie contournent toutefois une telle distinction. Les normes examinées ici sont en même temps des normes du fonctionnement et | du bien. Le 306
« fonctionnement » signifie, au regard des processus sociaux examinés,

1. Voir plus haut, chap. 4, et plus bas, chap. 9.

plus qu'un déroulement sans faille, c'est-à-dire qu'il s'agit toujours d'un « bon » fonctionnement en un sens en même temps fonctionnel et éthique. Une « contradiction pratique », comme devrait l'exprimer mon concept d'« échec normatif », est caractérisée par le fait que, dans un processus social, surgissent des obstacles et des crises qui sont problématiques à deux égards : *quelque chose ne fonctionne pas bien ; et ce qui n'est pas bien, c'est la façon dont cela fonctionne.* L'enchevêtrement propre des points de vue éthique et fonctionnel, dont j'ai envisagé l'interaction avec le concept de fondation éthico-fonctionnelle de normes, prend par là en compte le fait que, dans le social, il n'y a pas de fonctionnement qui serait indépendant du bien et pas de crises qui n'auraient pas en même temps un aspect objectif comme un aspect subjectif. En ce qui concerne la question des critères pour les problèmes comme aussi pour leur solution, il en résulte une piste. Si les problèmes sont toujours aussi des problèmes normatifs, mais si les problèmes normatifs sont inversement toujours aussi des problèmes de dysfonctionnement, il faudrait commencer à les localiser des deux côtés en même temps.

Deuxièmement, si la critique immanente est « un procédé pour établir des liens », on peut, sur l'arrière-fond de mes considérations sur cette pratique consistant à établir des liens, produire un *tournant en quelque sorte constructivo-performatif.* Les liens comme aussi les contradictions qui constituent le principe dynamique de cette critique sont, si on pose au fondement ma description de « problèmes » (ou d'une manière correspondante : de crises), en même temps « donnés » et « construits ». Cela doit signifier : l'analyse critico-immanente ne « découvre » pas simplement les liens contradictoires de la réalité sociale effective, ni ne les construit librement. Même si les contradictions dont il est ici question n'ont pas la force contraignante qu'on leur a souvent attribuée dans la tradition hégéliano-marxiste, elles sont pourtant le résultat de problèmes pratiques qui ne sont pas indépendants d'interprétations, mais – tel un symptôme – elles se « manifestent » d'une quelconque manière, donc produisent des conséquences et des failles pratiques. Par conséquent, la critique immanente ne peut donc appuyer son analyse et
307 son évaluation ni sur des « raisons ultimes » contraignantes, | ni sur une interprétation de la réalité sociale qui serait valable en dernière instance et indépendante des acteurs. Ainsi va-t-elle, toujours en même temps, analyser et produire les problèmes et les contradictions. Si toutefois on comprend la réalité (sociale) comme quelque chose qui, même si elle n'est pas « donnée », nous oppose une résistance, cela ne nous laisse pas pour autant sans critères.

Troisièmement, la critique immanente doit compter avec la *multiplication des contradictions.* Il ne peut plus s'agir aujourd'hui de mettre en évidence une contradiction ou la contradiction centrale de la société capitaliste, mais des contradictions multiples, qui se multiplient et entrent parfois en conflit les unes avec les autres (mon concept de forme de vie est bien, en ce sens, un concept ouvert sans perspective centrale.) Cela a entre autres pour conséquence le fait suivant : on sera confronté à la persistance de tels conflits et contradictions, c'est-à-dire à des collisions conduisant à des contradictions. La critique immanente n'est donc pas adossée à un idéal romantique et harmonieux d'affranchissement de toute contradiction, donc quelque chose comme l'idée d'un surmontement ultime des conflits. Par opposition toutefois aux positions qui perpétuent la contradiction comme telle, elle considère celle-ci comme un moment dynamique qui pousse à son dépassement, aussi *provisoire* soit-il.

Quatrièmement, comme l'a montré ma reconstruction de la critique immanente, la possibilité d'établir un standard critique pour l'évaluation des formes de vie tient à la possibilité de décrire quelque chose comme un *processus d'apprentissage rationnel.* La prétention à la validité de la critique immanente se trouve par conséquent dans le caractère rationnel du processus de transformation lui-même auquel elle recourt. Elle est fondée dans la représentation selon laquelle les résultats de la critique immanente – la transformation que cette critique a initiée – sont toujours la solution *juste* (et *inévitable*) d'un problème ou d'une crise dans lesquels est entrée une situation déterminée (une pratique ou une institution sociales). Les normes et les pratiques élèvent une prétention à la validité relativement à laquelle, ensuite, elles échouent ou bien se transforment. Le fondement de validité de la critique immanente serait alors caractérisé par ce qu'on pourrait appeler un « indice historique » : il consiste, si l'on prend au sérieux ma thèse des formes de vie comme compétences pour résoudre des problèmes, dans la rationalité d'un processus lié à l'expérience ou à l'apprentissage, que l'on peut comprendre comme l'histoire des résolutions de problèmes | ou l'histoire du surmontement 308
des déficiences ou des crises.

La critique interne et la critique immanente, du point de vue de leur force normative, ne se distinguent alors pas tant par leur point de départ. Même les normes et les pratiques auxquelles se rapporte la critique immanente sont d'abord fixées dans les faits; ce qui vaut est d'abord trouvé dans une constellation historique et sociale déterminée. La différence consiste toutefois dans le fait que ce point de départ est, dans ce qui suit, soumis à une justification s'accomplissant au cours du processus. La justesse normative (comme la vérité épistémique) n'est pas « dehors », mais résulte seulement de l'accomplissement de ce processus. La crédibilité et la faisabilité du modèle de critique immanente dépendent donc de la possibilité d'identifier un tel processus comme un processus *rationnel*.

309 | TABLEAU : MODÈLES DE CRITIQUE

	Point de départ	**Fondement de la critique**	**Caractère**	**Validité des normes**	**Rôle de la théorie**
Critique externe	Externe (constructivo-universel ou externo-particulier)	Contradiction entre le critère externe et les pratiques existantes	Constructif	Universelle (dans le cas de la critique constructive)	Théorie normative à titre de « juge »
Critique interne	Interne : valeurs/ normes et convictions partagées	Contradiction au sens d'une inconsistance entre les idéaux internes et la réalité effective	Reconstructif	Interne et particulière	Aucun
Critique immanente	Interne : les normes stockées dans les pratiques sociales	Contradiction « dialectique » dans la dimension interne de la constellation, crise	Transformatif	Normes rationnelles – identifiées *via* une justification immanente	Nécessité de l'analyse pour mettre en évidence la contradiction et la crise

QUATRIÈME PARTIE

LA DYNAMIQUE DE LA CRISE ET LA RATIONALITÉ DU CHANGEMENT SOCIAL

> | Les révolutions politiques sont introduites [...] par un sentiment 313
> croissant selon lequel les institutions existantes ont cessé de répondre aux problèmes posés par un environnement en partie construit par eux. *Thomas Kuhn*
>
> On verra qu'il ne s'agit pas du fait de tirer, par la pensée, un grand trait entre le passé et le futur, mais d'un *accomplissement* des pensées du passé. On verra enfin que l'humanité ne commence aucun travail *nouveau*, mais achève avec conscience son travail ancien. *Karl Marx*

Les formes de vie, comme je l'ai affirmé, sont des instances de résolution de problèmes. Mais les problèmes dont il s'agit ici ne se posent pas une fois pour toutes ni ne sont toujours les mêmes ; ils sont situés historiquement et prédéfinis normativement, ils sont les résultats de résolutions passées de problèmes conduisant à des problèmes nouveaux, de nouveau situés et renfermant une dimension normative. Les résolutions de problèmes atteintes (et, corollairement, les formes de vie) sont donc, si l'on veut, à chaque fois des « étapes intermédiaires » de processus de résolution de problèmes. Si, alors, les résolutions peuvent être appropriées ou inappropriées, elles le sont sur le fond d'une dynamique de contradictions et de crises que, à chaque fois, les formes de vie ont traversée à titre d'instances de résolution des problèmes. Leur réussite ou leur échec a un index historique et contextuel. Aussi les formes de vie sont-elles, selon ma thèse, le résultat d'un processus social de transformation ordonné par le conflit, dont la rationalité ne peut être comprise et appréciée que sur le fond de cette histoire à titre d'histoire de résolution des problèmes.

Ma question initiale portant sur le caractère critiquable des formes de vie est, par ces considérations, posée dans une nouvelle perspective. Car ce n'est plus la résolution particulière du problème qui peut s'avérer être appropriée ou inappropriée, rationnelle ou irrationnelle, bonne ou mauvaise, mais c'est la dynamique historique du processus de transformation qui est posée avec elle. La rationalité de la suite de résolutions de problèmes elles-mêmes – à titre de quelque chose
314 qui, dans le meilleur des cas, | peut être décrit comme processus d'apprentissage– devient ainsi le critère de la réussite des formes de vie. Une telle transformation est rationnelle, non pas en raison d'un point de référence normatif « dehors », mais – c'est ainsi qu'a aussi été défini le fondement de validité de la critique immanente dans le chapitre 6 – dans la mesure où elle décrit un processus d'expérience ou d'apprentissage compréhensible qu'on peut saisir à titre d'histoire du surmontement de déficiences ou de crises. Néanmoins, toute dynamique n'est pas productive, toute élaboration de l'expérience ne réussit pas nécessairement, et tout arrêt d'une crise n'est pas nécessairement sa solution. Il y a aussi des « formations réactives régressives » ou des processus de repli problématiques face à la réalité des conflits. En bref : il y a des processus de résolution des problèmes qui réussissent, mais il y en a aussi qui demeurent déficients. Une réponse encore très schématique à la question de la réussite des formes de vie peut donc être formulée comme suit : une forme de vie réussie est quelque chose qui peut être compris comme le résultat d'une dynamique de transformation réussie. Les formes de vies sont mauvaises, irrationnelles ou inappropriées, inversement, si elles sont marquées par des blocages ou des perturbations systématiques concernant la perception et la résolution de problèmes et, par conséquent, si elles sont le résultat de processus de transformation ratés ou déficients.

Passage à la question du « comment »

Ce qui est donc en débat n'est plus le *résultat*, l'adéquation, la réussite ou encore la rationalité de la résolution du problème donnée par une forme de vie. Ce qui est en question est plutôt le *caractère du processus* qui a conduit à une résolution déterminée. Ce qui advient à partir de la question : « Comment peut-on distinguer des formes de vie bonnes de celles qui sont mauvaises, irrationnelles ou inappropriées ? », c'est ainsi la méta-question suivante : « Comment peut-on distinguer des processus de transformation sociale réussis des processus ratés (ou irrationnels) ?

» Par là, la question de substance et de contenu portant sur la réussite des formes de vie se dissout dans la question (à de maints égards) plus formelle portant sur la forme de déroulement et la dynamique de développement des formes de vie.

On peut éclairer cette « formalisation » à l'aide d'une proposition de Ernst Tugendhat. Celui-ci propose de réinterpréter la question portant sur la vie bonne ainsi : il ne s'agit plus | ici de *ce que* la vie bonne 315
exige du point de vue éthique, mais de la question de savoir *comment* accomplir cette vie[1]. Si l'on accepte cette distinction, alors la question décisive permettant d'apprécier les formes de vie ne serait plus de savoir *ce qui* doit être réalisé en elles, c'est-à-dire quels contenus substantiels spécifiques et quelles pratiques et institutions doivent être donnés en elles afin qu'une forme de vie puisse être considérée comme réussie. Mais il faudrait plutôt examiner *comment* ces pratiques sont nées, comment se présente le processus de leur établissement et de leur conservation et si les résolutions correspondantes des problèmes s'incarnant en elles peuvent être considérées comme des réponses appropriées aux problèmes correspondants. La ligne de fuite de telles considérations n'est alors pas tant la distinction, éthique et formulée en termes de contenu, de certaines formes de vie par rapport à d'autres, que la qualification de processus de développement ou de transformation du point de vue de processus sociaux d'apprentissage réussis, par opposition à des dynamiques régressives. La critique des formes de vie devient ainsi une espèce de métacritique des processus historico-sociaux.

Or, si, comme nous l'avons vu à la fin de la deuxième partie, il existait déjà des querelles d'interprétation notoires concernant la mise en évidence des problèmes, mais plus encore concernant ce qui peut être considéré comme leur solution, cette stratégie de réponse laisse entrevoir une issue. Une explication substantielle de cette réponse est toutefois dans une certaine mesure pleine de présupposés.

1. *Cf.* E. Tugendhat, « Drei Vorlesungen über Probleme der Ethik », *Probleme der Ethik*, Francfort, Suhrkamp, 1993, p. 57-131. J'ai déjà utilisé cette distinction dans mon étude sur le problème de l'aliénation : *cf.* R. Jaeggi, *Entfremdung. Zur Aktualität eines sozialphilosophischen Problems*, Francfort, Campus Verlag, 2005. On peut pousser ici encore plus loin l'analogie : si les accomplissements réussis de la vie, comme je l'ai développé en me rattachant à Tugendhat, sont caractérisés, quand on les rapporte au sujet, par la capacité de pouvoir disposer de soi, alors, d'une manière correspondante, les formes de vie ratées seraient des façons de ne pas pouvoir, d'une manière collective, disposer de soi, elles seraient des formes d'inaccessibilité collective d'expériences et des formes de blocages collectifs d'apprentissage correspondant à celles-ci.

Le progrès en tant que processus d'apprentissage réussi

Afin de fournir une telle explication, il nous faut examiner plus précisément dans la dernière partie de cette recherche la *dynamique*
316 *interne* des formes de vie. Si les formes de vie se posent comme | des résolutions de problèmes liées à des crises, voilà qui implique manifestement une logique de développement. Si les critères de rationlité d'une forme de vie se constituent par la chaîne des expériences de ses échecs et des réactions à ceux-ci, il s'agit à chaque fois d'un niveau atteint dans une histoire, à partir duquel de nouvelles crises doivent être comprises et surmontées. Pour le dire sans précaution, ce qui est en jeu avec la crédibilité d'une dynamique d'enrichissement ainsi décrite, c'est quelque chose comme l'idée d'un *progrès* social. Mais comment peut-on affirmer qu'une succession de pratiques et formes de vie sociales qui se transforment ne devient pas seulement *autre*, mais *meilleur*e ? Selon quels critères procède donc la qualification de tel processus ?

Ma proposition pour développer de tels critères consiste à saisir la dynamique cherchée comme *processus d'apprentissage*, ou, pour le dire autrement : il faut mesurer sa qualité à la question de savoir s'il s'agit d'un véritable processus d'apprentissage. Si de tels processus d'apprentissage sont déclenchés par des expériences d'échec et d'insuffisance d'une forme de vie eu égard aux exigences qui lui sont posées (qui sont posées avec elle), il n'y a de fait *apprentissage* que là où les problèmes qui surviennent peuvent être maîtrisés réflexivement à un certain niveau normatif sur le mode d'un processus d'enrichissement. La question de savoir si les formes de vie sont le résultat d'un tel processus d'apprentissage qui réussit et si elles rendent possibles ou empêchent de tels processus d'apprentissage ultérieurs devient, du coup, le critère de leur réussite et de leur rationalité. En outre, dans un tel processus d'apprentissage, ce ne sont pas seulement en général des problèmes qui sont surmontés. Comme nous l'avons vu plus haut, une caractéristique importante d'une forme de vie consiste dans le fait que celle-ci est réfléchie dans toute exécution, ainsi s'établit en rapport à elle une autocompréhension et un modèle interprétatif (qui sont collectifs). C'est à la question de la réussite d'une forme de vie à titre de processus d'apprentissage qu'appartient donc aussi la question de l'accessibilité réflexive de ce processus, ou bien, d'une manière plus générale, la question de savoir de quelle manière les personnes impliquées dans une forme de vie peuvent se comporter ou se situer par rapport à celle-ci. Il s'agit ainsi (en reprenant à nouveau le motif de Tugendhat) également de l'accessibilité ou de l'inaccessibilité collectives des expériences.

Le déplacement de perspective que je propose, qui passe de la question portant sur la possibilité d'une critique des formes de vie à celle portant sur leur dynamique d'apprentissage interne | permet, d'un côté, 317
de se débarrasser d'une réponse aux questions éthiques en termes de substance et de contenu. Mais, de l'autre côté, il constitue en même temps une nouvelle « hypothèque », dans la mesure où il semble s'accompagner d'un déplacement de l'éthique vers des hypothèses de progrès inspirées de la philosophie de l'histoire[1]. L'hypothèse d'un développement lié à un progrès induit par des transformations causées par des crises est bien une implication, non exempte de difficulté, de ma présentation jusqu'ici. Et l'affirmation selon laquelle on peut exhiber des critères sensés et rationnels pour la dynamique du changement social porte, du point de vue argumentatif, une charge non négligeable. À vrai dire, la proposition de comprendre une telle dynamique comme des processus d'apprentissage déclenchés par des problèmes et des crises, et d'examiner les déficits comme des déficits en rapport à l'apprentissage, doit en même temps alléger quelque peu le poids de cette hypothèque : selon ma proposition, le « progrès » ne doit justement pas être mesuré à l'aune d'un but posé d'une manière externe « dehors » ou d'une « vérité de l'histoire » qui se trouverait, tel un « point d'Archimède », en dehors du processus lui-même, mais il doit être pensé à l'aune de critères qui sont intrinsèquement orientés sur le processus factuel de transformation lui-même. De plus, si l'on envisage ces processus de transformation comme des processus d'apprentissage, on ne pense nullement un processus de développement contraignant et qui s'accomplirait automatiquement : on ne voit pas non plus dans quelle mesure la dynamique de problèmes et de crises qu'on met ici en place pourrait arriver à une fin déterminable à l'avance[2]. Enfin, le motif des processus d'apprentissage en rapport avec les formes de vie n'implique pas un progrès de l'humanité dans son ensemble, | mais il 318
qualifie des processus d'ordres de grandeur différents, qui entretiennent

1. On peut envisager un tel déplacement comme un des tournants typiques accomplis par l'hégélianisme de gauche, que celui-ci a pris jusqu'à la (première) Théorie critique. Si cela peut aussi être considéré de manière critique comme un recouvrement des questions éthiques par la philosophie de l'histoire, je m'intéresse ici au potentiel normatif d'un tel déplacement et à la possibilité de le reconstruire de manière pertinente.

2. Les « problèmes liés à la philosophie de l'histoire » ont souvent été discutés, et la philosophie de l'histoire, dans ses multiples variantes, a été congédiée : voir entre autres O. Marquard, *Schwierigkeiten mit der Geschichtsphilosophie*, Francfort, Suhrkamp, 1973. Sur la discussion liée à la philosophie de l'histoire, voir aussi M. Lutz-Bachmann, « Subjekt und Geschichte. Über die Aufgaben von Geschichtsphilosophie heute », *in* J. Rohbeck, H. Nagl-Docekal (Hrsg.), *Geschichtsphilosophie und Kulturkritik*, Darmstadt, Wissenschaftliche Buchgesellschaft, 2003, p. 278-292.

des relations diverses entre eux, mais qui ne prétendent nullement s'additionner pour former un mouvement de progrès unitaire. Il n'y a alors pas une crise une, centrale, mais des sources de perturbation multiples et, le cas échéant, interférentes, qui néanmoins peuvent aussi être liées systématiquement entre elles. Il s'agit là d'une reformulation d'une position forte de philosophie de l'histoire, qui ne partage justement pas la téléologie de cette dernière, c'est-à-dire l'hypothèse d'une succession d'étapes absolument nécessaires du développement social, mais qui en propose une version en quelque sorte « pragmatiquement déflationniste »[1] et qui peut en outre se rapporter à de multiples transformations (même à petite échelle), sans préjuger de leur interaction dans un « grand tout » (et, indépendamment de tout cela, on peut évidemment analyser, tout à fait au sens du concept « modulaire » des formes de vie, de nombreuses interdépendances et actions réciproques).

Une autre « diminution » résulte du *statut méthodologique* des hypothèses mises ici sur le tapis : il s'agit ici d'une *conception normative des processus d'apprentissage*, autrement dit, je n'affirme pas ici que l'histoire, telle que nous la connaissons, s'est déroulée dans les faits comme un processus d'apprentissage ou même qu'elle est en passe de le devenir ; il ne s'agit donc *pas de la reconstruction d'un développement factuel qui serait un progrès* ni du pronostic de son apparition. Malgré tout, la conception défendue ici des processus, résolvant des problèmes, propres à la dynamique des formes de vie et aux transformations qui les accompagnent au niveau du développement factuel, n'est nullement externe. Elle ne se présente pas simplement à eux avec des critères normatifs externes. La logique normative du développement, dont il s'agit ici, est inhérente au déploiement des problèmes des formes de vie et est suggérée par celui-ci. Il s'agit donc de la reconstruction d'une dynamique des processus d'apprentissage, telle qu'elle peut être exigée, d'une manière déterminée, par les constellations de problèmes historico-
319 sociales existantes dans les faits, mais sans être nécessairement | déjà effectuée[2]. Il ne faut donc pas croire que ces processus d'apprentissage

1. Voir sur le projet d'une version déflationniste de la philosophie de l'histoire entendue comme « réduction herméneutique de l'idée de progrès », en rapport à la philosophie de l'histoire de Kant, A. Honneth, « Die Unhintergehbarkeit des Fortschritts », *Pathologien der Vernunft. Geschichte und Gegenwart der Kritischen Theorie*, Francfort, Suhrkamp, 2007, p. 9-27.

2. Cette situation doit accueillir le modèle d'une critique immanente guidée par l'idée de problème, tel que je l'ai développé dans la troisième partie. Mon approche, en ce qui concerne l'anti-normativisme, est en accord avec la méthode de reconstruction normative telle qu'Axel Honneth la développe dans *Le Droit de la liberté* ; mais ma version d'une

existent « toujours déjà », ni que cela se passe d'une façon telle que ces processus ne *devraient* exister que pour le regard d'une observatrice critique externe. Le fait de refuser ou de manquer de tels processus d'apprentissage s'accompagne de coûts qui peuvent être décrits (comme dans le chapitre 4) comme des crises éthico-fonctionnelles ou des échecs normatifs et, rapportés à l'idée de progrès, comme une « régression ».

Approche et construction de la quatrième partie

Ce n'est pas ici le lieu de développer une théorie englobante et matérielle du changement social. La supposition de « processus rationnels d'apprentissage » doit ici tout d'abord être examinée relativement à ses implications structurelles, de sorte que, dans le cadre de cet examen, on ne puisse fournir qu'une analyse conceptuelle de la forme du déroulement et des présupposés de tels processus, tels qu'on peut les comprendre d'une manière idéaltypique. Il s'agit donc d'une explication des présupposés conceptuels d'une compréhension des processus d'apprentissage sociaux. Comment des problèmes, c'est-à-dire des crises, peuvent-ils être envisagés, et quels rôles jouent-ils dans le déroulement des processus de changement qu'il faut examiner ? Comment doit-on se représenter le déroulement d'un processus de résolution de problème, c'est-à-dire le déroulement du surmontement de la crise, et à quel moment un développement social en général peut-il être compris comme processus d'apprentissage ? Et, pour finir, que peut-on en conclure relativement aux obstructions et aux déficiences possibles de tels processus d'apprentissage ?

Si, dans les argumentations qui précèdent, j'ai déjà beaucoup emprunté à la théorie de l'éthicité de Hegel, il est logique, ici aussi, de m'arrimer à la représentation qu'il a proposée d'une dynamique dialectique des formations historico-sociales qui se suivent les unes les autres. Toutefois, comme l'a également montré la problématique de la critique immanente, la conceptualisation de la dynamique d'apprentissage
| que je recherche nécessite une réinterprétation de ces motifs sur le **320**
plan de la théorie pragmatique et pratique. J'ai cherché à construire les ressources conceptuelles pour une telle réinterprétation à partir d'une explication avec deux auteurs, John Dewey et Alasdair MacIntyre. La confrontation, au centre de cette quatrième partie de la recherche, qui compare l'orientation de chacun avec ses concepts fondamentaux qui sont

telle reconstruction part plutôt du négatif, des phénomènes négatifs et des crises eu égard auxquels apparaît une exigence normative, au lieu de partir du contenu positif des normes existantes.

incommensurables, quant à la compréhension des dynamiques sociales de crise, doit contribuer à éclairer davantage la structure et le déroulement de telles dynamiques et à rendre possible l'élaboration systématique d'un modèle de processus social réussi d'apprentissage propre aux formes de vie.

Ensuite, le chapitre 7 fait un résumé systématique du problème. Ici, j'éclaire sur le mode d'une précompréhension conceptuelle et phénoménale la manière dont on peut comprendre le motif de l'apprentissage, mais aussi celui des processus d'apprentissage réussis ou ratés, ainsi que les présupposés qui sont ainsi posés. L'explication avec Dewey, MacIntyre et Hegel permet dans les chapitres qui suivent d'examiner plus en profondeur la possibilité d'une conceptualisation philosophique des processus d'apprentissage sociaux. Le chapitre 8 présente les approches des trois philosophes, d'une manière introductive, à titre de théories des processus d'apprentissage sociaux induits par des crises. Le chapitre 9 se consacre à la question de savoir la figure que prennent, chez ces auteurs, les problèmes, les crises ou les « contradictions » sociaux, et discute la pertinence de leurs conceptions respectives pour la thématisation des problèmes liés aux formes de vie. Le chapitre 10 se consacre aux représentations qu'ils proposent de la dynamique des processus de résolution de problèmes et propose une compréhension des processus d'apprentissage « dialectico-pragmatiques », qui tient compte tout autant du caractère déterminé des problèmes que, aussi, du dénouement ouvert des processus de résolution des problèmes.

CHAPITRE 7

PROCESSUS D'APPRENTISSAGE RÉUSSIS ET RATÉS

| Qu'est-il impliqué dans l'idée d'un processus éthique d'apprentissage 321
réussi ou raté en rapport aux formes de vie ? Dans la première section de ce chapitre, je vais, pour éclairer ces questions, expliciter les concepts de « transformation », « apprentissage » et « progrès » et les délimiter les uns des autres. Dans la deuxième section, je me demanderai comment la structure de processus d'apprentissage individuels peut être transmise à l'ensemble supra-individuel d'une forme de vie. La troisième section illustre à l'aune d'exemples ce qu'on peut entendre par des processus d'apprentissage ou d'expérience qui sont réussis ou déficitaires, et ce que signifie le fait d'évaluer ceux-ci en regard de leur qualité de processus d'apprentissage. La quatrième section met enfin en évidence quelles sont les suppositions qu'implique une conception des processus d'apprentissage entendue comme développement qui s'enrichit.

7.1. TRANSFORMATION, APPRENTISSAGE, DÉVELOPPEMENT, PROGRÈS

Les compétences qu'acquiert un enfant au cours de son développement, sont qualifiées, sans trop de problèmes, de progrès qu'il doit à des processus déterminés d'apprentissage et de maturation et à l'élaboration des expériences. Il s'agit ici d'accroitre ses capacités en rapport à ce but qu'est de devenir adulte, de surmonter des situations de la vie et de s'approprier des compétences dont on a besoin pour pouvoir mener une vie autonome dans la société. La raison pour laquelle cette description est relativement indiscutable dans le cas de l'enfant en développement est qu'il est évident qu'il y a, en rapport à l'enfant *en général*, des transformations (comme de passer du fait de ramper à la marche, ou de passer d'un déchiffrement pénible des premiers mots à la lecture),

que ces transformations ont en outre une direction (de l'incapacité à la capacité) et, enfin, que la direction de ces transformations est celle de la progression avec une relative immuabilité du niveau de développement
322 atteint | (une fois que l'on a appris à marcher ou à lire, il y a de fortes chances pour que l'on ne désapprenne pas complètement.) À cela s'ajoute le fait que le but de ce processus de développement – le devenir adulte, la vie en autonomie – est relativement indiscutable et en général évalué positivement, si l'on fait abstraction des grosses différences dans la formulation et la conception de ce but. Mais les moments évoqués ici ne sont pas pour autant triviaux – et ce d'autant moins que l'application des critères mentionnés ici s'éloigne de tels domaines d'application bien connus. Chacun des motifs évoqués ici mérite d'être expliqué.

(1) Si quelqu'un subit une *transformation*, il sera après celle-ci différent de ce qu'il était avant. Mais toute transformation n'est pas forcément un processus d'apprentissage. Si je me réveille un matin avec la capacité de me promener au plafond, j'ai certes changé de manière assez inattendue. Mais personne ne dira que j'ai *appris* à me promener au plafond. Même l'enfant qui, de retour de vacances, se sert pour la première fois du lavabo à la maison sans aide n'a pas *appris* à se servir du lavabo.

(2) Mais à la différence de la capacité soudaine à se promener au plafond, la transformation de l'enfant s'explique facilement : il a grandi, c'est-à-dire qu'il s'est développé. Le *développement* désigne (du moins dans le contexte du développement de l'enfant) un mouvement vers quelque chose, dans lequel, selon une compréhension répandue, les capacités qui se développent sont déjà inscrites dans une sorte de cellule germinale (ou programme génétique). Il s'agit ici de potentialités qui surgissent pour ainsi dire d'elles-mêmes, nécessairement et sans intervention décisive du sujet en question. Dans la pédagogie, on distinguera en conséquence les *processus de maturation* des *processus d'apprentissage*, même quand il peut, pour certains phénomènes, ne pas être clair de savoir auquel des deux on doit les attribuer[1]. C'est pour cette

1. Voir sur ce point les courtes remarques dans l'article de Helmut Skowronek, « Lernen und Lerntheorien », *in* L. Roth (hrsg), *Pädagogik. Handbuch für Studium und Praxis*, Munich, Ehrenwirth Verlag, 1991, p. 183-193, ici p. 183. À cet égard, l'apprentissage de la marche ne serait, par opposition à l'apprentissage de la lecture, (tendanciellement) pas un apprentissage, mais un processus de maturation, en tout cas là où on part du fait que l'apprentissage de la marche est déterminé dans le programme génétique de l'enfant et pourrait être, au mieux, contrarié par des interférences environnementales opposées. En fait, la représentation du potentiel et de l'actualisation est parfois trompeuse, ne serait-ce qu'en ce qui concerne le développement de l'enfant : certes, il semble y avoir ici pour certaines séquences, comme celles qui mènent du déplacement à quatre pattes à la marche

raison que la participation active du sujet peut être considérée comme le critère de la distinction | entre *les processus d'apprentissage* et les autres 323
types de transformation. L'apprentissage est alors, par opposition à la maturation ou au développement, un processus qui ne peut pas arriver *tout seul* (donc aussi sans participation du sujet).

(3) Qu'est-ce que l'*apprentissage* et comment cela fonctionne-t-il? Si on souhaite ne pas le réduire à un conditionnement des manières de se comporter compris en un sens behaviouriste, l'apprentissage qualifie alors une acquisition de compétences, un gain de savoir qui décrit un « changement durable de comportement »[1] de celui qui apprend et au mieux la pénétration cognitive pour s'approprier ce qui a été appris. L'apprentissage est un processus qui est actif et s'enrichit. Non seulement l'apprentissage augmente le savoir, mais le savoir accru rend à son tour l'apprentissage en tant que processus plus diversifié et plus complexe. Avoir appris quelque chose signifie, non pas qu'on réagisse désormais autrement, en raison d'une espèce de processus de dressage, à des excitations ou des situations déterminées, mais qu'on sait plus qu'avant et différemment d'avant et qu'on se sert de ce savoir d'une manière exigeante[2].

Il y a un moment de *réflexivité* qui est ici décisif : si je fais quelque chose que je faisais mal auparavant, par exemple ne pas dévisser la petite pièce de la valve du vélo avant de commencer | à gonfler le pneu, et que 324
je le fais tout à coup correctement, cela ne signifie pas que j'ai *appris* comment utiliser la valve. C'est peut-être un hasard si j'ai bien fait cette fois-ci – et la prochaine fois, je me tromperai à nouveau. Pour que l'effet de l'apprentissage soit stable, je dois dans une certaine mesure *savoir ce que je fais.* Ce savoir réflexif peut avoir un caractère plus ou moins

ou bien l'acquisition du langage, quasiment des « plans de construction », des schémas déterminés de développement qui se déroulent conformément à une règle. Cela vaut cependant toujours sous les conditions d'une stimulation suffisante. Et si certaines étapes de développement de base semblent se dérouler d'une manière automatique, c'est peut-être aussi parce qu'il existe peu de conditions qui ne seraient pas suffisamment stimulantes par rapport aux potentiels à développer ici. Comme on le sait, des différences apparaissent très vite, déjà dans le développement du langage, mais aussi dans des capacités telles que la perception des couleurs.

1. Les définitions canoniques en pédagogie sont celles qui considèrent l'apprentissage comme « une modification relativement durable du comportement sur la base de l'expérience, c'est-à-dire de l'interaction d'un organisme avec son environnement », L. Roth (Hrsg.), *Pädagogik. Handbuch für Studium und Praxis, op. cit.*

2. Sur la différence entre les processus d'apprentissage et les processus de dressage, voir J. Dewey, *Démocratie et éducation*, trad. fr. G. Deledalle, Paris, A. Colin, 2011, p. 92-93.

exigeant et ne doit pas être explicite à tous égards. Dans le cas de la valve de vélo, j'ai appris à m'en servir quand je sais que j'ai toujours fait quelque chose de mal avant (je n'ai jamais dévissé la petite pièce que je vois avant de mettre la pompe, c'est pourquoi l'air est toujours passé à côté). Et je sais maintenant comment le faire correctement (je la dévisse avant). Il serait plus exigeant d'un point de vue réflexif d'aller jusqu'à comprendre le mécanisme de la valve. Cependant, tant que je ne rencontre pas d'autres problèmes, il n'y en a pas besoin pour que l'on puisse déjà concevoir le processus comme un apprentissage[1]. De même, le savoir réflexif ainsi décrit peut en quelque sorte « passer à l'arrière-plan » au cours d'un processus d'habituation, et ce que l'on sait doit être exercé en tant qu'exécution pratique pour pouvoir être considéré comme un apprentissage (« savoir proprement comment faire », tout en manipulant toujours mal la valve, voilà qui signifie par conséquent que le processus d'apprentissage n'est pas terminé. Cela est particulièrement évident dans des processus tel que l'apprentissage d'un morceau de musique). Ainsi conçu, l'apprentissage repose sur une combinaison d'exercices et de connaissances, de moments de réflexion et d'habitudes, de compréhension et de pouvoir-faire. C'est grâce à ces deux moments que les prochaines exigences auxquelles l'individu sera confronté pourront être traitées dans un contexte modifié par le processus d'apprentissage passé. C'est précisément pour cette raison qu'« apprendre » ne signifie pas seulement une accumulation quantitative, mais l'appropriation active, qui s'enrichit, d'une expérience, un accroissement qualitatif du savoir qui modifie celui qui sait et la nature de son savoir lui-même et qui réorganise ses compétences.

(4) Un des problèmes décisifs en rapport au pouvoir de l'apprentissage
325 est celui du passage de l'absence de l'ignorance au | savoir[2] et de l'ancien au nouveau. Ce passage peut-il être accompli et anticipé ? Ou bien est-il un saut impensable, de sorte qu'il n'y aurait pas du tout de transition prévisible et contrôlable de l'un à l'autre ? Par exemple, ne doit-on parler en général de processus d'apprentissage que là où il y a une transition

1. Ce point est essentiel pour s'opposer à un rationalisme excessif dans la compréhension de l'apprentissage et à une compréhension surévaluée du moment réflexif. Un tel processus n'est pas réflexif seulement si je pénètre ici les connexions se trouvant ici en question « jusqu'au fond ».

2. Voir le texte classique : Platon, *Ménon*, 79e-86c. Si, ici, la question de l'acquisition de ce qui a été appris est résolue en définissant l'apprentissage comme une réminiscence, l'hypothèse plausible est de concevoir l'apprentissage comme la mise en relation de ce qui est déjà connu – donc la création de références à partir desquelles naît alors le prétendument « nouveau ».

réglée (explicable, contrôlable et intentionnelle) entre l'absence de savoir et le savoir, l'absence de pouvoir-faire et le pouvoir-faire ? Tout apprentissage ne s'accomplit manifestement pas sur le mode d'une intentionnalité explicite, nous apprenons beaucoup de choses de manière implicite et ne remarquons que lorsque nous les appliquons que nous avons appris quelque chose – en quelque sorte dans notre dos –, même si on peut ici rendre explicite ce qui est implicite et qu'on doit le faire en cas de doute. Les enfants apprennent déjà des capacités de base par le fait qu'ils sont confrontés avec un environnement déterminé, ils acquièrent par exemple des compétences langagières parce qu'ils « attrapent » le maniement de la langue auprès des adultes, ou qu'ils apprennent une orientation spatiale lorsqu'ils se trouvent dans des bâtiments à la structure complexe. Il y a donc un apprentissage implicite. Et il y a à l'intérieur des processus d'apprentissage réglés et contrôlés des sauts incontrôlables (et qu'on ne peut pas forcer). Le moment où, par exemple, des lettres et des mots apparaissent pour un enfant à partir d'une suite de traits graphiques peut certes être préparé, la capacité à reconnaître des mots et des suites de lettres peut être entraînée, mais le point de basculement qualitatif visé est néanmoins difficile à anticiper.

(5) Si l'apprentissage a une connotation active, il semble que « faire une *expérience* », par opposition, corresponde à une dimension passive et réceptive des processus de transformation. Néanmoins, il s'agit ici seulement dans les faits de mettre l'accent sur deux choses différentes. En un sens emphatique, « avoir fait une expérience » signifie avoir fait sien quelque chose qui nous est arrivé. La capacité de faire une expérience repose en cela, pour sa part, sur une certaine réceptivité | rendant d'abord **326**
possible de recevoir ce dont il est fait l'expérience, et la capacité d'élaborer ce qui a été vécu et de le lier à d'autres expériences. Les expériences, au sens emphatique, transforment et modifient la compréhension que nous avons du monde et de nous et, partant, nous-mêmes ainsi que la manière dont, en conséquence, nous voyons le monde. Les expériences sont par conséquent quelque chose qui nous arrive, mais à l'acquisition de quoi nous participons en même temps activement. La capacité d'apprendre est, ainsi vue, étroitement liée à la capacité de faire des expériences et, de cette manière, à entrer dans une interaction avec l'environnement.

(6) Les processus d'apprentissage marquent un *progrès* à l'intérieur d'un processus de transformation : quelque chose ne devient pas seulement *autre*, il devient *mieux*. Même quand on part toutefois en cela d'un concept de progrès qui n'est pas spectaculaire, donc de petites conquêtes particulières, par opposition à de « grands » concepts

englobants d'un progrès social et historique, le concept de progrès reste lourd de présupposés. Comme l'écrit Georg Henrik von Wright dans son analyse :

> Le progrès est le changement vers le mieux; la régression est le changement vers le moins bien. Cette définition partage le concept [du progrès] en deux moments : le concept de changement et le concept de bien[1].

Le progrès est par conséquent un concept évaluatif et descriptif[2], et c'est en cela que consiste aussi sa difficulté : si, à la question de savoir si un état déterminé, individuel ou social, connaît un changement, on peut encore répondre descriptivement en mettant en évidence et en décrivant des transformations déterminées, la manière dont un état antérieur se distingue de celui qui le suit, la question de savoir si cette transformation est un changement vers le mieux nécessite une évaluation. Voilà ce que Gereon Wolters met clairement en évidence dans sa caractérisation formelle de l'idée de progrès :

> Des phénomènes ne sont jamais en tant que tels en progrès, ils ne le sont toujours qu'en rapport à au moins une qualité qui, pour une quelconque raison, semble être à quelqu'un "souhaitable" ou "meilleure". Le "progrès"
> 327 | signifie que cette ou ces propriétés augmentent quantitativement ou qualitativement[3].

Cependant, même si le critère du progrès ne peut pas être séparé de telles évaluations, la question qui se pose est de savoir si ces normes ne peuvent effectivement être appliquées que de l'extérieur à un changement empiriquement constatable ou bien si elles ne s'inscrivent pas dans la dynamique du changement même, de sorte que les composantes descriptives et celles évaluatives de la description d'un phénomène en tant que « progrès » ne pourraient absolument pas être facilement séparées.

1. Georg H. von Wright, « Progress : Fact and Fiction », *in* A. Burgen *et alii* (ed.), *The Idea of Progress*, Berlin-New York, Walter de Gruyter, 1997, p. 1-18, ici p. 1.

2. La question de savoir si le motif du « progrès » peut être utilisé d'une manière purement descriptive au sens où l'on s'approcherait d'un but quelconque, comme par exemple lorsqu'on parle d'une « maladie qui progresse », demeure problématique. On peut arguer qu'il s'agit même ici – à partir de la maladie dans une certaine mesure – d'un but positif.

3. G. Wolters, « The Idea of Progress in Evolutionary Biology : Philosophical Considerations », *in* A. Burgen *et alii* (eds.), *The Idea of Progress*, *op. cit.*, p. 201-217, ici p. 201.

(7) Un ultime problème est celui du but et de la fin possible d'un processus d'apprentissage. Même si la détermination de quelque chose comme progrès dépend de l'évaluation de la direction du développement, il n'est pas dit qu'il doive toujours s'agir d'un développement vers un *but* déjà connu. Contrairement aux implications du concept de développement, il n'est pas indispensable de supposer, en ce qui concerne les processus d'apprentissage, un but fixe, déjà connu ou même déjà intégré dans les conditions ou les individus eux-mêmes qui sont en développement. Le fait que je parle, en rapport aux formes de vie, d'un *processus d'apprentissage* et non pas d'un *processus de développement*, voilà qui doit aussi souligner ce fait et la possibilité d'un caractère ouvert de ce processus.

Où je veux en venir avec l'hypothèse de *processus d'apprentissage* (sociaux) devrait maintenant être plus clair : à la différence des changements *per se*, les processus d'apprentissage sont des développements progressifs qui s'enrichissent, des développements vers le mieux. À la différence de ce qui se passe dans le cas de processus de développement représentés comme maturation, il s'agit toutefois en cela de processus réflexifs qui ne sont pas inévitables et qui ne se produisent pas d'eux-mêmes sans intervention extérieure, car ils sont marqués par des acteurs et, en cela, peuvent être pensés comme des processus ouverts qu'on ne peut pas clore.

7.2. Les formes de vie peuvent-elles apprendre ?

Il est indéniable que les formes de vie subissent des *transformations* et que les pratiques font l'expérience de modifications et | de transformations 328
au fil du temps. Cependant, qui doit être l'initiateur ou le porteur de telles modifications et comment un tel changement s'accomplit-il dans le mode de l'apprentissage, voilà une question complexe de théorie sociale et d'ontologie sociale à propos des formes de vie, relativement à laquelle, à cet endroit, je ne voudrais qu'esquisser une analyse à la lumière des considérations déjà développées sur la structure interne des « formes de vie » (voir surtout les chapitres 2 et 3).

Dans quelle mesure les formes de vie peuvent-elles donc apprendre ? Comment la possibilité de l'apprentissage lié à des processus d'expérience individuels peut-elle être transmise à des processus d'expérience supra-individuels, à des processus d'expérience dont le « sujet » doit être une forme de vie ? *Qui* apprend ici ou bien, inversement, n'a pas appris, qui est retombé en arrière par rapport à un stade atteint, qui s'est refusé à des expériences ou bien est bloqué dans son acquisition d'expériences ? La représentation simplement agrégative, d'après laquelle les processus collectifs sont simplement des assemblages de dispositions et d'actions individuelles – et les processus d'apprentissage collectifs, de manière correspondante, seulement l'association de l'apprentissage des éléments singuliers –, reste en rapport à ces phénomènes aussi insatisfaisante que de supposer un grand sujet collectif qui serait structuré d'une manière analogue au sujet singulier[1].

Je veux au moins aborder brièvement les questions qui surgissent ici : si nous comparons l'idée de processus d'apprentissage sociaux avec le modèle opposé de développements évolutionnaires, avec le mécanisme de la variation et de la sélection, nous voyons que dans les processus évolutionnaires il n'y a pas proprement d'*apprentissage*. Dans la sélection évolutionnaire, certaines possibilités s'imposent parmi une quantité innombrable. Si quelque chose apparaît ici « qui va vers le mieux », ce n'est pas un processus dirigé, conduit intentionnellement, mais une des variantes qui s'impose avec succès. Selon ce modèle, les autres, perdantes, disparaissent de la circulation ; celles qui ont procédé correctement (par hasard) survivent et s'imposent, sans pour autant manifester elles-mêmes un gain au niveau de l'expérience. Si, à la fin, la
329 figuration supra-individuelle s'est modifiée, ce ne sont pas | les individus particuliers qui, à proprement parler, ont appris, on ne peut pas non plus parler raisonnablement d'un apprentissage de la formation en tant que telle[2]. Afin de pouvoir valoir comme processus d'apprentissage, le porteur de ce processus d'apprentissage lui-même doit avoir traversé une transformation. Le fait de parler de processus d'apprentissage sociaux doit, par conséquent, supposer une telle *identité de la différence*.

1. L'idée d'un grand sujet collectif n'est pas seulement un présupposé qui nécessite, en général, une explication ; même si on pouvait expliciter en ontologie sociale une telle idée du collectif, cette idée ne permettrait nullement de caractériser les formes de vie, lesquelles ont bien été déterminées plus haut comme ensemble de pratiques et non pas comme un ensemble de sujets (quelle que soit la nature de cet ensemble).

2. Sur la distinction entre l'évolution et les processus d'apprentissage culturels, voir K. Eder, *Geschichte als Lernprozess ?*, Francfort, Suhrkamp, 1985, p. 19 : « Les processus d'apprentissage jouent dans la théorie de l'évolution un rôle qui n'est pas clair. [...] C'est ainsi que le développement a lieu sans qu'un apprentissage soit nécessaire. L'expérience constitutive de l'apprentissage phénotypique est donc, pour l'évolution, dénuée de signification, si les variations phénotypiques ne peuvent pas être héritées ». Une théorie de l'évolution socioculturelle qui veut pouvoir intégrer le phénomène de l'apprentissage, exige du coup, selon Eder, « un double cadre de référence théorique », dans lequel les processus d'apprentissage indépendants de l'évolution et ceux qui sont antérieurs peuvent être intégrés (p. 22).

La forme de vie en question doit, après une transformation produite par l'apprentissage, être en même temps la même et une autre. Si une expérience de l'ordre de l'apprentissage doit être faite, il faut que le sujet de cette expérience, dans son identité, soit encore identifiable mais en même temps modifié. L'apprentissage implique une continuité dans la discontinuité. En outre, il est nécessaire de présupposer que les nouvelles formes de vie et les exécutions pratiques ne se sont pas simplement imposées dans le dos des individus. Les pratiques existantes sont modifiées, s'il doit s'agir d'un processus d'apprentissage, par la transformation collective, (dans une certaine mesure) accompagnée de manière réflexive, effectuée par ceux qui sont impliqués par le contexte des pratiques en question.

À vrai dire, ce sont des hypothèses lourdes de présupposés, auxquelles semble s'opposer, à première vue, un moment « analogue à l'évolution » en ce qui concerne la dynamique de transformation des formes de vie. C'est rarement, et seulement sous certains aspects, que les changements de pratiques et de formes de vie sociales sont intentionnels dans leur ensemble, consciemment dirigés, anticipés et voulus dans leurs conséquences – ou même encore transparents pour tous ceux qui y participent. Cela tient à l'entrelacement complexe d'actions et d'états d'esprits particuliers qui s'assemblent en des ensembles de pratiques sociaux, et à l'existence de résultats d'actions non intentionnels. Mais comment la faculté d'« apprendre » peut-elle toutefois être appliquée à des formes de vie ?

Les formes de vie comme environnement d'apprentissage apprenant

| Souvenons-nous d'abord du fait que, avec les formes de vie, c'est 330
d'ensembles de pratiques supra-individuels qu'il s'agit, qui structurent l'action des individus en même temps qu'ils sont inversement construits par ces individus[1]. Les formes de vie, comme nous l'avons vu, ne sont pas « trouvées », pas plus qu'elles n'existent sans le concours de ceux qui y participent. Elles sont des instances d'une « seconde nature », dans la pratique desquelles on s'instruit, à l'intérieur desquelles on socialise, mais que, également, on se réapproprie et que, par là, on (co-)construit en y participant. Cependant, ce qui vaut pour la naissance et pour les *conditions d'existence* des formes de vie vaut aussi pour les conditions de leur *transformation*. Les formes de vie ne se modifient pas uniquement

1. Voir sur ce point ci-dessus, Première partie.

par l'action intentionnelle directe des individus, mais pas non plus sans celle-ci – il s'agit d'une situation mixte où se mêlent une dimension active et une dimension passive, une dimension intentionnelle et une dimension non-intentionnelle. Il s'agit certes d'individus agissants, qui réagissent à des problèmes en transformant des pratiques transmises, qui en établissent de nouvelles ou bien s'approprient à nouveau d'anciennes pratiques[1]. Si ces individus agissants dépendent, dans leurs possibilités d'action et pour l'articulation de leur position, en même temps aussi de pratiques existantes antérieurement, il en résulte également pour la transformation des formes de vie une action réciproque entre une forme de vie ayant pour fonction de rendre possible et de structurer, d'un côté, et, de l'autre, tout ce qui remplit et constitue celle-ci. Les *porteurs* des changements décrits ne sont ni un grand sujet ni seulement des sujets particuliers ; c'est par le moyen des sujets qu'un ensemble de pratiques se transforme – ensemble qui est en même temps le résultat et la condition de l'action individuelle. Les individus (ou le collectif) transforment alors les pratiques sociales, dont le changement, à son tour, rétroagit sur les possibilités d'expérience et d'apprentissage.

331 | Néanmoins, dans quelle mesure ces changements peuvent-ils être envisagés à titre d'*apprentissag*e ? Les formes de vie peuvent se trouver devant des problèmes ou entrer en crise – et les individus font des expériences dans le contexte des formes de vie. En cas de crise, les ressources des formes de vie (pour résoudre le problème qui se pose à elles) paraissent être insuffisantes, les problèmes nés ne peuvent pas être résolus avec les pratiques établies, ou bien ce sont celles-ci qui en général seules conduisent à la situation problématique. Le surmontement d'une telle situation conduit ainsi à la modification ou transformation des pratiques ou même à l'établissement de nouvelles pratiques qui transforment la configuration de l'ensemble de pratiques à partir duquel les individus se comprennent. Afin que nous puissions désormais envisager cette transformation comme processus d'apprentissage, il faut (d'après ce qui a été dit plus haut à propos de l'apprentissage) qu'on puisse aussi trouver un moment de réflexion et, en outre, un médium dans lequel les expériences

1. On ne thématise pas ici la question beaucoup discutée de savoir comment on peut en général penser des changements et quand donc en général les marges de manœuvre pour l'action et la configuration ou bien l'espace pour des « pratiques rebelles » peuvent naître, si, en même temps, les pratiques existantes permettent seulement aux individus d'agir. Si toutefois, pour parler avec Goffman, des possibilités de comportement rebelles naissent dans les « fissures » de chaque formation sociale, je défends la thèse selon laquelle ces fissures sont produites par les crises.

qui ont conduit à la transformation ainsi que les moyens de vaincre les crises puissent être transmis. Ce sont désormais d'un côté les individus qui apprennent en faisant des expériences avec les anciennes et les nouvelles pratiques et en réfléchissant celles-ci. L'expérience apprenante se sédimente ainsi dans les pratiques transformées. Cependant, dans le mode de réflexion, « apprendre », même le cadre de ces exécutions pratiques, la forme de vie elle-même le peut aussi, dans la mesure où elle ne se contente pas en général de se transformer en raison des expériences sédimentées en elle, mais qu'elle modifie, par là, leur cadre interprétatif.

On peut éclairer ces relations à l'aune d'une analyse qui se rapporte au concept d'« environnement d'apprentissage » élaboré par Dewey [1]. Si un environnement d'apprentissage, à titre d'« environnement particulier dans lequel un homme vit » [2] est un ensemble de pratiques interactif, dans lequel des expériences sont faites en mode apprentissage et des dispositions sont formées, alors une forme de vie serait un environnement d'apprentissage qui, par le fait qu'on apprend en lui, en même temps lui-même apprend. La forme de vie fonctionne comme un environnement d'apprentissage, dans la mesure où elle rend possible et elle structure l'apprentissage et, au sens de Dewey, elle présente la condition qui promeut et en même temps empêche l'action de l'individu. Si on peut dire d'un tel environnement d'apprentissage que lui-même apprend, parce que et dans la mesure où c'est en lui qu'on apprend, c'est parce que les expériences faites par là « se fixent » pour ainsi dire en lui (donc dans les pratiques qui le constituent) à titre | d'interprétations guidant 332
la pratique. L'« apprentissage » des formes de vie – si l'on transfère les motifs de l'apprentissage implicite et habituel aux transformations des formes de vie – dépend du coup d'un processus de rétroaction entre les actions et les résultats des actions et du rapport réciproque des processus d'interprétation individuels et supra-individuels. Les blocages de l'apprentissage existent inversement là où un tel processus est détruit, et cela signifie aussi toujours que la forme de vie ne fonctionne pas comme ensemble réflexif, donc qu'elle ne possède pas (plus) de mécanismes, couronnés de succès, d'autocompréhension, d'autotransformation et de réflexion sur les expériences faites.

Si les formes de vie peuvent donc apprendre, elles peuvent alors posséder, à titre de formations supra-individuelles, une rationalité qui dépasse l'individu. Inversement, les blocages collectifs (structurels) de

1. *Cf.* J. Dewey, *Démocratie et éducation, op. cit.*, p. 96.
2. *Ibid.*, p. 108.

l'apprentissage font obstacle à la capacité d'apprentissage des individus particuliers, sans que cela soit toujours imputable à leur incapacité individuelle à apprendre[1].

7.3. Les processus d'apprentissage déficients

Comment toutefois expliquer désormais (et que signifie), comme il l'a été affirmé, que, en rapport aux processus d'apprentissage, nous puissions tenir pour réussi ou déficient non seulement le résultat, mais aussi le processus d'apprentissage lui-même ? Comment peut-on alors argumenter en faveur de la rationalité ou de l'irrationalité, de la réussite ou de l'échec des processus d'apprentissage *en se référant au déroulement de ces processus* ?

Un cas de processus d'apprentissage qui ne réussit pas est, trivialement celui dans lequel règne la stagnation et non pas la transformation, où les problèmes ne sont pas perçus ou bien où il n'y a pas de réaction au problème
333 donné. Ici, la transformation en général est bloquée. | Il y a toutefois aussi des processus d'apprentissage qui échouent ou demeurent déficients dans les cas où, certes, une modification est à noter, mais où l'espèce de réaction peut toutefois apparaître douteuse, de sorte que, ici, quelque chose a de fait été « appris »[2]. Dans le cadre du problème que je pose, il est désormais important de souligner dans quelle mesure, pour ce qui est des cas d'échec du processus d'apprentissage, c'est déjà le *processus* lui-même et non d'abord son *résultat* qui peut déjà être compris comme déficient. Je vais clarifier cette idée à l'aune d'un exemple particulier de processus d'apprentissage déficients ou de blocages de l'apprentissage.

1. Ainsi, l'incapacité des individus à apprendre, décrite par Jared Diamond, et qui conduit à « l'effondrement » des sociétés, ne consiste pas en une attitude obstinée de chacun. Au contraire, les individus s'accrochent sur le fond d'un horizon d'interprétation collectif, d'une manière obstinée, à certaines représentations, et ne peuvent pas, pour différentes raisons, transformer le tissu, déterminant pour eux, d'interprétations, d'images de soi et de pratiques ancestrales. *Cf.* J. Diamond, *Effondrement. Comment les sociétés décident de leur disparition ou de leur survie*, trad. fr. A. Botz, J.-L. Fidel, Paris, Folio-Gallilard, 2006.

2. Même si l'on peut, ici, d'une manière définitionnelle, également procéder tout autrement, je vais jusqu'à qualifier les processus d'apprentissage qui échouent de processus d'apprentissage, afin de mettre en évidence le fait qu'il s'agit d'un phénomène graduel et que le processus d'apprentissage qui échoue ne le fait qu'en rapport à la prétention d'en être un.

Renfermement résigné sur la sphère privée

On peut comprendre la forme de déroulement de tels processus d'apprentissage par rapport à un cas quotidien qui a souvent été décrit ainsi ou d'une manière analogue. Un père de famille allemand de la fin des années 1950 justifie son attitude résignée, apolitique et renfermée sur la sphère privée, face aux événements mondiaux, par le fait que « la grande politique » ne lui a apporté que des malheurs, lui qui avait été mobilisé dans sa jeunesse lors de la dernière année de guerre. Il en a tiré la leçon qu'il ne fallait pas se mêler de ce qui dépassait la sphère privée, c'est-à-dire le souci de sa propre famille et l'objectif d'« être un bon père de famille ». Le père insiste avec acharnement sur le caractère juste de cette expérience et la revendique comme un processus d'apprentissage[1]. L'argument selon lequel ce n'est pas « la politique » en général ou le fait même en général d'être « impliqué dans les événements mondiaux » qui a conduit au résultat déploré, mais la manière totalitaire de « politiser » et de mobiliser la société, ainsi que les buts erronés de la politique du national-socialisme, ne remet pas en cause son interprétation de ce qu'il a vécu et ses conclusions. Ses enfants rebelles et politisés considèrent toutefois cette position comme erronée et se rebellent contre elle. C'est précisément sur l'arrière-fond de l'expérience du national-socialisme qu'il est, pour eux, au contraire, important et | nécessaire de s'engager 334
politiquement et de s'impliquer dans la vie politique. Cependant, en outre, au fil des débats de plus en plus houleux, ils remettent en question la prétention du père sur ce que celui-ci fait valoir comme son incontestable « expérience vécue ». Ils ne rejettent donc pas seulement le résultat auquel le père est parvenu, les conséquences qu'il a tirées, comme étant fausses, mais ils croient que le processus d'expérience lui-même auquel leur père en appelle, et qui l'a conduit à ce résultat, est déjà en soi déficient. Quand les enfants qui polémiquent contre leur père affirment que ce sont précisément les « braves pères de famille » qui ont rendu possible le national-socialisme, ils combattent déjà son interprétation de la situation initiale. Et lorsqu'ils argumentent qu'il est déjà inapproprié d'envisager le « malheur » comme étant principalement sa propre jeunesse gâchée et les difficultés de reconstruction après une guerre perdue, ils attirent l'attention sur le fait que l'« expérience amère » dont il est question est elle-même le résultat d'une interprétation étrangement déformée et

1. Notons bien qu'il ne s'agit pas ici de cas de culpabilité et d'implication massives que les enfants devaient découvrir, mais du fait coupable d'avoir été un suiveur à 19 ans à cette époque.

repose sur une perception remarquablement décalée. Ils contestent donc l'authenticité de son expérience.

Une hypothèse interprétative féconde dans notre cadre est celle selon laquelle cette concentration sur son propre malheur est un mécanisme de refoulement, un glissement, qui n'est pas seulement immoral, mais, comme Hannah Arendt l'a remarqué dans sa première visite en Allemagne après la guerre, l'effet d'une perte dramatique de réalité[1]. Ce qui m'intéresse ici est le fait que le mode de réaction lui-même est évalué comme un retrait résigné, comme une fermeture à la réalité des événements. C'est déjà cette genèse qui fait apparaître la position du père comme fausse[2]. Il est décisif, pour l'ensemble de ma problématique, que la fausseté de la position attaquée soit reconduite à cette genèse et, partant, que la réaction consistant à se réfugier dans la sphère privée soit critiquée en vertu de cette genèse déficiente – et non pas seulement parce qu'on peut l'évaluer comme fausse à partir de raisons externes. Ici, les processus de changement sont donc qualifiés comme tels.

335 | Indépendamment de la manière dont on peut se situer, au niveau du contenu, par rapport aux positions dont il est ici question, il apparaît eu égard au conflit décrit que n'importe quelle conséquence tirée d'une expérience antérieure ne peut pas ou ne doit pas être acceptée, d'une manière égale, comme processus d'apprentissage. Il y a aussi des processus d'apprentissage qui échouent, c'est-à-dire des cas dans lesquels des expériences ne sont pas faites, des problèmes ne parviennent pas à la connaissance ou bien sont mal interprétés, ou bien dans lesquels des conséquences fausses ou induisant en erreur sont tirées des expériences. Aussi peut-on identifier des résistances aux expériences et une fermeture face à des informations contradictoires – bref, des mécanismes qui conduisent à former des réactions régressives. Si de tels mécanismes déformants entrent en vigueur, en appeler à une « expérience » est une erreur, parce qu'on a tiré une conclusion pratique basée sur des alternatives douteuses qu'il faut, pour leur part, mettre en question. L'alternative à la mobilisation politique totalitaire, par exemple, ne doit pas être de ne « se mêler de rien » en se réfugiant dans la sphère privée, elle peut aussi consister dans la participation démocratique – c'est ce que fait en tout cas valoir le fils qui se dispute avec son père.

1. *Cf.* H. Arendt, « Retour en Allemagne », trad. fr. C. Habib, dans H. Arendt, *Penser l'événement*, Paris, Belin, 1989.

2. Sur le type argumentation d'une critique « génétique », voir R. Geuss, *The Idea of a Critical Theory*, Cambridge, Cambridge University Press, 1981 ; ainsi que *Public Goods, Private Goods*, Princeton, Princeton University Press, 2001.

C'est aux deux motifs, celui de la régression – que j'indiquerai comme solution du problème via un retrait qui ne correspond pas au niveau du problème – tout autant que celui de consistant à se fermer à des expériences contradictoires, qu'on peut avoir recours à propos des blocages de l'apprentissage non seulement individuels, mais aussi collectifs.

Si nous restons dans le champ thématique déjà abordé, nous trouvons des cas de blocages de l'apprentissage supra-individuels et d'interprétations de ceux-ci qui ne se distinguent pas du tout fortement de l'interprétation du destin familial que je viens de développer. Ainsi, Theodor W. Adorno et Max Horkheimer considèrent le développement de la société allemande jusqu'au national-socialisme, si l'on veut le résumer dans un slogan, comme la régression de toute une société, comme la formation réactive et régressive à des conflits traversant les Lumières et la modernité qui n'ont pas été traités et ne sont peut-être pas traitables. Cependant, la régression est le prototype d'un processus d'apprentissage déficient ou d'un blocage de l'apprentissage. Même Helmuth Plessner, qui parle d'une « nation retardataire »[1], analyse, comme Alexander et | Margarete Mitscherlich dans *Le deuil impossible*[2], les expériences **336** d'apprentissage refusées, d'un point de vue collectif, en rapport au passé allemand. Et l'analyse par Martin Riesebrodt de la montée du fondamentalisme chrétien aux États-Unis interprète celle-ci, telle une image en miroir du fondamentalisme islamique, comme une réaction inadéquate aux processus de modernisation et, partant, comme une assimilation déformée des transformations sociales et des expériences liées aux crises.

Résultat et processus

Que le faux résultat et le processus qui échoue doivent, dans de tels cas, être liés, voilà quelque chose qui ne peut pas surprendre. Ce diagnostic est toutefois moins trivial qu'il le semble, dans la mesure où il peut aussi sembler au premier coup d'œil qu'il y ait des solutions justes qui pourtant sont le résultat de processus d'apprentissage déformés. Imaginons que le père de famille dont il était question ne se soit pas retiré dans la sphère privée, mais qu'il se soit investi dans l'engagement démocratique. Même si nous admettons qu'il s'agit là d'une position

1. *Cf.* H. Plessner, *La Nation retardataire. Sur les égarements politiques de l'esprit bourgeois*, trad. Nicolas Briand, Paris, Puf, 2023.

2. A. Mitscherlich, M. Mitscherlich, *Le deuil impossible : les fondements du comportement collectif*, trad. fr. L. Jospin, Paris, Payot, Paris, 2005.

juste et louable, il n'en demeurerait pas moins qu'il aurait tiré cette conséquence sur le fondement d'un traitement erroné de l'expérience. Ainsi, pour rester sur le même exemple, même se jeter sans réfléchir dans la politique de la reconstruction démocratique pourrait être l'expression d'une « incapacité à faire le deuil », cachée de manière complexe, et, partant, pourrait à nouveau empêcher, quoique d'une toute nouvelle manière, un traitement approprié de ce qui s'est passé. Cela pourrait être une stratégie de refoulement qui suit le principe directeur qui dit que « maintenant que nous faisons tout mieux, nous ne devons pas pleurer davantage sur ce qui s'est passé ». Même dans un tel cas toutefois, bien que le résultat s'accorde avec le résultat que nous pouvons attendre d'un processus d'apprentissage réussi, le processus d'apprentissage serait manifestement comme tel déficient. Dans le sens de ma thèse, on devrait maintenant pouvoir montrer que des processus d'apprentissage erronés ont pour conséquence des « frais ultérieurs » et des obstacles à l'action,
337 et que même le « bon » résultat d'un processus | d'apprentissage déficient ne tiendra pas sur la durée et se révélera improductif. Si le (fait de) « s'occuper de sa famille » est le résultat d'un processus de refoulement et de déni, ce fait, en raison de l'atmosphère de silence et d'absence de questionnement, ressentie comme oppressante par les enfants, peut précisément aussi pour finir détruire cette idylle privée ; et l'engagement démocratique, qui trouve sa raison dans un processus de refoulement, peut échouer face à d'autres défis. On peut donc supposer que les processus d'apprentissage déficients se révèlent – *in the long run* – toujours aussi sous la forme de dysfonctionnements de l'ensemble pratique concerné et, partant, comme une résolution de problème ratée.

7.4. *WHY DOES HISTORY MATTER ?*

Des résolutions de problèmes adéquates sont, selon ma thèse, des résolutions qui peuvent être comprises comme résultats d'un processus d'expérience et d'apprentissage (effectif) réussi. Mais, à propos de processus sociaux d'apprentissage, quelle est la raison qui fait que ce qui compte, c'est le processus, l'histoire d'une résolution et pas seulement le *succès* d'une résolution posée à un problème, d'où qu'elle vienne et qu'elle ait une provenance rationnelle ou non ? Pourquoi l'*histoire* de la résolution d'un problème devrait-elle elle contribuer en quelque façon à sa rationalité et sa *genèse* dire quelque chose de sa *validité* ? Comme cela a été montré, il y a beaucoup de suppositions sur le caractère des problèmes comme sur le déroulement du processus qui se trouvent à l'arrière-plan de cette thèse.

(1) La première supposition sur laquelle repose la thèse de l'historicité de la rationalité propre à la résolution du problème est la suivante : les problèmes inhérents à des formes de vie sont toujours des *problèmes de second ordre.* Ce ne sont pas seulement des obstacles factuels à l'action, mais des failles à l'intérieur d'un cadre interprétatif de pratiques et d'interprétations. Souvenons-nous de la catégorisation des différentes manières de poser le problème au chapitre 4. Si une période de sécheresse entraîne une famine, c'est certes un problème. Mais la famine n'est pas, comme telle, un problème au regard de la forme de vie du groupe touché par cette famine. Autrement dit, elle est un problème *pour* la forme de vie correspondante, mais ainsi elle n'est pas déjà un problème posé *avec* elle. L'aspect, propre à la forme de vie, du problème, ne devient pernicieux que lorsqu'on prend en compte les réactions de la communauté touchée | et les compétences dont elle dispose pour se prémunir contre de tels **338** phénomènes naturels ou bien les surmonter.

(2) À ce deuxième stade des problèmes intervient le point suivant : dès qu'il est question des formes de vie, il apparaît que la perception du problème est déjà, d'une manière caractéristique, imprégnée de normes et marquée par des interprétations globales du monde. Les problèmes ne peuvent être connus *comme* problèmes que sur le fond d'un horizon interprétatif culturel et d'un horizon d'attente normatif. Inversement, leur apparition peut toutefois aussi conduire à thématiser cet horizon lui-même comme problématique, dans la mesure où il apparaît qu'il ne peut pas intégrer certains défis et certaines exigences – des exigences qu'une forme de vie *se* pose *à elle-même.* De tels problèmes sont *réflexifs.* Il ne s'agit pas de problèmes qui se posent *pour* une forme de vie, mais de problèmes posés *avec* elle et, par là, toujours de problèmes que cette forme de vie *porte avec elle-même*[1]. Les formes de vie sont, en ce sens, par analogie avec le caractère auto-interprétatif des personnes[2], des « figures qui s'interprètent elles-mêmes », dans la mesure où non

1. Par là, les formes de vie ne sont toutefois pas des sujets qui pourraient réfléchir sur eux-mêmes et, dans cette mesure, les modes de réflexion sont ici pratiques et en tout cas en partie plus implicites ; l'érosion des fondements de leur validité se manifeste par de multiples phénomènes de dégradation et de désaccoutumance, passive et active, dans la disposition des acteurs impliqués dans ces formes de vie à les suivre.

2. Je fais ici allusion à la description par Charles Taylor de l'être humain comme « *self-interpreting animal* » ; voir « Self-Interpreting Animals », *Philosophical Papers I, Human Agency and Language*, Cambridge, 1985, p. 45-76.

seulement elles font quelque chose et l'incarnent, mais où elles se comprennent, dans cette action, comme quelque chose, qu'elles forment des concepts d'elles-mêmes, qu'elles les formulent en prétendant qu'il s'agit de rapports justes (pratiques) à soi-même et au monde – et en pouvant, sur ce point, échouer.

(3) En ce qui concerne désormais la pertinence de la dimension historique, une troisième supposition basée sur ce moment de réflexion est décisive. Étant donné que le fondement de validité et l'autocompréhension normative d'une forme de vie donnée sont toujours négociés par la perception et la résolution de problèmes, surgissent des attentes et des interprétations desquelles résultent des positions de problèmes – et qui ne surgissent donc pas de rien. Car elles naissent, au contraire, au sein d'une suite historique de crises (problèmes), de surmontement de ces crises (résolutions de problèmes) et du développement qui en résulte
339 de nouveaux problèmes | surgissant du caractère déficient des solutions trouvées. C'est ainsi que s'établit un niveau déterminé d'attentes, d'exigences relatives à la maîtrise de la crise en question, niveau qui ne peut être inférieur à la résolution donnée à chaque fois à un tel problème (surgissant à nouveau).

(4) L'établissement d'un tel niveau de résolution des problèmes et la détermination de problèmes qui l'accompagne limitent donc le cadre des solutions possibles. En rapport à des problèmes réflexifs de second ordre historiquement situés, seules sont possibles des solutions *déterminées*. Elles doivent en effet contenter des attentes normatives qui sont déjà responsables du fait selon lequel certains phénomènes en général peuvent être vus comme problèmes ou comme signes d'une crise. Pour le présenter très schématiquement, ce n'est que dans l'horizon d'attente normatif acquis au cours de l'histoire, selon lequel la société civile devrait s'occuper, pour ses membres, de leur participation à l'ensemble lié au travail, et dans l'hypothèse analytique d'une origine sociale du problème, que le chômage structurel devient une crise de cette forme de vie. Les résolutions des problèmes ainsi décrits doivent tenir compte de la compréhension posée du problème pour la raison suivante : c'est précisément cette compréhension du problème qui est d'abord responsable du fait que le problème même surgit comme tel. Pour pouvoir même être comprise comme une réponse à ces problèmes – à titre de problèmes déjà spécifiques, déterminés –, il faut que la solution se situe au niveau de la position du problème. Car ni la prière de Saint Christophe pour faire venir la pluie, mesure permettant de lutter contre les périodes

récurrentes de sécheresse[1], ni le retour aux rapports de travail féodaux en vue de lutter contre le chômage, ne correspondraient, pour reprendre les exemples introduits plus haut, à la position de problème dont il est question. En effet, ce serait des résolutions qui ne conviendraient pas au niveau de complexité de la position de problème et qui proposeraient précisément, en ce sens, des résolutions de problèmes *régressives*[2]. Si le libre marché du travail, par lequel le travail est caractérisé dans la société civile, résout les problèmes du travail féodal (tels qu'ils se sont manifestés, selon certaines conceptions, | d'un point de vue normatif et **340**
fonctionnel[3]), il faut que la résolution des problèmes ou des crises, qui s'effectue à partir du « travail salarié doublement libre »[4], se situe à un niveau qui a appris des précédentes tentatives de résolution – bref, qui a donc appris de l'état des choses. Ainsi en résulte-t-il le niveau complexe d'exigences propre à une structure unitaire très complexe, s'enrichissant de manière interne, de problèmes entremêlés.

(5) Une dernière hypothèse est ainsi celle-ci : les résolutions, à chaque fois, typiquement, ne sont *pas simplement fausses*, mais unilatérales ou incomplètes – ou bien : elles ne doivent pas absolutiser un moment qui ne peut se suffire à lui-même. Il y a toujours quelque chose en leur faveur – c'est évident dans le cas du remplacement du travail non libre par un « marché libre du travail ». C'est seulement par son établissement que la possibilité de poser le problème et de le résoudre d'une façon nouvelle est ouverte. L'image qui en résulte pour l'idée de processus de résolution des problèmes n'est donc nullement statique, mais elle est dynamique d'une manière complexe : ce n'est pas simplement comme si un problème toujours semblable n'était pas résolu ou l'était d'une manière non optimale et comme si on cherchait toujours à nouveau une nouvelle solution[5], car c'est le problème lui-même qui se transforme historiquement. Il faut que

1. Voir https://www.heiligenlexikon.de/, dernière consultation le 1.7. 2013.

2. Karl Polanyi a clairement décrit une telle dynamique (selon mes termes) régressive de résolution des problèmes à partir de l'introduction des lois de Speenhamland en Angleterre au XVIIe siècle. Voir *La Grande transformation. Aux origines politiques et économiques de notre temps*, trad. fr. C. Malamoud, M. Angeno, Paris, Gallimard, 1983, chap. 7.

3. On pourrait qualifier de telles « situations problématiques » l'improductivité économique des rapports de travail féodaux dans des conditions économiques modifiées, tout comme leur incompatibilité avec les représentations de la liberté et de l'égalité issues du droit naturel.

4. K. Marx, *Le Capital*, Livre I, section II, *op. cit.*, p. 165.

5. Et une telle « imbrication » se distingue, comme nous le verrons, à nouveau de la supposition dogmatique d'une série d'étapes dans un parcours progressif.

les résolutions de problème puissent répondre à ce problème contextualisé historiquement au niveau de la manière dont il est posé. L'introduction d'un service du travail obligatoire, qui correspondrait à la réintroduction des maisons de travail de l'époque et dans l'esprit de Charles Dickens, ne serait donc pas, même si cela fonctionnait d'une manière ou d'une autre, une résolution adéquate du problème qui, dans sa spécificité, se pose à la société civile. De même, la « communauté nationale » ne peut pas offrir une résolution rationnelle des tensions sociales qui surgissent avec la modernité industrielle.

C'est précisément pour cette raison que l'histoire d'un problème est pertinente pour sa résolution. Seules sont rationnelles les résolutions
341 qui | sont une réponse appropriée à un problème décrit et inscrit dans un contexte. La réponse à la question de savoir pourquoi l'histoire d'un processus de résolution de problèmes doit jouer un rôle pour mesurer l'adéquation de la résolution d'un problème est donc, pour le dire brièvement, la suivante : c'est parce que cette histoire, en ce qui concerne les formations et les pratiques sociales, est déjà déterminante pour la position du problème et sa description. Dans le vocabulaire qui est celui du modèle de la position de problèmes, le modèle d'une dynamique des formes de vie est ainsi reformulé comme un processus qui s'enrichit. C'est précisément la teneur de ce moment d'enrichissement qui sera, dans les prochains chapitres, l'objet d'un débat entre Hegel, Dewey et MacIntyre.

CHAPITRE 8

TRANSFORMATIONS INDUITES PAR LES CRISES : DEWEY, MACINTYRE, HEGEL

| Si, dans ce qui suit, je fais appel à Dewey, MacIntyre et Hegel pour 342
parvenir à une compréhension de la transformation sociale comme processus d'apprentissage en progression, c'est parce que ces auteurs, malgré toutes leurs différences, partagent l'hypothèse du caractère dynamique de crise des formes de vie, ce qui est aussi au fondement de mes analyses. Dans cette discussion avec eux, c'est la possibilité d'une obtention, dirigée par la dynamique elle-même, de critères pour surmonter avec succès les problèmes, c'est-à-dire les crises, qui se trouve corroborée.

La dynamique du changement social et de la transformation historique est, selon ces approches, suscitée par la confrontation des pratiques sociales existantes et de la manière dont elles s'arrangent avec les problèmes et les crises que les formes de vie en question ne peuvent pas résoudre avec les moyens qui sont à leur disposition. C'est pourquoi un changement, un élargissement, une transformation ou bien un surmontement des pratiques et des interprétations du monde sont nécessaires. Le changement social se présente alors (en accord avec ce qui peut être décrit, d'un point de vue pragmatique, comme « apprentissage »), non pas comme accroissement quelconque des expériences et des compétences ou bien comme variante quelconque, mais comme réaction plus ou moins réussie à des crises et à des problèmes, à l'érosion et à l'obsolescence des formations sociales existantes. On peut questionner la mesure dans laquelle une telle formation réactive peut se présenter comme un processus d'apprentissage rationnel ou précisément comme l'absence d'un tel processus. Telle est en tout cas la thèse que je défendrai dans mon explication avec les auteurs cités.

Il me semble justement que la combinaison d'aspects particuliers des conceptions de ces auteurs est féconde pour la critique des formes de vie. Alors que MacIntyre et Dewey prennent en compte le caractère ouvert et expérimental du processus de transformation sociale, nous trouvons chez Hegel des ressources plus solides pour apprécier la rationalité du développement à l'aune de critères immanents; en effet, un processus
343 d'apprentissage envisagé d'un point de vue dialectique parvient | à rapporter l'une à l'autre la dynamique de développement et la justification normative de tels changements. Cependant, surgit avec Hegel le problème de la surdétermination possible de cette dynamique de développement – sa prédétermination par le fait que tous les facteurs déterminants existent déjà et sont seulement « déployés » –, donc une problématique qui doit encore être « réparée » par l'intégration d'éléments pragmatiques. Un tel processus d'apprentissage dialectico-pragmatique, qui intègre l'effet spécifique et changeant de notre rapport réflexif à ce processus lui-même, peut, comme on va le voir, saisir au mieux la rationalité de la transformation des formes de vie.

En guise d'introduction, je souhaite présenter brièvement les positions examinées ici.

8.1. LE CHANGEMENT SOCIAL COMME RÉSOLUTION EXPÉRIMENTALE DE PROBLÈME

Le pragmatiste américain John Dewey n'a pas élaboré une théorie philosophique globale du changement social[1], et il ne dispose pas non plus d'une conception, développée systématiquement, de l'apprentissage collectif en tant que mode de développement social. Pourtant, il rapporte le modèle d'apprentissage pragmatique qu'il défend, non pas seulement aux questions d'éducation ou de conceptualisation d'un processus scientifique d'enquête et d'examen, mais aussi à la dynamique des sociétés modernes. Les sociétés sont des formations qui sont régulièrement confrontées à des changements et, partant, elles se trouvent face à des problèmes par rapport auxquels il leur faut toujours s'adapter à nouveau. Même les sociétés ont donc besoin d'apprentissage; cette idée est le leitmotiv souterrain de la théorie de la démocratie de Dewey. Si « apprendre » est un mode de changement social réussi, les blocages de l'apprentissage, inversement, sont les raisons pour lesquelles ce changement n'a pas lieu ou bien se passe pathologiquement.

1. C'est aussi le cas de Martin Hartmann, *Die Kreativität der Gewohnheit*, Francfort, Campus Verlag, 2004, p. 268.

Les pratiques d'autodétermination démocratique, en effet, rendent possible des processus d'apprentissage, et sont ainsi, pour employer une formulation de Hilary Putnam, le « présupposé de l'application complète de la faculté spirituelle à la résolution de problèmes sociaux »[1], | la méthode 344
la meilleure et la plus rationnelle pour venir à bout des transformations et des conflits sociaux. À cette « fondation de la démocratie du point de vue de la théorie de la connaissance » (Hilary Putnam) s'ajoute une fondation du point de vue de la théorie sociale. Comme avant lui Hegel et Durkheim, Dewey lui aussi part du paradoxe apparent selon lequel, dans les sociétés modernes, l'individualisation, l'*émancipation* des individus échappant aux liens communautaires prémodernes va de pair avec une densification des dépendances réciproques. Dewey en conclut que, dans de telles sociétés, beaucoup plus de domaines doivent faire l'objet d'un « intérêt public » que cela n'a pu être le cas dans les sociétés traditionnelles ; il est nécessaire de se mettre d'accord sur les exigences de la coopération sociale, qui sont de plus en plus complexes[2]. La démocratie est alors non seulement une forme de gouvernement, mais, comme le dit Dewey, une *façon de vivre*, une manière de configurer la vie commune sociale qui résulte directement du besoin de réflexion croissant des sociétés modernes[3]. L'orientation relative aux principes démocratiques n'est donc pas une exigence normative arbitraire mais « correspond » aux conditions socio-structurelles de l'époque : elle est, comme le constate Dewey dans une tournure qui rappelle presque la sentence marxienne de la démocratie comme l'« énigme résolue de toutes les constitutions »[4], « l'idée même de la vie en communauté »[5].

1. H. Putnam, « A Reconsideration of Deweyan Democracy », *Renewing Philosophy*, Harvard University Press, 1992, p. 180-202. On trouvera une discussion instructive de la théorie de la démocratie de Dewey chez Axel Honneth, « Demokratie als reflexive Kooperation. John Dewey und die Demokratietheorie der Gegenwart », *Das Andere der Gerechtigkeit. Aufsätze zur praktischen Philosophie*, Francfort, Suhrkamp, 2000, p. 282-309.

2. À cela correspond la caractérisation, par Dewey, du public comme la sphère d'action qui a des répercussions sur un domaine plus large que celui des personnes immédiatement concernées. *Cf.* J. Dewey, *Le Public et ses problèmes*, trad. fr. J. Zask, Perpignan, PEP-Farrago, 2003 ; Folio-Gallimard, 2010, chap. 1.

3. J. Dewey, *Le Public et ses problèmes, op. cit.*

4. Marx, *Contribution à la critique de la philosophie du droit de Hegel, op. cit.*, p. 112.

5. « Considérée comme une idée, la démocratie n'est pas une alternative à d'autres principes de vie en association. Elle est l'idée de la communauté elle-même ». L'explication de Dewey qui suit cette phrase est révélatrice en ce qui concerne ce statut normatif de l'idéal démocratique : « Elle est un idéal au seul sens intelligible du terme, à savoir la tendance et le mouvement d'une chose existante menée jusqu'à sa limite finale, considérée comme rendue complète, parfaite. », J. Dewey, *Le Public et ses problèmes, op. cit.*, p. 242-243.

345 | L'accord collectif sur les conditions communes de vie et la tentative de les améliorer procèdent d'une manière analogue, structurellement, aux processus expérimentaux de résolution des problèmes et d'apprentissage tels que Dewey les a examinés dans sa *Logique*. L'action quotidienne de résolution des problèmes, le « surmontement de tous les problèmes de la vie » ne se distingue des processus scientifiques d'enquête que graduellement[1]. Il résulte de la conceptualisation spécifiquement pragmatique du déroulement de tels processus d'apprentissage des informations importantes sur la structure interne du changement social qui m'intéresse ici et sur les possibilités de raccordement à ma problématique.

(1) Apprendre est pour Dewey *per se* une *action de résolution des problèmes* : les processus d'apprentissage sont suscités par les problèmes qui surgissent lorsqu'il faut surmonter des situations. Nous sommes confrontés, lorsque, dans la pratique, nous accomplissons des actions qui tout d'abord ne posent aucun problème, à des obstacles à l'action, à des failles ou des crises pratiques que nous cherchons à surmonter. À l'« esprit pragmatiste » de Dewey correspond le fait selon lequel nous ne comprenons des hypothèses qu'en rapport à leurs conséquences pratiques, mais aussi que les processus de l'enquête, c'est-à-dire de l'apprentissage, ne sont résolus qu'au sein de problèmes qui naissent et se développent dans la pratique. Ce n'est que quand une interaction qui fonctionne, c'est-à-dire quand l'action que, dans la pratique, on accomplit sans problème, ou bien encore l'interprétation donnée du monde tournent court, qu'elles deviennent incohérentes ou problématiques, que surgissent la perception des problèmes et le processus pour les surmonter. Apprendre est donc un processus qui s'accomplit dans la pratique, même là où il s'agit de l'accroissement d'un savoir « théorique »[2]. Si on l'applique
346 à la dynamique | des développements sociaux, cela signifie que les processus d'apprentissage collectifs surgissent là où les conditions et la

1. John Dewey part du fait que « l'enquête en dépit des divers sujets auxquels elle s'applique et par suite de la diversité de ses techniques spéciales a une structure ou un schème commun : cette structure commune s'applique au sens commun et à la science, bien que, étant donné la nature des problèmes dont ils s'occupent, l'accent mis sur les facteurs en jeu varie beaucoup de l'un à l'autre », *Logique*, *op. cit.*, p. 165.

2. Le « primat du pratique » ne signifie pas l'orientation exclusive par rapport à l'« applicabilité pratique ». Elle signifie seulement que même le « théorique » et même le savoir, devenus indépendants par rapport à l'application directe, sont « envisagés de manière pratique ». Le fait que je n'apprenne que quand je réfléchis rétroactivement aux effets de mon action et que j'en tire les conséquences, vaut donc pour la tentative d'une traduction d'Homère ou la résolution d'un problème mathématique tout autant que pour la réparation d'une radio.

configuration de la coopération sociale se trouvent devant des problèmes ou entrent dans une *crise*, donc là où la configuration de notre vie commune a besoin de réflexion sur elle-même.

(2) Ces processus de résolution sont envisagés par Dewey comme *expérimentaux*. Leur nature expérimentale ne renvoie, par là, pas seulement à une manière d'examiner les hypothèses de résolution. Elle implique avant tout que les résolutions ne puissent être ni tirées directement des faits donnés, ni élaborées à l'avance, car elles dépendent d'une tentative innovante – d'une mise à l'épreuve sur le mode de l'essai et de l'erreur. Cela implique que les processus de résolution de problèmes soient impossibles à clore, qu'ils doivent toujours être compris comme des processus à *l'issue ouverte*, dont le résultat doit être interrogé pour savoir s'il permet ou empêche la confrontation avec d'autres problèmes.

(3) L'absence de blocages de l'apprentissage (négativement) et (positivement) la possibilité de nouvelles expériences et l'ouverture à des problèmes et exigences nouveaux qui surgissent apparaissent donc comme les critères d'un processus de résolution des problèmes réussi et rationnel. Les processus de progrès peuvent donc être identifiés avec une certaine « liberté » : il est possible de distinguer les meilleures résolutions de problèmes des moins bonnes, sans que cela conduise pour autant nécessairement à fonder un progrès au sens métaphysique ou bien à fixer le but du développement dans un point fixe en dehors du processus lui-même[1]. Dewey déplace ainsi | (tout à fait dans le sens de **347**
ma problématique) la focale, évacuant la problématique de substance et de contenu sur ce que pourrait être la « vie bonne », et portant l'attention

1. C'est en ce sens, en tout cas, que Putnam comprend les thèses de Dewey, de manière à permettre une évaluation du progrès sans fondation métaphysique : « Dewey est d'avis (comme nous tous, quand nous ne jouons pas les sceptiques) qu'il existe des possibilités meilleures et des possibilités pires pour remédier aux situations humaines de détresse– Dewey parle des situations problématiques. Il n'avance pas de raisons *a priori* pour expliquer cette situation » (H. Putnam, « A Reconsideration of Deweyan Democracy », *op. cit.*, p. 186). Putnam considère que cette réticence à fonder le progrès sur une représentation de « faits réels » du point de vue ontologique ou de faits absolus est une raison qui lui permet de ne pas avoir à se limiter, inversement, à la « validité locale » de telles appréciations. L'interprétation de Dewey par Richard Rorty va toutefois dans la direction opposée. Pour ce dernier, une évaluation pragmatique des différences culturelles et des évolutions historiques, inspirée de Dewey, se limite à un « récit dramatique », local et contingent. Voir sur ce point R. Rorty, « Rationality and Cultural Difference », *Truth and Progress. Philosophical Papers*, Cambridge University Press, 2010, p. 186-201. Par opposition, je considère que le point fort d'une interprétation pragmatiste est justement que les processus de transformation peuvent être qualifiés de réussis ou de moins réussis en fonction de leur déroulement.

sur la *constitution interne* des processus dans lesquels nous pouvons échanger sur de telles questions et surmonter des problèmes.

8.2. LA DYNAMIQUE DES TRADITIONS

Si Alasdair MacIntyre – l'une des figures les plus brillantes de la philosophie analytique anglo-américaine – n'est généralement lu en Allemagne, en raison de la réception de son livre *Après la vertu*, que comme un éthicien de la vertu et un communautariste critique de la modernité, une image plus ambitieuse se dégage dès qu'on porte son regard sur l'ensemble des trois œuvres centrales qui constituent son diagnostic socio-philosophique de notre époque [1]. MacIntyre atteste que la « culture libérale » de l'époque moderne ne souffre pas seulement (comme beaucoup d'autres) d'une déchirure interne irrémédiable, mais avant tout aussi – et c'est ce qui rend son approche intéressante pour ma problématique – d'un *blocage de l'apprentissage* caractéristique [2]. En ce sens, il envisage « nos » sociétés capitalistes libérales modernes comme une tradition entrée en crise, dont la dynamique se manifeste aussi dans le fait qu'elle s'est immunisée en une méta-tradition qui n'est plus critiquable – une tradition qui est en dehors des traditions –
348 et, ainsi, | a détruit dans le même temps les moyens de surmonter ses crises. La critique de MacIntyre est ainsi dirigée sur ces sociétés aussi et précisément du point de vue d'un « second ordre » selon lequel celles-ci ne seraient plus constitutivement en position de rendre possible une discussion rationnelle de leur configuration [3].

En cela, l'œuvre de MacIntyre est aussi portée par la conviction suivante : la dynamique des sociétés, des formes de vie ou des traditions (comme il les appelle) se présente, au regard des conflits internes et

1. *Cf.* A. MacIntyre, *Après la vertu. Étude de théorie morale*, trad. fr. L. Bury, Paris, Puf, 1997 ; *Quelle justice ? Quelle rationalité ?*, *op. cit.* ; *Three Rival Versions of Moral Enquiry. Encyclopaedia, Genealogy and Tradition*, Notre Dame, Notre Dame University Press, 1990.

2. Cela ne signifie pas que j'accuse ici MacIntyre d'antimodernisme. Voir sur la question de la critique de la modernité chez MacIntyre : T. Pinkard, « MacIntyre's Critique of Modernity », *in* Mark C. Murphy (ed.), *Alasdair MacIntyre*, Cambridge, Cambridge University Press, 2003, p. 176-198.

3. Dans ce contexte, MacIntyre, comme je l'ai déjà cité dans l'introduction, se plaint du fait que, dans la culture libérale, « des domaines d'une signification morale décisive ne peuvent plus devenir l'objet d'un discours ou d'un processus de recherche publiques appropriés » (MacIntyre, « The Privatization of Good : An Inaugural Lecture », *The Review of Politics*, vol. 52, n° 3, Summer 1990, p. 344-377, ici p. 362).

externes, comme une suite dynamique de problèmes, de crises et de leur surmontement. Et bien qu'il soit persuadé que, dans de tels conflits, la « rationalité » ne peut présenter aucun point de référence neutre, qui se trouverait en dehors des clivages mis en évidence par les traditions, parce que dans de tels débats les critères de ce qui doit valoir comme rationnel sont toujours aussi en question, il part du fait qu'un système de convictions éthiques et de pratiques sociales peut être supérieur à un autre. MacIntyre conquiert ainsi, et c'est cela qui fait que ce qu'il développe est pertinent pour mon travail, des critères pour la rationalité et la supériorité normative d'une tradition vis-à-vis d'une autre à partir de la dynamique plus ou moins rationnelle du développement et de la succession de traditions[1].

Afin de pouvoir comprendre le programme ainsi indiqué, il faut garder à l'esprit comment MacIntyre comprend la tradition. Les « traditions » ne sont pour lui pas seulement les transmissions au sens étroit, mais l'ensemble des pratiques et interprétations sociales qui sont transmises historiquement, | ensemble qui, à titre de système de référence englobant, 349
fournit tout d'abord aux individus la possibilité de se comprendre et de comprendre les autres ainsi que de se localiser dans l'espace social[2]. Ce qui est à ce propos décisif, c'est leur caractère *dynamique* : les traditions se conservent moins par leur pouvoir de persévérance que par leur capacité à se renouveler – ou, mieux, par la recréation de soi-même, par la réinvention de soi au moyen du récit, « une réinvention de soi au moyen du récit qui procède argumentativement », et qui prend la forme d'une narration qui se poursuit conflictuellement[3].

1. A. MacIntyre, *Quelle justice ? Quelle rationalité ?*, *op. cit.*, p. 8 : « ce à quoi les Lumières ont rendu la plupart d'entre nous aveugles, et que nous devons à présent retrouver, est une conception de l'investigation rationnelle incarnée dans une tradition et selon laquelle les critères mêmes de la justification rationnelle émergent d'une histoire dont ils font partie et où ils sont justifiés par la façon dont ils transcendent les limites des critères précédents et remédient à leurs faiblesses à l'intérieur de l'histoire de cette même tradition. »

2. Le concept de « tradition » est un des concepts directeurs non seulement de *Quelle justice ? Quelle rationalité ?* (*op. cit.*) et de *Three Rival Versions of Enquiry* (*op. cit.*), mais aussi déjà des essais antérieurs comme par exemple « Epistemological Crises, Dramatic Narrative and the Philosophy of Science », *The Monist* 60/4 (1977), p. 453-471. Voir aussi sur ce point J. Porter, « Tradition in the Recent Work of Alasdair MacIntyre », *in* Mark C. Murphy (ed.), *Alasdair MacIntyre*, *op. cit.*, p. 38-70.

3. A. MacIntyre, « Epistemological Crises, Dramatic Narrative and the Philosophy of Science », *op. cit.*, p. 461.

Un tel processus de renouvellement n'est pas un cas accidentel, mais le cas normal d'une tradition « vivante » : *la discussion conflictuelle sur sa propre identité* est constitutive de la manière dont elle existe :

> Car ce qui constitue une tradition est le conflit de différentes interprétations de cette tradition – un conflit qui possède lui-même une histoire d'interprétations concurrentes les unes les autres. Si je suis par exemple juif, je vais nécessairement reconnaître que la tradition du judaïsme est en partie constituée par un débat constant sur ce que signifie être juif[1].

Si les traditions, à titre de transmission, reposent donc sur un point de référence et de cristallisation autoritaire, celui-ci est toujours uniquement un point de départ qui doit être repris du point de vue interprétatif et argumentatif et se transformer dans le cours des discussions[2]. Les traditions, de ce fait, ne réussissent ou ne sont « vivantes » qu'aussi longtemps que de nouvelles expériences peuvent être incorporées en
350 elles et | qu'elles peuvent se confronter à de nouvelles exigences. C'est précisément ce processus de réception renouvelée et de réappropriation toujours nouvelle d'une tradition qui peut être conçu, au sens de ma question initiale, comme processus social de transformation, et qui peut être interrogé, au niveau de ses qualités, à titre de processus collectif d'apprentissage[3].

Plusieurs aspects font du concept élaboré par MacIntyre d'une rationalité spécifique des traditions quelque chose d'intéressant pour mon projet :

(1) Les formes de vie, c'est-à-dire les traditions, *ne sont pas monadiques*, mais elles se construisent d'une manière ouverte les unes

1. A. MacIntyre, « Epistemological Crises, Dramatic Narrative and the Philosophy of Science », *op. cit.*, p. 460.

2. Il y a des parallèles avec la compréhension herméneutique, par Hans-Georg Gadamer, de l'appropriation active de la tradition. *Cf.* H.-G. Gadamer, *Vérité et méthode. Les grandes lignes d'une herméneutique philosophique*, *op. cit.* MacIntyre souligne dans une interview avec Giovanna Borradori son lien avec Gadamer qui existe nonobstant l'absence d'une discussion explicite avec lui. *Cf.* A. MacIntyre, « An Interview with Giovanna Borradori », *in* K. Knight (ed.), *The MacIntyre Reader*, Notre Dame, Notre Dame University Press, 1998, p. 255-267, ici p. 265.

3. Quand MacIntyre peut comprendre jusqu'aux révolutions, en fin de compte, comme moyen de poursuivre une tradition, il s'agit ici d'établir interprétativement une continuité dans la discontinuité : « Toute tradition court toujours le danger de tomber dans un état d'incohérence, et quand cela arrive, elle ne peut parfois se régénérer que par une révolution. [...] Les traditions portent la raison, et à certains moments elles ont besoin d'une révolution pour se poursuivre » (« Epistemological Crises, Dramatic Narrative and the Philosophy of Science », *op. cit.*, p. 461).

face aux autres, elles s'influencent mutuellement, se rapportent les unes aux autres et établissent une relation (parfois concurrente) les unes vis-à-vis des autres. MacIntyre ne s'oriente pas ici seulement par rapport à une succession de formes de vie, mais par rapport au fait historique de la pluralité, celui d'une multiplicité de traditions concurrentes qui existent les unes à côté des autres. C'est ainsi qu'il introduit la possibilité d'une influence, mais aussi de blocages possibles de la compréhension entre les différentes traditions.

(2) Les conflits entre les formes de vie, c'est-à-dire les traditions, peuvent être envisagés, en conséquence, comme des discussions sur le mode de la *rivalité*. Cela signifie que les traditions se comprennent, d'une manière ou d'une autre, comme concurrentes à propos de la même chose – à savoir l'interprétation juste de la réalité et l'agir juste. Les traditions ne sont donc pas simplement « comme elles sont », mais elles incorporent des *prétentions à la vérité, c'est-à-dire à la validité*, des prétentions relatives à l'interprétation juste et à la manière de s'y prendre d'une manière appropriée, du point de vue pratique, avec le monde. Les conflits dans lesquelles elles tombent, dans cette mesure, « mettent à l'épreuve les ressources des traditions concurrentes les unes avec les autres »[1].

| (3) Là où des incompatibilités radicales ainsi que des interprétations 351
du monde et des conceptions du bien incommensurables les unes avec les autres rendent impossible, en conséquence des conceptions relativistes et historicistes, de développer des critères d'appréciation pour la rationalité des traditions, MacIntyre dispose d'un concept intéressant, historiquement situé et contextualisé : celui d'une *rationalité historique constituée en quelque sorte d'un point de vue narratif.* Autrement dit, la proposition de MacIntyre, par conséquent, se mesure à sa force interprétative, à sa capacité, non seulement de surmonter des problèmes et des crises, mais aussi de se rapporter de manière réflexive à cette résolution par le biais d'une narration intégrative. Ce concept s'oriente par rapport au cours du développement des crises mêmes : s'il n'y a pas de fondement absolu et transcendant, pas de point de vue externe ou universel et hors contexte, qui puisse nous fournir un support pour évaluer les différentes formes de vie, les différentes dynamiques de surmontement des crises peuvent

1. *Ibid.* MacIntyre va ici si loin qu'il interprète explicitement le rejet du conflit comme symptôme de dégénérescence. Ainsi remarque-t-il : « Il y a un autre signe qu'une tradition se meurt, c'est qu'elle érige un ensemble de remparts épistémologiques par lesquels elle évite d'être remise en question ou, à tout le moins, par lesquels elle évite de reconnaître qu'elle est remise en question par des traditions rivales » (*ibid.*).

pourtant être distinguées les unes des autres comme étant « meilleures » ou « pires », appropriées ou inappropriées.

Avec cette proposition d'une dynamique rationnelle du changement, qui peut être comprise à maints égards comme un processus modéré de progrès, MacIntyre fournit à la fois une jonction avec la pensée de Hegel, qu'il critique pour sa dimension téléologique et finaliste, mais aussi une contre-proposition[1].

8.3. L'HISTOIRE COMME PROCESSUS DIALECTIQUE D'APPRENTISSAGE

Hegel est *le* penseur de l'histoire et, à ce titre, il est aussi le philosophe qui a mis au centre de sa pensée le fait que les institutions et pratiques sociales existantes sont les résultats d'une dynamique de
352 transformation se déroulant historiquement. | Non seulement la réflexion sur les développements historiques forme une partie importante de sa philosophie, mais il pense la rationalité des formations éthiques aussi comme une rationalité qui est advenue historiquement, comme le résultat de son histoire. La rationalité elle-même est ici, pour parler de façon générale, historicisée ; « la possession en rationalité consciente de soi » est, comme Hegel l'écrit en rapport à l'histoire de la philosophie, « un héritage et plus précisément le *résultat* du travail, et il est vrai du travail de toutes les générations précédentes du genre humain »[2], qui doit continuellement être réapproprié réflexivement. L'histoire, pour sa part, est envisagée comme processus dynamique et pratique qui peut être compris comme réalisation d'une rationalité qui se médiatise historiquement de la sorte. Si donc la rationalité est envisagée historiquement, inversement, l'histoire l'est (à un égard déterminé) rationnellement, et c'est précisément cette thèse que Hegel distingue aussi bien d'un universalisme anhistorique que, également, d'un historicisme relativiste – une position dans laquelle chaque forme de vie historique possède « son propre droit » qui se soustrait à la possibilité de toute évaluation éthique. Le modèle hégélien d'*un développement dialectique*, dont le mode est la « négation déterminé », esquisse par là la version

1. Robert Stern interprète en ce sens le projet de MacIntyre comme une tentative de trouver, entre Hegel et un historicisme sceptique ou virant au relativisme, une sorte de « troisième voie » : voir « MacIntyre and Historicism », *in* J. Horton, S. Mendus (eds.), *After MacIntyre. Critical Perspectives on the Work of Alasdair MacIntyre*, Cambridge, Polity Press, 1994, p. 146-160.

2. G.W.F. Hegel, *Philosophie de l'histoire*, trad. fr. sous la direction de M. Bienenstock, Paris, Livre de poche, 2009, p. 127 (cours de 1822/1823) (trad. modifiée).

particulièrement ambitieuse d'un processus de transformation qui, selon mon interprétation, porte en lui-même ses critères de rationalité.

Dans la *Phénoménologie de l'esprit* – la « science de l'expérience de la conscience » –, on peut ainsi étudier, d'une manière paradigmatique, le parcours d'un processus d'expérience qui s'enrichit, dans lequel la conscience, dans un processus de réflexion sur ses propres insuffisances, se meut d'une étape incomplète où elle est prise par une auto-illusion à l'étape suivante, un parcours qui, en fin de compte, débouche, dans le « chapitre sur l'esprit », sur une « histoire mondiale interprétée philosophiquement »[1], dans laquelle les figures de la conscience deviennent les « figures d'un monde »[2]. C'est un tel | procès de développement, peut-on 353
en tout cas affirmer, que suit néanmoins – parfois plus, parfois moins – le processus, que Hegel décrit dans sa *Philosophie de l'histoire*, du changement social. Ici, le devenir et le déclin des civilisations historiques, depuis les civilisations avancées d'Asie jusqu'à l'époque de Hegel en passant par le monde grec, adviennent comme des étapes différentes d'un parcours qui se laisse comprendre comme un développement de formations sociales qui se suivent les unes les autres, découlent les unes des autres, et dans lequel la « conscience de la liberté » s'effectue[3].

Les processus de transformation décrits par Hegel s'effectuent eux aussi au moyen de *crises*. C'est (dans la *Philosophie de l'histoire* comme dans la *Phénoménologie de l'esprit*) le caractère intenable et contradictoire d'une position existante qui pousse celle-ci hors d'elle-même. Si l'on veut envisager le processus déclenché par là, au sens que je développe, comme une histoire réflexive résultant de problèmes, il s'agit alors du processus d'une (auto)expérience au moyen de la réflexion sur les fondements de validité propres, qui s'enrichit, dans la mesure où les nouvelles descriptions de problèmes (pour ainsi dire) ne sont connues comme déficitaires qu'après le surmontement de l'étape antérieure et

1. L. Siep, *Der Weg der Phänomenologie des Geistes. Ein einführender Kommentar zu Hegels "Differenzschrift" und "Phänomenologie des Geistes"*, Francfort, Suhrkamp, 2000, p. 173.

2. G.W.F. Hegel, *Phénoménologie de l'esprit*, trad. fr. B. Bourgeois, p. 386. Les développements produits ici ne prétendent pas donner une interprétation globale, philologiquement fondée, du rapport entre la *Phénoménologie de l'esprit* et la philosophie de l'histoire, mais ils s'efforcent de donner une impulsion systématique à la tentative de rapporter la dynamique développée dans la phénoménologie au changement de formations dans la philosophie de l'histoire et, d'une manière générale, l'utiliser pour la compréhension de la dynamique des processus d'apprentissage sociaux.

3. G.W.F. Hegel, *Philosophie de l'histoire*, *op. cit.*, p. 64.

qu'elles résultent seulement des déficiences ou unilatéralités devenues désormais perceptibles.

Hegel partage ainsi avec Dewey la représentation d'un processus d'apprentissage se réalisant dans des accomplissements pratiques : il partage avec MacIntyre l'idée selon laquelle un tel processus va de pair avec la réflexion sur ces accomplissements et les prétentions de validité posées avec eux. Sa conception d'une rationalité historique, comme nous le verrons, est toutefois « plus robuste » que le concept narratif de MacIntyre, dans la mesure où les positions qui se suivent les unes les autres ne se contentent pas de se *suivre* et d'être ensuite intégrées narrativement de manière rétroactive, mais elles se *développent* très précisément les unes à partir des autres. C'est précisément pour cela toutefois que, ainsi que nous le verrons, elle doit pouvoir se confronter à la question de savoir comment elle peut rendre justice à l'ouverture des processus d'apprentissage sociaux, mais aussi à la pluralité des formes de vies existant les unes à côté des autres.

354 Un reproche récurrent | à l'encontre de Hegel voit ici à l'œuvre une conception téléologique problématique des dynamiques de changement qui, en tant que course vers un but déjà connu ou, comme le formule Dewey, en tant qu'« expression progressive de ce qui est ainsi “enveloppé” », serait précisément incompatible avec le concept, que je recherche, d'une rationalité processuelle ouverte[1]. Par opposition, comme en tout cas je le soutiendrai, on peut envisager comme point décisif le fait que ce processus, avec Hegel lui aussi, peut être compris *comme tel* comme rationnel (ou non rationnel) précisément dans la mesure où les occasions de transformation, conçues par Hegel comme situations de problèmes et crises ou contradictions, se développent les unes à partir des autres[2]. Ainsi, serait esquissé un véritable processus

1. Voir, sur cette attitude critique, la caractérisation des modèles téléologiques par J. Dewey, qui s'oppose aussi explicitement à Hegel (*Démocratie et éducation*, *op. cit.*, p. 81). MacIntyre se positionne également de manière critique contre Hegel lorsqu'il oppose sa conception du détachement de la tradition au modèle de développement de Hegel : « Il existe en effet implicitement dans la rationalité d'une investigation de ce genre, l'idée d'une vérité finale, à savoir une relation de l'esprit à ses objets qui serait tout à fait adéquate du point de vue des capacités de cet esprit. Mais toute conception de cet état comme un état où l'esprit pourrait par ses propres moyens se connaître soi-même comme bien informé est à écarter; de ce point de vue constitué par la tradition, le Savoir Absolu du système hégélien est une chimère » (*Quelle justice ? Quelle rationalité ?*, *op. cit.*, p. 387).

2. Par là, je remets également en question l'alternative esquissée par Hilary Putnam, selon laquelle l'idée d'une rationalité historiquement située, si on la prive de l'idée (qu'il

d'enrichissement et une conception en quelque sorte « autonome » du progrès, dans laquelle la rationalité du *résultat* est indissociable de celle du *déroulement* de l'évolution.

Résumé

| Ce coup d'œil sur les positions à discuter dans ce qui suit nous fournit 355
les premiers critères pour apprécier les dynamiques de changement social qui réussissent ou échouent : si, chez Dewey, l'absence de blocages de l'apprentissage devient le critère de la rationalité des processus de résolution des problèmes, MacIntyre esquisse, pour la dynamique de transformations réussie, l'image ambitieuse d'une intégration narrative qui est dépassée, au niveau de sa « robustesse », par la conception des processus dialectiques de transformation chez Hegel. Ce sont ces différentes conceptions d'une transformation réussie et les différentes identifications, qui y correspondent, des sources de perturbation qui seront discutées par la suite. Les différences entre les positions que je considère comme des conceptualisations différentes des processus de résolution de problèmes, et qui sont intéressantes pour mon projet, seront d'abord traitées au niveau de *leurs différentes compréhensions des problèmes* (chapitre 9). Comme nous le verrons, il en résulte des différences quant aux *dynamiques de résolution* (chapitre 10), qui conduisent à des conceptions différentes de la rationalité des processus d'apprentissage sociaux.

attribue à Hegel) d'un but et d'une fin nécessaires de l'histoire, ne peut plus faire de différence normative entre les différentes instances culturelles et historiques. Je veux donc soutenir que le modèle de développement dialectique propre à Hegel permet de trouver, même sans un tel but (qui ne serait bien qu'un « point d'Archimède » historiquement différé de la critique), des critères pour la rationalité d'un processus de déroulement. *Cf.* H. Putnam, *Raison, vérité et histoire*, trad. fr. A. Gerschenfeld, Paris, Minuit, 1984.

PROBLÈME OU CONTRADICTION ?

> … tout est cassé, mais d'une manière ou d'une autre ça fonctionne.
> *Rainald Goetz*

Les problèmes sont le point de départ des processus de résolution de problèmes. Selon la conception de *ce qu'est un problème en général* et de la structuration interne des problèmes, leur dynamique de résolution se présente autrement. Si l'on voulait résumer en une formule la caractéristique principale de la conception hégélienne des problèmes qui la distingue des deux autres, ce serait : chez Hegel, les *problèmes* prennent la forme de la *contradiction.* Ils n'interviennent pas de manière contingente dans une situation sociale et historique donnée, ou comme une perturbation venue du dehors, mais comme la réalisation ou l'actualisation des rapports de tension qui résident déjà dans la situation elle-même. Le problème (en tant que contradiction) est quelque chose que la constellation en question constitue elle-même, et non quelque chose qui lui arrive ou dans quoi elle tombe de l'extérieur. Tandis que la conception hégélienne des problèmes vise des conflits qui surviennent d'une manière fortement immanente et systématique, Dewey et MacIntyre conçoivent les problèmes comme des confrontations contingentes avec des obstacles qui peuvent résulter d'un dehors posant des problèmes. Sous l'alternative entre « problème » et « contradiction » qui va être discutée par la suite, se cachent donc plusieurs questions qui sont fondamentales en matière de formes de vie : la localisation des problèmes et leur statut par rapport à l'« objectivité » de leur position; la contingence ou la nécessité systématique de leur apparition et la manière dont ils fonctionnent comme perturbation d'une configuration de pratiques et d'interprétations.

Des sections une à trois de ce chapitre, j'examinerai d'abord les conceptions de Dewey, MacIntyre et Hegel du point de vue de cette question et de leur différence sur le sujet. Puis, dans la quatrième section, je tenterai une médiation dont doit émerger une proposition systématique permettant une compréhension des problèmes adéquate quant à la question des formes de vie.

357 | 9.1. Les problèmes en tant qu'indétermination

Dans le cadre des réflexions de Dewey, les problèmes se présentent en tant qu'obstacles à l'action, en tant que failles dans l'accomplissement de l'action et de compréhension, la contaminant (du dehors). Pour comprendre en détail la structure de ces problèmes, il est utile d'examiner encore une fois [1] comment Dewey détermine plus généralement ce qu'est une enquête :

> L'enquête est la transformation contrôlée ou dirigée d'une situation indéterminée en une situation qui est si déterminée en ses distinctions et relations constitutives qu'elle convertit les éléments de la situation originaire en un tout unifié [2].

La situation problématique – la crise – qui déclenche le processus d'enquête (ou la nécessité d'apprendre) est une situation d'*indétermination*. Sa résolution consiste à (r)établir la détermination, comprise comme le fait de parvenir à la cohérence et à ce que Dewey nomme « totalité qualitative ». Un problème survient donc d'abord en tant qu'obstacle à l'action. Mais il affecte toute une « situation » qui entre ainsi dans un état d'« indétermination ». Même s'ils viennent du dehors, les problèmes ne sont donc jamais des faits « bruts » et singuliers : ils sont toujours des problèmes à l'intérieur d'un contexte et pour ce contexte.

Mais qu'est-ce que l'indétermination ? Et pourquoi l'état d'indétermination est-il un problème ? La caractérisation de l'indétermination par Dewey englobe des états tout à fait différents : des situations problématiques sont incertaines, confuses, douteuses, elles sont « perturbées [*disturbed*], ambiguës [*troubled*], confuses [*ambiguous*], emmêlée [*confused*], pleines de tendances contradictoires, obscures, etc. [3] » Certes, il y a sans aucun doute une différence entre une situation ambiguë et une situation contradictoire, ou bien obscure ou bien troublée. Mais le moment

1. *Cf.* plus haut, chap. 4.
2. J. Dewey, *Logique*, *op. cit.*, p. 169.
3. *Ibid.*, p. 170.

qui englobe tous ces motifs est qu'une telle situation (indéterminée) est « ouverte à l'enquête parce que ses éléments constitutifs ne tiennent pas ensemble.[1] » Ce qui est contradictoire s'accorde mal, mais les éléments ambigus et obscurs d'une situation | peuvent aussi difficilement être 358
rapportés les uns aux autres, car leurs points de liaison sont instables. La contradiction, la confusion, l'ambiguïté, etc. seraient ainsi chacune des instances de manque de connexion. Une situation est donc indéterminée précisément lorsque la formation d'une totalité ou d'un ensemble qualitatif n'est plus possible – et c'est précisément pour cela que l'indétermination apparaît aussi comme une perturbation. En effet, la cohérence, la possibilité de former un ensemble cohérent est présupposée pour la constitution du sens et de la capacité à agir, tandis que l'absence de connexion perturbe le lien de nos actions et de nos compréhensions.

Pour comprendre pourquoi, on doit clarifier ce qui fait une « situation ». Dewey entend par « situation » un « tout contextuel » ou un « tout qualitatif »[2]. Non sans rappeler le concept heideggerien de monde[3], la situation ne désigne « pas un objet ou événement isolé ni un ensemble isolé d'objets ou d'événements[4] », mais l'ensemble où ils se trouvent et où ils se rapportent l'un à l'autre[5]. Or, cet ensemble est un rapport *actif*, une interaction entre la personne et l'environnement. corollairement, la perturbation, le devenir problématique de la situation est la perturbation de cette | interaction, la faillite d'un rapport pratique d'interaction avec 359
l'environnement. Cela aboutit à la faillite momentanée de toute une configuration – cette configuration qui est nommée « situation » (chez

1. *Ibid.*, p. 169.

2. *Ibid.*, p. 128-129.

3. On peut établir avec profit ce parallèle entre le concept heideggerien de monde et le concept deweyen de situation ou d'environnement. Si l'on songe à la critique sévère adressée à Dewey par Lowel Nissen, pour qui le concept même de situation est incompréhensible et dépourvu de sens, il est clair que ce concept peut être un peu mieux compris à partir de Heidegger. *Cf.* L. Nissen, *John Dewey's Theory of Inquiry and Truth*, La Haye, Paris, Mouton, 1966. Que la réhabilitation de Dewey dans la philosophie post-analytique aille de pair avec une réhabilitation de Heidegger, par exemple chez Rorty, n'est donc pas un hasard. *Cf.* R. Rorty, *La Philosophie et le Miroir de la nature*, trad. fr. T. Marchaisse, Paris, Seuil, 2017.

4. J. Dewey, Logique, *op. cit.*, p. 128.

5. D'une manière ici aussi tout à fait semblable à l'analyse heideggerienne du monde ambiant, l'ensemble se caractérise par des accomplissements pratiques, par l'usage des choses au sein duquel les choses se constituent comme les moments d'un ensemble (significatif). Si (pour parler comme Heidegger), le « monde » ou la « situation » naissent par une ouverture active au monde, c'est précisément ce type d'accomplissement actif qui est rompu par le devenir problématique d'une situation. *Cf.* M. Heidegger, *Être et Temps*, *op. cit.*, chap. 3 : « La mondanéité du monde » (§ 14-24).

Dewey) et « monde » (chez Heidegger). Les « crises » sont donc toujours les crises de tout un système de références. La solution du problème nécessite donc une réintégration de ce système de références – et toute solution réussie signifie une telle réintégration.

Un problème pratique quotidien typique par lequel Dewey explicite dans sa *Logique* le devenir problématique d'une situation et les obstacles à l'action qui s'ensuivent est le départ d'un incendie pendant une représentation théâtrale. Les cadres d'interprétation et d'action établis sont ici soudainement interrompus. Si la situation était auparavant déterminée par l'attitude passive de réception des spectateurs, on doit désormais s'orienter et se situer autrement. La fumée qui monte fait-elle ou non partie de la pièce ? Non seulement la situation (au moins au début) n'est pas claire, mais de plus, les mesures à prendre – la résolution du problème – doivent d'abord être trouvées et ajustées.

La crise de l'individualisme que Dewey diagnostique dans « L'individualisme – ancien et nouveau » à l'aune de l'empiètement des impératifs égoïstes et instrumentaux de marché sur les modes de vie des sociétés capitalistes avancées, est un exemple de problème en ce sens[1]. Cette constellation sociale est en crise dans la mesure où les individus qui poursuivent éhontément leurs intérêts propres s'accrochent à des valeurs provenant d'une époque révolue qui ne sont plus adaptées aux conditions de vie actuelle et à l'interdépendance factuelle des individus. Il en résulte des interprétations ratées et des développements pratiques ratés ; les individus ne savent plus comment se comprendre eux-mêmes ni comment ils doivent donner du sens à ce qu'ils font. Ils sont inquiets, désemparés et sans repères[2] – ce qui désigne ici une incapacité à établir des cadres et à s'y situer. Une configuration d'interprétations et de
360 pratiques – une situation – | est perturbée, le système de référence ou le cadre d'orientation des interprétations sociales du monde et de soi est devenu « indéterminé ».

L'ordre supérieur des problèmes sociaux

La conception deweyenne des problèmes représente donc une compréhension complexe des problèmes. Une continuité est interrompue avec eux. En tant que contrariétés, ils perturbent notre système de

1. *Cf.* J. Dewey, « L'individualisme – ancien et nouveau », *Écrits politiques*, trad. fr. J.P. Cometti, J. Zask, Paris, Gallimard, 2018. *Cf.* aussi la discussion de ce sujet par M. Hartmann, *Die Kreativität der Gewohnheit*, Francfort, Campus Verlag, 2003, p. 262-264.

2. Voir J. Dewey, « L'individualisme – ancien et nouveau », *op. cit.*, p. 294 et 304.

référence, lequel est conduit à une cohérence nouvelle lorsque la résolution du problème réussit. Les processus de résolution de problèmes sont alors pensés comme des démarches d'adaptation à des conditions environnementales changeantes. Les exigences ou les événements qui ont des effets sur nous ne sont dans la plupart des cas pas anticipables. Le « problème » ou la « crise » se présente ainsi comme une occasion pour apprendre, inanticipable et contingente, comme une perturbation qui arrive du dehors et qui interrompt le fonctionnement d'un ensemble pratique incorporé – la « situation » – et met ainsi en cause son efficacité (mais pas encore l'ensemble lui-même).

Je mets donc en avant le concept deweyen de problème dans la mesure où Dewey conçoit les problèmes comme les perturbations d'un ensemble pratique et rend possible de saisir le statut « à la fois donné et construit » des problèmes. Ses limites apparaissent toutefois lorsqu'il s'agit de conceptualiser la manière spécifique dont les problèmes se posent à nous en rapport aux formes de vie. Si, comme je l'ai développé plus haut[1], les formes de vie sont des problèmes réflexifs de deuxième ordre, c'est une erreur de les penser comme des perturbations venant du dehors de l'accomplissement de l'action : ce n'est pas la « réalité » qui met face à des problèmes les formes de vie; ce sont les formes de vie *elles-mêmes* qui se posent des problèmes – ou, en d'autres termes : ce sont les formes de vie elles-mêmes qui (doivent) *faire leur* des problèmes.

Si le déroulement d'une action est perturbé et qu'une démarche adaptative n'aboutit pas encore – cas qui semblent être pour Dewey le modèle paradigmatique de tous les problèmes –, ce qui est décrit ainsi diffère, en ce qui concerne le niveau supérieur et la nature réflexive des problèmes, de la perturbation d'un ensemble pratique éthique complexe. Les problèmes, | tels qu'ils peuvent survenir en tant que problèmes de **361**
formes de vie dans une société, sont structurellement différents des problèmes de *first-order* qui sont conçus linéairement et sont liés à la domination de la nature. La logique unitaire du processus d'enquête dont part Dewey ne serait ainsi plus plausible à propos de la logique des positions des problèmes.

Le fait que les problèmes des formes de vie, en tant que problèmes de deuxième ordre, concernent le cadre de référence qui est posé avec les situations d'action, voilà quelque chose qui s'éclaircit quand on jette un œil sur les conceptions de MacIntyre, même si celles-ci partent aussi des crises comprises en tant qu'événement survenant de manière contingente.

1. *Cf.* les chapitres 4.5 et 7.4.

9.2. La crise comme rupture d'une continuité

Pour MacIntyre aussi, l'éclatement d'une crise est lié à l'interruption d'une continuité : les crises ou les problèmes résultent de l'incapacité d'une tradition à résoudre les tâches qui lui sont posées et qui plus exactement procèdent d'elle, et à se renouveler en se réinterprétant pour résoudre ces problèmes. Ils peuvent aussi résulter de la confrontation avec d'autres traditions (et de leur rivalité).

MacIntyre donne deux signes d'une situation de crise ou problématique : l'*incohérence* et la *stérilité*[1]. Une tradition théorique est incohérente lorsqu'elle contient des hypothèses qui ne s'accordent pas. Appliqué à des traditions extrascientifiques ou à celles du monde de la vie, le concept d'incohérence désigne une situation marquée par des convictions et des façons d'agir qui ne peuvent être unifiées ou qui ne s'articulent pas. Comme dans la « situation indéterminée » de Dewey,
362 des éléments agissent ici sans pouvoir être connectés et sans | qu'une narration possible soit plausible, pour introduire un concept important de MacIntyre. Le « réseau de référence » narratif « des affaires communes » (pour le dire avec Hannah Arendt) se déchire et la tradition qui lui correspond ne peut plus se comprendre elle-même et elle devient à elle-même impénétrable.

Mais que signifie qu'une tradition soit devenue « stérile » et en quoi est-ce une accusation ? Si l'on entend la « stérilité » au sens littéral, elle décrit une situation où les principes et pratiques dominants ne sont plus « féconds » et ne s'étendent plus. Ils ne se transmettent plus en un sens vivant, mais sont pourtant encore partagés et suivis d'une manière ou d'une autre. Une tradition « stérile » n'a plus aucune force d'attraction et ne donne aucune impulsion. Inversement, elle n'est réceptive à aucune suggestion, de sorte qu'elle devient apathique et qu'elle stagne.

Les crises peuvent être déclenchées par des phénomènes internes d'épuisement d'une tradition, mais aussi par une situation nouvelle, par la transformation d'exigences ou par un conflit avec une autre tradition. Elles peuvent survenir de manière totalement non-médiatisée, sans être

1. A. MacIntyre, *Quelle justice ? Quelle rationalité ?*, *op. cit.*, p. 388 : « Ses méthodes d'investigation, qui jusque-là bénéficiaient de la confiance de la communauté, deviennent stériles. Les conflits portant sur les réponses rivales à des questions-clés ne peuvent plus être réglés rationnellement. En outre, il peut se faire que l'utilisation des méthodes d'investigation et des formes d'argumentation grâce auxquelles le progrès rationnel avait jusqu'alors été réalisé révèle de plus en plus d'insuffisances nouvelles, d'incohérences jusqu'alors jamais aperçues, et de nouveaux problèmes qui ne semblent pas pouvoir trouver de solution dans le tissu des croyances établies. »

précédée d'un développement long ou intelligible : en effet, MacIntyre indique que les crises peuvent éclater « à tout moment ». Pour revenir sur une distinction introduite plus haut, les problèmes et les crises sont parfois « faits maison », mais parfois ils s'introduisent d'une manière contingente dans une forme de vie. Mais ce dont ils proviennent toujours, ce qui en fait des crises, c'est l'effondrement d'un cadre interprétatif ou la rupture du fil de la continuité narrative. De tels problèmes sont des problèmes *pour* une tradition et *de* cette tradition – puisque celle-ci n'a pas les ressources pour intégrer le problème survenu de manière à le résoudre.

Deux types de crise

MacIntyre distingue deux types de problèmes, ou plus exactement deux types de crise et de changement qui s'ensuit. Premièrement, il décrit la dynamique quotidienne de développement et de renouvellement des traditions comme un processus progressif pour surmonter les problèmes (quotidiens). Dans ce « régime normal », les traditions sont confrontées à des problèmes dont les solutions se | trouvent dans leurs **363**
propres ressources actualisables. Les transformations sont intégrées dans l'ensemble continu de la tradition qui est par là simultanément transformé et reste « lui-même ».

Cependant, ce cours progressif touche parfois à ses limites. Des problèmes surviennent alors dans une forme de vie héritée en faisant apparaître une telle discorde qu'ils sont irrésolubles à l'intérieur du cadre de référence donné avec cette forme de vie et forcent une rupture de cette continuité. Les ressources héritées triomphent ou perdent toute signification. La continuité du processus de résolution des problèmes et de la configuration interprétative portée par ces ressources est subitement interrompue.

> Nous avons déjà noté que, à chaque étape du développement d'une investigation constituée par une tradition, sa problématique courante sera tout à fait centrale – cette problématique, sous forme de programme exposant les problèmes et questions non encore résolus, devant servir de référence pour évaluer la réussite ou l'échec de l'investigation dans sa progression rationnelle vers une étape ultérieure de son développement. Il peut arriver à tout moment, à toute investigation constituée par une tradition, que selon ses propres critères du progrès, elle cesse de progresser[1].

1. *Ibid.*, p. 388.

Si le cas normal permet donc une imbrication de la position des problèmes et de leur solution, une seconde forme de problèmes et une forme plus dramatique de crise vient au jour dans les cas plus radicaux : sa dynamique se différencie qualitativement de celle des autres crises. Tandis qu'en régime normal, il s'agit de problèmes et de conditions pour les résoudre à l'intérieur d'un cadre interprétatif posé (et qui demeure intact), c'est précisément ce cadre interprétatif – et avec lui le critère même d'une résolution réussie d'un problème – qui est mis ainsi en crise. Non seulement on n'arrive pas à dépasser un certain point, non seulement on est confronté à un défi, mais, en outre, la signification de ce qu'on fait et de la manière dont on comprend ce qu'on fait, et donc les fondements de notre propre pratique, deviennent obscurs. Ce n'est pas seulement un élément singulier, mais c'est tout le cadre qui ne convient plus. Pour le dire
364 comme Kuhn, de telles crises | d'un paradigme font éclater le processus de connaissance de la « *normal science* ». Déjà dans un essai où il discute la théorie kuhnienne des changements de paradigme, MacIntyre a qualifié ces interruptions radicales et mises en cause dramatiques des fondements d'une tradition de « crise épistémologique [1] ». Dans une telle situation, non seulement nous ne savons plus comment aller de l'avant, mais nous ne savons même plus ce que nous pouvons savoir ni même ce que signifie de faire – ou justement de ne pas faire – des progrès face à un problème déterminé. De même que ce ne sont pas de nouveaux *faits*, mais de nouvelles *manières de voir* qui constituent une révolution scientifique (dans la conception de Kuhn), c'est ici l'ébranlement des interprétations et pas seulement l'ébranlement factuel d'un ensemble pratique qui constitue la crise propre à une tradition. De telles crises deviennent ainsi de fait des crises de la compréhension de soi et de l'entente avec soi d'une tradition, et ce même si celle-ci ne le sait pas toujours. Cette description semble plus adéquate au caractère de *second-order* des problèmes des formes de vie que les obstacles à l'action décrits par Dewey.

Immanence et transcendance des crises

La conception développée ici des crises en tant que crise d'un paradigme suggère une autre difficulté qui n'est certes pas négligeable : comment même identifier quelque chose *en tant que crise* dans les

1. A. MacIntyre, « Epistemological Crises, Dramatic Narrative and the Philosophy of Science ». Ces crises sont « épistémologiques » car elles concernent les fondements de validité et la compréhension de soi des formations (sociales ou scientifiques) correspondantes. Sur la théorie du changement de paradigmes, *cf.* T. Kuhn, *La Structure des révolutions scientifiques*, trad. fr. L. Meyer, Paris, Flammarion, 2017.

conditions d'une telle crise, alors même que le cadre de référence par lequel les problèmes sont aperçus d'ordinaire en vient à vaciller? Quel statut épistémologique peut alors encore avoir la référence à des « problèmes » ? Si la question est si pressante, c'est parce que MacIntyre part du fait qu'il n'y a pas « de données pré-conceptuelles ou même pré-théoriques[1] », et, partant, pas de problèmes pour l'action | ou de 365
solution de ceux-ci qui seraient donnés avant toute interprétation ou qui seraient significatifs sans un cadre conceptuel englobant. Ce qu'est un problème voire sa solution dépend donc du contexte interprétatif et, en cas de doute, se présentera différemment selon les traditions. Ce fait nous conduit à des difficultés dans les cas de crise épistémologique et de rivalité entre des interprétations concurrentes. Si la crise (radicale) d'une tradition dévitalise ses standards internes, elle le fait d'une façon d'autant plus dramatique que, selon MacIntyre, il ne peut y avoir de standards supérieurs qui feraient office d'instance neutre d'évaluation totalement extérieure à une tradition. Du coup, non seulement il n'y a toutefois pas de critère neutre relativement à la rationalité de la *résolution de problèmes* déterminée, mais il n'y a pas du tout de critères relativement à l'*existence* d'un problème en tant que tel : comme le souligne MacIntyre « aucun échantillonnage d'actions, si important soit-il, ne peut constituer une instance neutre pour trancher entre des théories rivales[2] ». Si l'on poursuit cette idée, il ne peut pas plus exister un type d'exemples d'action qui pourraient *per se* servir de signes d'une crise. Mais si l'on ne peut pas identifier celle-ci, ni sur la base de critères externes, ni sur celle de critères internes, comment peut-on alors même continuer à parler de problèmes ou de crises?

MacIntyre tente manifestement ici de trouver une « voie médiane » entre les conceptions de problèmes qui sont immanentes et celles qui sont transcendantes, entre celles réalistes et celles antiréalistes. Si une tradition entre radicalement en crise selon ses propres critères, et qu'elle arrive à la limite de sa capacité d'action et d'interprétation, une limite qu'elle ne peut pas surmonter à partir d'elle-même, un débordement de l'« intérieur » vers l'« extérieur » semble précisément se produire lors de cette « arrivée-à-la-limite ». Cette tradition sort ainsi d'un ensemble interprétatif immanent, processus qui est déclenché par le fait irrécusable que quelque chose n'avance plus, que la dynamique d'une tradition est perturbée. Dans ce moment de crise, la tradition en question se dissout donc en tant que système de référence fermé, elle « perd prise », même si

1. A. MacIntyre, *Quelle justice ? Quelle rationalité ?*, *op. cit.*, p. 358.
2. *Ibid.*

366 elle se défend contre cette idée. Les problèmes ou les crises qui | atteignent une tradition apparaissent ainsi, dans leur caractère insoluble, comme résistants aux tentatives d'interprétation et de résolution disponibles à l'intérieur de cette tradition, mais aussi aux tentatives de les cerner. Les problèmes reçoivent ainsi un caractère en quelque sorte « objectif », sans qu'il faille présupposer pour autant qu'on pourrait les trouver quelque part « dans le monde » préalablement à toute définition et toute interprétation. Le surgissement d'un problème paraît donc renvoyer ainsi (à la manière d'un symptôme psychique) à quelque chose qui, quoique confusément, existe au-delà d'un paradigme déterminé ou fait éclater celui-ci.

Une teneur objective oscillante

La conception de MacIntyre reste toutefois ambiguë d'un point de vue qui est décisif : si, d'un côté, est suggérée l'existence d'une réalité qui pose les problèmes et face à laquelle tous les paradigmes et toutes les interprétations devraient faire leurs preuves, d'un autre côté, la compatibilité de cette hypothèse avec l'aspect constructiviste du programme de MacIntyre n'est pas claire [1]. Ici s'opposent, sans médiation, un reste de fonctionnalisme reposant sur un reste de réalisme plus ou moins robuste, et pour lequel les crises sont de simples perturbations fonctionnelles, et un aspect constructiviste. L'un des deux côtés met en lumière le fait que les crises sont toujours aussi les crises d'un paradigme. L'autre admet qu'il doit s'agir ici de perturbations fonctionnelles qui reposent sur de réelles mésinterprétations et sur un rapport d'adaptation raté « au monde ». Comme nous le verrons plus loin, cette tension se poursuit lorsqu'il est question de savoir ce qui peut valoir véritablement comme la *solution* d'un problème.

Malgré l'utilité de la conceptualisation, par MacIntyre, des crises comme (exigence de) changement de paradigme, la question de la teneur
367 objective des crises n'en demeure pas moins | indécise et vague. Il faudrait déjà poser la question autrement afin d'éviter le dilemme qui se dessine ici. C'est seulement ainsi qu'on pourrait suffisamment faire valoir le fait que l'on a fait ressortir plus haut : les formes de vie ne sont pas

1. On peut à nouveau identifier ici les linéaments d'une « troisième voie » entre réalisme et constructivisme – et ce malgré l'indécision lourde de conséquences qu'atteste ici aussi la position de MacIntyre. John Haldane a élaboré en ce sens, en rapport à la « réfutation » du relativisme par MacIntyre, plusieurs stratégies dont le rapport les unes aux autres n'est pas toujours clair. *Cf.* J. Haldane, « MacIntyre's Thomist Revival : What Next ? », *in* J. Horton, S. Mendus (eds.), *After MacIntyre*, *op. cit.*, p. 91-107.

simplement *devant des problèmes*, mais elles *se posent* (elles-mêmes) des problèmes. Comme nous l'avons vu, MacIntyre conserve l'idée que les crises affectent toujours aussi le cadre interprétatif d'une forme de vie. Les traditions chez MacIntyre sont ainsi elles aussi des « configurations s'interprétant elles-mêmes[1] ». Ce n'est pas seulement notre rapport factuel au monde et notre possibilité de traiter les tâches (de reproduction matérielle et symbolique) à surmonter qui sont perturbés lorsqu'on en vient à une crise de paradigme. C'est avant tout (par là) la forme de vie en tant que configuration autoréflexive qui échoue, ce qui signifie qu'elle échoue dans cette prétention et, d'une manière correspondante, dans son identité pratique collective. Ou, en d'autres termes, les crises de paradigme étant des crises des fondements, elles ne concernent pas seulement les fondements de notre existence factuelle dans le monde, mais aussi les fondements de notre compréhension de nous-mêmes. Cependant, en introduisant ce moment, MacIntyre reste en quelque sorte à mi-chemin[2]. À la différence de ce que nous verrons plus loin avec Hegel, le cadre de référence d'une forme de vie est mis en question non par lui-même mais, d'un point de vue décisif, par des événements et des confrontations *contingents* et « venant du dehors ». Un tel changement de paradigme et la crise bouleversante qui en résulte *arrivent* aux traditions plutôt qu'ils ne partent de celles-ci. Il y a là, comme nous le verrons (par rapport à Hegel), quelque chose de vrai. Certes, MacIntyre reproduit ainsi la dichotomie entre les problèmes qui viennent du monde et nos problématisations, d'une manière qui | (à tout le moins) n'est pas adéquate au monde social. 368
Le surgissement de problèmes reste sous-déterminé d'une manière décisive. C'est toutefois précisément l'affirmation d'une *détermination*, c'est-à-dire l'affirmation du caractère non-contingent, systématique et à certains égards nécessaire du surgissement de problèmes, qui distingue la conception hégélienne (avec toutes les difficultés qui en résultent en retour).

1. *Cf.* plus haut, chap. 7.4.

2. En ce sens, *cf.* aussi la critique adressée à MacIntyre par John Milbank, *Théologie et théorie sociale. Au-delà de la raison séculière*, trad. fr. P. Robin, Paris, Cerf, 2010, p. 563-564 : « MacIntyre prétend que sa perception des choses est à la fois historique et dialectique, mais en refuse le caractère hégélien. Cependant, ce qu'il semble exprimer à travers ce refus est que le processus historique n'aboutira pas à un moment de clarification et d'illumination totale. Pour ce qui est du reste, la tentative d'appréhender les changements narratifs décisifs en termes dialectiques apparaît authentiquement hégélienne. Cependant, en tant que "réaliste", MacIntyre reste relativement fermé à la perception hégélienne qui voudrait que l'objet du savoir subisse en soi des modifications durant le processus où il en vient à être "su". »

9.3. La crise en tant que contradiction dialectique

Au premier abord, les descriptions que Hegel fait des crises ne sont pas dissemblables à celles des deux auteurs précédents. Chez lui aussi, les signes précurseurs de la crise d'une situation sont son caractère contradictoire, déchiré et dévitalisé. La crise d'une formation historique apparaît à ses tensions et ses conflits, aux états de « scission » qu'elle ne peut pas surmonter à partir d'elle-même. Ainsi, comme Hegel l'élabore dans la section « Esprit » de la *Phénoménologie de l'esprit*[1], l'appartenance des individus à l'ensemble éthique de la famille, d'une part, et à celui de l'État, d'autre part, en vient à un écartèlement qui culmine en une crise dans la tragédie d'*Antigone*. Dans une telle crise, les possibilités d'action sont disposées de sorte que les individus ne peuvent plus agir sans entrer en conflit. De même, le conflit entre le « principe de l'intériorité » qui entre en scène avec Socrate et l'État athénien, tel qu'il est décrit dans les *Leçons sur la philosophie de l'histoire*[2], est un conflit qui prépare la scission menaçante de l'éthicité grecque. Enfin, la situation présentée dans les *Principes de la philosophie du droit*, par laquelle la société civile est écartelée « entre ses extrêmes », du fait du problème d'intégration déjà décrit[3], recèle un conflit potentiel qui peut menacer sa stabilité.

Les phénomènes de scission qui apparaissent ici mènent (pour le dire avec Dewey), en tant que perte de cohérence, à une dislocation
369 | des moments d'une situation, de sorte qu'aucune totalité faisant sens et vivable dans la pratique ne résulte plus de celle-ci. Comme l'écrit Hegel, l'« esprit vivant » est « éclaté en une multitude de points »[4]. Le motif du caractère invivable entre ainsi en jeu chez Hegel aux côtés des motifs de l'incohérence et de la scission : comme chez MacIntyre, la sclérose dans une situation de crise[5] va de pair avec l'arrêt de la force

1. Hegel, *Phénoménologie de l'esprit*, *op. cit.*, p. 388-414.
2. *Cf.* la description de Socrate chez Hegel, *La philosophie de l'histoire*, *op. cit.*, p. 417-422.
3. *Cf.* ma présentation au chapitre 4.3.
4. Hegel, *Phénoménologie de l'esprit*, *op. cit.*, p. 414.
5. Selon Rüdiger Bubner, on peut aisément ramener l'interprétation du phénomène de « dévitalisation » des institutions (chez Hegel) à la détermination de l'« absence de connexion » qui est si importante chez MacIntyre et Dewey, dans la mesure où le premier conçoit comme suit la distinction entre « ce qui est vivant et ce qui est mort » : « Est mort ce qui n'a plus de place dans l'état actuel des mœurs. Doit donc être appelé vivant ce qui fait sens dans un ensemble ». R. Bubner, *Geschichtsprozesse und Handlungsnormen*, Francfort, Suhrkamp, 1984, p. 197, et aussi p. 195.

transformatrice qui l'habite et, du coup, avec un état de dévitalisation. De même, dans ses *Leçons sur la philosophie de l'histoire*, Hegel décrit la situation des peuples « dépassés dans l'histoire mondiale » comme une poursuite sans vie de l'existence, une existence sans « intérêt » et sans « vie » qui consiste à « végéter » dans l'ennui : « l'âme substantielle n'est plus en activité »[1]. Une forme historique de vie sclérosée et dévitalisée n'affronte plus rien qu'elle puisse surmonter avec les moyens qui sont à sa disposition. Si les peuples existant ainsi persistent dans cet état de crise, cette absence de dynamique est le prodrome de leur chute[2].

Mais le diagnostic d'absence de vie ne se rapporte pas qu'au sentiment subjectif de ceux qui sont impliqués dans une formation éthique, ni seulement à l'attraction factuelle d'une situation. Tout comme le diagnostic de « scission », il ne concerne pas seulement le rapport des individus à un ordre éthique donné, mais (aussi) l'impossibilité d'y vivre qui s'y trouve. Inversement, si des | formes de vie devenues « en **370**
soi » stériles, scindées en elles-mêmes ou sans vie sont maintenues un temps en vie d'une manière presque fanatique, le caractère pathologique qu'il y a à continuer une telle existence se manifeste dans les pratiques d'immunisation nécessaires au maintien d'une telle forme de vie. « L'insouciance tout comme l'ennui qui viennent opérer des fissures dans ce qui subsiste », tout comme la perte de connexions, ne sont en ce sens pas seulement « des signes avant-coureurs de ce que quelque chose d'autre est en préparation », mais aussi des signes d'une problématique plus profonde[3].

Caractère immanent de la contradiction

Derrière ces ressemblances qui apparaissent au premier abord dans la description des problèmes, affleure la différence entre cette conception et celles de Dewey et MacIntyre que nous avions déjà évoquée d'entrée de

1. Hegel, *La philosophie de l'histoire*, *op. cit.*, p. 146.

2. Dans le cas de la « corruption » du monde grec, la forme de vie des Grecs continue d'exister sans vie d'une manière ou d'une autre – différemment à Sparte et à Athènes –, après qu'elle n'a pas pu résoudre la contradiction qui était posée avec elle, avant qu'elle ne soit anéantie, également d'une manière extérieure, par la montée en puissance du monde romain (*ibid.*, p. 416).

3. Si on ne peut pas directement conclure de l'instabilité de formes de vie, de traditions et d'institutions à leur stérilité ou à leur dévitalisation, Hegel a manifestement vu un rapport certain entre les deux, lorsqu'il écrit dans la préface de la *Phénoménologie de l'esprit*, *op. cit.*, p. 64 : « l'insouciance tout comme l'ennui qui viennent opérer des fissures dans ce qui subsiste, le pressentiment indéterminé de quelque chose d'inconnu, sont des signes avant-coureurs de ce que quelque chose d'autre est en préparation. »

jeu. Tandis que, aussi bien pour Dewey que pour MacIntyre, les problèmes se présentent comme des occasions d'apprentissage non anticipables et contingentes, comme un obstacle à l'action venant d'un dehors (matériel) ou comme une perturbation qui interrompt le fonctionnement d'un ensemble pratique incorporé, chez Hegel, la contradiction qui mène à une crise de la constellation préalable n'est pas extérieure. Chez lui, ce n'est pas que ce qui était véritablement (ou auparavant) stable devient instable, ce qui était cohérent incohérent, le déterminé indéterminé, mais la figure qui se trouve en question est elle-même caractérisée par les oppositions qu'elle renferme. Chaque constellation historique et sociale en question ici est en quelque sorte la fixation provisoire et nécessairement instable d'un problème ou d'une contradiction. Plus exactement, elle ne tombe donc pas dans une contradiction, mais elle est *constituée comme une contradiction.* La « contradiction » qui pousse à la crise est constitutive de la formation en question elle-même.

Examinons plus précisément ce qui caractérise la conception des crises et des problèmes sous le mode de la contradiction.

371 | En premier lieu, chez Hegel, les problèmes sont conflictuels. Ils surviennent comme des conflits entre des exigences incompatibles. C'est déjà en soi une conception très spécifique des crises ou des problèmes qui se distingue de la représentation selon laquelle, avec un problème, on n'aurait à faire qu'à une forme d'ignorance ou d'impuissance. Mais ce qui est encore plus décisif est le fait que ces conflits ne sont pas des conflits entre deux adversaires sans liens. Les conflits en question n'adviennent pas simplement par l'entrée en scène simultanée de deux exigences contraires. Ces exigences sont bien plutôt liées l'une à l'autre – et c'est précisément ce qui constitue le *caractère immanent* et la *constitution systématique* du conflit. Ainsi, la victoire de la loi humaine sur la loi divine (la victoire de la communauté juridiquement constituée sur la loi de solidarité familiale incarnée par Antigone) produit « en ce qu'elle réprime et qui lui est en même temps essentiel » son propre « ennemi intérieur »[1]. Et le principe victorieux doit justement pour cela faire l'expérience « de ce que son droit suprême est le tort suprême, sa victoire bien plutôt sa ruine.[2] »

1. Hegel, *Phénoménologie*, *op. cit.*, p. 412 : « En tant que la communauté ne se donne sa subsistance que par la perturbation de la félicité familiale et la dissolution de la conscience de soi dans l'universel, elle se suscite, en ce qu'elle réprime et qui lui est en même temps essentiel, en la féminité en général, son ennemi intérieur. »

2. *Ibid.*, p. 411.

C'est cette constitution immanente des crises que vise Hegel quand il remarque que l'esprit d'un peuple ne meurt pas d'une mort naturelle : « ce qui est apparu comme une mort naturelle apparaît aussi, pour cette raison, comme [l'acte] de se tuer soi-même[1] ». Ceci s'applique d'abord dans le cas de la Grèce antique à la chute d'un point de vue militaire et politique : la division grecque en petits États et l'homogénéité politique de communautés à taille humaine qui l'accompagne sont simultanément les conditions de la formation de la démocratie grecque et responsables de sa faiblesse politique et militaire : « La moralité grecque avait rendu la Grèce incapable de former un État commun, car l'isolement de petits États les uns par rapport aux autres, la concentration dans des villes où l'intérêt, le développement intellectuel pouvaient être les mêmes dans l'ensemble, était la condition nécessaire de cette liberté.[2] » | La condition 372
de la « grandeur » est donc la cause de la chute du monde grec. Mais la signification « plus profonde » de la dissolution de l'éthicité grecque a aussi un caractère immanent. Rapporté à Socrate, c'est *son propre principe* qui se dresse contre elle et qui la fait choir. La *polis* grecque a justement produit d'elle-même ce principe d'individualité qui, incarné par Socrate, contredit l'éthicité de la *poli*s : « Le principe de la liberté grecque implique déjà que la pensée doive aussi devenir libre pour soi[3] ». L'irruption de la « pensée », donc l'examen des mœurs établies et, ainsi, l'irruption du moment réflexif dans l'éthicité grecque n'advient pas de l'extérieur. Il est bien plutôt déclenché et rendu possible justement par ce trait caractéristique qui distingue selon Hegel la Grèce des autres États (par exemple orientaux) : le fait que des « principes » y soient établis. Mais cet établissement de principes et « cet affairement dans le royaume de la représentation[4] » des Grecs ouvrent déjà l'espace à la réflexion qui finira par saper l'éthicité. Ils exigent en effet de mettre ces principes en rapport avec l'effectivité existante et ainsi de mettre celle-ci en question.

Nous ne trouvons pas ce modèle du conflit seulement dans la philosophie | hégélienne de l'histoire ni seulement en rapport à la 373
situation de l'éthicité prémoderne : c'est aussi la conflictualité de la société civile qui est comprise par Hegel comme un problème produit de façon immanente. Si cette société affronte le problème – qui peut la déchirer – de l'émergence de la « populace », celui-ci, comme nous en

1. Hegel, *La philosophie de l'histoire*, *op. cit.*, p. 157.
2. Hegel, *Leçons sur la philosophie de l'histoire*, t. 2, trad. fr. J. Gibelin, Paris, Vrin, 1937, p. 45.
3. Hegel, *La philosophie de l'histoire*, *op. cit.*, p. 418.
4. *Ibid.*

avons discuté plus haut, va systématiquement de pair avec les principes fondamentaux constitutifs – le marché et l'organisation contractuelle du travail libre – qui rendent simultanément cette société sujette aux crises.

Les problèmes, sous cette forme de contradictions (dialectiques), sont donc des problèmes qui résident systématiquement *dans* une formation sociale donnée, qui sont *produits par elle* et ne sont pas résolubles en elle[1]. Les diagnostics de crise chez Hegel décrivent ainsi la corruption de certaines formations sociales en tant que « faite maison », pour le dire lapidairement. L'exigence qui est posée avec et par l'existence d'une formation historique ne peut pas être réglée, le problème qu'elle a elle-même soulevé est insoluble, et le but qu'elle a elle-même fixé est miné – et ce à travers des principes qui sont constitutifs de sa propre existence. Les constellations historiques dont Hegel diagnostique la crise ne se contentent pas d'échouer : elles échouent par elles-mêmes[2].

374 | *Caractère réflexif de la contradiction*

L'immanence, décrite ici, avec laquelle les problèmes se déploient, serait certes impensable sans un autre aspect : les problèmes en tant que « contradictions internes » sont *constitués réflexivement*. Il ne peut y avoir de contradictions immanentes que parce que les formes culturelles de vie sont des formations auto-interprétatives (comme on l'a dit plus haut avec Charles Taylor). Elles échouent « par elles-mêmes », non seulement parce qu'elles produisent elles-mêmes les faits contradictoires (les pratiques et les institutions qui entrent mutuellement en contradiction), mais avant tout parce que, comme le voit aussi MacIntyre, elles entrent

1. Qu'il s'agisse d'un déploiement « dialectique » des problèmes ne signifie ici guère plus que le déploiement d'un problème en tant que contradiction conçue comme immanente. Siep le formule ainsi de manière frappante : « "Dialectique" signifie toujours chez Hegel le développement et la suppression d'une contradiction – où à la "suppression" appartient toujours le moment significatif de la "conservation", c'est-à-dire du fait, pour l'aspect dissous de la contradiction, d'être contenu dans le nouveau concept ou la nouvelle proposition ». L. Siep, *Der Weg der Phänomenologie des Geistes*, *op. cit.*, p. 77.

2. Charles Taylor illustre cette figure par plusieurs constellations historiques qui à chaque fois détruisent le but qui est fixé avec leur formation éthique : *Hegel*, Cambridge, Cambridge University Press, 1975, [notre traduction], p. 216-217 : « Certaines formes de vie historiques apparaissent être la proie d'une contradiction interne, car elles font échouer le but pour lequel elles existent. La relation du maître et de l'esclave contrecarre le but de reconnaissance pour lequel elle était advenue. La cité-État échoue en tant que réalisation de l'universel car sa nature parochiale contredit l'universalité véritable. L'État révolutionnaire détruit la liberté car il essaie de la réaliser sous une forme absolue en dissolvant toutes les articulations de la société sans lesquelles la liberté ne peut pas exister. »

ainsi dans une contradiction avec leur propre compréhension d'elles-mêmes, avec leur propre interprétation du monde et avec les prétentions à la validité qui y sont liées. Qu'une forme de vie puisse entrer dans une « contradiction interne » signifie que ses propres fondements de validité, le sens qui est posé avec et par elle et les points de référence posés avec et par elle sont devenus discutables. C'est seulement ainsi que l'on peut expliquer que les formes de vie puissent pour ainsi dire « s'éroder » de manière interne voire que cette érosion reconduisant à une insuffisance interne soit le présupposé de leur échec factuel. L'éthicité grecque ne se disloque pas parce qu'*il y a eu* Socrate, parce qu'il est intervenu dans l'histoire mondiale, mais parce qu'elle devait faire avec lui l'expérience qu'elle est insuffisante au vu de ses propres exigences. Et ce n'est pas le pur *fait* de la pauvreté qui divise la société civile « dans ses extrêmes », mais que ce fait soit incompatible avec sa compréhension d'elle-même comme une société où les individus ne peuvent trouver « honneur et subsistance » que sur le mode du travail rémunéré.

Ce ne sont donc pas seulement des *faits* insupportables qui existent dans une constellation sociale et dans ses pratiques et institutions héritées, mais avant tout l'ensemble de ce qui est incompatible avec de telles exigences réflexives et de tels buts qui peut faire apparaître quelque chose comme « contradictoire » dans le social. La génération des problèmes elle-même est liée à la faculté réflexive, au fait que les formes de vie ne font pas qu'avoir des problèmes et les soulever (elles-mêmes), mais le font sur le mode du retour réflexif sur leurs propres prétentions à la validité. (On doit | certes être prudent ici : ces prétentions à la validité et **375**
la compréhension de soi ne sont pas simplement la « superstructure » des pratiques discutables, mais une partie de leur figure. Les compréhensions de soi deviennent des faits sociaux si l'on comprend les pratiques comme des configurations d'interprétations et d'actions.)

Caractère constitutif et productif de la contradiction

Une autre caractéristique des problèmes que les formes de vie peuvent affronter résulte de la structure interne de ce qui est contradictoire : l'essence *constitutive et productive* des crises que décrit Hegel. La contradiction et la crise n'annoncent pas seulement la chute d'une formation historique ou spirituelle. Elles sont également, là où la dynamique de celle-ci se déploie, le moment de mouvement qui conduit à en sortir et elles en sont ainsi l'indicateur de « vitalité ». Si chaque forme de vie historique est caractérisée par une tension qui lui est typique et par

une constellation problématique qui peut se développer en une crise qui n'est plus résoluble dans cette formation, les crises en tant que crises ne sont donc pas purement destructrices. En d'autres termes, la contradiction qui caractérise une situation n'est pas qu'un problème dont les effets sont négatifs mais simultanément la force qui pousse cette situation hors d'elle-même : « À ce stade de la belle unité spirituelle, comme nous venons de la définir, l'esprit ne pouvait demeurer que peu de temps et la source du progrès nouveau *et* de la ruine fut l'élément de la subjectivité, de la moralité subjective, de la réflexion propre, et de l'intériorité.[1] » Dans cette conception, les crises ne font pas qu'*arriver* mais sont *inscrites* en tant que contradiction dans les rapports qui entrent en jeu. Mais ceux-ci ne sont pas simplement défectueux par leur sujétion aux crises ; ils ne seraient pas ce qu'ils sont sans cette contradiction qui leur est inhérente et les menace potentiellement, et ils ne pourraient pas sans cela jouer (dans l'histoire mondiale) leur rôle – rôle dans le dépassement des paradigmes unilatéraux et improductifs. Le déploiement des contradictions devient le signe de la dynamique de développement du monde social-historique
376 et, pour aller plus loin, | de ce qui est vivant dans tous ses phénomènes[2]. À la différence de MacIntyre et de Dewey, chez lesquels la confrontation avec des crises et des problèmes n'est que probable, elle est ici conçue comme un élément systématique de constitution et de développement – et le caractère d'ordre toujours déjà supérieur des problèmes résulte aussi précisément de ce rôle et de cette immanence.

Caractère « objectif » des contradictions

Ce caractère constitutif et systématique des contradictions renvoie à un autre trait : les contradictions sont « objectives » au sens où la « contradiction » réside (aussi) du côté de l'objet et ne se rend pas (seulement) perceptible dans le rapport entre *nous* et les institutions ou pratiques en question[3]. En ce sens, c'est la configuration d'institutions et de pratiques elle-même qui *se scinde en elle-même*, qui entre en désunion avec elle-même du fait de l'existence de principes divergents. Ainsi, dans le cas d'Antigone, la collision malheureuse réside dans le fait

1. Hegel, *Leçons sur la philosophie de l'histoire*, *op. cit.*, p. 44 (nous soulignons).

2. Dans l'*Esthétique*, Hegel formule avec une remarquable clarté l'idée selon laquelle les contradictions sont le principe de mouvement de l'effectivité : *Cours d'esthétique*, t. I, trad. fr. J.-P. Lefebvre, V. von Schenck, Paris, Aubier, 1995, p. 164 : « Mais réclamer que rien n'existe qui comporte une contradiction comme identité d'opposés, c'est exiger en même temps que rien de vivant n'existe. »

3. Comme nous le verrons, ce côté « objectif » a aussi en retour un côté « subjectif ».

que « l'essence éthique s'est elle-même clivée en deux lois[1] ». Et dans le cas de la société civile, ce n'est pas l'existence de la « populace » qui constitue le conflit, mais l'insuffisance interne de cette société produit dans la pratique ce conflit « *via* » la populace. Les contradictions sont ainsi conçues comme des propriétés de l'effectivité sociale elle-même, elles caractérisent une relation interne de la figure ou forme de vie éthique en question. C'est aussi pourquoi le théorème de la contradiction sociale n'englobe pas (seulement) l'existence d'un conflit social ouvert : | ce qui **377**
peut devenir un problème *pour nous*, le rapport que nous *contredisons*, doit déjà être devenu problématique d'une manière latente du côté de l'objet (de la réalité) – ou encore : être constitué en soi de manière contradictoire.

Comprendre ainsi l'objectivité des crises conduit à faire une différence entre surface et profondeur qui est significative pour la conception hégélienne des crises[2]. Se prépare ici la possibilité d'une théorie objective des crises qui ne vise pas seulement des conflits ayant déjà éclaté, mais qui permette de saisir des problèmes latents. Une forme de vie en soi contradictoire n'est donc pas seulement (ni toujours) une forme de vie ouvertement conflictuelle qui serait caractérisée au premier plan par des mésententes sociales, des conflits ou des intérêts en conflit. Le concept de contradiction interne renvoie plutôt à une dimension « structurelle » plus profonde qui – selon la représentation qui est associée à cette idée – est ce qui déclenche, rend possible ou motive (je reste volontairement vague) les conflits manifestes dans un ensemble pratique social.

Réflexion intermédiaire : les contradictions dans la réalité

À ce point, il convient de fournir quelques réflexions (fussent-elles provisoires) sur la question de savoir ce qu'implique vraiment le fait de parler de contradictions dans la réalité sociale effective, et donc celle de savoir ce que peut signifier celui de dire que celle-ci doit être

1. Hegel, *Phénoménologie*, *op. cit.*, p. 405. Hegel souligne aussi dans son interprétation que ce n'est pas Antigone elle-même qui est prise dans une collision tragique « du devoir et du devoir » ou qui est entrée en contradiction avec soi-même qui serait indécidable pour elle : « la conscience éthique sait ce qu'elle a à faire, et elle est décidée » (*ibid.*, p. 403). La contradiction, la collision réside du côté du rapport éthique.

2. Nous trouvons ici en quelque sorte la description paradigmatique de ce à partir de quoi Marx s'est orienté pour l'approche que l'on peut nommer une écriture « matérialiste historique » de l'histoire et que, parmi d'autres, Jürgen Habermas a nommé « problèmes qui se posent au système » dans son article « Reconstruction du matérialisme historique » paru dans *Après Marx*, Paris, Fayard, 1985, p. 113.

« constituée d'une manière contradictoire »[1]. Il est si manifeste que le
378 motif de | la contradiction immanente est l'une des contributions de Hegel à la compréhension et la critique des rapports sociaux qui a eu le plus d'effets, mais qui pose aussi le plus de problèmes – que l'on songe seulement à la carrière qu'a eu ce modèle de conflit dans le théorème marxien de la « contradiction entre les forces productives et les rapports de production » –, qu'il est difficile d'expliciter précisément cette version lourde de présupposés du concept de contradiction. De quelle manière des pratiques sociales entrent-elles mutuellement en contradiction – si on ne peut pas simplement identifier une telle contradiction *pratique* aux contradictions dans lesquelles peuvent tomber des *énoncés* les uns par rapport aux autres? [2] Et comment expliquer qu'une formation sociale puisse être ainsi constituée qu'elle contienne des pratiques qui se contredisent mutuellement et que, cependant, elle continue à exister? Comment, dans une configuration pratique suffisamment complexe[3], des pratiques entrent-elles mutuellement en « contradiction » de sorte que, d'une part, elles existent l'une à côté de l'autre, mais que, d'autre part, elles se meurtrissent et se sapent réciproquement dans cette coexistence?

Il y a *prima facie* plusieurs possibilités pour présenter les « contradictions pratiques »[4] :

1) Une pratique ou une institution contient en elle-même différentes normes constitutives de pratiques qui *ne peuvent pas être effectuées*

1. Sur les « contradictions réelles », *cf.* aussi la rapide présentation d'H. Tetens, *Philosophisches Argumentieren*, Munich, Beck, 2004, p. 243-249. Sur la « contradiction » dans la logique comme dans la réalité sociale effective, *cf.* A. Giddens, « Contradiction, Power, Historical Materialism », *Central Problems in Social Theory*, Londres, Macmillan, 1979, p. 132 : « On dit souvent que Hegel a emprunté l'idée de contradiction à la logique et l'a appliquée ontologiquement. Mais c'est véritablement une erreur, car Hegel voulait montrer que la logique et le réel ne peuvent pas être compartimentés l'un de l'autre. [...] Il n'a pas seulement inséré la contradiction dans le réel, mais il a cherché à démontrer comment la contradiction est à la fois à la racine de la logique et de la réalité. »

2. Sur ce problème et en rapport à Hegel, *cf.* l'influente recherche de M. Wolf, *Der Begriff des Widerspruchs*, Francfort, Eule der Minerva, 2017.

3. Je prends pour acquis le point suivant : parler de contradictions pratiques n'est possible que dans un tel ensemble complexe de pratiques ou, en d'autres termes, ne peut renvoyer qu'à des exemples assez riches de sens en termes de « contradictions sociales ». Si, en jouant à cache-cache, des impératifs contradictoires intervenaient en même temps, comme : « Cache-toi, mais reste visible de tout le monde ! », principe qui ordonnerait aux joueurs de se cacher le plus visiblement possible, le jeu serait vite sans objet. Déterminer la mesure dans laquelle ceci ne vaut pas pour des configurations pratiques plus complexes qui peuvent donc persister même si elles contiennent des pratiques contradictoires, voilà qui fait partie du problème à élucider.

4. Je ne le tente pas ici au moyen d'une interprétation explicite de Hegel, mais avec une certaine « liberté », afin, à partir de cette typologie, de pouvoir rendre plausible le thème hégélien ou du moins de le rendre plus transparent dans ses conséquences.

ensemble. Un rapport contradictoire existe alors entre les | normes 379
ou entre les pratiques constituées par celles-ci, puisqu'elles ne sont pas compatibles et ne peuvent pas exister simultanément. L'impératif social : « réalise-toi ! » est incompatible à l'impératif : « adapte-toi ! » Mais dans la mesure où les rapports de travail modernes contiennent souvent les deux impératifs, on peut les caractériser comme « en soi contradictoires ». La variante plus simple d'une telle constellation est la situation classique de *double bind* où un impératif existe tout en étant sapé dans la pratique, par exemple dans le cas où les rapports de travail sont *factuellement* répressifs tandis qu'est simultanément *postulée* une exigence de créativité et de réalisation de soi.

2) Une version « plus forte » d'une contradiction systématique et interne (qui seule peut être nommée dialectique) se caractérise en revanche par le fait que deux lots de pratiques et de normes appartenant à un même contexte pratique *sont en vigueur tout autant qu'ils se contredisent mutuellement*[1]. Un tel contexte ne se contente pas de postuler quelque chose qui n'est pas effectué en elle, mais elle vit de la poursuite des deux impératifs à la fois. On pourrait justement dire cela à propos des rapports de travail dans le prétendu « secteur créatif » : ils reposent sur le fait que les individus s'adaptent *et* se réalisent de manière créatrice simultanément. Ils exigent une attitude où les deux vont de pair et ils sont tributaires des deux attitudes puisqu'ils vivent de la mobilisation de ressources créatives, d'une part, mais que, d'autre part, ils veulent les diriger sur des voies qui sont rentables. Une telle contradiction peut aussi être aperçue dans le « travail salarié doublement libre » discuté au chapitre 6, dans lequel les normes de liberté et d'égalité sont simultanément effectuées et ineffectuées (de sorte que la liberté et son absence, l'égalité et l'inégalité, existent simultanément ici).

La question est alors : dans quelle mesure est-il sensé, de fait, de caractériser ces situations comme « contradictoires » ? Les | configura- 380
tions de normes et de pratiques qui, en général, se contredisent mutuellement, relèvent-elles d'un fondement commun dans lequel une telle contradiction serait repérable sur le même plan ? Ne peut-on pas dire : « Bon, d'un certain point de vue, les travailleurs créatifs sont bien indépendants, mais d'un autre point de vue, ils doivent s'adapter, tout comme le travailleur salarié qui est libre d'un point de vue juridique ne le

1. Il y a ici un parallèle avec les cas discutés à propos de la critique immanente (*cf.* plus haut, chap. 5 et 6). Dans un cas, le diagnostic de « contradiction » ne renvoie qu'à l'aveu fait du bout des lèvres, comme dans le cas du chef de personnel misogyne. Dans un autre cas, il renvoie à des rapports comme ceux entre la norme égalitaire et le « libre marché du travail » qui la contredit simultanément.

serait pas d'un point de vue social » ? Parler d'une contradiction interne résidant dans les rapports – ou de la « contradiction réelle » de ces rapports – ne peut manifestement être rendu crédible que si on peut montrer de fait que les pratiques en question, dans un contexte pratique, se rapportent véritablement les unes aux autres et se conditionnent réciproquement voire se co-produisent, tout en se sapant les unes les autres.

3) Un troisième sens dans lequel on peut parler du surgissement de « contradictions pratiques » est celui où les normes constitutives d'une pratique sont constituées systématiquement de sorte qu'elles se *renversent* dans *le contraire* de ce qu'elles visent (le but recherché) dès qu'elles sont effectuées. Ainsi, on peut comprendre le renversement de la Révolution française dans la Terreur jacobine comme le renversement-en-son-contraire de l'intention originelle de ce mouvement : liberté, égalité, fraternité. Si on peut trouver ici une opposition ou une contradiction, elle réside entre les intentions liées aux attitudes déterminées et les effets et résultats que celles-ci ont produits de fait. Mais tout comme dans le cas discuté plus haut, pour parler d'une « contradiction » systématique et immanente, il ne suffit pas de constater que l'intention qui dirige la mise en œuvre d'un projet et le résultat du processus ainsi instigué ne concordent pas. Les « effets secondaires non recherchés » étant dans la société aussi probables que courants, une telle conception irait de pair avec une surextension inadéquate du concept de contradiction. Il est plutôt décisif pour la thèse forte d'une contradiction immanente que le processus en question n'ait pas lieu de manière contingente mais « par des raisons profondes et insurmontables » (comme Holm Tetens résume ce modèle argumentatif). Pour pouvoir valoir en tant que « contradiction
381 réelle », il doit y avoir plus qu'une situation regrettable où | un « bon but » aboutit à un résultat dévastateur. Les caractéristiques qui conduisent à ce que ce but, non seulement ne soit pas factuellement effectué, mais ne soit pas non plus effectuable, doivent être déjà disposées dans la formulation du but ou, dans tous les cas, être liées aux moyens à disposition de son effectuation (ainsi, d'après l'analyse qu'en donne Hegel, la « Terreur » ne résulte pas d'effets secondaires contingents de la Révolution française, mais est déjà disposée dans un modèle où la liberté est conçue d'une manière absolue). Encore une fois, il s'agit d'une constellation qui est contradictoire, non pas du point de vue empirique, mais du point de vue systématique. La « dialecticienne du réel » devrait pouvoir montrer dans un tel cas, premièrement, qu'il y a des raisons ininterrogées et systématiques conduisant au renversement du but ou bien qu'un but

déterminé n'est pas pensable sans son contraire[1], et, deuxièmement, qu'on doit cependant, pour établir le caractère contradictoire du processus esquissé, aussi montrer que le but même n'est pourtant pas totalement désavoué par ces contradictions profondes. En effet, si la Révolution française se présentait comme l'effectuation, dégénérée avec la Terreur, d'un but lui-même déjà terroriste, il ne s'agirait alors pas d'une contradiction interne, puisque le résultat ne serait pas en contradiction avec le but.

4) Enfin, on peut décrire ce qu'une forme de vie a de contradictoire en montrant qu'en elle, des éléments connectés qui allaient ensemble ont été déchirés, de sorte que ces éléments s'affrontent dans une *unilatéralité dysfonctionnelle.* Une forme de vie est alors contradictoire, car les pratiques qui y sont à l'œuvre sont tirées hors de leur contexte ou, plus spécifiquement, hors de l'unité avec leur contrepartie. De nouveau, le modèle d'une telle contradiction dans le social serait l'interprétation hégélienne de la figure d'Antigone : si une | éthicité fonctionnelle et non- **382**
contradictoire unit ordre étatique et solidarité familiale, dans le conflit d'Antigone, les deux côtés entrent dans une opposition mutuelle : la situation est contradictoire car elle est scindée.

Ici aussi, la théoricienne de la contradiction fait face à une tâche difficile à surmonter : pour qu'une telle situation soit reconnaissable en tant que « contradiction », elle doit pouvoir montrer que les deux côtés, quoique séparés, appartiennent cependant à un même ensemble. Dans l'interprétation hégélienne d'Antigone, cette « preuve » est dirigée par l'affirmation selon laquelle chaque côté renvoie négativement à l'autre. Ils se complètent, certes non plus positivement, mais négativement, en coopérant l'un avec l'autre, puisqu'ils obtiennent leur identité en détruisant leur contraire auquel ils restent cependant liés – par « défense », comme on pourrait le déchiffrer en termes psychanalytiques. La création de l'« ennemi intérieur » par l'éthicité apparemment victorieuse de l'État est lisible comme moment d'une telle conjonction :

> En tant que la communauté ne se donne sa subsistance que par la perturbation de la félicité familiale et la dissolution de la conscience de

1. L'exemple choisi par Holm Tetens de la critique adressée par Kierkegaard à la forme de vie esthétique est instructive à cet égard : si le plaisir ne peut pas être pensé sans le dépassement de l'ennui, le processus mis en branle par l'effort vers le plaisir conduit systématiquement à des résultats non recherchés, d'une part, et, d'autre part, cette situation ne rend pas en soi faux l'effort vers le plaisir mais uniquement sa poursuite (unilatérale et mal interprétée) sur le mode de l'« esthétique ». *Cf.* H. Tetens, *Philosophisches Argumentieren, op. cit.*, p. 246 *sq.*

> soi dans l'universel, elle se suscite, en ce qu'elle réprime et qui lui est en même temps essentiel, en la féminité en général, son ennemi intérieur[1].

Cet ennemi est un « ennemi intérieur » car il vaut comme le « refoulé » de la position victorieuse, laquelle gagne en retour sa stabilité (contradictoire) en refoulant ce côté d'elle-même. Les deux côtés sont restés unilatéraux en tant qu'ils sont le résultat d'une scission et d'un dédoublement : ils ne peuvent (plus) réaliser ni intégrer sans tension leur dépendance l'un envers l'autre. Ici, une partie se prend pour le tout, tandis qu'il peut être simultanément montré que cette partie ne pourrait pas (bien) persister indépendamment de l'autre – de ce qu'elle exclut de soi, de ce contre quoi elle se délimite.

383 | *Le problème avec la contradiction*

En concevant les problèmes comme des contradictions et à l'aune de la thèse selon laquelle celles-ci sont réelles et peuvent traverser la réalité effective même, une conception qui se rattache à Hegel prend le risque de nombreuses fondations lourdes et d'une foule d'implications. Il s'agit certes d'une conception attractive pour comprendre les crises sociales et les processus de transformation sociaux, dans la mesure où, avec ceux-ci, apparaît d'une manière systématique ce que j'ai discuté plus haut sous le mot-clef d'« échec normatif », entendu comme l'intrication de déficiences fonctionnelles et normatives d'une forme de vie. On voit bien grâce à la conception hégélienne que ce sont des crises *fonctionnelles*, car de telles formations sont instables (et pas seulement mauvaises normativement). On voit que ce sont des crises *normatives*, car, comme on l'a développé plus haut, elles ne peuvent pas du tout être comprises en dehors des exigences normatives qui y sont efficientes[2]. Seule cette intrication peut rendre compréhensible le phénomène d'érosion, d'unilatéralisation ou de dévitalisation des formes de vie en tant qu'il est une condition préalable de leur échec ou de leur entrée en crise. Et on montre ainsi que les problèmes auxquels les formes de vie sont confrontées ne sont pas contingents mais *systématiques*, et qu'ils surviennent à partir de raisons

1. Hegel, *Phénoménologie*, *op. cit.*, p. 412.

2. La description des crises de légitimité et de normativité dans les sociétés du capitalisme tardif, aussi bien chez Habermas que chez Taylor, n'est pas pensable sans cette détermination normative. Sur ce point, *cf.* J. Habermas, *Raison et légitimité : problèmes de légitimation dans le capitalisme avancé*, Paris, Payot, 2012, et C. Taylor, *Philosophy and the Human Sciences, Philosophical Papers 1*, Cambridge, Cambridge University Press, 1985, « Legitimation crisis ? », p. 248-288.

qui dépendent *constitutivement* de leur composition interne. Tandis que Dewey et MacIntyre retombent à bien des égards sous le niveau de la question de départ qu'eux aussi formulent – les problèmes en viennent-ils à être quelque chose auxquels les formes de vie sont confrontées ou dans lesquelles elles entrent ? –, Hegel peut défendre une version plus forte de la thèse selon laquelle les formes de vie sont moins *confrontées* à des problèmes qu'elles ne se les *posent*. Ces problèmes qui surviennent (en tant que contradiction) ne sont pas seulement des *obstacles* à l'action, mais (comme nous l'avons vu en discutant des contradictions réelles) simultanément des conditions de l'action possible. Ils ne sont pas seulement des dysfonctionnements car ces dysfonctionnements sont en même temps *constitutifs* de | la manière dont la formation qui se contredit **384**
elle-même se présente ou fonctionne. Voilà qui explique aussi pourquoi Hegel est le penseur qui flaire dans les mécompréhensions de soi d'une formation sociale des distorsions systématiques ou des idéologies.

Problèmes et blocages systématiques ou contingents de l'apprentissage

On peut mettre en lumière les différences théoriques des positions discutées ici en se rappelant un diagnostic que Dewey et Hegel partagent sur le fond : dans la division du travail des sociétés modernes, les individus sont de fait renvoyés les uns aux autres, mais cette relation et l'augmentation corollaire de l'interdépendance ne se sont pas encore réalisées dans leur agir ni dans la compréhension qu'ils ont d'eux-mêmes. On peut diagnostiquer (chez Dewey lui aussi) les mécanismes de compensation qui se mettent alors en place comme des pathologies sociales, et critiquer les déficiences qui surviennent ainsi comme des blocages de l'apprentissage. Mais à la différence de Hegel, Dewey ne part pas de l'existence d'une connexion interne entre la dépendance factuelle et les efforts – illusoires – d'indépendance. Du point de vue de Dewey, il s'agit d'une erreur résoluble et à résoudre de la part des concernés à propos des caractéristiques de la situation nouvelle, et de pratiques qui font fausse route (orientées d'après de mauvaises descriptions du problème), mais dont l'existence n'est pas induite systématiquement. Par corollaire, résoudre le problème signifie pour Dewey dissiper dans une forme de vie une erreur et un obstacle à l'action au moyen d'une interprétation nouvelle et adéquate, et établir des pratiques correspondant à cette nouvelle interprétation. Dans le cas discuté ici, il faudrait lancer des processus d'apprentissage qui se rapportent au « fait de la coopération » et qui prennent en compte le renvoi réciproque des individus les uns aux autres.

En revanche, du point de vue de Hegel, il est clair que de telles méconnaissances sont à comprendre en tant que mécompréhensions de soi systématiques et ensembles pratiques réflexifs faisant systématiquement fausse route. On voit que de telles mécompréhensions de soi n'émergent pas d'une manière contingente à ce qu'elles contribuent à l'existence et à la stabilité de l'ensemble pratique en question. On peut ainsi affirmer
385 que les institutions du marché capitaliste moderne sont | constituées *systématiquement* comme un « ensemble ne tenant pas ensemble » et que le fonctionnement de celui-ci dépend du fait qu'il suggère l'indépendance. Or la forme de vie en question ne fait pas que s'illusionner sur une série de contenus objectifs auxquels elle est confrontée, mais lui manquent aussi les moyens conceptuels fondamentaux pour saisir adéquatement la situation. Cela signifie en dernier lieu qu'elle ne s'illusionne pas seulement sur ces contenus objectifs, mais avant tout et aussi sur elle-même et sur son rôle dans l'établissement de ces contenus.

Chez Hegel, le paradigme d'une « forme de vie réflexive » (Pinkard) est donc manifestement en jeu avec son échec [1]. Les crises ou les problèmes qui surviennent et les blocages de l'apprentissage qui conduisent à mal percevoir le problème ne peuvent pas être séparés. Inversement, l'apprentissage permettant de résoudre des problèmes a pour signification la dissolution (par critique de l'idéologie) de ces blocages. En un mot, chez Dewey, il est question d'une conscience fausse de manière *contingente* et chez Hegel d'une conscience *nécessairement* fausse.

D'un autre côté, des difficultés sont cependant liées à la conception qu'a Hegel des problèmes en tant que contradictions. Aussi intéressante que soit sa thèse selon laquelle les formations historiques *se posent elles-mêmes* leurs problèmes, on peut se demander si cette représentation rend justice au fait que, parfois, les constellations historiques ne font que « tomber sur un truc » qui est imprévisible et dont elles n'ont justement

1. Ludwig Siep décrit en ce sens le « chemin de la *Phénoménologie* » comme « une suite de changement de paradigmes » : « L'idée de la réalité se transforme [...]. Dit d'une manière moderne, la *Phénoménologie* thématise le changement de paradigmes ou la suite de crises des fondements de la science, de la morale, etc. Or ce changement n'est pas compris comme contingent, mais comme une suite nécessaire : la nouvelle conception de l'objet doit contenir la solution des différences – qui étaient infranchissables dans l'ancien paradigme – à l'intérieur du savoir et entre le savoir et son critère, à savoir la réalité véritable présupposée » (*Der Weg der Phänomenologie des Geistes*, *op. cit.*, p. 77). Siep indique toutefois qu'au contraire de la position de Kuhn, Hegel interprète la suite des paradigmes comme un cours nécessaire doté d'une logique dialectique immanente. Nous verrons que la position de MacIntyre se meut entre ces deux pôles.

pas posé elles-mêmes les conditions. Si l'on regarde les nombreuses sources qui causent des conflits dans des formes de vie, ne sont-ce pas souvent des influences extérieures, des confrontations avec des pratiques ou des formes de vie étrangères, mais | justement aussi des constellations 386
contingentes et des événements contingents qui conduisent à ce devenir problématique d'une forme de vie ou à des conflits en son sein ? Une conception qui se limite aux dynamiques internes et animées par des contradictions internes des formes de vie, et ne laisse ainsi pas de place au développement de *nouvelles* contradictions ni aux problèmes survenant de manière *contingente*, serait donc trop interne et trop « étroite » pour rendre justice à ce constat et, ainsi, pour prendre en compte ce qui est à saisir comme le caractère « matériel » du concept de problème et qui peut être rendu fécond en tant que « réalité posant des problèmes » (en un sens modéré).

La réalisation comme conflit de la contradiction

Mais peut-on sauver ce qui fait la force de la conception hégélienne des problèmes en tant que contradictions et surmonter en même temps ses moments les moins crédibles ? Pour surmonter le « problème de la contingence » ainsi soulevé et la question de ce qu'il faut faire face à la nouveauté, je vais esquisser dans ce qui suit deux propositions qui sont liées.

1) Premièrement, on peut échapper à l'alternative entre problèmes venant du dehors et problèmes survenant d'une manière immanente si, comme on l'a développé plus haut, on comprend les problèmes des formes de vie comme des problèmes *de deuxième ordre* perçus réflexivement. Ce qui importe n'est donc pas ce qui a *causé* le problème et si cette cause réside à l'intérieur d'une forme de vie ou vient la heurter « du dehors », par exemple du fait de la confrontation avec d'autres formes de vie, ou avec la nature ou avec d'autres événements dont le surgissement est contingent. Ce qui importe est le terrain sur lequel le problème devient un problème. Que les formes de vie *se posent elles-mêmes* leurs problèmes ne signifie pas inconditionnellement qu'elles les *font* ou les produisent elles-mêmes. Que les formes de vie ne soient pas simplement confrontées à des problèmes ne doit pas signifier que tous les problèmes sont déjà *créés de façon interne* et *produits*. Cela signifie simplement que ces problèmes doivent d'abord être appropriés, être rendus siens *en tant que* problèmes par une forme de vie pour pouvoir devenir des problèmes pour celle-ci.

De la sorte, une cause de conflit venant « du dehors » ou un obstacle
387 à l'action venant du dehors – comme | dans l'exemple de la période de sécheresse discuté plus haut – peuvent représenter d'authentiques problèmes pour une forme de vie s'il est montré que la forme de vie en question ne fournit pas les ressources pour les traiter. Supposons que ces ressources (comme dans le cas de la société qui ne construit pas de quoi faire des réserves même après des sécheresses catastrophiques répétées) manquent parce que la sécheresse est comprise comme un châtiment divin inévitable dans le cadre de cette forme de vie et de son interprétation du monde. On peut alors dire que le problème qui est d'abord contingent et vient d'abord du dehors (la sécheresse) rencontre l'inaptitude latente d'une société à réagir à un phénomène naturel très probable et déjà vécu plusieurs fois. Le problème met donc au jour une déficience systématique de son interprétation du monde et de ses possibilités pratiques. Supposons encore que cette forme de vie prend conscience de cette déficience et se trouve ainsi affectée, non seulement dans la perception de ses prétentions à une interprétation fine (puisque cette forme de vie est factuellement en échec), mais aussi dans sa perception qu'elle a d'elle-même (puisqu'elle ne croit plus en elle-même). Du coup, la sécheresse sera finalement l'occasion d'une mise en question du système de référence de la forme de vie [1].

Mais le moment décisif pour la conception des authentiques « problèmes d'une forme de vie » ne consiste pas en ce que les problèmes qui déclenchent une crise doivent venir « de l'intérieur », mais en ce que, à la différence des catastrophes ou des simples perturbations fonctionnelles, ces problèmes n'existent que quand le « défi » provenant de problèmes d'abord extérieurs est repris d'une manière ou d'une autre par la forme de vie en question. Dans de tels cas, la « contradiction », la constitution contradictoire n'existerait pas toujours déjà. Elle ne se forme plutôt que par la confrontation avec un défi venant de l'extérieur. En d'autres termes, on ne doit pas penser la constellation devenant contradictoire comme si tous les éléments étaient toujours déjà présents en elle ou comme si elle devait produire « à partir d'elle-même » tous

1. Ce qui est en jeu n'est pas la cause des perturbations, mais la « place » ou le positionnement que la forme de vie occupe vis-à-vis de ces perturbations. Il en résulte inversement que les formes de vie peuvent principiellement aussi occuper une position juste vis-à-vis de chaque perturbation extérieure. Même lorsque, du coup, elles peuvent encore s'effondrer dans les cas les plus dramatiques, ce n'est pas *en tant que formes de vie*.

ces éléments[1], | mais comme une formation qui, en quelque sorte, ne 388
fait que « se rassembler » en la constellation d'une contradiction. Le surgissement d'une nouveauté, d'événements qui déclenchent une crise est donc le surgissement d'un problème qui intervient d'une manière contingente dans une constellation contradictoire et problématique, et par lequel cette contradiction est justement « allumée ». Les problèmes (même ceux qui ont la forme d'une contradiction) seraient donc toujours le résultat d'une collision entre l'« intérieur » et l'« extérieur », dont les rapports peuvent être pondérés différemment à chaque fois et qui se présentent donc comme contingents à des degrés divers[2].

2) Ma seconde thèse en découle directement : pour rendre productive la conception hégélienne des problèmes comme contradictions que j'ai résumée, le rapport entre *contradiction* et *conflit* doit être repensé. Même une contradiction et ainsi, si l'on veut, le « côté objectif » d'une crise doivent d'abord être actualisés dans un conflit – et donc : être *transformés en* crise. Les métaphores de surface et de profondeur utilisées plus haut peuvent ici induire en erreur, car elles suggèrent un auto-déroulement du développement des contradictions (leur « émergence » depuis les profondeurs). Une contradiction qui réside « dans les profondeurs » *peut* éclater, mais elle ne le doit pas nécessairement. Comme le montre l'histoire (et l'histoire de la théorie des crises), des formations sociales caractérisées comme « contradictoires » se maintiennent parfois étonnamment longtemps. On doit donc prendre au sérieux le processus d'*actualisation*
d'une contradiction. | La contradiction, en tant que côté objectif d'une 389
crise, a donc elle-même un côté subjectif : c'est précisément parce qu'elle est constituée réflexivement en tant que contradiction et qu'elle repose sur des prétentions à la validité que celles-ci doivent être elles aussi

1. Par exemple, chez Hegel déjà, le machinisme et la rationalisation de la production jouent un rôle essentiel dans la présentation de la dynamique (contradictoire) de la société civile en tant que présuppositions d'une division intensifiée du travail. Mais il ne s'agit pas avec eux de moments « immanents » dans le même sens que peut revendiquer le principe de l'individualité chez les Grecs. Même si les conditions des développements en question résident à nouveau dans la constitution de la société civile elle-même, les faits matériels contingents jouent pourtant un rôle ici. La « contradiction entre les forces productives et les rapports de production » peut être reconstruite selon un modèle semblable.

2. Si par exemple, la famille patriarcale et empêchant l'autonomie entre en crise par sa confrontation avec les éléments émancipateurs d'une autre forme de vie, on peut comprendre cela comme l'activation venue du dehors d'une contradiction interne – et ainsi ni comme une conquête hostile, ni comme quelque chose qui aurait pu se produire de la même manière automatiquement « à partir de soi ». D'un autre côté, une telle constellation n'entrerait pas en crise si la possibilité n'en était pas déjà disposée en elle.

rendues valides, qu'elles doivent être affirmées par des acteurs sociaux et être transformées par ceux-ci en un conflit[1]. L'opposition que dresse Anthony Giddens entre « conflit » social et « contradiction » est très utile sur ce point. Si la contradiction est selon Giddens « une *opposition ou une disjonction de principes structurels* propres à des systèmes sociaux dans lesquels ces principes entrent en vigueur *l'un par l'autre* mais *se contrecarrent* en même temps[2] », d'un autre côté, le conflit est quelque chose qui survient dans les moments spécifiques dans lesquels les individus ou les groupes expriment activement leurs différences en ce qui concerne leurs intérêts et leurs actions. Ces deux aspects sont liés, dans la mesure où les contradictions représentent des axes possibles de conflit. Le conflit n'éclate concrètement et spécifiquement qu'en rapport à de tels axes de conflit, dès lors que des acteurs s'en emparent. Inversement, des transformations sur le plan structurel de la contradiction peuvent être nécessaires pour régler le conflit. Le conflit social serait donc *dirigé* par la contradiction interne, mais pas *causé* par elle en un sens déterministe. Inversement, la thématisation *adéquate* et la solution d'un conflit se caractérisent par le fait qu'elles réagissent précisément à cette dimension structurelle[3].

1. La tâche de la critique réside en ce que, dans beaucoup de cas, la contradiction en tant que contradiction doit d'abord être rendue connaissable et élaborée. La critique serait ainsi l'activité qui prend place entre crise et conflit : elle est parfois (mais certainement pas toujours) la condition préliminaire pour qu'une crise en général puisse devenir un conflit.

2. A. Giddens, « Contradiction, Power, Historical Materialism », *op. cit.*, p. 141.

3. Ce modèle apparaît aussi dans la « contradiction entre les forces productives et les rapports de production » que nous avons déjà évoquée. Ici aussi, des principes divergents valent dans des segments différents d'un ensemble pratique social. Selon cette interprétation, la domination féodale et l'organisation du travail en tant que travail servile qui lui correspond contredisent les impératifs et possibilités de l'organisation sociale propre à la division sociale du travail qui résident dans le développement des forces productives constitutives de la production industrielle fondée sur la division du travail qui va de pair avec la machinerie moderne. Dans l'époque de transition, se font face deux principes opposés. Le point culminant de cette « contradiction » ne consiste pas en ce qu'un groupe social (bourgeois) veuille l'égalité ou la liberté, tandis que l'autre s'en tient à l'inégalité féodale (héritée) (ce serait là un conflit politique où deux positions s'affrontent). Le point culminant consiste plutôt en ce que (selon cette thèse) le développement des forces productives rend possibles, nécessaires, présuppose – et pour partie met déjà en pratique – des formes de droit et de coopération, tandis que, de l'autre côté, le principe opposé se maintient. Les deux principes entrent en contradiction l'un avec l'autre là où ils s'entravent réciproquement, là où, par exemple, les restrictions politiques des libertés empêchent la formation d'un libre marché du travail. La situation devient conflictuelle dès qu'on trouve des acteurs sociaux qui font passer à l'acte cette contradiction structurelle et systématique, parce qu'ils trouvent leur intérêt dans l'un des deux côtés (l'un ou l'autre lot de pratiques et de normes).

| Qu'une crise doive d'abord être actualisée comme conflit ne 390
signifie donc pas qu'il serait dénué de sens d'interroger et d'analyser la réalité sociale dans ses contradictions immanentes. On ne peut pas bien comprendre les conflits ni intervenir adroitement en cas de doute dans ceux-ci dès lors que l'on perd la perspective des contradictions systématiques. Et l'on pourrait même établir pour aller plus loin une typologie des conflits qui font fausse route ou sont mal conduits sur le critère de l'adaptation aux axes structurels de contradiction propres à une situation social-historique – que l'on songe au phénomène de régression des conflits sociaux vers les conflits ethniques ou au phénomène des révoltes volontaristes auxquelles manque le « soutien » du côté des « fondements systémiques ».

Nous nous approchons ainsi d'une réponse au problème de la contingence soulevé plus haut et que je reprendrai, à l'occasion d'une discussion sur la dynamique des processus de résolution de problèmes, dans le chapitre suivant : ce n'est pas nécessairement au sens fort que naissent les crises sociales, dans la mesure où elles dépendent du fait qu'elles naissent et se réalisent dans des conflits. Elles ne dérivent pas causalement et nécessairement d'une situation déterminée ou de faits qu'il faudrait décrire précisément. De telles crises, pour reprendre la reconstruction du concept de crise du jeune Habermas [1], sont simplement *probables*. Néanmoins, l'absence d'exacerbation conflictuelle et de thématisation des contradictions, et donc l'absence de moments de thématisation collective de la forme de vie devenue problématique, a en cas de doute des *conséquences*, à savoir sur la capacité d'apprentissage
et de développement de la forme de vie en question, | sur sa capacité 391
réflexive, sa souplesse, sa « vitalité » et son accès à elle-même. On peut affirmer que l'absence d'actualisation de crises latentes mène à la formation d'idéologies et à des blocages de l'apprentissage – à des formes spécifiques d'irrationalité.

Une conséquence concernant la question que j'ai soulevée lors de mes réflexions sur les « contradictions réelles » résulte de ces considérations. Quand j'ai parlé du rôle de la « théoricienne de la contradiction », cela suggérait que les contradictions sont toujours aussi les effets de la construction dialectique elle-même. Celle-ci établit des connexions qui seules créent les fondements pour observer une constellation en tant que « contradiction ». Or, bien considérées, les « contradictions sociales dialectiques » ne résideraient pas dans la réalité effective « elle-même »

1. J. Habermas, *Raison et légitimité*, *op. cit.*

mais – selon le modèle d'une « dialectique interprétative » sur laquelle je reviendrai – dans leur interprétation. Je veux toutefois soutenir que les contradictions sont simultanément suggérées par la réalité effective. Elles ont donc (pour revenir sur ce que j'ai dit plus haut) aussi bien un caractère objectif que subjectif, dans la mesure où elles ne sont pas d'une manière nécessaire actualisées en un conflit, elles s'exercent en tant que problèmes quoiqu'elles ne *doivent* pas *nécessairement* toujours en venir à une confrontation explicite entre les sujets et les pratiques instituées.

LA DYNAMIQUE DES PROCESSUS D'APPRENTISSAGE

Ce qui d'une façon générale meut le monde, c'est la contradiction.
Hegel

Ce chapitre doit examiner la *dynamique* spécifique qui résulte de la conceptualisation des processus de transformation sociale comme déploiement de contradictions (sociales) ou comme dépassement de problèmes. Des différences substantielles (ainsi qu'instructives) apparaissent entre les positions de Dewey, de MacIntyre et de Hegel que nous avons présentées, eu égard non seulement au concept de problème, mais aussi à la dynamique de *résolution* de problèmes. Ces différences ont des conséquences décisives pour la possibilité de décrire un processus social de transformation comme progrès ou comme régression, comme rationnel ou irrationnel.

Avoir un problème (ou entrer en crise), c'est d'abord faire face à un obstacle pour l'action. On ne sait pas comment continuer : quelque chose qui allait de soi devient incompréhensible, un déroulement en lequel on avait confiance est bloqué, on piétine, les mécanismes incorporés d'interprétation ne sont plus d'aucune aide, le système de référence habituel part à vau-l'eau. Dans une telle situation, où faut-il vraiment chercher les ressources pour dépasser le problème? Comment arrivons-nous « d'un point à un autre », du problème à sa solution? Et corollairement, comment une forme de vie entrée en crise peut-elle surmonter celle-ci? La différence décisive entre les propositions de Dewey, MacIntyre et Hegel, entre une approche pragmatique au sens large de la résolution des problèmes et une conception dialectique des processus de transformation sociale peut être comprise ainsi : l'approche hégélienne conçoit la dynamique d'érosion, d'échec des formations éthiques, et le processus de transformation qu'elle déclenche, comme un *continuum* où le problème compris comme contradiction contient déjà les ressources de sa solution. Ce n'est pas la discontinuité et une confrontation innovante et événementielle, mais une certaine sorte de continuité entre l'ancien et le nouveau – *une continuité dans la discontinuité* –, qui caractérise une telle dynamique de résolution.

393 | En revanche, Dewey comme MacIntyre partent des discontinuités entre la position des problèmes et leur résolution, et ils soulignent les moments de résolutions apparaissant soudainement, innovants et sans lien. Le modèle hégélien du *déploiement de contradictions* ne conduit pas qu'à une dynamique continue, mais aussi à une dynamique résolument plus déterminée que celle du *dépassement des problèmes* au sens de Dewey et de MacIntyre. Puisque les bouleversements discontinus, les transformations ou les réajustements d'une formation sociale se présentent ainsi comme les moments d'une continuité globale, on peut concevoir la logique de cette transformation comme l'avènement d'un enrichissement – ou, si l'on veut, comme un progrès.

Ce chapitre va examiner plus précisément laquelle de ces approches est la plus crédible en ce qui concerne la dynamique de développement des formes de vie, et laquelle parvient à décrire les processus sociaux et historiques d'apprentissage d'une manière qui offre – ce que je recherche – les critères de rationalité de ce processus *en tant que* processus d'apprentissage : pour qu'une forme de vie ait *appris*, elle doit simultanément s'être transformée et être restée la même – il doit y avoir une identité dans la différence. Un résultat qui n'aurait plus aucun lien avec la situation de départ, qui serait une nouveauté *totalement différente* et sans lien avec ce qu'il y avait auparavant serait par sa discontinuité radicale difficile à reconnaître comme le résultat d'un processus d'apprentissage. D'autre part, selon mon modèle, un processus de transformation qui présenterait un développement s'accomplissant de manière immanente totalement à partir de soi-même, ne peut pas non plus être compris comme un processus d'apprentissage. Ici, il n'y aurait pas non plus une « expérience sur soi *et* sur l'objet » qui permette d'apprendre, mais simplement une expérience sur soi. Manquerait ici ce qui entraîne hors de soi un accomplissement pratique (et les sujets qui y sont impliqués) de manière à apprendre. Les transformations qui doivent être saisies comme des processus d'apprentissage ne s'accomplissent donc pas d'une façon radicalement discontinue ni d'une façon purement immanente. Si, d'une part, l'apprentissage véritable s'oppose à la pure transformation, d'autre part, la représentation d'un développement qui se déroule de soi-même doit aussi être distinguée de l'apprentissage. De ce point de vue, se pose la question du rôle joué par les acteurs,

| par l'intervention active dans les processus de transformation sociale, 394
la question du rapport entre les moments « passif » et « actif », celle des conditions de la transformation et de leur effectuation actuelle – ou encore de la contradiction et du conflit. Cette différence entre de simples transformations et des processus de développement et d'apprentissage qui tient, de manière ultime, à la possibilité de caractériser des processus rationnels d'apprentissage, formera l'horizon de la discussion dans les sections suivantes. Comme dans le chapitre précédent, je me concentrerai d'abord sur les conceptions de Dewey, MacIntyre et Hegel (sections 10.1 à 10.3) pour finalement proposer une figure intermédiaire avec le concept d'un processus d'apprentissage conçu de manière dialectique et pragmatiste.

10.1 La résolution de problèmes comme processus expérimental d'apprentissage

Avec la conception de Dewey, nous disposons d'une ébauche particulièrement détaillée du déroulement des résolutions de problèmes ou des processus d'enquête en tant qu'imbrication de moments continus mais aussi de moments discontinus et innovants. Pensé ainsi, apprendre n'est pas seulement un processus enclenché par des obstacles pratiques à l'action (comme le chapitre 8 l'a déjà esquissé), mais aussi un processus qui ne peut être accompli que pratiquement et expérimentalement, c'est-à-dire en affrontant des résistances qui surgissent, parce que la réussite dans la résolution du problème n'est pas totalement prévisible, mais peut être seulement éprouvée avec les effets pratiques d'une tentative pour résoudre le problème. Dewey a analysé à plusieurs reprises ce processus de résolution de problème, et tout particulièrement dans sa *Logique*[1].

1. La *Logique* de 1938 sur laquelle je m'appuie principalement ici contient la présentation la plus poussée du processus d'enquête donnée par Dewey. Les versions antérieures se trouvent dans les *Studies in Logical Theory* de 1903 (*Middle Works*, t. 2, Carbondale, Southern Illinois University Press, 1976) mais aussi dans la présentation concise des « traits de l'expérience pensante » que Dewey développe dans *Démocratie et Éducation*, et dans *Comment nous pensons*. On trouve un exposé ramassé du processus deweyen de recherche chez D. Jörke, *Demokratie als Erfahrung*, Opladen, Westdeutscher Verlag, 2003, p. 80-82 et chez L. Hickman (ed.), *Reading Dewey. Interpretations for a Postmodern Generation*, Bloomington, Indiana University Press, 1998. Pour une conception de l'enquête s'appuyant sur sa théorie deweyenne mais allant plus loin, *cf.* H.-P. Krüger, « Prozesse der öffentlichen Untersuchung. Zum Potential einer zweiten Modernisierung in John Deweys "Logic. The Theory of Inquiry" », *in* H. Joas (ed.), *Philosophie der Demokratie. Beiträge zum Werk von John Dewey*, Francfort, Suhrkamp, 2000, p. 194-234. Sur les étapes du processus d'enquête, *ibid.*, p. 212-228.

395 Si nous examinons plus précisément les stades | du processus d'enquête (qui résulte de la situation de départ), on peut identifier plusieurs étapes [1].

Identification du problème

La *première étape* consiste à poser ou *identifier le problème.* Comme on l'a évoqué plus haut, l'identification de quelque chose *en tant que* problème appartient déjà au processus de sa résolution. Si la situation indéterminée marque le point de départ, « constater qu'une situation exige une enquête est le premier pas de l'enquête [2] ». Si cela ne veut pas dire que l'on ne fait que construire soi-même des problèmes ou les inventer, cela signifie que le problème est pour ainsi dire filtré et nommé à partir d'une situation problématique d'une manière diffuse. La formulation d'un problème est ainsi le commencement et la (re) conquête de la détermination : tout à fait en accord avec l'usage langagier quotidien, on *détermine* un problème en le sélectionnant, lui et pas un autre, et, par là, en lui donnant un contour déterminable [3].

396 | Le truisme qui dit qu'« un problème bien posé est déjà à moitié résolu » reçoit ainsi une signification systématique. Dans un processus d'enquête, la position du problème et sa solution se présentent dans un déroulement continu : « C'est justement parce qu'un problème bien énoncé est presque résolu que la détermination d'un problème authentique est une enquête *progressive* [4] ». Il en résulte des conséquences pour la compréhension du processus de résolution des problèmes : premièrement, une même situation de départ permet manifestement *de poser plusieurs problèmes.* Il ne découle toutefois pas de ce « caractère constructif », pour ainsi dire, de la position des problèmes, que celle-ci serait arbitraire, mais (bien

1. Je dois faire ici une remarque sur ma présentation : Dewey lui-même parle d'un « modèle en cinq étapes » de l'enquête. Mais d'après ce décompte, la première étape est ce qu'il distingue explicitement comme situation de départ du processus de résolution de problème à proprement parler, ce qui peut induire en erreur. Mais à y regarder de plus près, les étapes suivantes qu'il décrit concentrant en partie des éléments que l'on devrait séparer afin de mieux comprendre, j'ai décidé de dévier de son décompte (et des autres décomptes) dans ma reconstruction du processus d'enquête. J'essaie en outre de poursuivre l'exemple de l'incendie dans le théâtre que Dewey lui-même n'a avancé que rapidement.

2. J. Dewey, *Logique*, *op. cit.*, p. 172.

3. On voit entre autres l'importance de cette phase du processus d'enquête pour Dewey quand il aborde dans la *Logique* la constitution méthodique de la recherche sociale de son époque. Dewey critique ici l'attitude (qu'on pourrait qualifier de social-technocrate) qui part de la supposition que « le travail de discrimination analytique, qui est nécessaire pour convertir une situation problématique en un ensemble de conditions formant un problème défini, est dans une large mesure prévu d'avance » (*ibid.*, p. 596).

4. *Ibid.*, p. 173.

au contraire) que même l'identification du problème peut plus ou moins réussir. La manière dont les problèmes sont posés décide de la possibilité de leur solution. Qu'« un problème bien posé est déjà résolu à moitié » signifie inversement que la spécification d'un problème qui est mauvaise, diffuse ou basée sur une mécompréhension barre la voie à sa résolution. Enfin, il découle de la continuité entre position et résolution du problème que le problème ou plutôt sa description peut se transformer au cours du processus d'enquête, et la position du problème être reformulée (« On ne découvre que maintenant quel était le problème »).

Mais comment identifie-t-on un problème? Dewey parle d'un processus d'isolement où les éléments (déterminés) clarifiés doivent d'abord être extraits de l'ensemble de la situation indéterminée. Cela présuppose qu'il ne peut jamais y avoir de situation intégralement indéterminée et qu'une situation indéterminée a donc toujours des parties déterminées. On ne pourrait pas tirer un problème d'une solution intégralement indéterminée[1].

| On peut suivre correctement les étapes singulières menant de 397
l'identification à la résolution d'un problème grâce à l'exemple déjà évoqué d'un départ de feu dans un théâtre – une situation que Dewey lui-même évoque mais n'applique pas à toutes les étapes de résolution d'un problème.

> Dans un théâtre bondé, une odeur étrangement âpre se répand : depuis l'orchestre, on perçoit de légers désordres qui éclatent dans les rangées supérieures. La situation est confuse : on joue encore sur la scène, quelques spectateurs deviennent nerveux; la provenance de l'odeur que l'on perçoit peu à peu est incertaine (peut-être bien de la scène?). La situation est donc indéterminée : on ne sait pas vraiment ce qui se passe et l'on ne peut pas mettre en ordre les observations singulières.

Le processus de *détermination* et d'*identification* du problème commence du coup lorsqu'on rassemble les désordres (intérieurs comme extérieurs) que l'on perçoit, les signes différents et les observations isolées, et qu'on arrive à la conclusion que l'odeur étrangement âcre et les débuts de désordre dans les rangées supérieures sont les signes qu'un feu est parti quelque part dans le théâtre. L'alarme-incendie qui retentit

1. À cela correspond l'expérience ordinaire de l'apprentissage et de l'enseignement : tant qu'on croit vraiment ne rien avoir compris, on ne peut pas formuler de problème qui ouvrirait un processus d'apprentissage. C'est pourquoi la première étape de la compréhension est bien de revenir sur ce qui est déjà compris, à détacher de ce qui n'a pas été compris.

confirme cette supposition. La position du problème prend alors une forme très concrète : la tâche à surmonter est de sortir indemne d'un théâtre qui sera probablement bientôt en flammes. Déjà la détermination du problème comporte donc dans ce cas encore une fois plusieurs phases : la spécification de la situation – au feu ! –, le fait d'en tirer les conséquences – la nécessité de fuir – et la position définitive du problème : « Comment sortir d'ici le mieux possible ? » Mais nous sommes là déjà en plein dans la deuxième étape et avons déjà commencé à résoudre le problème.

Isolement des conditions de la résolution du problème

Cette *deuxième étape* comporte l'isolement des *conditions du problème, ou plutôt de sa résolution*, et consiste à filtrer les « éléments constitutifs définis » de la situation, « rechercher les *éléments constitutifs* d'une situation donnée », qui, en tant qu'éléments constitutifs, sont
398 stables[1]. | Il y a certainement des « îlots » de détermination dans une mer d'indétermination. Il s'agit donc de localiser ces îlots pour ensuite pouvoir les relier.

Dans cette phase, on sépare donc – ce qui est la précondition pour développer des idées de résolution – les questions ouvertes de celles qui ont une réponse, et on détermine par là même les conditions de l'action qui forment l'arrière-plan des options d'action à élucider. Dans le cas de l'alarme-incendie, les éléments « bien établis » donc déterminés de la situation sont les propriétés du feu et de la salle. Ce que nous savons déjà (quoique nous ne sachions pas encore comment nous devons nous y prendre pour sortir du théâtre), c'est que le feu est parti de n'importe où et qu'il a ensuite tendance à se diffuser partout. Nous savons aussi que le contact direct avec le feu comme avec la fumée nous est nuisible et que le théâtre a des sorties. Pour déterminer par où fuir, nous devons donc découvrir où le feu est localisé et vers où il s'étend, où sont les sorties et si la voie qui y mène est libre. Nous faisons de nouvelles observations pour ajouter de nouvelles données à celles que nous avons déjà. C'est de ces éléments pour partie déjà clairs et pour partie à clarifier par de nouvelles observations que résultent les conditions de ce que nous allons faire.

On voit encore dans cette étape combien la position d'un problème est liée à sa résolution et forme bien un continuum avec celle-ci. En effet, le problème se présente différemment selon les conditions de sa résolution. Il peut s'agir soit du problème presque insoluble de sortir, avec 3000

1. J. Dewey, *Logique*, *op. cit.*, p. 173. C'est ici que Dewey met en place sa propre version de l'exemple de l'incendie.

autres personnes, au plus vite d'une salle ne comportant que deux sorties, soit du problème de faire sortir en ordre 300 personnes par dix issues de secours. Avec l'isolement des faits dont résultent simultanément de nouvelles tâches d'observation, nous sommes donc déjà au cœur de la résolution du problème. Cet isolement appartient donc tout autant à la position du problème qu'à sa résolution.

| *Recherche d'une idée de solution* **399**

La *troisième étape* est la *recherche d'une idée de solution.* On parvient, à partir d'une situation problématique de départ, à la surmonter sur le mode de l'exploration relevant de l'examen expérimental, du développement essayant des possibilités de résolution du problème. Les idées sont des sortes d'essais-tests, une « anticipation de quelque chose qui peut arriver[1] ». Comment ces idées de solution naissent-elles ? Hé bien elles naissent « des hypothèses plus ou moins vagues de solutions possibles[2] ». Développer ces hypothèses implique de la flexibilité et de la créativité. La recherche d'idées pour résoudre un problème est informée par des intuitions (*suggestions*) dont le caractère est soudain. Elles gardent quelque chose d'indisponible et d'involontaire : elles « surgissent simplement comme ça, elles jaillissent, elles se présentent à nous.[3] ». C'est l'un des apports de Dewey d'avoir élaboré le rôle de telles intuitions tout en renvoyant en même temps leur adéquation à un contrôle réglementé. En effet, il y a une action réciproque entre la détermination et délimitation des faits et le développement des idées :

> L'observation des faits et la suggestion des significations ou idées naissent et se développent en corrélation. Plus les éléments du problème viennent au jour après avoir été soumis à l'observation, plus claires et plus pertinentes deviennent les conceptions concernant la façon de traiter le problème constitué par ces faits. D'un autre côté, plus claire est l'idée, plus définies deviennent – c'est un truisme – les opérations constitutives de l'observation et de l'exécution, opérations nécessaires à la résolution de la situation[4].

Les idées de solution ne naissent donc pas tout simplement dans un ciel vide des possibilités infinies. En outre, les idées de solution « surgissant comme un éclair » sont travaillées jusqu'à passer du vague

1. *Ibid.*, p. 174.
2. D. Jörke, *Demokratie und Erfahrung*, *op. cit.*, p. 81.
3. J. Dewey, *Logique*, *op. cit.*, p. 175.
4. *Ibid.*, p. 174.

à la détermination : d'intuitions, elles deviennent des solutions possibles, au moyen d'un examen de leurs conséquences : « La suggestion devient une idée quand on se demande si elle convient fonctionnellement ; si elle peut être le moyen de résoudre la situation donnée[1] ».

400 | Les isolements permettant de résoudre un problème fraient ainsi la voie aux *intuitions* – pour reprendre le terme anglais signifiant l'idée subite apparaissant soudainement – qui surgissent et établissent les conditions permettant qu'elles pénètrent dans la situation. La solution est par la suite réintégrée dans l'ensemble continu d'une situation pratique et atteste son efficacité par le succès de cette introduction.

Mise à l'épreuve de l'idée

La *quatrième étape* de l'enquête consiste à mettre graduellement à l'épreuve l'idée de solution. Dans l'exemple de l'incendie du théâtre, on regarde autour de soi, on aperçoit tel ou tel trajet, et des difficultés apparaissant, on a la soudaine inspiration qu'il pourrait aussi y avoir des sorties derrière la scène. L'idée prend finalement « forme » en « parcourant » le trajet à prendre par la pensée, pour y buter sur d'autres difficultés qui peuvent enfin être surmontées par d'autres pensées.

Lorsque Dewey dit que les idées seraient des « conséquences anticipées[2] », on peut se représenter ce processus de mise à l'épreuve comme une succession rapide de l'idée et de sa mise à l'épreuve, comme une action réciproque imbriquée (ou un rapport rétroactif). Le caractère arbitraire des intuitions (le fait qu'elles étaient impensables avant, et leur créativité) est ainsi atténué, d'une part, par la reconnaissance de son conditionnement par les circonstances, et, d'autre part, par le fait qu'il est « travaillé en route », après-coup, par le processus de mise à l'épreuve. Cependant, le processus de résolution de problème chez Dewey, aussi ordonné qu'il ait l'air, reste un « tâtonnement » opérant par la méthode des essais et erreurs[3].

Dans *Démocratie et éducation*, Dewey décrit cette démarche plus complètement et d'une manière frappante comme « méthode des essais

1. J. Dewey, *Logique*, *op. cit.*, p. 175. Le concept anglais de « suggestion » est hélas insuffisamment traduit par l'allemand « Suggestion » : en allemand, *Suggestion* signifie moins l'« idée subite » que l'« inspiration ».

2. *Ibid.*

3. Dewey le dit explicitement dans *Expérience et éducation*, *op. cit.*, p. 234-235 : « C'est l'étendue et la précision des étapes 3 et 4 qui distinguent une véritable expérience réflexive d'une expérience d'essais et d'erreurs. [...] Néanmoins, nous ne dépassons jamais complètement le stade des tâtonnements. »

et erreurs », | comme action réciproque entre l'action-essai et la réaction 401
à ses résultats :

> Toutes nos expériences comportent une phase d'essai – ce qu'en psychologie on appelle la méthode des essais et erreurs. Nous faisons quelque chose, et si cela ne marche pas, nous faisons autre chose ; nous continuons à essayer jusqu'à ce que quelque chose marche[1].

Ce qui est décisif dans cette description, c'est l'ébauche d'une méthode qui compte sur les effets inattendus de l'action, de sorte donc que nous ne pouvons pas prévoir ni estimer de nombreux effets de notre action, et que, partant, nous apprenons, du point de vue pratique, par ceux-ci tout d'abord. Le processus de rétroaction ainsi décrit est la condition de la connaissance permettant de résoudre un problème : nous faisons quelque chose et faisons l'expérience par les effets de cette action que celle-ci est plus ou moins réussie eu égard au but que nous visons : « "Apprendre par expérience", c'est établir un lien rétrospectif et prospectif entre ce que nous faisons aux choses et le plaisir ou la douleur que les choses provoquent en nous en retour, en conséquence de nos actions[2] ».

Quelque chose de nouveau, que nous ne pouvons pas anticiper, peut en effet naître avec nos actions, et qui peut avoir des conséquences auxquelles on ne pouvait pas s'attendre, ou bien il se pourrait que surgissent face à nous des obstacles non anticipables ou contingents[3]. Cela ne concerne pas que les grandes lignes de développement de l'histoire mondiale, mais aussi les processus de travail manuel ainsi qu'intellectuel. Le travail (aussi dans ses détails) ne peut donc pas si facilement être compris selon le simple modèle de la réalisation d'un *telos*[4]. C'est justement pour
cette | raison que le « test » et l'expérimentation sont si centraux : c'est 402
seulement de cette manière, lorsque nous avons testé les effets que nous

1. *Ibid.*, p. 228-229.
2. *Ibid.*, p. 224.
3. Le concept prend en compte l'existence de ces deux aspects : le nouveau et ce que l'on peut appeler la résistance de la matière, l'indisponibilité de la situation. Aujourd'hui, la possibilité du nouveau est plus souvent soulignée que l'élément lié à la résistance du monde – mais les deux me semblent importants.
4. *Cf.* le classique de la sociologie : Robert K. Merton, « The unanticipated consequences of purposive social action », *American Sociological Review*, vol. 1, n° 6, p. 894-904, ainsi que H. Joas, *Die Kreativität des Handelns*, Francfort, Suhrkamp, 1996. Dans un tout autre cadre théorique, les défenseurs du « concept de travail » dans le marxisme ont discuté ce problème. *Cf.* par exemple P. Ruben, C. Warnke, « Telosrealisation oder Selbsterzeugung der menschlichen Gattung ? Bemerkungen zu G. Lukács'Konzept der "Ontologie des gesellschaftlichen Seins" », *Deutsche Zeitschrift für Philosophie*, n° 27, 1979, p. 20-30.

obtenons par des actions déterminées, et que nous avons vécu ce qui peut nous faire échouer, qu'un apprentissage permettant de résoudre le problème devient possible.

Modification des hypothèses

La cinquième étape de l'enquête consiste à mettre à l'épreuve les hypothèses et les modifier. Interviennent ici le discours rationnel et l'opérationnalisation (logique), ainsi que ce que Dewey nomme « l'examen de la signification en tant que signification » : « Cet examen consiste à noter ce qu'implique la signification en question par rapport aux autres significations dans le système dont elle fait partie[1] ». Même si les opérationnalisations sont, dans l'exemple du théâtre, plus limitées que dans la mise à l'épreuve d'hypothèses en physique expérimentale par exemple, il y a pourtant ici aussi un processus analysable en étapes séparées, où l'idée primitive doit être formulée de manière à pouvoir être éprouvée et mise en rapport avec les autres conditions de la situation.

Restauration de la situation non problématique

La *sixième étape* est la restauration de la situation non problématique. Ici, la solution du problème qui a été trouvée est introduite dans l'ensemble qui était devenu problématique, dans le but de (r)établir une consistance ou une « totalité qualitative ». Elle implique la confirmation par l'expérimentation (dans le cas de la science) ou par l'action pratique (dans la vie quotidienne). Le résultat est une situation transformée : le problème est surmonté et la situation non problématique est (r)établie. Dans le cas de l'incendie, la mise à l'épreuve pratique consiste à fuir du théâtre. Si mon plan de fuite était bon, je suis maintenant dans une situation transformée, à savoir : dehors et en sécurité.

403 | Du reste, cela ne signifie pas que surmonter un problème restaure nécessairement une situation antérieure. L'exemple du théâtre peut ici induire en erreur. Si surmonter des crises signifie généralement que l'ensemble pratique et significatif d'une situation doit être restauré, la réussite passe très souvent par l'innovation et l'intégration de nouveaux éléments, l'ajustement (ou la création) d'une situation transformée. On peut par exemple comprendre la révolution copernicienne comme la restauration d'une situation, au sens où, grâce au passage à la cosmologie héliocentrique, l'on pouvait de nouveau expliquer le monde et faire

1. J. Dewey, *Logique*, *op. cit.*, p. 176-177.

fructifier les données d'observation acquises. Mais la restauration de la situation implique justement ici une *transformation* et un renouvellement de ce qui est hérité. Le processus de réintégration et de restauration d'ensembles exige donc un concept dynamique et non pas statique.

Enfin, l'ouverture et la faillibilité appartiennent à la dynamique d'un processus de résolution de problème – ce qui est certainement la caractéristique la plus incontestée et la plus significative d'une conception pragmatiste de la résolution des problèmes [1]. Dans un esprit expérimental, la conception de Dewey part du point suivant : toute solution atteinte est faillible et donc finie, elle est une solution *for the time being* au sens où l'on doit toujours compter sur le fait qu'elle puisse s'avérer insuffisante et être remplacée par une autre qui sera meilleure.

| *Critères de résolution des problèmes* 404

Voyons maintenant quel est le critère de Dewey pour la *résolution réussie* d'un problème au moyen du processus d'enquête qu'il décrit – et inversement, ce qui signale son échec. Si l'examen de la cohérence d'une solution à un problème avec d'autres convictions, effectué lors de la cinquième étape décrite ci-dessus, fournit une première indication de la pertinence d'une idée, le critère ultime pour apprécier une proposition de solution au problème est de nature pratique : à savoir que la solution *fonctionne.*

> [...] la preuve finale qu'elle [l'idée] possède ces qualités est apportée quand elle fonctionne réellement – c'est-à-dire quand elle est mise en opération de façon à établir, au moyen des observations, des faits non observés auparavant, et se trouve donc utilisée pour les organiser avec d'autres faits en un tout cohérent [2].

Le critère universel d'une résolution de problème réussie est donc la dissolution de l'obstacle à l'action et de la crise antérieurs, ou la dissolution de l'incohérence. Au théâtre, c'est la fuite qui réussit et non

1. Dans ses *Principles of Philosophy*, Charles S. Peirce a fait du faillibilisme une conception et une composante fondamentale du pragmatisme. Sur ce point, *cf.* le résumé en cinq points du pragmatisme par Hilary Putnam dans *Pragmatism : An Open Question*, Oxford, Blackwell, 1995. La définition de Nicolas Rescher affirme sans détour : (nous traduisons) « Le faillibilisme est la manière de voir pour laquelle nous n'avons aucune certitude de ce que nos théories et systèmes scientifiques sont définitivement vrais : ils sont simplement les meilleurs que nous pouvons établir ici et maintenant » (N. Rescher, « Fallibilism », *in* E. Craig (ed.), Routledge Encyclopedia of Philosophy, t. 3, Londres, New York, Routledge, 1998, p. 545).

2. J. Dewey, *Logique*, *op. cit.*, p. 175.

le fait de persévérer dans la mauvaise situation. Au lieu de m'accrocher à mon ancienne vision du monde avec une inconsistance grandissante à chaque nouvelle observation, c'est (comme dans le cas de la révolution copernicienne) désormais l'intégration des expériences qui auparavant étaient des objections et leur application pratique qui est de nouveau pensable. L'adéquation ou la cohérence de l'intégration se mesure à la dissolution des obstacles pratiques à l'action qui, auparavant, avaient entravé le processus d'enquête.

Le *fonctionnement* pratique pris comme critère de l'adéquation de la résolution d'un problème ne concerne toutefois pas seulement des aspects singuliers, mais toujours le contexte pratique de toute une « situation » qui doit de nouveau être intégré et remis « en marche ». Le « fonctionnement » est donc un concept complexe qui comporte aussi la restauration d'un cadre interprétatif en soi cohérent pour les actions et les (auto-)interprétations de nouveau « fonctionnelles ».

405 | *Métacritères d'une dynamique réussie de résolution de problème*

Cependant, et tout à fait dans le sens de ma question de départ, aux côtés du critère de fonctionnement, il y a encore un autre critère, un métacritère qui indique une solution qui réussit :

> La mesure de son succès, le standard de sa validité est précisément le degré dans lequel la pensée vient à bout de la difficulté et nous permet de poursuivre avec des modes d'expérience plus productifs [*more direct*] qui en même temps disposent d'une valeur plus assurée et plus profonde [1].

Aux côtés du dépassement factuel du problème, Dewey, en évoquant ces « modes plus productifs de l'expérience », développe un critère qui ne se rapporte pas à la solution réussie elle-même, mais à la *dynamique* réussie de résolution d'un problème. Un processus d'apprentissage n'a pas seulement pour résultat le meilleur dépassement d'une situation auparavant problématique : il réussit aussi *en tant que* processus d'apprentissage ou d'expérience. On peut en tirer d'importants points de départ pour ce que nous cherchons : la possibilité d'établir des critères de rationalité qui résident dans le processus d'apprentissage lui-même.

Cependant, à quoi ressemble au juste un processus d'apprentissage ainsi « réussi » ? Dewey n'a ni élaboré ni systématisé les métacritères d'un processus réussi de résolution de problème qu'il évoque ici. Cependant, on peut trouver dans sa théorie de l'éducation et de l'apprentissage

1. J. Dewey, « Studies in Logical Theory », *op. cit.*, p. 299.

des indices qui peuvent aussi être transposés aux processus sociaux d'apprentissage. Les processus réussis d'apprentissage sont ceux qui élargissent et approfondissent les possibilités d'expérience. Ils se présentent comme « reconstruction ou réorganisation de l'expérience qui élargissent la signification de l'expérience et qui augmentent la capacité de diriger le cours de l'expérience ultérieure. [1] » Dewey qualifie aussi de « croissance » un tel processus. Un élargissement général de nos compétences et un « approfondissement » de notre accès au monde grâce à une « perception augmentée des relations et des connexions des activités dans lesquelles nous sommes engagés » réussit par un processus d'apprentissage impliquant une « croissance ». Pour qu'un processus de transformation puisse être qualifié de processus effectif de croissance, | il **406**
faut que l'expérience se soit accumulée et réorganisée en lui. Néanmoins, dans le même temps, il doit être constitué de telle sorte qu'il n'immunise pas contre de nouvelles expériences. La proposition : « *Don't block the path of further inquiry* » peut de la sorte valoir comme critère global d'un processus réussi de résolution de problème. Inversement, les processus d'apprentissage échouent là où ils bloquent des expériences, et conduisent à un appauvrissement, à une limitation ou à un devenir unilatéral des expériences. Par conséquent, la « croissance » est dans le contexte des réflexions de Dewey un processus ouvert, et (quoiqu'on puisse aussi comprendre autrement le concept de croissance) elle est résolument comprise comme une alternative à une conception téléologique du développement comme processus réglé en vue d'un but donné. En effet, « la croissance et la possibilité d'une croissance ultérieure », comme Dewey ne se lasse jamais de le souligner, ne sont pas dirigées vers un but donné et qu'on pourrait établir. La croissance est le but lui-même [2] : « On

1. J. Dewey, *Démocratie et Éducation*, *op. cit.*, p. 158.

2. Si la *Logique* de Dewey donne parfois l'impression (avant tout lorsqu'on la comprend à partir de l'exemple de l'incendie du théâtre, comme je l'ai fait) qu'il ne s'agirait toujours dans les processus d'enquête que du choix des bons moyens pour atteindre des buts préalables, cette impression n'est pas vraie. La position de Dewey est explicitement la suivante : les processus d'enquête peuvent s'étendre au-delà de leurs buts, de sorte qu'il peut devenir clair au cours de l'enquête que les buts poursuivis doivent eux-mêmes être soumis à une enquête critique. La continuité entre la position d'un problème et sa résolution est encore significative dans ce contexte : c'est le réajustement continuel de la position du problème au cours de sa résolution qui fait qu'on peut établir que là où le processus d'enquête a l'air de se limiter au juste choix du moyen, il concerne en réalité la fixation du but elle-même. En tout état de cause, il ne s'agit pas de cet instrumentalisme auquel une foule de critiques du pragmatisme rattache Dewey – à commencer par Horkheimer dans « Zur Kritik der instrumentellen Vernunft », *Gesammelte Schriften*, t. 6, Francfort, Fischer, 1991, p. 19-186 et notamment chap. 2, p. 60-74, et p. 105-108.

considère la croissance non comme *étant* une fin, mais comme *ayant* une fin.[1] » La croissance n'est donc pas à concevoir comme celle d'un enfant qui grandit pour devenir un adulte ou d'une plante qui atteindra une figure déjà prédisposée dans son germe, mais comme un processus intrinsèquement de plus grande valeur et plus ouvert dans lequel le nouveau advient par la transformation elle-même.

407 | « Par opposition aux idées de révélation des capacités latentes de l'intérieur et de formation de l'extérieur soit par la nature physique soit par les produits culturels du passé, l'idéal de croissance aboutit à la conception que l'éducation est une réorganisation ou une reconstruction constante de l'expérience. Il a tout le temps une fin immédiate, et dans la mesure où l'activité est éducative il atteint cette fin – la transformation directe de la nature de l'expérience.[2] »

La « croissance cumulative », la « transformation directe de la nature de l'expérience[3] » en vient ainsi à être un critère processuel de réussite et de rationalité d'un processus de résolution de problème[4].

Blocages sociaux de l'apprentissage

La *rationalité d'une dynamique pragmatiste sociale d'apprentissage* peut donc être décrite avec une relative économie, mais avant tout d'une manière immanente, sans qu'on ait besoin de se référer à un point d'Archimède « à l'extérieur » du développement – tels que les fantasmes d'effectuation d'une nature humaine ou d'une histoire combattus par Richard Rorty. Le déroulement d'une telle dynamique est donc rationnel s'il ne bloque pas des expériences présentes ou futures, mais qu'il permet leur approfondissement ou leur élargissement. Globalement caractérisés par l'incapacité à configurer le changement social comme un processus social d'apprentissage, ce sont de tels blocages de l'apprentissage que se révèlent par exemple être, dans le social, les mécanismes qui empêchent une société de réfléchir avec des concepts appropriés, de configurer collectivement et de faire face avec une compréhension collective de soi adéquate aux réalités du changement social, et donc aux transformations

1. J. Dewey, *Démocratie et Éducation*, *op. cit.*, p. 131.

2. *Ibid.*, p. 158.

3. *Ibid.*

4. Axel Honneth interprète l'orientation vers la « croissance » et la « maturation » comme des « éléments d'une téléologie naturaliste » qui entrerait en tension avec l'orientation procédurale aussi présente chez Dewey. *Cf.* A. Honneth, « Zwischen Prozeduralismus und Teleologie. Ein ungelöster Konflikt in der Moraltheorie von John Dewey », *in* H. Joas (Hrsg.), *Philosophie der Demokratie*, *op. cit.*, p. 116-139.

déjà en cours – en un mot : ces blocages sont des mécanismes qui contribuent à ce que nous ne puissions pas prendre connaissance de la réalité d'une société en transformation constante et en tenir compte. | Pour le dire très généralement, appartient à ces mécanismes tout ce qui 408
nous empêche d'établir des connexions et qui nous présente donc la réalité comme fragmentée[1]. Mais Dewey désigne aussi comme mécanismes typiques bloquant l'apprentissage l'empêchement des processus de compréhension collective de soi par le fait de s'accrocher à des modèles interprétatifs surannés, comme c'est le cas dans l'exemple paradigmatique déjà discuté de l'individu ne se comprenant pas lui-même :

> Car les anciens symboles d'une vie idéale continuent à mobiliser les esprits et à exiger la loyauté. Les conditions ont changé, mais chaque aspect de la vie, de la religion et de l'éducation à la propriété et au commerce, montre que rien n'approchant une transformation ne s'est produit dans les idées et les idéaux. Les symboles contrôlent le sentiment et la pensée, et le nouvel âge n'a aucun symbole en accord avec ses activités[2].

Il n'est pas contingent que cette présentation de l'inactualité rappelle la définition de l'idéologie par Karl Mannheim comme une conscience « ne réussit pas à tenir compte des réalités nouvelles s'appliquant à une situation et qui, du coup, les cache en les dissimulant sous des catégories non appropriées »[3] – une perte collective « de contact avec la réalité », pour le dire encore avec Dewey[4].

1. Le motif de la fragmentation et la reconduction de certaines pathologies sociales telles que l'aliénation et la réification à des processus de fragmentation se trouve déjà chez Georg Lukács et, sous bien des aspects, chez Habermas, dans sa théorie de la fragmentation de la conscience quotidienne. Frederic Jameson propose aussi une reconstruction de ces motifs orientée par la question de la fragmentation. La perspective de Dewey sur la fragmentation en tant que blocage de l'apprentissage a une conclusion qui n'est pas sans importance par rapport à ces diagnostics : au lieu de cibler la désintégration d'une unité primitive (un motif qui est régulièrement confronté en retour à la question de savoir quelle figure et quelle envergure devrait avoir cette totalité non fragmentée), elle vise l'incapacité d'*établir* des connexions permettant l'apprentissage. Si l'on développe ce motif, la question de l'extension qu'il faut donner à ces diagnostics peut trouver une réponse selon ce qui est nécessaire pour se débrouiller dans une situation et la comprendre d'une manière non réductrice.

2. J. Dewey, *Le public et ses problèmes*, trad. fr. J. Zask, Paris, Gallimard, 2005, p. 235.

3. K. Mannheim, *Idéologie et utopie*, trad. fr. P. Rollet, Paris, Marcel Rivière, 1956, p. 54.

4. J. Dewey, *Le public et ses problèmes*, *op. cit.*, p. 268 : « Les psychiatres ont découvert qu'une des causes les plus communes de trouble mental consiste en une peur

409 | *Blocages systématiques de l'apprentissage*

Deux aspects du concept de dynamique de développement progressant rationnellement, élaboré avec Dewey, sont instructifs pour mon questionnement. *Premièrement*, ce concept est d'une certaine manière (encore que non hégélienne) *négativiste* : il s'agit d'une dynamique de développement dont l'élément déclencheur est l'expérience d'une crise et le « moteur » ou l'impulsion est le surmontement d'un problème. Une telle dynamique d'apprentissage ne doit pas avoir sous les yeux un but positivement et substantiellement déterminable. Elle est d'abord motivée par l'expérience négative que quelque chose ne peut plus continuer ainsi. *Deuxièmement*, ce concept est *formel* au sens que je recherche. Comme annoncé d'entrée de jeu, la « réorganisation de l'expérience » par l'apprentissage et la « croissance » décrivent le *comment* du processus, et non *ce qu*'il a à effectuer[1].

Aussi instructif que soit le modèle de progression sociale orienté par le gain d'expérience, on peut aussi se demander si l'*absence de blocage* nous donne vraiment un critère suffisant et stable de *réussite* des processus sociaux d'apprentissage, si on peut conclure positivement de cette seule absence à la rationalité d'un tel processus. À bien des égards, la représentation de la « croissance » semble trop vague et ne fait ainsi que caractériser la direction très indéterminée d'un progrès qui contient peu de critères consistants afin que la situation atteinte mobilise des ressources appropriées pour les résolutions actuelles et futures de problèmes.
410 | La représentation d'un élargissement ou d'un « enrichissement » de l'expérience reste trop vague dans ce but. C'est dû au fait que ce processus d'expérience ne peut pas être décrit systématiquement comme

sous-jacente dont le sujet n'est pas conscient mais qui le mène à perdre contact avec la réalité et à refuser de considérer les choses en détail. Il existe une pathologie sociale qui s'oppose fortement à l'enquête effective sur les institutions et les conditions sociales. Elle se manifeste de mille manières : un ton plaintif, une dérive impuissante, le fait de profiter de toute occasion de divertissement tout en en éprouvant une certaine honte, d'idéaliser ce qui est établi depuis longtemps, de se draper dans un optimisme facile, de glorifier haut et fort les choses « telles qu'elles sont », de tenter d'intimider tous ceux qui ne sont pas d'accord ; toutes ces manières de faire affaiblissent et dégradent la pensée d'autant plus efficacement qu'elles se répandent partout de façon subtile et inconsciente. »

1. L'interprétation de Dewey par Rorty représente une orientation totalement opposée. Il défend la thèse selon laquelle Dewey n'aurait pas été intéressé par l'idée d'un progrès vers le mieux, mais (comme Rorty lui-même) qu'il aurait simplement conçu les transformations comme le remplacement d'un vocabulaire par un autre. *Cf.* R. Rorty, *Philosophical Papers*, t. III : *Truth and Progress*, Cambridge, Cambridge University Press, 1998, « Rationality and cultural difference ».

un processus réflexif. Certes, chez Dewey, celui qui apprend quelque chose ne l'apprend pas seulement à propos de la situation en question ou de l'objet en question, mais (pour ainsi dire au niveau méta du processus d'apprentissage) il apprend toujours aussi quelque chose à propos du dépassement des problèmes en général (l'« apprentissage qui fait apprendre »). Corollairement, le fait d'apprendre a toujours deux résultats : le résultat immédiat du *dépassement de la situation* et le résultat médiat qui est l'augmentation des *compétences* générales *pour dépasser une situation.* Cependant, une telle conception ne prend pas systématiquement en compte les fondements de validité propres.

Or, comme nous l'avons déjà évoqué plus haut (et comme on pourrait même l'induire des propres exemples de Dewey), les blocages spécifiques de l'apprentissage dans lesquels des formes de vie peuvent être prises sont typiquement des formes d'auto-illusion collective ou d'idéologie avec lesquelles il n'est pas tant question d'un blocage plus ou moins contingent de l'acquisition de savoir que de la manière par laquelle le savoir existant est catégoriellement organisé. Il en va ainsi fondamentalement des conditions sous lesquelles nous (pouvons) faire des expériences (sociales). L'ignorance qui est au fondement des blocages de l'apprentissage n'est donc pas simplement une absence de savoir à laquelle on remédierait par des intuitions discontinues. Ces blocages ont des fondements systématiques et immanents. Dans la dynamique des formes de vie, le fait d'apprendre n'est donc pas le simple processus d'adaptation que Dewey semble avoir en tête quand il conçoit essentiellement les blocages de l'apprentissage selon le modèle du retard des idéaux hérités par rapport aux innovations du monde technique[1]. Mais si les blocages sociaux de l'apprentissage ne sont pas contingents, mais sont des blocages systématiques dans l'accès aux fondements du savoir socialement réfléchissable et applicable dans les processus d'apprentissage, alors un progrès de l'apprentissage qu'on devrait comprendre comme un processus d'enrichissement exige aussi qu'on travaille à se débarrasser de ces causes systématiques – et ainsi qu'on fasse un retour | sur le cadre ou les fondements de la configuration 411
pratique et interprétative même qui cause ces blocages.

1. Sur ce point, *cf.* les développements sur les obstacles à l'apprentissage social dans J. Dewey, *Le public et ses problèmes*, *op. cit.*, p. 234 : « Les croyances et les idéaux intellectuels et moraux se transforment plus lentement que les conditions extérieures. »

10.2. La dynamique des traditions

On trouve dans les réflexions de MacIntyre sur la dynamique rationnelle des traditions une proposition pour comprendre l'adéquation des processus de résolution aux problèmes à l'aide d'un critère rétrospectif permettant de les identifier comme des processus d'enrichissement.

MacIntyre n'élabore pas de présentation des processus de résolution de problèmes aussi détaillée que celle que nous avons vue chez Dewey. Mais on trouve chez lui, à la place, une liaison instructive entre la continuité et la discontinuité dans la dynamique de ces processus – liaison qui apparaît avant tout dans le cas des crises épistémologiques et des changements de paradigme qui les accompagnent. Dans une telle situation, il y a deux façons de surmonter la crise. Une tradition entrée en crise peut, confrontée à une autre tradition, renoncer à soi et adopter l'autre tradition. Il résulte toutefois parfois de la crise une nouvelle tradition qui se présente comme un mélange des deux traditions dépassées. Un paradigme peut donc être remplacé par un autre paradigme, nouveau et surtout sans aucun lien au premier. Mais un paradigme peut aussi se transformer en élargissant son cadre interprétatif et le cadre des pratiques qu'il permet de penser, de sorte qu'à l'aide des nouveaux éléments qui s'y joignent, de nouvelles autres expériences peuvent être intégrées dans l'ensemble traditionnel désormais transformé.

412 | *Intégration narrative rétrospective*

Afin de pouvoir comprendre un tel processus de recomposition et de transformation en tant que processus rationnel d'apprentissage d'une tradition ébranlée par une crise (et non comme sa simple dissolution ou son remplacement), MacIntyre doit articuler deux leitmotivs : celui de l'innovation et du nouveau, d'une part, et, d'autre part, celui de la continuité et de l'interprétation. Il y parvient par le concept de réintégration narrative de ce qui a été transformé sur la route de l'innovation. Relativement aux traditions de recherche, MacIntyre indique trois critères qui sont propres à qualifier une résolution donnée d'un problème comme le résultat d'un processus rationnel d'enrichissement, de sorte que la situation atteinte puisse être représentée comme supérieure à la situation dépassée.

Premièrement, une telle théorie ou tradition doit proposer une *solution* factuelle pour le problème advenu : « La justification des nouvelles thèses résidera précisément dans leur capacité à réussir là où les thèses antérieures à cette innovation n'auraient pu réussir.[1] » *Deuxièmement*, elle doit fournir une *explication* de la naissance du problème. *Troisièmement*, elle doit établir une *continuité* entre la situation antérieure et celle postérieure à la crise et, partant, elle doit pouvoir proposer un lien entre les convictions traditionnelles et les nouveaux concepts.

Autant chez MacIntyre que chez Dewey, le processus de résolution de problèmes est rapporté à l'innovation et à l'imagination. Une crise se caractérisant par le fait qu'on « ne sait plus quoi faire », le salut, la dissipation du blocage ou son rejet viennent d'un lieu qu'on n'est justement pas encore en mesure de déterminer. Les pratiques héritées et les cadres interprétatifs de la compréhension étant devenus obsolètes, c'est seulement l'adoption de concepts, de théories et de systèmes conceptuels inanticipables et nouveaux qui permet d'en finir avec cette crise :

> Les thèses qui sont au centre des nouvelles structures théoriques et conceptuelles, pour la raison précise qu'elles sont sensiblement plus riches que les thèses qui étaient précédemment au centre de la tradition jusqu'à la période de crise épistémologique et qu'elles en transcendent les limites, ne peuvent nullement être dérivées de ces positions antérieures. Le recours à l'innovation et à l'imagination conceptuelle est inévitable[2].

| Certes, s'il était une innovation sans lien avec ce qui précède, le processus de résolution d'un problème bien compris ne serait en rien un processus d'apprentissage, mais plutôt un aléa difficile à influencer, un événement[3]. C'est pourquoi MacIntyre lie son orientation vers l'innovation et la discontinuité à l'élément suivant : il faut établir une cohérence narrative. Qu'importe si le résultat se présente comme le remplacement d'une ancienne tradition ou comme le mélange de deux traditions : une crise n'est véritablement résolue que lorsque la tradition transformée est en continuité avec l'ancienne, de sorte qu'on puisse la comprendre (et qu'elle puisse se comprendre) comme succédant à cette tradition spécifique. Que la nouvelle tradition résolve *de fait* les problèmes 413

1. A. MacIntyre, *Quelle justice ? Quelle rationalité ?*, *op. cit.*, p. 389.
2. *Ibid.*
3. Dans ce débat, l'exemple le plus éminent d'une position qui prenne pour point de départ de tels sauts discontinus est très certainement la conception néo-pragmatiste de Rorty. L'émergence de « nouveaux vocabulaires » qui, en tant que nouvelles descriptions, plus imaginatives et plus inclusives, d'une situation, conduisent à quelque chose comme un « progrès moral », ne caractérise cependant pas un progrès dans l'apprentissage au sens d'un développement que l'on pourrait décrire comme continu. *Cf.* R. Rorty, *Truth and Progress*, *op. cit.*

de l'ancienne, qu'elle atteigne ce qui était auparavant inatteignable, ne suffit pas à la qualifier de solution adéquate. Sa supériorité se voit plutôt à ce qu'elle offre un « schéma enrichi » et nouveau par lequel les problèmes où une tradition est entrée peuvent, non pas seulement être résolus, mais aussi être compris.

Les deux autres critères entrent ici en jeu : si une tradition victorieuse (à bon droit), *deuxièmement*, restaure la continuité interrompue par la crise, elle doit rendre la crise compréhensible – ou bien parfois la rendre ne serait-ce que connaissable [1]. La nouvelle solution, *troisièmement*, rend ainsi l'ancien, de fragmenté qu'il était, de nouveau accessible. L'aptitude du nouveau se voit donc dans sa capacité à établir une continuité avec l'ancien, à défragmenter le fragmenté, à mettre ce qui est incohérent dans
414 un nouvel ensemble et à | s'intégrer dans la succession de la tradition restaurée. Les raisons que l'on peut faire valoir en faveur de la supériorité d'une tradition sur une autre, et les raisons d'abandonner la tradition en crise ainsi que ses pratiques et convictions pour en adopter une autre, résident selon MacIntyre justement dans cette capacité d'intégration rétrospective.

Nous avons du coup un critère du progrès dans une dynamique de traditions se remplaçant les unes les autres : ce critère peut être déduit de la possibilité de « construction de narrations toujours plus adéquates [2] ». On peut les concevoir comme toujours plus adéquates dans la mesure où elles deviennent toujours plus complètes et inclusives. On le voit à nouveau à ce que nous ne faisons pas que, de fait, surmonter une tradition (ou une interprétation du monde) passée, d'une manière analogue au développement des théories, car nous comprenons aussi les raisons de son apparition comme de son échec.

> Le critère d'une théorie réussie est qu'elle nous permet de voir dans une lumière nouvelle celles qui la précèdent. Elle nous permet de comprendre pourquoi, tant que nous ne la voyons pas à la lumière des théories nouvelles, elle pouvait être crédible. Elle introduit de nouveaux

1. A. MacIntyre, *Quelle justice? Quelle rationalité?*, *op. cit.*, 390 : « une crise épistémologique ne peut être reconnue comme telle que rétrospectivement. »

2. Dans l'article de jeunesse sur les crises épistémologiques déjà évoqué, qui se place encore dans le cadre de la discussion épistémologique de la théorie kuhnienne des changements de paradigme, MacIntyre décrit corollairement le progrès du développement théorique ainsi : « J'ai soutenu que le progrès épistémologique réside dans la construction de narrations et de formes de narration plus adéquates, et que les crises épistémologiques sont les occasions de telles reconstructions. », A. MacIntyre, « Epistemological Crises, Dramatic Narrativ and the Philosophy of Science », *op. cit.*, p. 453.

> standards pour évaluer le passé. Elle reconfigure la narration qui constitue la reconstruction continue de la tradition scientifique[1].

La justification d'un développement déterminé à titre de transformation vers le mieux peut donc être établie, non pas prospectivement, mais bien *rétrospectivement*, après la reconfiguration de la narration. Dans ce cas, la « rivale » dans le conflit des traditions n'est pas que victorieuse de fait et en situation de résoudre le problème. Elle est aussi « meilleure » dans la mesure où elle peut prétendre au monopole de l'interprétation de ce qui s'est passé et aussi établir une continuité avec la situation antérieure à la crise. À l'encontre d'une représentation des processus sociaux de transformation | comme des changements discontinus de paradigmes **415**
ou comme des remplacements soudains d'un vocabulaire par un autre (comme chez Rorty), c'est précisément grâce à cette capacité d'établir une continuité que MacIntyre veut montrer la rationalité supérieure des traditions.

« Vague et creux ? »

Une telle dynamique de résolution décrit un processus d'enrichissement et de progrès – une histoire justificatrice (*vindicatory history*), comme la nomme Bernard Williams[2] – qui est, à juste titre, modéré par rapport au modèle souvent attribué à Hegel, comme nous le verrons. La fin du processus de questionnement ne doit pas toujours être renvoyée d'avance à une solution déterminée. Cependant, pour valoir comme rationnel, le développement doit être appréhendé après-coup comme un parcours faisant sens – ou il peut être recomposé en un tel parcours. Le retour aux fondements propres de validité, exigé à propos de Dewey, n'est certes pas entrepris par la tradition dépassée elle-même (celle-ci sombre dans la situation de doute), pas plus qu'elle n'est l'élément déclencheur de la crise (celle-ci survient d'une manière contingente et factuelle). Mais c'est bien la sucesseure de la tradition ayant sombré qui réfléchit les fondements de validité de la situation nouvelle comme de l'ancienne, et

1. *Ibid.*, p. 460.

2. Dans « Philosophy as a Humanistic Discipline », *Philosophy*, 75/4, 2000, p. 477-496 Bernard Williams élabore les caractéristiques d'une telle « histoire vindicative » pour finalement questionner ses hypothèses. Williams est pessimiste quant à la possibilité de telles « explications justificatrices », car elles présupposent un fondement commun qui n'est justement pas donné dans les cas de conflits et les processus de transformation radicale. Selon la position que je soutiens ici, un tel fondement résulte précisément du fait de la crise. *Cf.* la discussion de cette question par H. Putnam, *L'éthique sans ontologie*, Paris, Cerf, 2013.

s'assure ainsi de ses propres fondements de validité. Le *progrès* véritable dans la résolution des problèmes ou le dépassement de crises ne consiste donc plus à simplement réfuter quelque chose de faux ou à surmonter un état dysfonctionnel, mais elle se mesure au fait que celui-ci peut être « intégré » rétrospectivement de manière narrative.

416 | Deux aspects de cette « solution » de MacIntyre sont riches de conséquences pour mon problème. Premièrement, MacIntyre s'en sort aussi sans point d'Archimède, sans critère de rationalité extérieur à la transformation liée à une crise qui est décrite. Deuxièmement, il conçoit (comme Dewey) les processus de résolution ou d'apprentissage de sorte que la continuité et la discontinuité y sont coprésentes. Les moments innovateurs et non anticipés étant essentiels à la résolution du problème, MacIntyre décrit pourtant la crise comme une situation où aucune des ressources et des mécanismes de résolution de problème disponibles n'ont plus de prise. Néanmoins, il s'intéresse, davantage que Dewey, à l'intégration, du moins après-coup, de ces moments innovateurs, ainsi qu'à la légitimation des résolutions rationnelles d'un problème. S'annonce ainsi une reconstruction plus serrée des histoires d'apprentissage en tant que processus de progrès (ou bien de régression). D'un autre côté, MacIntyre évite ainsi la tentation de faire, en suivant le modèle d'un processus de maturation, du processus de développement conçu téléologiquement le schéma d'interprétation privilégié du changement social lié à une crise.

La *rationalité d'une dynamique sociale d'apprentissage* peut donc être comprise ainsi (en combinant les approches de Dewey et de MacIntyre) : son cours est rationnel lorsque (selon Dewey) il ne bloque pas des expériences présentes ou futures et qu'il est en mesure de se mettre à la hauteur des problèmes qui se posent actuellement, et (selon MacIntyre) lorsqu'il permet l'intégration narrative du passé en tant que *préhistoire* d'un problème au sens littéral.

Comment toutefois distinguer vraiment des établissements adéquats et inadéquats d'une continuité narrative ? Qu'est-ce qui distingue une fausse d'une vraie intégration du passé dans une « *vindicating history* », c'est-à-dire une intégration sensée d'une intégration idéologiquement orientée ou illusoire ? Les histoires des succès ne comportent-elles pas souvent des récupérations polémiques et unilatéralement intéressées du passé – par exemple, dans la Chine contemporaine, la narration qui permet de lier l'héritage maoïste au confucianisme de manière à pouvoir intégrer dans cet héritage les éléments violents actuels de la dynamique capitaliste du marché ? Et n'y a-t-il pas aussi dans les

nouvelles expériences un entremêlement de vieilles positions dans de nouvelles expériences qui bloque d'autres expériences ? Le problème
| que pose l'identification de critères de rationalité pour les processus de 417
transformation se déplace donc avec la perspective de MacIntyre dans celui de l'appréciation portant sur l'adéquation de la narration elle-même – mais il manque à MacIntyre les ressources conceptuelles nécessaires pour cette appréciation. Ces critères ne sont donc pas assez robustes pour pouvoir identifier de véritables progrès, et donc la *rationalité* d'un développement. Comme Robert Stern le dit, ils restent « si vagues » qu'ils sont « presque creux » [1].

10.3. « La source du progrès comme de la corruption »

S'il y a chez Hegel un critère de rationalité des processus de transformation sociale plus fort que ce qu'on trouve dans les positions de Dewey et MacIntyre, c'est à cause de la représentation, propre à une conception dialectique, d'une *continuité dans la discontinuité* du changement, et à cause de l'« imbrication » de l'ancien et du nouveau qui résulte du déploiement de contradictions déterminées en elles-mêmes. Conformément au fait que, chez Hegel, les formes de vie ne *tombent* pas dans des contradictions, mais qu'elles sont *constituées* comme des contradictions, la dynamique de transformation sociale est une dynamique de contradictions se succédant et se développant les unes à partir des autres – et elle est ainsi le développement et le surmontement de problèmes non seulement les uns *à la suite* des autres mais les uns *à partir* des autres [2].

Depuis une perspective hégélienne, Charles Taylor ébauche ainsi la suite de crises, de conflits et de leur dépassement ainsi que de la
conception (qui fonde cette suite) du changement social-historique | en 418

1. *Cf.* R. Stern, « MacIntyre and Historicism », *in* J. Horton, S. Mendus (eds.), *After MacIntyre*, *op. cit.*, p. 146-160, ici p. 154.

2. Comme je m'appuie sur quelques cas et exemples « typiques », il ne peut s'agir ici (comme plus haut avec la discussion des crises) que d'une ébauche grossière qui doit servir à élaborer idéal-typiquement la spécificité d'un modèle de transition inspiré de Hegel. La recherche plus détaillée des différents phénomènes de destruction et de transition permettrait en revanche de faire des distinctions intéressantes, non seulement à propos de la différence entre la *Phénoménologie* et la *Philosophie de l'histoire*, mais aussi à propos des transformations qui sont elles-mêmes à chaque fois différentes. En effet, une observation détaillée du matériau historique montre que ces transformations ne sont absolument pas toutes tramées d'après un même modèle.

tant que processus de crises dues à des scissions et de transformations supprimant ces dernières :

> De l'effondrement de la première forme naît une autre forme, spécifique. Après qu'elle a dissous la contradiction de sa prédécesseuse, elle est victime de sa propre contradiction – un processus qui se poursuit tout au long de l'histoire[1].

Si l'histoire se présente d'une manière correspondante comme une suite de crises qui résultent de l'éclatement de contradictions, chaque nouvelle formation historique est donc une réponse dirigée et déterminée par l'échec de l'ancienne. C'est la directionnalité propre à cette liaison entre problème et solution et entre destruction et construction que je veux comprendre ici.

Négation déterminée

On sait que Hegel décrit la logique interne d'une telle dynamique de transformation par le modèle de développement de la *négation déterminée* qui est méthodologiquement développée dans la *Phénoménologie de l'esprit*.

1) La négation est « déterminée » car, dans le processus de négation ainsi conçu, « ce néant est, de façon déterminée, le néant de ce dont il résulte ». Un processus caractérisé par la négation déterminée est un processus « où le résultat de la contradiction n'est pas un pur néant, mais forme un nouvel objet[2] ». La négation déterminée désigne donc une *continuité dans la discontinuité*.

2) Cependant, bien compris, ce nouvel objet n'est pas *complètement nouveau*. Puisque Hegel dit que « le résultat à chaque fois atteint, qui se dégage à même un savoir non véritable, ne pouvait se résumer en un néant vide, mais devait nécessairement être appréhendé comme le néant *de ce dont* il est le *résultat*, un résultat qui contient ce que le savoir précédent a, en lui, de vrai[3] », alors l'objet provenant d'un état nié (déterminé)
419 contient des éléments | de l'ancien – certes sous une forme transformée. Se dessine ainsi une dynamique qui se présente comme un *processus d'enrichissement*.

3) Si l'on peut bien dire de ce processus qu'il ne se déroule pas d'une manière contingente, il ne suit pas un cours prédéterminé de l'extérieur,

1. C. Taylor, *Hegel*, *op. cit.*, p. 391.
2. W. Jaeschke, *Hegel-Handbuch*, Stuttgart, Metzler, 2003, p. 185.
3. Hegel, *Phénoménologie*, *op. cit.*, p. 129.

mais il s'explique par la *logique immanente de développement* des stades ainsi conçus, une formation provenant de l'autre. Ces stades suivent ainsi une « nécessité interne », non pas parce qu'elle serait poussée par un mystérieux moteur interne, mais dans la mesure où l'on obtient le « nouveau » toujours seulement comme résultat du processus de négation tel qu'il a été présenté. C'est pourquoi Hegel peut dire de l'incorporation de l'ancien dans le nouveau : « C'est cette circonstance qui fait que la suite tout entière des figures de la conscience est conduite suivant une *nécessité* qui est la sienne. [1] »

Si l'on transpose aux formations sociales la continuité de la position et de la résolution des problèmes et la détermination (ainsi que la positivité) du processus de destruction qui ont été résumées ici, plusieurs points clef importants d'un modèle historico-dialectique de développement peuvent être mis en lumière :

D'abord, l'ancienne constellation de pratiques et de normes ne devient pas subitement et de manière contingente sans objet. Dans la mesure où il s'agit de la position d'un problème réflexif de deuxième ordre, elle *s'érode* dans sa prétention à la validité, parce qu'elle ne peut plus correspondre aux problèmes qui sont posés avec elle. Néanmoins, inversement, de nouvelles pratiques, convictions et exigences se préparent déjà dans l'ancienne constellation à la fin du processus de transformation. Leur existence a déjà contribué à sa chute (ou à sa péremption). Si par exemple le principe de liberté est le principe de l'éthicité grecque elle-même, tout en la transcendant, la disparition de cette éthicité par le potentiel résidant dans l'ancienne formation, qui est en même temps sa chute, est à la fois nécessaire et possible. La situation « nouvelle » vit ainsi des potentiels, des capacités et des exigences inhérents à l'ancienne formation et que celle-ci a produits, mais auxquels elle ne pouvait dans le même temps pas correspondre. La position surmontée contient ainsi – sous une forme
négative – non seulement la nécessité, mais encore la | possibilité d'être **420**
surmontée, les ressources pour transformer une situation intenable. Dans la crise de l'ancien réside déjà le potentiel de son dépassement productif : ce qui déclenche la crise produit le moyen de sa résolution. La crise est par corollaire déclenchée au moment où ces moyens sont déjà disponibles [2].

1. *Ibid.*

2. Michael Theunissen (notes d'un cours à la FU de Berlin en 1990) a remarqué que ce moment de la philosophie hégélienne correspond au mythe logique selon lequel « la blessure n'est refermée que par la lance qui l'a ouverte » et a critiqué en conséquence les hypothèses d'une telle théorie. Que l'on songe à Télèphe qui est blessé par Achille et ne peut être guéri que par un nouveau contact avec la lance d'Achille. En reprenant cette

Si dans le modèle hégélien, les ressources pour résoudre un problème résident donc toujours déjà dans l'ancienne constellation elle-même entrée en crise, alors un tel processus dialectique de développement et d'expérience ne consiste pas seulement à surmonter et à détruire une position fausse, mais à la transformer tout en en conservant quelque chose. C'est précisément en ce sens – que l'on peut interpréter comme la reprise de la position d'un problème ou d'un niveau de position de problème – qu'elle contient « en soi » la position ancienne et surmontée[1] (le matérialisme historique de Marx a repris ce motif : dans la métaphore quelque peu pathétique et banalisée de la nouvelle société qui est préparée « au sein de l'ancienne », Marx lui-même prépare toutefois la mécompréhension selon laquelle il s'agirait ici d'un processus quasi-naturel de maturation organique).

Le moment destructeur est donc simultanément un moment constructif, ce qui est nié et à surmonter a (ainsi) toujours aussi un *droit partiel*, et le mouvement décrit est, en un sens éminent, non pas destructeur,
421 mais « productif », car avec lui | est déclenchée une dynamique où les problèmes sont résolus non seulement en un sens linéaire qui est « toujours mieux », mais à un niveau de réflexion toujours plus élevé. Il s'agit d'un *processus* qualitativement exigeant d'*enrichissemen*t : on ne fait pas que se débarrasser des problèmes en les élaborant ou les résolvant, mais ils deviennent plus complexes avec leurs solutions. Et c'est précisément de cette augmentation de complexité (ou, comme on l'a dit dans la section 7.4, l'enchevêtrement complexe de la position et de la résolution des problèmes) que résulte le caractère de progrès de la transformation.

La négation déterminée en tant que mode de développement et de justification

Quels seraient donc des standards de justesse d'une solution atteinte dans le cadre d'une progression dialectique – et dans quelle mesure résident-ils ici aussi dans la rationalité du processus lui-même ? Si, d'un côté, la question des critères d'une résolution réussie d'un problème

image (et en défendant cette logique), on pourrait donc dire que la lance ne peut infliger la blessure que *parce qu*'elle peut aussi la guérir – et ce, en retour, parce que, d'un certain point de vue, elle fait valoir le conflit qui caractérise déjà la constellation qu'elle a détruite. Mais dans le cas de l'éthicité grecque, la « guérison » ne reconduit pas à l'ancien mais à une nouvelle formation éthique – c'est pourquoi il ne s'agirait pas ici d'une circularité mythique.

1. En d'autres termes, avec son remplacement par le nouveau, l'ancien est réduit à un moment. Il perd sa validité absolue. Le processus d'apprentissage ainsi pensé est donc un processus d'intégration et de différenciation interne.

sonne avec une étonnante étrangeté dans le système de référence de Hegel – comme on sait, il a considéré que se faire le juge des événements du monde voire faire des prescriptions à l'histoire mondiale n'était pas la tâche de la philosophie –, il serait erroné, d'un autre côté, de croire que, pour Hegel, c'est le cours purement factuel de l'histoire ou le « simple succès » qui décide qui a raison et si une nouvelle formation historique est le dépassement réussi d'une ancienne entrée en crise. Au contraire, c'est une histoire *normative* que Hegel conçoit ici, une histoire dont les critères résident dans la progression *rationnelle* du processus de résolution, d'une progression où les formations devenues réflexivement problématiques sont surmontées rationnellement.

L'issue décisive du modèle hégélien de développement dialectique vis-à-vis de ma problématique peut être formulée ainsi : la négation déterminée est *aussi bien un mode de développement que de justification*, ou plus exactement elle est un mode de justification *en tant qu*'elle est un mode de développement. Un développement (une transformation) est justifié car et dans la mesure où il est compréhensible rationnellement dans son déroulement. Selon ce modèle hégélien, il est compréhensible rationnellement dans la mesure où le problème et la solution, sur le mode de la négation déterminée, s'interpénètrent | et renvoient l'un à l'autre. C'est **422**
pourquoi la présentation dialectique du développement et sa justification opérée dialectiquement (ou inversement sa critique) coïncident. Une compréhension, procédant dialectiquement, d'un tel déroulement, n'est donc pas une histoire descriptive et reproduisant son objet, mais une *histoire normative*, car le développement même s'accomplit en tant que transformation normativement dirigée (et normativement induite), et il peut être compris ainsi. En tant que « néant de ce dont elle résulte », elle ne représente pas un simple changement, mais un progrès vers le mieux par rapport à la position surmontée. La rationalité ou légitimité d'un processus historique *consiste* donc à accomplir un tel mouvement d'enrichissement. L'ancien paradigme produit le nouveau à partir de lui, il définit ses conditions et contient en lui les possibilités de son entrée en scène. Et la saisie dialectique d'un tel déroulement le montre (et le constitue) comme rationnel.

C'est en ce sens que, dans sa lecture de la *Phénoménologie de l'esprit*, Terry Pinkard brosse les caractéristiques d'une histoire dialectique ou plutôt d'une écriture dialectique de l'histoire comme un processus se fondant soi-même :

> Une histoire dialectique raconte une histoire différente de celle de l'histoire des historiens en ce qu'elle ne se concentre pas prioritairement

> sur la manière dont les choses sont arrivées – quelles forces sociales étaient à l'œuvre, quelles contingences ont joué –, car elle consiste à montrer dans quelle mesure les « espaces sociaux » qui se succèdent contiennent en eux des ressources qui ont été capables de les expliquer et de les justifier vis-à-vis de et contre les récits alternatifs antérieurs ainsi que de démontrer et d'affirmer pour eux-mêmes que leurs propres récits d'eux-mêmes étaient satisfaisants[1].

Une telle histoire ne donne pas de but connu ni présupposé – elle ne donne que des critères selon lesquels la série des figures sociales qui se succèdent est sensée. En d'autres termes, un développement qui est progressif en ce sens, et qui se légitime par et dans son progrès, peut identifier quelque chose comme étant à chaque fois la figure la meilleure (et donc la plus intégrative) par rapport au développement en cours – ou comme étant la meilleure solution d'un problème qui se pose en un point
423 précis de l'histoire de sa résolution. | Elle est la solution par laquelle les prétentions de validité existantes sont réintégrées et les pratiques et institutions érodées peuvent être surmontées.

La rationalité de ce processus n'est donc pas une instance qui résiderait en dehors de lui, mais elle lui est immanente dans la mesure où chaque étape résulte des contradictions internes de l'étape antérieure et se présente ainsi comme l'enrichissement complexe d'un dépassement de problème progressif et intégrateur. La « nécessité » du déroulement qui se dessine ici ne consiste pas à remplir d'une manière causalement contraignante un projet de développement, mais elle est une nécessité pratique et rationnelle qui suit une logique de développement des problèmes et de leur dépassement rationnellement crédible[2]. Est ainsi résolue la question des critères de réussite ou d'échec de la narration qui demeurait ouverte chez MacIntyre : si la narration coïncide ainsi avec le

1. T. Pinkard, *Hegel's Phenomenology. The Sociality of Reason*, Cambridge, Cambridge University Press, 1994, p. 11-12.

2. P. Stekeler-Weithofer soutient une conception comparable : « Les nécessités par lesquelles nous "expliquons" le développement des formes pratiques humaines ne résident pas dans des lois éternelles connaissables par la recherche historique. Il s'agit de raisons dans un contexte où il faut prévenir la détresse et les problèmes. Les processus culturels sont explicables par le fait que nous dépeignons les situations problématiques et leurs solutions reconnues sur le fond de critères, d'évaluations et d'orientations (certes à reconstruire) propres à l'éthicité donnée de l'époque. », P. Stekeler-Weithofer, « Vorsehung und Entwicklung in Hegels Geschichtsphilosophie », *in* R. Bubner, W. Mesch (Hrsg.), *Die Weltgeschichte – das Weltgericht? Stuttgarter Hegel-Kongress 1999*, Stuttgart, Klett-Cotta, 2001, p. 141-168, ici p. 166.

développement, alors les critères de justification se déploient à partir du développement lui-même.

La liberté comme principe et non comme but

Mais comment penser l'ouverture de cette rationalité processuelle si l'on songe à la formule déjà citée de l'histoire comme « progrès de la conscience de la liberté » ? Le but du processus n'est-il pas ici le garant de la rationalité – et le rapprochement de ce but l'indicateur du progrès normatif ?

Ma thèse est que la liberté ne peut justement pas être comprise ici comme un but substantiel. Elle n'est pas un quelconque « bien » que l'on s'efforcerait d'atteindre et qui se tiendrait en tant que but à la fin
de l'histoire | (l'histoire ne se dirige donc justement pas vers un but 424
qu'il faudrait comprendre en un sens réifié comme la fin d'une course d'obstacles où la liberté serait conquise comme un trophée). Que l'histoire doive être un « progrès de la conscience de la liberté » renvoie bien plutôt à la compréhension, médiatisé par l'expérience des crises, des conditions d'exécution de notre pratique.[1] Ce qu'est vraiment l'histoire – en tant que forme du déroulement de la pratique humaine – est ainsi de plus en plus clair au cours du processus historique : les formes de vie humaine, l'éthicité, en tant qu'instances de l'esprit objectif, *sont* des instanciations de la liberté, car elles sont toujours des instances de quelque chose que les êtres humains auraient aussi pu faire autrement – des manifestations de la pratique humaine qui sont liées à un espace de réflexion et de configuration. Autrement dit, elles sont des instances du *nomos* au contraire des instances de la *physis*. Que ce « discernement » soit médiatisé par l'expérience des crises signifie qu'il ne s'impose pas comme une augmentation subite de savoir ou comme l'imposition immédiate d'une idée normative flottant seule librement dans l'air, mais qu'il s'impose en étant médiatisé par un mouvement pratique de transformation dans lequel les pratiques devenues normativement irrecevables et dysfonctionnelles s'érodent et sont remplacées.

Selon cette interprétation, la liberté est donc le modèle du mouvement de l'histoire humaine ainsi que sa teneur, qui s'effectue de manière croissante au cours de l'histoire et est reconnue comme telle. Cependant, comme on l'a évoqué, la « liberté » n'est ainsi pas le *but* mais le *principe*

1. Stephen Houlgate défend aussi cette position dans *Freedom, Truth and History : An Introduction to Hegel's Philosophy*, Londres, New York, Blackwell, 1991, chap. 1, p. 4-24 notamment.

de l'histoire en tant que processus spirituel ou, dans la formulation plus précise de Hegel : l'histoire mondiale « présente le développement de la conscience qu'a l'esprit de sa liberté et de la *réalisation effective de celle-ci, produite par cette conscience* »[1].

Quand Hegel parle ailleurs d'une « *suite de degrés* dans le développement du principe dont le contenu est la conscience de la
425 liberté[2] », | ce n'est pas, d'après mon interprétation, pour signifier que ces « degrés » (comme dans un escalier) existeraient déjà et que le « chemin vers le haut » serait déjà prédéterminé par ceux-ci. *La gradation ne résulte* plutôt que du développement orienté des problèmes les uns à partir des autres. Le principe de liberté ne doit donc se déployer – ce qui signifie : s'imposer ou s'« actualiser » – que sur le chemin du dépassement de problèmes toujours nouveaux et de crises[3]. Si l'effectuation de la conscience de la liberté peut être interprétée comme la prise de conscience de quelque chose que l'esprit objectif est déjà factuellement (véritablement, en soi) – ou comme l'explicitation de l'implicite –, il s'agit donc d'un processus de connaissance pratique de soi, d'un retour sur les propriétés qui composent ce soi mais qui, en tant qu'elles le composent, doivent d'abord être connues et réalisées. Je reviendrai plus bas sur ce qu'on doit comprendre par « actualisation » et « devenir effectif ».

Résumé

On voit déjà l'apport de la dynamique de transformation induite par les crises, décrite par Hegel, à ma question de départ : on peut concevoir grâce à elle des processus d'apprentissages et d'enrichissements complexes et rationnels qui peuvent être identifiés systématiquement comme des suites de descriptions et de résolutions de problèmes devenant plus exigeantes – et ainsi comme un progrès vers le mieux. Si l'ancienne constellation contient déjà la description du problème qui *exige* une solution déterminée et qui *la rend aussi possible* tendanciellement, la solution se présente alors dans le champ de ces positions de problèmes comme la « réponse » adressée au développement déterminé d'un problème. C'est cette

1. Hegel, *La philosophie de l'histoire*, *op. cit.*, p. 99 (nous soulignons).
2. *Ibid.*, p. 90.
3. Stekeler-Weithofer rejette nettement l'interprétation eschatologique et téléologique de la philosophie hégélienne de l'histoire : « l'histoire hégélienne de la philosophie critique toute eschatologie métaphysique et tout pronostic de progrès qui voudrait être plus qu'un moment d'orientation pour conduire l'action. » P. Stekeler-Weithofer, « Vorsehung und Entwicklung in Hegels Geschichtsphilosophie », *in* R. Bubner, W. Mesch, *Die Weltgeschichte – das Weltgericht ?*, *op. cit.*, p. 144.

conception selon laquelle un nouveau paradigme | n'entre pas en scène 426
sans lien avec son prédécesseur, mais peut être compris comme l'effet direct des insuffisances de celui-ci, qui permet de comprendre comme *rationnels* les changements de paradigme thématisés par Hegel[1]. Tandis que, comme on l'a vu plus haut, la « position médiane » de MacIntyre sur l'intégration narrative rétrospective reste obscure en ce qui concerne l'identification de la rationalité du processus d'apprentissage, affirmer la concevabilité rationnelle des changements de paradigmes sociaux se trouve ici sur un terrain plus stable. Chez Hegel, la nouvelle position n'est pas seulement plus en état de maîtriser la crise qui est arrivée. Les crises étant systématiques et leur résolution ne pouvant donc aboutir qu'à l'aide d'une transformation du cadre de référence (ce qui signifie ici un travail pour se débarrasser de ce qui l'a rendu déficient), la position atteinte doit être le résultat d'une compréhension améliorée de soi ainsi que d'une compréhension améliorée du monde (médiatisée par la première). C'est en ce sens que Houlgate constate à propos de Hegel :

> Hegel soutient que les métamorphoses les plus importantes dans l'histoire comportent des métamorphoses des catégories par lesquelles les êtres humains comprennent le monde, et qui n'étaient toutefois pas de simples transformations des conventions historiques. Ces transformations ont été produites par la *compréhension croissante de soi de l'humanité*[2].

Les transformations, déclenchées par des crises, d'un cadre interprétatif de formations historiques ou de formes de vie, peuvent donc être conçues non seulement comme des *transformations*, mais aussi toujours comme des « approfondissements » de leur compréhension d'elles-mêmes et du monde, et ultimement comme un mouvement de progrès. Si chez MacIntyre lui aussi, on trouvait l'idée d'une compréhension élargie de soi (qui produit la narration réussie autant qu'elle est produite par elle), Hegel s'estime capable d'établir des critères de réussite – d'élargissement de la compréhension de soi en vue du mieux –, critères qui sont directement connectés à la figure du processus de transformation.

Déterminer ainsi une dynamique de transformation rationnelle
ou « progressive » permet aussi d'identifier systématiquement | ses 427
variantes pathologiques. En effet, Hegel peut non seulement expliquer l'inactualité et l'inadéquation de certaines compréhensions de soi et des pratiques institutionnelles corrélatives : car on peut avec lui (autrement

1. Sur ce point, *cf.* aussi L. Siep, *Der Weg der Phänomenologie des Geistes*, *op. cit.*
2. S. Houlgate, *Freedom, Truth and History*, *op. cit.*, p. 18.

qu'avec Dewey) aussi établir une *connexion systématique* entre cette inadéquation et son efficience sociale pourtant persistante. Les blocages de l'apprentissage sont ainsi essentiellement des idéologies : des processus d'apprentissage se déroulant pathologiquement sont des réactions essentiellement régressives à des problèmes qui doivent être résolus autrement (et ne peuvent être résolus qu'autrement). Les blocages sociaux de l'apprentissage ne se présentent donc pas comme un obstacle inopiné, mais comme des *régressions* induites d'une manière systématique.

Mais inversement, cette possibilité, ouverte par Hegel, d'un diagnostic du problème au moyen du concept d'un déroulement – « déterminé » et, par là, dirigé – de résolution du problème ouvre aussi le danger suivant : comme avec l'immanence du concept de contradiction qui a été critiquée plus haut, le risque est ici le cloisonnement conceptuel des situations problématiques et l'incapacité à intégrer dans un processus ainsi pensé des *expériences nouvelles* et parfois *opposées*, et, ainsi, à prendre en compte le cours imprévisible de nombreux processus de transformation.

Même si une situation problématique est « déterminée » et vise une réponse déterminée (c'est-à-dire la prépare), la dynamique de sa résolution, lorsqu'on est confronté avec de réelles situations sociales de crise, ne va pas de soi. Son déroulement doit compter avec des événements et des constellations contingentes – mais aussi avec l'existence de « ce qui s'oppose » – on pourrait dire : de la matérialité du monde qui nous fait face et qui n'est pas toujours déjà le nôtre. Même si le potentiel de surmonter un problème peut être d'une manière ou d'une autre disposé dans celui-ci, cela ne fixe ni un « plan de construction » pour le développement ultérieur, ni ne suffit à ce que la dynamique en question soit tout bonnement déclenchée. De nouveau, le concept dialectique hégélien de discontinuité continue paraît ainsi être trop étroit à bien des égards, et la « logique interne », présupposée ici, des événements, paraît
428 | payer la possibilité de conceptualiser les transformations d'un point de vue normatif (et comme rationnelles) avec de trop lourdes hypothèses sur leur nécessité. Mais ce qui risque de ne pas être clair, ce sont, d'une part, ce qui différencie la « continuité dans la discontinuité », qui a été présentée ici, d'un processus organique de maturation, ainsi que, d'autre part, ce qui doit différencier l'explicitation de la teneur implicite des formes de vie humaine (la liberté) de ce que Dewey, en critiquant Hegel, nomme un « simple dépliage du donné ».

Un *processus d'apprentissage* s'enrichissant au sens que nous avons recherché ici (et posé par Hegel lui-même) ne serait donc plus un processus de développement – on n'apprendrait plus, car rien de nouveau ne surgirait, aucune expérience « sur soi et sur l'objet » (comme le conçoit avec ambivalence la *Phénoménologie de l'esprit*) ne serait faite. Il serait aussi contre-intuitif vis-à-vis de ce qui m'occupe qu'un tel développement ne soit plus concevable comme ouvert, là où, par contre, pour Dewey comme pour MacIntyre, les processus de résolution de problème, d'une manière claire et programmatique, ont par principe des *issues ouvertes* : de nouvelles situations peuvent toujours à nouveau surgir, de nouveaux problèmes peuvent toujours à nouveau se poser, mais avant tout la solution d'un problème qu'on a atteinte peut toujours à nouveau s'avérer insuffisante ou être rendue obsolète par une autre qui serait meilleure [1].

10.4 Une conception dialectique et pragmatiste des processus d'apprentissage

Comment peut-on donc utiliser les forces de la conception hégélienne d'une dynamique dialectique de transformation tout en évitant les dangers qu'on vient d'évoquer ? Pour la question de l'ouverture des problèmes, les jalons sont déjà posés avec le recours au caractère justificatif de la négation déterminée : si sa rationalité résulte du déroulement déterminé du processus dialectique lui-même, ses standards pour un développement qui se poursuit doivent seulement | prétendre établir quelque chose **429**
comme la meilleure figure (et alors la plus intégrative) par rapport au développement antérieur, ou comme la meilleure solution pour un problème survenant à un moment précis de l'histoire de la résolution de problèmes. Comme on l'a déjà évoqué, une telle histoire n'a pas besoin d'un but déjà connu et présupposé, mais seulement de critères permettant d'établir que la série des figures qui se succèdent est sensée. Que cette série soit sensée se voit entre autres à sa continuité avec la formation historique antérieure et à sa capacité à dissoudre ses contradictions et à accomplir son potentiel. Quoique le critère hégélien de justification de la rationalité des formations éthiques (ou des formes de vie) apparaisse ainsi plus fort que le critère, propre à MacIntyre, de l'intégration rétrospective et narrative de traditions, cette conception s'accorde cependant – en principe – avec celle selon laquelle la solution qu'on atteint n'est jamais

1. A. MacIntyre, *Quelle justice ? Quelle rationalité ?*, *op. cit.*, 387 : « Personne, à quelque étape que ce soit, ne peut écarter la possibilité que ses jugements et croyances présents se révèlent inadéquats à divers égards dans l'avenir. »

que la meilleure *provisoirement* dans un processus de transformation dont la fin ne peut pas être prévue.

Afin désormais de « sauver » la version hégélienne d'un processus dialectique de transformation bien comprise en ce sens, on doit toutefois faire un pas de plus pour reconceptualiser et modifier la « nécessité dialectique » du progrès qu'elle implique (et par là le caractère que prend la continuité dans ce cas). Ma thèse est qu'on peut obtenir cette modification en comprenant de manière performative et constructiviste le processus de l'effectuation et de l'« actualisation » historiques de la liberté, et en intégrant le principe pragmatiste de la « réaction modificatrice » au déroulement en question.

L'émergence du nouveau

Je me tourne d'abord vers la question suivante : comment se représenter l'« actualisation » ou la « réalisation », décrite plus haut, du fait que nous sommes « libres », de sorte que le processus en question, tout en ayant un déroulement rationnel et (comme on l'a dit) saisissable, contienne toutefois des moments de contingence ? Comment pouvons-nous nous représenter l'histoire comme un processus *productif* si, comme Hegel l'affirme, en un certain sens « rien de nouveau » n'émerge
430 en elle, car les | figures historiques ne font simplement d'elles-mêmes, dans le processus de leur développement, que ce qu'elles sont déjà « en soi » ? Comme Hegel le souligne dans ses *Leçons sur la philosophie de l'histoire*, le développement du nouveau étant un signe distinctif de l'histoire humaine, il se caractérise comme un processus « spirituel », à la différence des processus naturels de développement :

> Dans la nature, les changements, si infiniment variés qu'ils soient, ne montrent qu'un cycle qui, toujours, se répète. Dans la nature il ne se produit rien de nouveau sous le soleil. En ce sens, le jeu des configurations naturelles, dont les formes sont si nombreuses, n'est pas exempt de monotonie. *Il ne se produit du nouveau que dans les changements qui se produisent sur le sol de l'esprit*[1].

Le cours de l'histoire, les développements et les transformations qui adviennent sur le « sol de l'esprit », doivent donc être compris comme des changements activement produits, dans lesquels de nouvelles pratiques

1. Hegel, *La philosophie de l'histoire*, *op. cit.*, p. 88 (nous soulignons).

et institutions relaient les anciennes[1]. Cet advenir est décrit par Hegel comme un « combat » par opposition aux transformations naturelles : « Comme tel, le développement est une paisible production [...]. Mais dans l'esprit, c'est un combat, un dur et infini combat contre soi-même.[2] » Si l'histoire mondiale est la scène de ce combat, quelque chose doit y être atteint qui n'est pas déjà posé ni présent avec le donné mais qui, si l'on suit ce champ métaphorique du combat, est en jeu et doit être conquis.

Cette différence entre, d'un côté, innovation et contingence et, de l'autre, « paisible production », contient aussi le motif de l'histoire comme réalisation ou actualisation de potentiels – en hégélien : le devenir « pour
soi » de quelque chose qui | existe déjà « en soi ». Des deux côtés, dans 431
les processus organiques et naturels comme spirituels, un développement a lieu, mais une figure doit faire d'elle-même ce qu'elle est en réalité déjà d'un côté seulement :

> L'individu organique se produit ainsi lui-même, il se fait ce qu'il est en soi. De même, l'esprit, lui aussi, n'est que ce qu'il se fait lui-même, et il se fait ce qu'il est en soi[3].

Certes, le développement naturel (comme celui d'une plante à partir du germe, d'une fleur à partir du bouton) évoque de fait un « dépliage » qui se déroule avec autonomie : « Rien ne peut s'infiltrer entre le concept et sa réalisation, entre la nature déterminée en soi du germe et l'adéquation de l'existence à cette nature.[4] » Mais dans l'« esprit » – et ainsi dans le développement historique des civilisations –, il s'agit d'un advenir actif, un devenir qui dépend des actions. C'est pourquoi quelque chose peut tout à fait « s'infiltrer » ici ou, plus encore, le développement pensé comme un « combat contre soi-même » dépend de l'« insertion de soi » de la part d'acteurs agissants[5].

1. C'est pourquoi Hegel souligne aussi que c'est seulement dans l'histoire humaine et non dans la nature qu'il y a une « progression vers le meilleur, le plus parfait ». C'est ici seulement que l'idée de progrès même peut être débattue. L'idée que la nature elle-même pourrait aussi présenter une telle histoire (voire une histoire de dépassement des problèmes) était évidemment discutée avant Darwin, quoique dans des approches différentes et sans encore s'imposer. Là-dessus, *cf.* J. McCarney, *Routledge Philosophy Guidebook to Hegel on History*, Londres, Routledge, 2000, p. 131.

2. Hegel, *La philosophie de l'histoire*, *op. cit.*, p. 89.

3. *Ibid.*

4. *Ibid.*

5. Mais, encore une fois, ce combat n'est-il pas décidé à l'avance, comme le pensent les critiques de Hegel ? Emil Angehrn demande par exemple dans son bilan extrêmement instructif de la philosophie hégélienne de l'histoire : « L'émergence du nouveau, le surgissement de l'inattendu, la contingence de l'événement ne sont-elles pas encore

Le déploiement de la conscience de la liberté en tant que processus productif

Pour comprendre maintenant la manière spécifique dont, dans le domaine spirituel, l'« en-soi » déjà présent se déploie et pourtant quelque chose de nouveau émerge, il est instructif de regarder plus précisément
432 la description | du déploiement de la conscience de la liberté donnée par Hegel dans l'*Histoire de la philosophie* :

> L'homme est essentiellement raison. L'enfant est raison en soi et l'homme cultivé, le grand caractère n'est pas davantage raison que l'enfant le plus grossier, le moins cultivé. La différence est seulement la suivante : ce qui, en ce dernier, est sur le mode de la disposition, de l'en-soi, se développe [chez le premier], passe de la forme de la possibilité à celle de l'existence. C'est de cette différence que dépend toute différentiation au sein de l'histoire mondiale. Les hommes sont tous rationnels; ce qui est formel en cette rationalité tient à ce que l'homme est libre. Cet élément appartient à sa nature, même si l'esclavage a existé chez beaucoup de peuples, s'il demeure aujourd'hui encore partiellement et si les peuples en question s'en satisfont. Toute la différence entre ceux-ci et les peuples où il n'y a pas d'esclavage tient seulement à ce que ces derniers savent qu'il leur appartient d'être libres; ceux-ci sont également libres en soi, mais ils n'existent pas en tant que libres; l'unique différence tient seulement à ce que ceux-là connaissent leur liberté et qu'elle est alors pour eux-mêmes; que l'homme soit libre seulement en soi ou encore de manière contingente, ou bien qu'il sache que son concept, sa nature consiste à être individu libre, voilà une prodigieuse disparité d'état. C'est donc la seconde chose – seule cette différence de l'existence, de l'être-extérieur-à-soi. En soi, je suis libre, c'est essentiellement pour moi que je ne suis que pour autant que je suis comme libre[1].

La question décisive est ici de savoir ce que peut signifier le fait que Hegel dise que l'« unique » – mais pourtant « prodigieuse » – différence entre les différents peuples et époques est que les uns (à savoir nous les modernes) *savent* qu'ils sont libres, et les autres non : « ceux-ci sont également libres en soi, mais ils n'existent pas en tant que libres ».

réduites et prises dans le cours d'un développement au sein duquel, malgré ce qu'assure Hegel, rien d « essentiel » n'advient? Ne s'agit-il pas finalement du simple déploiement d'un en-soi pré-donné? » E. Angehrn, « Vernunft in der Geschichte? Zum Problem der Hegelschen Geschichtsphilosophie », *Zeitschrift für philosophische Forschung*, n° 35, 1981, p. 353. Je tente d'ébaucher dans ce qui suit une alternative à ce soupçon.

1. Hegel, *Leçons sur l'histoire de la philosophie*, trad. fr. G. Marmasse, Paris, Vrin, 2004, p. 100-101.

Comment comprendre l'affirmation selon laquelle ils sont libres mais sans le savoir, ils *sont* libres mais ils n'*existent* pas *librement*? Que pourrait signifier le fait d'être libre sans le savoir et, inversement, qu'est-ce qui change dans notre existence dès lors qu'on sait qu'on est libre?

Je vais brièvement clarifier ce qui est en jeu avec la description de ce statut. Supposons que j'ai le groupe sanguin A. J'ai eu ce groupe sanguin toute ma vie, mais il n'y a jamais eu d'occasion pour que je veuille le découvrir. J'*ai* donc ce groupe sans le *savoir*. Néanmoins, si à l'occasion d'un don du sang, je découvre par hasard mon groupe sanguin, l'acquisition de ce savoir ne va (probablement) pas beaucoup changer ma vie. Mais avant tout, ce *savoir* ne change rien au *fait* que mon sang est du | groupe sanguin A. Les caractéristiques biochimiques de mon sang **433**
restent les mêmes, que je les connaisse ou non.

Il en va manifestement autrement dans le cas de la liberté. La connaissance de la liberté change les circonstances de notre vie, car elle change notre compréhension de nous-mêmes et nos conceptions du monde dans lequel nous vivons. Du moment où nous *savons* que nous sommes libres, nous savons que les conditions dans lesquelles nous vivons dépendent *de nous* dans une mesure décisive. Nous savons pour le moins qu'elles ne dépendent pas de puissances différentes et supérieures ou exclusivement de contraintes naturelles. Un peuple qui *sait* qu'il est libre va probablement se comporter différemment de celui qui ne le sait pas. Tandis que, par exemple et pour rester chez Hegel, un peuple qui n'est libre qu'en soi et non pas pour soi vit dans l'esclavage et « en est satisfait », se soumettant aux autorités qu'il tient pour naturelles ou données par Dieu, un peuple qui n'*est* pas seulement libre mais le *sait* aussi ne le fera probablement pas. De nombreuses institutions ne pourront pas se maintenir auprès d'un tel peuple et d'autres deviendront pensables[1]. Quelles que puissent être le style institutionnel et les pratiques sociales qui s'établissent dans une telle société et quelles que soient les limites que puisse bien toujours avoir leur configuration, leur figure sera déterminée

1. On peut bien sûr penser qu'un peuple *sait* qu'il est libre et pourtant se soumet à des autorités de la manière qu'on a décrite. Mais même ici, il s'agirait d'une situation qui diffère de la pure ignorance. Entre autres, dans une telle situation, il faudrait dans une autre mesure recourir à des « idéologies » afin de maintenir la croyance en l'origine naturelle de la domination. C'est pourquoi les fondations traditionnelles de la domination comportent ainsi souvent un moment de *mauvaise foi* [en français dans le texte] au sens sartrien.

par la conscience de la liberté. À la différence du cas du groupe sanguin, le savoir *change* quelque chose à l'objet lui-même[1].

434 C'est donc la réflexion sur le fait de la liberté qui | rend si « monstrueuse » la différence qu'il y a entre être libre en soi ou être libre en et pour soi, même si ça n'ajoute rien sur le fond ou le contenu. Savoir que nous sommes libres a un caractère pratique, et acquérir ce savoir ne signifie donc pas un simple élargissement (quantitatif) de notre savoir, mais cela donne lieu à une transformation de l'ensemble des rapports que nous avons à nous-mêmes dans nos relations pratiques au monde. Le savoir qui s'adjoint ici est donc un savoir réflexif qui n'ajoute pas de nouveau contenu à ce que nous savons du monde, mais qui *situe différemment* ce savoir. Les faits dont nous sommes sûrs à propos des institutions de base de notre forme de vie – à savoir qu'il y a des contrats de travail, que les biens sont échangés sur le marché, que les couples ont des avantages fiscaux et que l'humanité est divisée en deux sexes – ne se modifient certes pas dans leur contenu du moment où nous savons qu'ils sont « socialement constitués » et créés principiellement par nous. Ils restent les mêmes faits, que nous les identifions comme constitués socialement ou non. Mais ils changent « dans leur forme » dès qu'ils sont déchiffrés comme des faits sociaux (et non naturels) configurables (et non nécessaires).

Le savoir ou le moment réflexif, obtenu progressivement et au cours d'une histoire de transformations liée à des crises, est donc *productif*. C'est un savoir par lequel nos pratiques ne sont pas seulement comprises différemment mais *transformées*. Notre savoir du fait que nous « faisons notre histoire » nous transforme donc comme il transforme notre forme de vie historique (même si, comme le dit Marx, les hommes ne la font pas « dans des conditions choisies par eux », et même s'ils ne saisissent pas immédiatement ce pouvoir de configuration).

Ainsi, lorsque Hegel dit que les sociétés qui ne savent pas qu'elles sont libres le sont pourtant elles aussi, cela signifie que les institutions dont la configuration et la conservation n'étaient pas (encore) ou ne sont

1. On doit certes penser comme un processus la prise de conscience et la transformation des institutions. Que les peuples qui étaient en soi libres en viennent à le savoir ne doit donc pas être pensé comme un processus semblable à la révélation soudaine de l'illusion dans le conte des habits neufs de l'empereur (l'empereur n'avait pas de vêtements depuis le début, mais tout d'un coup un enfant le dit, et l'empereur se retrouve ainsi nu). C'est le discernement par étapes et la transformation des pratiques qui l'accompagne qui créent de nouvelles institutions par une action réciproque entre la progression du discernement et les nouvelles institutions.

pas accompagnées de ce savoir de leur essence libre résultent aussi *factuellement* de l'agir humain et naissent de pratiques et d'interprétations sociales. L'esclavage, les rapports sexuels « hétéronormatifs » ou la constitution du marché sont donc aussi des produits de l'agir humain, même si ceux qui y participent les tiennent pour des données naturelles. Il est vrai que, tant que nous ne connaissons pas notre contribution à l'existence de ces institutions, | ces activités et dispositions créatrices **435**
sont « de notre fait » en un autre sens qu'après, justement parce que ce n'est pas un agir conscient. À bien des égards, ce n'est pas encore un *agir effectif* et nous ne sommes avec lui pas encore effectivement libres, justement parce que nous n'avons pas le savoir de la liberté. De même, les institutions ainsi créées sont certes *factuellement* (pourrait-on dire) ou en soi des instances de la liberté, mais elles ne le sont pas encore effectivement (en et pour soi) ; elles ne se sont pas encore (et nous ne les avons pas encore) réalisées comme des instances de la liberté car nous ne la connaissons pas ou pas encore assez.

C'est donc précisément en ce sens que ces sociétés *sont* libres mais n'*existent* pas encore librement. L'effectivité que nous déterminons est seulement réalisée comme telle par ce savoir et par l'agir qu'il imprègne. C'est seulement par la connaissance de notre pouvoir de configuration que nos pratiques et nos institutions deviennent ce qu'elles « sont véritablement », des instances ou des figures de la liberté. L'« histoire » désigne donc l'avancée ou le processus par lequel le fait de la liberté « devient effectif » en ce sens. La « réalisation » reçoit ici la double signification du devenir conscient et effectif.

On peut (comme le fait Stephen Houlgate) expliquer ce processus comme une *explicitation* de l'*implicite*. Il faut certes clarifier que quelque chose *arrive* sur le chemin qui va de l'implicite à l'explicite, ou en d'autres termes qu'il s'agit d'un processus productif. Qu'on veuille l'exprimer avec ou contre Hegel, ce qui est rendu « explicite » dans nos formes de vie par le processus de développement historique n'est pas quelque chose qui serait déjà présent – quelque part « à l'intérieur ». Nous ne devons donc pas comprendre ce processus comme s'il portait simplement quelque chose « de l'intérieur à l'extérieur » (comme on sort le linge du lave-linge) et ce même si Hegel peut induire en erreur quand il dit qu'il s'agit de « tirer hors de soi ce qui est intérieur ». Si quelque chose d'« implicite » déjà présent est rendu « explicite », il se transforme dans et par le processus de cette explicitation. Si savoir que c'est *nous* qui faisons l'histoire – qui produisons nos formes de vie –, qui nous transformons nous-mêmes et qui transformons nos formes de vie, quelque chose se

passe dans cette transformation, même si cette transformation n'ajoute à ce qui est explicité rien de « nouveau » au sens où le savoir ne vient pas compléter par de nouveaux faits ou informations empiriques un stock
436 établi de connaissances. | En un certain sens, ce qui est explicité *naît* donc par son explication même. La « réalisation » de la liberté renvoie ainsi à une dynamique productive dans laquelle *quelque chose arrive* sans être déterminé dans son cours. Ce qui est désormais « dehors » ou « effectif » ne s'était pas auparavant caché quelque part. On comprend ainsi que, bien que le fait d'être libre nous caractérise déjà en même temps qu'il caractérise le monde que nous créons, cette caractéristique n'est toutefois produite qu'au moment de son effectuation. Ce serait du moins une interprétation possible du processus d'« actualisation » de la liberté décrit par Hegel qui permette de réfuter l'objection de Dewey d'un simple « dépliage de ce qui était plié » (section 8.3).

La dialectique comme téléologie rétrospective

Néanmoins, cette compréhension de l'« actualisation » ou de la « réalisation » a aussi des conséquences pour le cours du processus dialectique de transformation lui-même. En effet, ce processus n'est ni « contraignant » ni « nécessaire » en un sens causalement déterministe. Mais comment comprendre la logique interne de ce développement pour changer notre vision de la nécessité propre à la série de figures décrite en elle ? La lecture par Terry Pinkard de la dialectique comme une sorte de téléologie rétrospective met à notre disposition une stratégie de réponse éclairante. À propos de la dynamique transformative de la *Phénoménologie de l'esprit*, il soutient que, dans un processus dialectique de développement, le jugement sur le caractère « adapté » ou non de la position qu'on vient d'atteindre ne peut être rendu qu'*après-coup*. Qu'une formation donnée soit meilleure que celle qui la précède ne peut donc pas être anticipé, mais est seulement attesté par la suite :

> Une telle histoire dialectique ne prétend pas que les dernières “figures de la conscience” étaient “destinées” à succéder aux précédentes, ou que les précédentes “visaient” les suivantes ; elle prétend que seules celles-ci (ou quelque chose de très proche) peuvent être rétrospectivement vues comme ayant rempli ou *complété* les précédentes, comme ayant fourni une structure qui peut être comprise rétrospectivement comme la
> 437 résolution des insuffisances | des précédentes, de sorte que cette nouvelle forme de vie a en elle les moyens de justifier sa façon de prendre les

choses comme compensant les insuffisances des formes de vie réflexive précédentes[1].

De la sorte, ce qu'on caractérise, ce n'est plus un développement prospectif et nécessaire, mais un développement concluant après-coup : il est « concluant » et, partant, justifié pour autant qu'il peut résoudre et il est vrai résoudre *mieux* que le permettait la position surmontée les problèmes et les insuffisances de celle-ci. Si, en admettant cette interprétation, on se demande par quoi l'on peut bien prouver ce « succès », et comment doit se comporter celui qui a reconnu l'insuffisance d'une pratique existante et qui cherche une nouvelle pratique résolvant le problème, il est vraisemblable que le processus de résolution du problème, ainsi conçu, s'accomplisse à l'aide d'*anticipations* relatives à la réussite d'une pratique, mais dont la conclusion et la légitimité ne peuvent alors être validées que rétrospectivement.

La résolution dialectique de problèmes procéderait donc sur le mode de l'anticipation herméneutique à propos d'une solution dont on fait la conjecture, d'un but désirable. Une telle anticipation ne peut être confirmée que rétrospectivement, dans l'action réciproque avec les résultats de la pratique modifiée d'une manière correspondante (d'une manière analogue au rapport de l'exégèse herméneutique avec le matériau à interpréter). Cela signifie que cette anticipation (comme toute interprétation réussie) doit pouvoir être corrigée, stimulée par les résistances, les effets et les répercussions de la pratique ainsi mise en place – et que sa position doit donc se modifier comme dans une démarche par *trial-and-error*. Le prochain *but* d'un processus dialectique fait à chaque fois fonction d'hypothèse informative guidant l'interprétation. Une telle anticipation ordonne le matériau interprété – le matériau du processus de résolution d'un problème – mais elle doit être elle-même confirmée par ce dernier et, partant, par sa mise en ordre réussie.

Si le processus dialectique est « ouvert » de cette manière, cela conduit à modifier ce qui se présente dans le processus dialectique comme une « nécessité » historiquement contraignante. Pinkard distingue à ce propos deux espèces de nécessité :

> | La nécessité que l'on trouve dans l'histoire dialectique de la conscience de soi n'est donc pas une nécessité causale mais quelque chose qui est plus comme *la nécessité qu'on peut trouver dans le cours d'un raisonnement.* Tout comme seules certaines choses peuvent achever **438**

1. T. Pinkard, *Hegel's Phenomenology*, *op. cit.*, p. 12.

un certain raisonnement, seules certaines choses peuvent achever un processus dialectique historique[1].

Si la nécessité historique n'est donc pas une nécessité causale, mais *rationnelle*, et qu'elle n'est contraignante que simplement comme un argument logique[2], alors à chaque fois, une autre continuation que celle suggérée par la négation déterminée est possible : il n'y a pas de force causale qui pourrait empêcher les événements historiques et leurs acteurs de prendre une autre voie de transformation, et il n'y a pas de nécessité qui n'autoriserait que cette voie-là et pas une autre pour le récit dialectiquement composé de cette histoire. La narration dialectique qui saisit ce développement relève des « dialectiques interprétatives », pour reprendre une distinction de Charles Taylor : selon lui, ces dialectiques nous convainquent « par la crédibilité globale de leurs interprétations[3] ».

Cela ne signifie toutefois pas que n'importe quelle histoire pourrait être arbitrairement racontée, et qu'on pourrait arbitrairement faire passer n'importe quel processus pour un processus d'apprentissage. Dans un tel processus, de nombreuses étapes sont irrationnelles ou inconsistantes, de nombreuses prétendues solutions ne sont pas au niveau auquel le problème est posé, dans la mesure où certaines solutions seulement sont adaptées à un certain problème (soulevé par la constellation passée). Ce rapport d'adaptation nous fournit des critères qu'on doit comprendre à partir des problèmes et des crises survenus et à partir des nécessités pratiques résultant de la tentative de les surmonter.

La possibilité d'intégrer le nouveau et ce qui résiste dans une conception dialectique du processus prend ainsi forme. Si une dialectique ainsi conçue est amenée à accorder son interprétation du déroulement processuel avec le matériau qu'elle organise en l'interprétant, alors le fait
439 d'intégrer ce que j'ai caractérisé plus haut comme | ce qui est « opposé » (et, partant, le contenu réel de l'expérience) n'est pas seulement possible, mais précisément exigé. De tels processus sont *perméables* aux expériences inattendues et aux suggestions, et ils appartiennent à l'attitude décrite par Dewey quand il parle d'une « réaction modificatrice », avec des conséquences contraires et non intentionnelles, à des impulsions de changement une fois qu'elles ont été initiées. Le « processus rétroactif » conçu par Dewey offre des ressources pour un développement qui va en

1. T. Pinkard, *Hegel's Phenomenology*, *op. cit.*, p. 12. (nous soulignons).

2. C'est la différence entre la détermination causale et celle rationnelle.

3. C. Taylor, *Hegel*, *op. cit.*, p. 218, et tout le chap. VIII, « La *Phénoménologie* comme dialectique interprétative ».

s'enrichissant, dans lequel notre savoir du monde peut s'accorder avec ce qui nous fait face dans un équilibre réflexif permanent. On pourrait ainsi lier – avec Dewey *et* Hegel – la dynamique de résolution pragmatiste avec celle dialectique, la description du processus de résolution des problèmes et d'apprentissage, en tant que processus actif-passif, avec le déploiement dialectique des contradictions.

L'individu historico-mondial

Je vais expliquer ce point à l'aide du rôle si débattu de l'« individu historico-mondial » dans la philosophie hégélienne de l'histoire[1]. C'est moins l'héroïsme des « hauts faits » qui m'intéresse dans ce motif que le rôle des individus agissant en général dans le cours de l'histoire. Examinons sa caractérisation hégélienne :

> Voilà ce que sont les grands hommes dans l'histoire, ceux dont les buts propres, particuliers, détiennent la substantialité en laquelle consiste la volonté de l'esprit du monde. [...] De tels individus n'avaient pas conscience de l'idée en général dans les buts qui étaient les leurs, mais ils étaient des *hommes pratiques et politiques*. Ils étaient toutefois simultanément des hommes pensants qui avaient *le discernement de ce qui était nécessaire et à l'ordre du jour*. C'est justement la vérité de leur époque et de leur monde, pour ainsi dire *le prochain genre qui est déjà présent en eux*. C'était leur affaire que de connaître cet universel, ce prochain stade nécessaire de leur monde, d'en faire leur but et d'y mettre leur énergie. Les individus historico-mondiaux, les héros d'une époque, sont à reconnaître pour cela comme des visionnaires : leurs actions et leurs paroles sont les meilleures de l'époque[2].

| Ici, le point décisif est l'ambivalence du rôle des individus historico- 440
mondiaux : en tant que « gérants » de l'esprit du monde[3], ils sont les acteurs qui surmontent par leur action une ancienne situation et établissent de nouvelles conditions, ils sont les révolutionnaires créant le nouveau, les agents véritables. Mais en même temps, ils paraissent avec ce rôle n'être que les exécutants de l'« esprit du temps » de la situation historique, de « la vérité de leur époque et de leur monde ». L'individu historico-mondial agit – mais il agit parce qu'il a « le discernement de

1. Sur ce rôle de l'individu historico-mondial, *cf.* aussi et *in extenso* J. McCarney, *Routledge Philosophy Guidebook to Hegel on History*, *op. cit.*

2. Hegel, *La philosophie de l'histoire*, *op. cit.*, p. 74 (nous soulignons). [N.d.T. : seule la première phrase est traduite dans l'édition française, les suivantes sont traduites à partir de l'édition Suhrkamp citée par l'autrice.]

3. *Ibid.*

ce qui [est] nécessaire et à l'ordre du jour », et il agit conformément à ce discernement en aidant à éclore ce qui « était déjà intérieurement présent ». Ainsi, il est simultanément actif et réactif : il fait l'histoire, mais n'y réalise que les tendances et les possibilités qui y résident.

Néanmoins, si l'histoire est tributaire d'individus agissants tout en opérant à travers ceux-ci, le processus historique paraît être simultanément contingent et non contingent. Ce qui advient historiquement dépend de l'intervention (contingente) d'individus, de leurs actions et décisions, et de ce qui résulte de leur action, sans qu'ils puissent pleinement l'influencer et le contrôler. Mais en même temps, cela ne dépend manifestement pas que d'eux, l'intervention contingente de tout individu et de ses décisions contingentes dans une situation particulière n'étant pas seule à déterminer le cours ultérieur. Cependant, à bien y regarder, la situation médiane ainsi décrite n'est-elle pas tout à fait crédible ? Ne serait-il pas invraisemblable de croire que l'histoire mondiale se serait déroulée totalement autrement si le duc de Bourgogne Charles le Téméraire ne s'était pas enfoncé dans un marais en 1477, ou si Marie-Antoinette n'avait pas été impliquée dans l'affaire du collier, tout comme il est invraisemblable de se représenter le rapport entre les individus agissants et l'histoire mondiale comme si l'esprit du monde s'implantait tel un parasite dans le corps d'individus complètement interchangeables ? On peut aussi résoudre la tension entre les moments actif et passif, entre la liberté et la détermination[1],
441 en interprétant le cours de l'histoire | de manière à y voir la réalisation de *possibilités* résidant dans une situation, possibilités qui ne sont pas toujours réalisées, mais qui même – lorsque la constellation est mauvaise ou manque d'individus historico-mondiaux pour les réaliser – peuvent ne jamais se réaliser. Il s'agit donc de possibilités dont la réalisation à travers un déroulement donné avec sa préhistoire et ses conditions est certes rationnelle, mais non contraignante. C'est ici que le bénéfice du principe de rétrospection dialectique et d'intégration du mécanisme de *trial-and-error* dans le processus dialectique prend tout son sens : l'individu historico-mondial est celui qui, factuellement, a fait au bon moment ce qu'il fallait, qui a saisi en les connectant les tendances de son

1. Cette tension se reproduit ensuite dans le matérialisme historique où on peut la saisir comme tension entre la perspective centrée sur le système et celle centrée sur les acteurs. Sur ce point, *cf.* A. Giddens, *A Contemporary Critique of Historical Materialism*, Berkeley-Los Angeles, Stanford University Press, 1982. *Cf.* aussi cette discussion chez M. Iorio, *Karl Marx. Geschichte, Gesellschaft, Politik*, Berlin, De Gruyter, 2003. On trouve une intéressante reconstruction théorique et pratique du matérialisme historique chez J. Larrain, *Reconstruction of Historical Materialism*, Londres, Allen & Unwin, 1986.

époque, qui les a canalisées et y a réagi par son action. Dans les situations problématiques, l'histoire mondiale se « sert » probablement de plusieurs individus à la fois, qui apparaissent justement être des « grands hommes », ceux en l'occurrence qui « ont voulu et accompli quelque chose de vrai et de nécessaire[1] », si leur intervention dans l'histoire mondiale a les bonnes conséquences, c'est-à-dire est réussie. Mais les décisions pratiques des individus suivent elles-mêmes, de fait, une méthode de « réaction modificatrice » : parmi les différentes possibilités de rendre féconds des potentiels en jeu, certaines variantes déterminées et auparavant non anticipables peuvent être les seules à promettre le succès. L'agir historico-mondial signifie le fait de saisir une possibilité parmi d'autres et de la rendre effective. Ce à quoi nous sommes confrontés, ce sont les résultats de cet agir qui peut ainsi être productif d'une manière ou d'une autre ou bien rester sans effet, et que nous devons d'une manière ou d'une autre retoucher ou accepter[2].

| Enfin, on peut comprendre ainsi le passage remarquable sur 442
l'invention de la poudre à canon dont Hegel dit : « L'humanité eut besoin d'elle et aussitôt elle fut là.[3] » Hegel ne veut évidemment pas montrer par là que l'humanité aurait pu obtenir arbitrairement par son simple souhait ses inventions technologiques décisives et les étapes de développement qu'elles ont rendues possibles. En réalité – et l'histoire de nombreuses inventions en témoigne –, c'est plutôt que les inventions n'arrivent souvent pas toutes neuves dans le monde, mais qu'au moins certains de leurs éléments étaient déjà à disposition pour ensuite, à un moment donné, être assemblés et fécondés par des individus innovants dans une

1. Hegel, *Vorlesungen über die Geschichte der Philosophie*, Francfort, Suhrkamp, 1986, p. 47.

2. Cette thèse appuie une compréhension du changement social comme ne s'effectuant pas seulement par des sauts, mais comme étant fonction de continuités *et* de discontinuités. Que les déplacements structurels préparent ou accompagnent pour le moins les transformations faisant événement n'est pas seulement une thèse crédible en théorie sociale. Toute théorie radicale du changement social fait bien de conserver l'idée préparée par Hegel et établie par la théorie marxienne de la révolution (malgré toutes les différences internes) d'une action réciproque entre les dimensions structurelles et continues et celles événementielles et contingentes du changement social radical. Que les mises en ordre expérimentales du champ social ne puissent pas être générées à partir de rien plaide aussi contre le simple volontarisme pur et simple, si les « expérimentations » ne doivent pas dégénérer en terreur ou en technologie sociale. Cette conception n'est ni « conservative » ou conservatrice, car elle peut, comme la théorie marxienne le montre, prendre des formes tout à fait révolutionnaires, c'est-à-dire s'engager pour la possibilité d'une transformation radicale.

3. Hegel, *Leçons sur la philosophie de l'histoire*, *op. cit.*, p. 188.

situation déterminée par plusieurs facteurs rendant cela possible. En ce sens, la découverte rencontre une possibilité et un besoin et n'est possible que par eux, de sorte que l'« individu historico-mondial » (qu'il soit un révolutionnaire ou un inventeur) rassemble les possibilités alors présentes et féconde ainsi la constellation résidant dans une situation spécifique. Des transformations surviennent encore à la suite de l'invention (ou de la transformation sociale) ainsi produite sans que l'inventeur ait pu anticiper l'effet de sa découverte (de sorte qu'inversement, l'invention – la transformation factuelle et les possibilités qui en résultent – peut en retour éveiller un besoin ou faire naître de nouvelles possibilités).

L'hypothèse d'une continuité de l'ancien et du nouveau ainsi que la représentation ancrée dans l'idée de négation déterminée selon laquelle les potentialités du nouveau se préparent dans l'ancien – précisément parce que les possibilités nouvelles et les besoins nés au cours de leur
443 développement rendent déficientes les anciennes | pratiques – peuvent maintenant être modifiées sur le point suivant : il peut toujours y avoir une pluralité de ressources et de possibilités dont peut se ressaisir la réponse « déterminée ». Comme dans la thèse soutenue au chapitre 9 (9.4) selon laquelle les contradictions ne peuvent se « réaliser » que par le conflit, on peut affirmer maintenant que les ressources ou les potentialités pour surmonter et renouveler une formation sociale ou une forme de vie devenue obsolète, et qui résident dans celle-ci, ne deviennent telles qu'au moment de la transformation déclenchée par des crises.

On peut retranscrire ainsi dans cette conception le modèle de la « réaction modificatrice » : ce que nous faisons (ou plutôt ce qui se passe historiquement) peut engendrer des conséquences que nous ne pouvions pas anticiper. Même quand il « réussit », l'agir peut avoir des conséquences qui n'étaient pas attendues, mais, au cours de ce que nous faisons, des obstacles non anticipables peuvent aussi surgir pour nous. La solution d'un problème n'est donc ni en continuité directe (au sens où elle en serait directement déductible) ni en discontinuité avec l'« ancien état », dans la mesure où cette solution, en tant qu'elle est réussie, s'unit avec la position du problème et les potentialités qui y étaient disposées. Le nouveau et « ce qui est opposé » ont leur place dans un tel processus de transformation, puisque l'extension à ce qui n'est pas anticipable est un élément constitutif du processus d'apprentissage conçu comme un *enrichissement par expérience*[1]. Puisqu'il comporte aussi ce trait

1. Cette compréhension de la transformation s'insère sans problème dans ma conception des formes de vie comme ensembles de pratiques : en tant que telles, celles-ci sont comme on l'a dit modérément intentionnelles. Les formes de vie se forment en effet par le même double mouvement par lequel l'histoire advient aussi bien « au travers des

performatif dont nous avons besoin pour l'histoire dialectique des problèmes, nous pouvons de nouveau comprendre à l'aide du concept d'intégration narrative de MacIntyre dans quelle mesure le processus modificateur recèle en lui-même la naissance du nouveau.

| *Régression et progrès* 444

Nous sommes parvenus à une synthèse des motifs pragmatiste et dialectique et à la possibilité de penser les changements sociaux comme des transformations rationnelles qui se présentent à la fois de manière continue et discontinue : comme un processus d'apprentissage s'enrichissant et cependant ouvert. Les processus sociaux-historiques de changement peuvent donc être compris comme des processus d'apprentissage à propos desquels une position peut être caractérisée comme meilleure ou pire que la position surmontée, et donc comme *progrès* ou *retour en arrière* par rapport à elle. Différentes traditions ou formes de vie peuvent ainsi être distinguées ou différenciées qualitativement en fonction de la « profondeur » et de l'adéquation de la compréhension de soi et des possibilités de faire avec le monde qui sont atteintes par chacune – et ultimement en fonction de leur capacité à faire rationnellement face aux crises.

Chez Hegel même, on trouve à ce propos une hiérarchisation clairement eurocentrée qui peut être critiquée comme « impérialiste », ainsi que le souligne Pinkard lorsqu'il remarque la « compréhension provincialement limitée » des civilisations à l'époque existantes par Hegel. Cependant, même Pinkard soutient en même temps que « nous ne devrions pas trop croire que l'espèce de compréhension "tous différents, mais de même valeur", telle que nous l'avons aujourd'hui à propos des différentes cultures du monde [1] », puisse persister, et il insiste du coup sur le caractère comparable et évaluable des formations social-historiques.

Que nous puissions identifier en tant que tel un mouvement de progrès et cherchions à trouver des critères pour déterminer ce qui le rend tel ne signifie bien sûr pas qu'il n'y aura pas de retours en arrière historiques

individus » qu'elle est l'histoire des individus agissants. Par conséquent, on ne doit pas non plus voir les processus d'apprentissage des formes de vie comme quelque chose qui partirait d'un groupe de chercheurs planifiant et expérimentant, mais comme quelque chose qui émerge et s'impose toujours dans des constellations problématiques inhérentes à des actes pratiques – sans être le seul résultat d'actions et de dispositions individuelles et collectives, mais ne pouvant toutefois advenir sans celles-ci.

1. T. Pinkard, « Contingency and Necessity in History : Rethinking Hegel », *in* R. Bubner, W. Mesch (Hrsg.), *Die Weltgeschichte – das Weltgericht?*, *op. cit.*, p. 141-168, ici p. 117.

réels (ils sont plus que probables). Mais ce qui est décisif pour nous est que cette analyse nous donne des critères pour évaluer ces régressions *en tant que régressions* :

> Rien ne peut nous prémunir de vivre des retours en arrière. Mais une approche philosophique de l'histoire nous montre que nous devons
> 445 les | comprendre comme des *régressions* et pas comme de simples changements[1].

Toutefois, le progrès ne doit donc pas être substantiellement déterminé avec une positivité ou un contenu (au sens de l'approche négativiste et formelle proposée ici). Nous sommes pourtant obligés de présupposer le progrès si nous voulons parler d'une manière sensée de régressions ou de retours en arrière. On pourrait alors tenter de caractériser le progrès comme la négation déterminée du retour en arrière.

Même si l'idée de progrès a perdu son éclat en cours de route, nous tenons manifestement à pouvoir identifier des retours en arrière, qu'ils soient volontaires ou non. Ces réflexions sur la rationalité des processus de transformation sociale doivent notamment contribuer à le faire, non pas seulement *factuellement*, mais aussi d'une manière qui nous permette (à nouveau) d'obtenir par là les possibilités conceptuelles de la critique.

Il s'avère maintenant à certains égards que nous disposons d'un métacritère pour la critique des formes de vie : le degré de discernement dans la configurabilité de nos conditions de vie, et la capacité à les configurer. Autrement dit, l'*émancipation* en tant que développement pratique de telles conditions de vie que l'on configure soi-même devient manifestement la mesure intrinsèque de la rationalité des formes de vie et de leur critique, et cela même si cette mesure est obtenue dans le cours du processus historique de transformation. Cette conception ne rappelle pas seulement la « conscience de la liberté » chez Hegel, mais elle s'inscrit à bien des égards dans la tradition de la première Théorie critique. Horkheimer écrivait en 1937 dans son écrit programmatique « Théorie traditionnelle et théorie critique » : « Au stade du passage de l'organisation sociale actuelle vers une organisation future [...] l'humanité doit d'abord se constituer en sujet conscient et déterminer par l'action ses propres formes de vie »[2]. Quoique l'expression de « forme de vie » puisse

1. T. Pinkard, « Contingency and Necessity in History : Rethinking Hegel », art. cit., ici p. 116.

2. M. Horkheimer, « Théorie traditionnelle et théorie critique », *Théorie traditionnelle et théorie critique*, trad. fr. C. Maillard, S. Muller, Paris, Gallimard, 1974, p. 69-70 (traduction modifiée).

être employée ici sans intention conceptuelle précise, la description de cette tâche exprime pourtant un vœu qui unit des générations de positions
émancipatrices (pas seulement inspirées du marxisme). | On peut 446
reconstruire ainsi cette intuition : une forme de vie peut valoir comme réussie lorsqu'elle résulte de processus d'autodétermination collective.

À la lumière des réflexions que j'ai développées, ce résultat serait certes aussi logique qu'étrange. Il sonne *étrangement*, car on suggère avec cette conclusion que les formes de vie pourraient facilement être « créées » par des sujets actifs et conscients, et qu'on pourrait les déterminer collectivement de manière transparente. Or, à l'inverse, les formes de vie sont apparues dans ma recherche être des formations complexes de pratiques plus ou moins accessibles et de moments plus ou moins fixés, dont les modes de transformation suivent un modèle plus compliqué qu'il ne semble l'être chez Horkheimer dans ce qui sonne comme un optimisme rationaliste envers la configuration. Cependant, à l'issue de ma réflexion, ce résultat est pourtant *logique*, car il est aussi apparu dans la discussion des formes de vie que celles-ci peuvent se transformer et sont aussi soumises à la nécessité de s'ajuster à de nouvelles conditions. Ces nouvelles conditions peuvent provenir d'attentes normatives émises « de l'intérieur », mais aussi être induites du dehors par le changement de conditions extérieures. Néanmoins, dans tous les cas, une dynamique transformatrice impacte une figure déjà déterminée et un horizon d'attente historiquement développé, donnant une situation problématique dont le découpage décide de l'orientation d'une modification rationnelle (d'un processus d'apprentissage, ainsi que je l'ai développé). Les sujets font leur histoire – mais pas sous des conditions qu'ils ont choisies eux-mêmes. Pour comprendre les présuppositions de l'émancipation et de l'autodétermination collective, il faut donc explorer le rapport compliqué du pouvoir de configuration, de l'opacité et de la complexité souvent inextricable des pratiques et des dispositions entremêlées. C'est précisément ce rapport que veut saisir une critique immanente des formes de vie.

UNE THÉORIE CRITIQUE DE LA CRITIQUE DES FORMES DE VIE

> On sait vaguement, mais bien, ce que l'on doit mettre aujourd'hui sous le terme de progrès : c'est pourquoi on ne peut pas employer ce concept d'une manière trop grossière. *Theodor W. Adorno*

Il n'y a d'après ma recherche pas de réponse positive à la question de ce qui rend bonne ou adéquate une forme de vie. Mais il y a une réponse négative et indirecte : les formes de vie qui échouent souffrent d'un défaut collectif et pratique de réflexion, d'un blocage de l'apprentissage. Autrement dit, elles ne sont pas en état de résoudre les problèmes qui se posent à elles ou de percevoir comme des expériences, d'une manière adéquate, les expériences de crises auxquelles elles sont exposées, et de se transformer en conséquence.

Que soit ainsi annoncé un déplacement du « bien » vers la rationalité des formes de vie est un effet voulu. Le resserrement de la possibilité d'une critique des formes de vie sur la question de la « vie bonne » (voire du bonheur) s'est en effet révélé peu à peu être une impasse : la *réussite* des formes de vie est liée à un processus – complexe et s'accomplissant avec complexité – de traitement des problèmes qui se posent et de développement et d'accomplissement de normes éthico-fonctionnelles qui dirigent ces processus ou plutôt en sont le fondement. « Réussir » signifie bien fonctionner, et le bon fonctionnement des formes de vie, sur la base de leur composition interne, a quelque chose à voir avec leur rationalité – c'est-à-dire avec leur capacité à surmonter rationnellement des problèmes. Il n'est donc pas question dans les formes de vie de la « grande » question discutée sur le mode d'un débat éthique à propos des valeurs : « comment voulons-nous vivre ? » Il est question du rapport entre ce que nous voulons (ou devrions vouloir) et ce que nous *faisons déjà* et *pouvons* déjà.

448 | *Un pluralisme expérimental*

La conception des formes de vie comme un agir résolvant des problèmes mène-t-elle à un monisme des formes de vie? Les « problèmes » tels que je les ai dépeints dans cette étude peuvent-ils ne jamais avoir qu'*une* bonne solution, de sorte qu'à l'issue de la critique des formes de vie se tiendrait l'épouvantail d'une forme de vie unitaire englobant toute l'humanité? Non. La possibilité d'une évaluation tout comme la reconnaissance principielle d'une pluralité de formes ou de modes de vie résultent de la remarque d'Hilary Putnam déjà citée en introduction. Car, comme le remarque Putnam, ce qui est en jeu est moins l'irrésolution entre une multiplicité de formes incompatibles de la vie bonne que les déficiences de chacune d'entre elles :

> L'idée que l'histoire a donné lieu à de nombreuses formes de vie "optimales"–optimales mais incompatibles–est bien trop simple. Chaque mode de vie, chaque système de valeurs, de traditions et de rituels que les humains ont inventés jusqu'ici ont leurs défauts aussi bien que leurs vertus. [...] Simplement, le fait de déclarer parfait un quelconque mode de vie viole une maxime qui doit gouverner la recherche de la vérité dans *chaque* domaine de la vie : ne pas bloquer la route à l'enquête ! [...] Notre problème n'est pas de devoir choisir parmi un nombre déjà fixé et défini de modes de vie optimaux; notre problème est que *nous ne connaissons pas même un mode de vie optimal*[1].

Si l'on regarde les choses ainsi, d'un côté, des formes de vie différentes sont en concurrence pour à chaque fois (provisoirement) une vie meilleure ou la vie la meilleure, et elles peuvent donc être comparées, évaluées et critiquées en fonction de leurs défauts dans la résolution des problèmes posés avec elles. Une théorie critique des formes de vie résulte de cette approche, parce qu'il s'agit d'une critique des formes de vie du point de vue de la possibilité et de la nécessité de leur transformation (émancipatrice). Néanmoins, sur cette base, il existe aussi un motif de reconnaître, voire de valoriser un indépassable pluralisme des formes
449 de vie – un motif qui | n'est ni exclusivement pratique et pragmatique ni ne conduit à la romantisation de la multiplicité critiquée plus haut. Car la forme de pluralité qu'on a ainsi sous les yeux n'est pas la pluralité de monades fermées les unes aux autres, mais une pluralité de voies de résolution expérimentales différentes les unes des autres et jamais

1. H. Putnam, *Words and Life*, Cambridge, Londres, Harvard University Press, 1995, p. 194 [N.d.T. : dans le dernier segment de phrase, seul le mot « optimal » est souligné par Putnam.]

totalement planifiables. Il devrait justement y en avoir le plus possible, car leur multiplicité augmente la probabilité d'un bon résultat. Si donc nous n'avons, de fait, pas trop de solutions, mais que, jusqu'ici, nous n'avons pas eu ne serait-ce qu'une seule bonne solution à la question de savoir comment l'on doit vivre, alors un pluralisme des formes de vie est bien nécessaire, puisque (dans une tradition pragmatiste) une multiplicité de montages expérimentaux et une multiplicité de tentatives sont nécessaires pour s'approcher d'une solution satisfaisante. Et si – aussi dans un esprit pragmatiste –, en essayant de développer des formes de vie adéquates, les suites d'actions ne peuvent pas être anticipées purement conceptuellement, alors il est nécessaire de braquer et contrebraquer en réponse aux confrontations pratiques avec les résultats de l'agir.

Plusieurs conséquences résultent de ces réflexions. Premièrement, les problèmes auxquels les formes de vie sont confrontées sont des problèmes pour lesquels il peut y avoir *plus d'une bonne solution*. En effet : « L'idée d'une objectivité éthique n'est pas ni ne présuppose l'idée d'*une forme de vie universellement valide.* [...] Non seulement les individus, mais aussi les communautés et les nations peuvent avoir des formes de vie différentes mais satisfaisantes. [1] » Il y a donc une large variété de bonnes solutions qui sont pensables. Dans les sociétés modernes, cette large variété n'est pas limitée, elle est même parfois d'abord rendue possible et produite par le débat public sur la bonne solution et sur les tentatives pour la mettre en œuvre – que l'on songe seulement aux effets de la thématisation et de la critique publiques des rapports de sexe. En outre, si l'on conçoit les problèmes comme interprétés et situés historiquement, un même problème ne peut pas si facilement se poser à toutes les formes de vie existantes (comme on l'a vu, le chômage ne pose un problème social que sous certaines conditions historiques déterminées | et sur 450
fond d'une interprétation déterminée et normativement constituée. Et les solutions possibles du problème sont tout aussi déterminées, c'est-à-dire historiquement et normativement situées).

Il ne résulte toutefois pas de ces réflexions un principe (relativiste) selon lequel chaque forme de vie serait « dans son bon droit », qu'elle aurait un contexte particulier qui la rendrait incomparable et rendrait du coup impossible d'avoir un critère global. Certes, il peut y avoir des formes de vie différentes et simultanément rationnelles en un sens plein – mais inversement, il y a aussi (clairement) des formes de vie fausses et régressives dont la fausseté peut être établie en tant qu'incapacité à

1. R. Putnam, H. Putnam, « Dewey's *Logic* : Epistemology as Hypothesis », *in* H. Putnam, *Words and Life*, *op. cit.*, p. 214-215.

traiter les problèmes et les crises. Cependant, déterminer si la situation spécifique, si le contexte spécifique d'une forme de vie est constitué de sorte qu'il doit être dépassé pour rendre possible des solutions et accessibles des expériences, voilà qui n'est pas une question en dernière instance factuelle – par exemple la question du contact avec d'autres formes de vie, rivales, qui provoquent des processus de transformation (il est alors insensé d'accorder, d'une manière zoologique, leur « propre droit » à des modes de vie traditionnels, si ceux-ci, de fait, ne peuvent se soustraire à cette rivalité qu'au prix d'une immense perte du sens de la réalité).

Il n'y a donc pas – comme Hegel paraît le supposer – qu'*un* seul progrès ou qu'*une* histoire possible de développement. Des mouvements de progrès différents, se chevauchant partiellement, et peut-être même se contredisant, peuvent être historiquement identifiés. Toute forme de vie fait constamment face à des constellations données de problèmes. Ce qui est décisif, c'est de savoir si elle fait des progrès *face à ceux-ci*, si on peut déchiffrer ici un processus rationnel d'apprentissage.

Par ailleurs, les histoires de résolution de problème ont un caractère ouvert, elles sont impossibles à conclure. Des problèmes renaissent toujours et même les problèmes d'abord résolus mènent à d'autres problèmes (imprévisibles). Si l'on donne du crédit au « matérialisme » pragmatique de l'approche adoptée ici et à la conception faisant des formes de vie des formations intrinsèquement dynamiques, il en découle que l'environnement de chaque forme de vie, que la *situation* se transforme, qu'il faut toujours de nouvelles tentatives d'adaptation (même dans les cas de solutions réussies) pour prendre en compte ces transformations. De
451 plus, il y a dans le domaine de la vie commune des tensions | qui ne sont pas à résoudre complètement et qui doivent donc toujours de nouveau être rééquilibrées et réajustées.

Si nous admettons en outre avec Putnam (et contre la « naturalisation des valeurs » que nous avons critiquée en introduction) que nous ne connaissons pas encore parfaitement notre nature, nos capacités, nos désirs et nos intérêts, car ils ne sont pas toujours déjà fixés, mais que nous devons d'abord les identifier dans un processus évaluatif et réflexif, il apparaît alors encore une fois que non seulement la résolution des problèmes mais aussi leur position ont un caractère changeant[1].

1. Ruth et Hilary Putnam résument ainsi la position de Dewey : « Pour Dewey, nous ne savons pas ce que sont nos intérêts et nos besoins ou ce dont nous sommes capables avant de nous engager activement en politique. Par corollaire, il ne peut pas y avoir de

Tout cela conduit au résultat suivant : puisqu'elles représentent des tentatives de résoudre des problèmes, les formes de vie devraient être conçues comme des expérimentations, certes non pas au sens d'une expérimentation esthétique pour l'amour de l'expérimentation, mais au sens (souligné par Dewey) où l'action consistant à résoudre un problème est toujours en train d'expérimenter. Ma conception ne mène donc pas à un monisme, mais, inversement, à un *pluralisme expérimental* des formes de vie. Toutefois, celui-ci se distingue d'un point de vue décisif du pluralisme que j'ai rapidement présenté en première partie. Il s'agit d'un pluralisme de la discussion à propos de la bonne solution quant au problème de la forme de vie réussie, et non pas du pluralisme qui abandonne par principe de telles questions. On peut donc dire que la mise entre parenthèses libérale, agnostique sur ces questions, qu'on a évoquée en début d'ouvrage, fait obstacle à l'expérimentation.

Mais si, d'une part, on doit admettre le « bon droit » de l'« abstention libérale » que j'ai critiquée en introduction, son opposition justifiée à l'immixtion de juges des mœurs, elle doit d'autre part être relativisée : en effet, du point de vue de la perspective que nous avons développée, la mise entre parenthèses libérale de la critique des formes de vie résulterait d'un processus d'apprentissage amoindri qui menacerait de faire obstacle à de futurs apprentissages.

réponse finale à la question : “comment devons-nous vivre ? » et nous devons donc la laisser toujours ouverte à de nouvelles discussions et expérimentations. », R. Putnam, H. Putnam, « Dewey's *Logic* : Epistemology as Hypothesis », *in* H. Putnam, *Words and Life*, *op. cit.*, p. 217.

TABLE DES MATIÈRES

Achevé d'imprimer en juillet 2025
sur les presses de
La Manufacture - Imprimeur – 52200 Langres
Tél. : (33) 325 845 892

N° imprimeur : 250486 - Dépôt légal : juillet 2025
Imprimé en France